Wilhelm Lorenz:

Leitfaden für die Berufsausbildung des Spediteurs

Teil 2
mit Incoterms im Anhang

11. Auflage
herausgegeben von Dipl.-Kfm. Willy Korf
unter Mitarbeit von:

Dr. Hans-Jürgen Bleihauer
Herbert Esch

Deutscher Verkehrs-Verlag

© Deutscher Verkehrs-Verlag GmbH, Hamburg 1994
Alle Rechte vorbehalten – Nachdruck verboten
Printed in Germany
Gesamtherstellung: Kessler Verlagsdruckerei, 86399 Bobingen
ISBN 3-87154-205-9

Geleitwort

Im Rahmen seiner Verbandsarbeit hat der Bundesverband Spedition und Lagerei stets die Notwendigkeit einer sorgfältigen und beständigen Aus- und Weiterbildung des Spediteur-Nachwuchses betont. Er unterstützt und fördert diese im Rahmen seiner Möglichkeiten mit Nachdruck.

Der Spediteur als Kaufmann des Güterverkehrs besorgt und organisiert Dienstleitungen national und international. Er benötigt dazu ein ausgeprägtes Fachwissen, das auch nach der eigentlichen Ausbildung dem jeweils aktuellen Stand entsprechen muß.

Diese Aufgabe – Leitfaden für Auszubildende und Handbuch für Praktiker zu sein – hat sich das vorliegende Buch seit seinem Erscheinen gestellt. Im Interesse der beruflichen Aus- und Weiterbildung im Gewerbe geben wir auch der elften Auflage unsere guten Wünsche mit auf den Weg.

Bonn, im Juli 1994

Bundesverband Spedition und Lagerei e. V.

Präsidium und Hauptgeschäftsführung

Vorwort des Herausgebers

Der in der 11. Auflage vorliegende Teil 2 des Standardwerkes für die berufliche Aus- und Weiterbildung des Spediteurs ist seit vielen Jahren die notwendige Ergänzung zum Teil 1, der mit den Abschnitten

> Allgemeine Einführung in das Verkehrswesen
> Der Spediteur und die Speditionsgeschäfte
> Der Spediteur und die Verkehrsträger

grundlegende Themen der Speditionspraxis behandelt.

Im zweiten Teil werden insbesondere diejenigen Aufgaben des Spediteurs erläutert, die im Zusammenhang mit der Abwicklung internationaler Speditionsgeschäfte stehen. Die weiterhin zunehmende Internationalisierung der Tätigkeiten des Spediteurs erfordert deshalb auch und gerade ein intensives Studium dieses Buches.

Der Spediteur als Kaufmann und Architekt des Güterverkehrs bewegt sich auf einem national und international wachsenden Verkehrsmarkt. In der Kombination der Leistung der einzelnen Verkehrsträger respektive dem Denken und Handeln in Verkehrssystemen liegt die Zukunft des Verkehrsfachmannes; damit erhält das besorgende Element der speditionellen Tätigkeit eine neue Dimension.

Ich wünsche Ihnen viel Erfolg beim Studium dieses Buches.

Frankfurt, im Juli 1994

Willy Korf

Inhaltsverzeichnis

		Randnummer	Seite
1	**Der Spediteur und der Zoll**		
1.1	Das Zollwesen in Deutschland	1– 11	9– 18
1.2	Die Quellen des Zollrechts	12– 15	18– 24
1.3	Verbringen von Waren in das Zollgebiet	16– 28	24– 30
1.4	Die zollrechtliche Bestimmung		
1.4.1	Allgemeines	29 – 52	30– 40
1.4.2	Die Überführung in den zollrechtlich freien Verkehr	53– 62	41– 53
1.4.3	Der freie Verkehr unter besonderer Zweckbindung	63	53– 54
1.4.4	Überführung in das Versandverfahren	64– 76	55– 66
1.4.5	Das Ausfuhrverfahren	77– 79	67– 73
1.4.6	Weitere Zollverfahren	80–88	74– 83
1.4.7	Zollrechtliche Bestimmungen außerhalb der Zollverfahren	89– 92	84– 95
1.5	Bemessung des Zolls		
1.5.1	Zolltarif	93–106	95–115
1.5.2	Der Zollwert	107–120	116–135
1.6	Zollschuld/Zollschuldner	121–124	136–138
1.7	Außenwirtschaftsrecht	125–127	138–146
1.8	Außenhandelsstatistik	128–129	146–147
1.9	Verbote und Beschränkungen für den Warenverkehr über die Grenze	130	147–148
1.10	Einfuhrumsatzsteuer	131–141	148–160
1.11	Ausfuhrnachweis für Umsatzsteuerzwecke	142–147	161–167
1.12	Verbrauchsteuern	148–155	168–172
1.13	Warenursprung und Präferenzen	156–163	173–183
1.14	Rechtsbehelfsverfahren in Zollsachen	164–167	184–185
2	**Der Spediteur und die Transport- und Lagerversicherung**		
2.1	Versicherung des Gutes – §§ 35 – 38 ADSp	200	187–188
2.2	Versicherungswesen und Versicherungszweige	201–204	188–191
2.3	Arten der Transportversicherung	205–214	191–197

		Randnummer	Seite
2.4	Rechtsgrundlagen der Transportversicherung	215–225	197–205
2.5	Versicherte Gefahren, Deckungsformen	226–230	205–210
2.6	Nicht versicherte Gefahren und Schäden	231–243	210–221
2.7	Gebräuchliche Begriffe aus der Transportversicherung	244–252	221–232
2.8	Transportversicherungs-Prämien	253–255	233–235
2.9	Transportschäden	256–266	235–245
2.10	Lagerversicherung	267	245–246
3	**Finanzielle Verrichtungen des Spediteurs**		
3.1	Finanzielle Verrichtungen (Vorlage, Inkasso, Nachnahme)	280–287	247–254
3.2	Akkreditiv-Verfahren, Bank-Inkasso, Bankbestätigung	288–298	254–268
4	**Incoterms**	299–301	269–274
5	**Konsulatsfakturen und sonstige Begleitpapiere**	302–307	275–276
6	**Verpackung und Markierung**	308–317	277–286
	Anhang Incoterms 1990 vollständiger Abdruck der deutschen Fassung		287–343
	Stichwortverzeichnis		344–346

Der Spediteur und der Zoll 1

Das Zollwesen in Deutschland 1.1

Die Steuern sind die Geldquellen für die Haushaltsführung des Staates. Der Begriff Steuern ist in der Abgabenordnung (AO 1977) wie folgt definiert:

„Steuern sind Geldleistungen, die nicht eine Gegenleistung für eine besondere Leistung darstellen und von einem öffentlich-rechtlichen Gemeinwesen zur Erzielung von Einnahmen allen auferlegt werden, bei denen der Tatbestand zutrifft, an den das Gesetz die Leistungspflicht knüpft; die Erzielung von Einnahmen kann Nebenzweck sein. Zölle und Abschöpfungen sind Steuern im Sinne des Gesetzes."

1 Steuern, Zölle und Abschöpfungen

Es wird unterschieden zwischen direkten und indirekten Steuern. Die direkten Steuern werden in Personensteuern (Steuern vom Einkommen und Vermögen, z. B. Einkommen-, Körperschafts-, Vermögens-, Erbschaftssteuer) und Realsteuern (Gewerbe- und Grundsteuer) eingeteilt. Die indirekten Steuern gliedern sich in Verkehrssteuern (z. B. Umsatz-, Kapitalverkehrs-, Kraftfahrzeugsteuer) und Verbrauchsteuern (Bier-, Tabak-, Schaumwein-, Kaffee-, Mineralöl- und Branntweinsteuer). Zu den indirekten Steuern gehören die Zölle. Zölle werden nach den Bestimmungen des Zollrechts und des Zolltarifs erhoben.

Zu den indirekten Steuern gehören auch die Abschöpfungen. Dies sind zollgleiche Abgaben, die bei der Einfuhr bestimmter landwirtschaftlicher Erzeugnisse, die gemeinsamen Marktorganisationen in der EWG unterliegen, erhoben werden, wenn diese zu einem niedrigeren Preis als dem Inlandpreis angeboten werden. Rechtsgrundlage für die Erhebung der Abschöpfung ist das Abschöpfungserhebungsgesetz. Abschöpfungen können auch neben dem Zoll erhoben werden. Der Abschöpfungstarif ist im Zolltarif enthalten.

Zölle und Abschöpfungen werden auch als Einfuhrabgaben bezeichnet (vgl. Art. 4 Nr. 10 ZK). Zu den Einfuhrabgaben gehören auch die bei der Einfuhr zu erhebende Umsatzsteuer – Einfuhrumsatzsteuer – sowie die bei der Ein-

2 Einfuhrabgaben

fuhr von verbrauchsteuerpflichtigen Waren zu erhebenden Verbrauchsteuern (s. o.). Zu den Abschöpfungen gehören auch die Ausgleichsbeträge Währung, die im Warenverkehr mit Marktordnungswaren den Wertunterschied der DM gegenüber der EG-Rechnungseinheit (ECU) und den Wertverhältnissen der Währungen der Mitgliedstaaten zueinander ausgleichen sollen; für die Bundesrepublik Deutschland sind z. Zt. keine Ausgleichsbeträge Währung festgesetzt.

3 Geschichtliches

Historisch sind Zölle wohl als die älteste Abgabenform bekannt. Ursprünglich stellten sie ein Entgelt für die Benutzung von Wegen, Brücken, Märkten u. a. dar. Später standen wirtschaftliche Überlegungen im Mittelpunkt. Der Schutzzollgedanke involviert eine Regulierung der Einfuhr von Waren, mit dem Ziel, bessere Absatzbedingungen für die eigenen Produzenten zu schaffen.

Der in Deutschland vorhandene Partikularismus und die damit in großer Zahl vorhandenen Zollschranken zwischen den Ländern behinderten erheblich den Ausbau des Handels. Besonders unter dieser Sicht war die Gründung des deutschen Zollvereins im Jahre 1834 ein beachtlicher Fortschritt. Unter preußischer Führung wurden die vorhandenen Zollgrenzen innerhalb Deutschlands weitgehend beseitigt, womit bessere Voraussetzungen für einen wirtschaftlichen Aufschwung entstanden. Begleitet wurde dieser Prozeß durch die Schaffung eines einheitlichen Zollrechts und eines Zolltarifes, wobei ebenfalls das Recht Preußens als Grundlage diente.

Nach der Gründung des Deutschen Reiches im Jahre 1871 wurde das gesamte deutsche Reichsgebiet ein einziges Zoll- und Handelsgebiet. Wichtigste Zollrechtsquelle war das bereits 1869 in Kraft gesetzte Vereinszollgesetz. Dieses wurde durch ein neues Zollgesetz im Jahre 1939 abgelöst.

Mit der Entwicklung der zollverfahrensrechtlichen Grundlagen ging eine schrittweise Modernisierung des Zolltarifrechtes einher. Der 1902 in Kraft gesetzte Bülow-Zolltarif war erstmalig nach dem sogen. Allzollsystem konzipiert, d. h. es konnte jede nur denkbare Ware in diesen Tarif eingereiht werden.

Die weitere Vervollkommnung des Zolltarifrechts war und ist nicht zuletzt durch die Anwendung international vereinheitlichter Warenverzeichnisse bestimmt. Namentlich der Brüsseler Zollrat erreichte als internationale Organisation auf dem Gebiet des Zollwesens wichtige Ergebnisse bei der weltweiten Harmonisierung zollrechtlicher Regelungsbereiche. Hervorzuheben ist dabei die Nomenklatur des Brüsseler Zollrates, die über einen erheblichen Zeitraum als Zolltarifschema Anwendung fand. Danach war es vor allem das Harmonisierte System zur Bezeichnung und Codierung der Waren, das bis in die Gegenwart als Zolltarifschema zunehmende Bedeutung erlangt. Mit ihm besteht die Möglichkeit der einheitlichen Codierung von Waren nicht nur zu zolltariflichen sondern auch zu statistischen und anderen handelstechnischen Zwecken.

Hinsichtlich der Zollsätze ist im Ergebnis der Zollsenkungsrunden des GATT ein weiterer Abbau zu verzeichnen.

Das mit dem 1.1.1962 in Kraft getretene Zollgesetz der Bundesrepublik Deutschland und die dazugehörige Allgemeine Zollordnung bildeten den rechtlichen Rahmen für einen Zeitraum von mehr als 30 Jahren.

Die Zollrechtsentwicklung in der Bundesrepublik ist nicht von den Prozessen der europäischen Einigung zu trennen. Mit der Verwirklichung der Zollunion im Jahre 1968 wurde eine Entwicklung eingeleitet, die in der Schaffung eines europäischen Zollgesetzes und seiner vollständigen Inkraftsetzung zum 1.1.1994 ihren vorläufigen Höhepunkt erreichte.

Die Herstellung der Einheit Deutschlands im Jahre 1990 führte, gemessen am Umfang dieser Aufgabe, zu einer relativ reibungslosen Erweiterung des Anwendungsbereiches nationaler und gemeinschaftsrechtlicher Zollvorschriften auf dem Gebiet der ehemaligen DDR. Zugleich wurde damit begonnen, den Wirkungsbereich der Bundeszollverwaltung auf die neuen Bundesländer auszudehnen. Der Abschluß dieses Prozesses brachte für die Wirtschaft im Zusammenwirken mit der Verwaltung gleiche Bedingungen wie in den alten Bundesländern.

4 Grundgesetz

Das Grundgesetz für die Bundesrepublik Deutschland (GG) enthält in seinem Abschnitt X (Art. 104 a–115) die gegenwärtig verfassungsrechtlichen Regelungen des Finanzwesens, und zwar über die Tragung der Ausgaben des Bundes und der Länder (Art. 104 a), über die Gesetzgebungskompetenz (Art. 105), über die Steuerverteilung (Art. 106), über das sogenannte örtliche Aufkommen der Steuern und den Finanzausgleich (Art. 107), über die Finanzverwaltung (Art. 108), über die Haushaltswirtschaft, den Haushaltsplan, den Haushaltsvorgriff, die über- und außerplanmäßigen Ausgaben, die Ausgabenerhöhung und die Einnahmeminderung (Art. 109–113), über die Rechnungslegung und den Bundesrechnungshof (Art. 114) sowie schließlich über die Kreditaufnahme (Art. 115).

Im einzelnen bestimmt das GG, daß der Bund die ausschließliche Gesetzgebung über die Zölle und Finanzmonopole hat. Gegenwärtig gibt es als Finanzmonopol nur noch das Branntweinmonopol. Der Bund hat die sogenannte konkurrierende Gesetzgebung über die übrigen Steuern, wenn ihm das Aufkommen dieser Steuern ganz oder zum Teil zusteht oder ein Bedürfnis für eine bundesgesetzliche Regelung vorhanden ist. Diese Voraussetzungen liegen gen z. B. bei der Umsatzsteuer vor. Im übrigen haben im Bereich der konkurrierenden Gesetzgebung die Länder die Befugnis zur Gesetzgebung, solange und soweit der Bund von seinem Gesetzgebungsrecht keinen Gebrauch macht. Bundesgesetze über Steuern, deren Aufkommen den Ländern oder den Gemeinden ganz oder zum Teil zufließt, bedürfen stets der Zustimmung des Bundesrates.

Das GG bestimmt ferner, daß alle Zölle, die Finanzmonopole, die bundesgesetzlich geregelten Verbrauchsteuern einschließlich der Einfuhrumsatzsteuer (EUSt) und die Abgaben im Rahmen der Europäischen Gemeinschaften (EG) durch Bundesfinanzbehörden verwaltet werden. Der Aufbau dieser Behörden muß durch Bundesgesetz geregelt werden. Die übrigen Steuern werden durch Landesfinanzbehörden verwaltet.

5
Zoll- und Steueraufkommen

Das Aufkommen an Zöllen, Abschöpfungen und Verbrauchsteuern – ohne EUSt und ohne Biersteuer – steht nach dem GG dem Bund zu. Das Aufkommen an EUSt steht – wie das an Umsatzsteuer – Bund und Ländern anteilmäßig zu. Die Biersteuer ist eine Landessteuer und fließt in voller Höhe den Ländern zu.

Die Einnahmen aus Zöllen und Abschöpfungen sind nach der Finanzverfassung der Gemeinschaft eigene Einnahmen der EG und werden dieser zugeführt.[*] Die Erhebung und Verwaltung dieser Einnahmen ist nach wie vor jedoch Angelegenheit der Zollbehörden bzw. anderer zuständiger Behörden der einzelnen Mitgliedstaaten.

Das Aufkommen an Zöllen betrug im ersten Jahr nach der Währungsreform 452,7 Millionen D-Mark. In den Jahren 1991 und 1992 betrugen die Einnahmen aus Zöllen, der Einfuhrumsatzsteuer und der Mineralölsteuer als der ertragsreichsten besonderen Verbrauchsteuer:

1991	Zölle	8,3	Mrd. DM
	EUSt	80,874	Mrd. DM
	Mineralölsteuer	47,3	Mrd. DM
1992	Zölle	7,7	Mrd. DM
	EUSt	80,437	Mrd. DM
	Mineralölsteuer	55,2	Mrd. DM

6
Bundesfinanzverwaltung

Nach Artikel 87 (1) GG wird die Bundesfinanzverwaltung in bundeseigener Verwaltung mit eigenem Verwaltungsunterbau geführt. Der organisatorische Aufbau und die Aufgaben der Bundesfinanzverwaltung ergeben sich aus dem Gesetz über die Finanzverwaltung (FVG) in der Fassung des Finanzanpassungsgesetzes vom 30. 8. 1971 (BGBl I S. 1426), zuletzt geändert durch das Geldwäschegesetz vom 25.10.1993 (BGBl I S. 1770).

Nach diesen Vorschriften sind der Bundesminister der Finanzen als oberste Behörde, die Bundesmonopolverwaltung für Branntwein und das Bundes-

---
[*]) Vgl. Beschluß des Rates vom 24.6.1988 über das System der Eigenmittel der Gemeinschaften – ABl Nr. L 185 vom 15.7.1988, S. 24.

amt für Finanzen als Oberbehörden, die Oberfinanzdirektionen als Mittelbehörden und als örtliche Behörden die Hauptzollämter einschließlich ihrer Dienststellen (Zollämter, Zollkommissariate), das Zollkriminalinstitut und die Zollfahndungsämter in den ihnen nach diesem Gesetz zugewiesenen Aufgaben zuständig. Regelungen zu den Aufgaben der Zollverwaltung enthält ferner das Zollverwaltungsgesetz.

Die Organisation und der Aufbau der Bundeszollverwaltung ist aus dem nachstehenden Schema zu ersehen:

7 Organisation und Aufbau der Bundeszollverwaltung

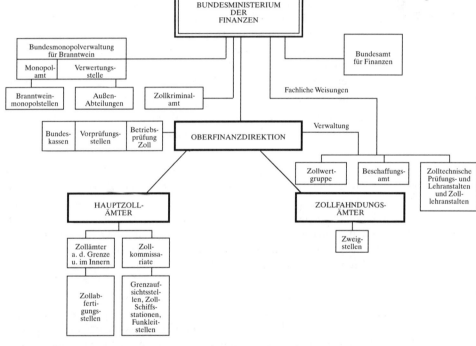

Oberste Zollbehörde ist das Bundesfinanzministerium (BMF), das vom Bundesminister der Finanzen geleitet wird. Ihm obliegt die fachliche Leitung, die oberste Dienstaufsicht und die organisatorische Führung. Der Bundesminister der Finanzen hat außerdem die für die Zwecke und Aufgaben des Bundes erforderlichen Geldmittel zu beschaffen und für ihre etatmäßige Verwendung zu sorgen.

8 Oberste Zollbehörde

Der Etat (Haushaltsplan) des Bundes ist alljährlich vom Bundesminister der Finanzen aufzustellen. Er bedarf der Genehmigung des Bundestages und des Bundesrates. Da der Bundesminister der Finanzen für den Ausgleich zwischen Einnahmen und Ausgaben zu sorgen hat, gehört auch die Erschließung neuer Einnahmequellen zu seinen Aufgaben. Derartige Gesetzentwürfe bedürfen der Zustimmung der gesetzgebenden Körperschaften, während Übergangs-, Durch- und Ausführungsbestimmungen zu Zoll- und Steuergesetzen ohne diese Zustimmung erlassen werden können, soweit eine gesetzliche Ermächtigung zum Erlaß solcher Vorschriften gegeben ist. Sie werden als Rechtsverordnungen bezeichnet.

Die Zölle, Verbrauchsteuern und Monopole werden von der Abteilung III des BMF bearbeitet.

9 Oberbehörden Oberbehörden der Bundesfinanzverwaltung sind u. a. die Bundesmonopolverwaltung für Branntwein (derzeitiger Sitz: 63069 Offenbach a. M. Friedrichsring 35) und das Bundesamt für Finanzen (53225 Bonn, Friedhofstraße 1). Die Bundesmonopolverwaltung für Branntwein besteht aus dem Bundesmonopolamt mit den Nebenstellen in Berlin und der Verwertungsstelle mit ihren Außenabteilungen in Berlin, Düsseldorf, Hamburg, Leipzig, München, Neu-Isenburg, Nürnberg, Regensburg und Wittenberg.

Das Zollkriminalamt ist seit dem 15.7.1992 ebenfalls eine Oberbehörde. Es entstand aus dem ehemaligen Zollkriminalinstitut, welches der OFD Köln zugeordnet war.

10 Mittelbehörden Mittelbehörden der Bundesfinanzverwaltung sind die Oberfinanzdirektionen. Jede Oberfinanzdirektion gliedert sich in eine Zoll- und Verbrauchsteuerabteilung, eine Bundesvermögensabteilung und eine Besitz- und Verkehrssteuerabteilung. Da die Oberfinanzdirektion gleichzeitig Mittelbehörde der Finanzverwaltung ihres Landes ist, kann außer den vorgenannten Abteilungen auch noch eine Landesvermögens- und Bauabteilung eingerichtet werden. Die Zoll- und Verbrauchsteuerabteilung der Oberfinanzdirektion leitet die Durchführung der Aufgaben, für deren Erledigung die Hauptzollämter und die Zollfahndungsämter zuständig sind. Außerdem erledigt sie die ihr sonst übertragenen Aufgaben, u. a. auch Aufgaben des Kassenwesens, gegebenenfalls für mehrere Oberfinanzbezirke (Bundeskassen). Die Oberfinanzbezirke sind so gegliedert, daß sie sich räumlich mit den Ländern oder größeren Verwaltungsbezirken einzelner Länder decken oder auch mehrere Länder und Verwaltungsbezirke umfassen.

Im Gebiet der Bundesrepublik bestehen 21 Oberfinanzdirektionen. Dies sind:

OFD Berlin	– Kurfürstendamm 193–194
	10707 Berlin
OFD Bremen	– Rudolf-Hilferding-Platz 1
	(Haus des Reichs)
	28195 Bremen

OFD Chemnitz – Zoll- und Verbrauchsteuerabteilung	– Carusufer 3–5 01099 Dresden
OFD Cottbus – Zoll- und Verbrauchsteuerabteilung	– Großbeerenstr. 341–345 14480 Potsdam
OFD Düsseldorf	– Jürgensplatz 1 40219 Düsseldorf
OFD Erfurt – Zoll- und Verbrauchsteuerabteilung	– Peter-Vischer-Weg 18 90099 Erfurt
OFD Frankfurt a. M.	– Adickesallee 32 60322 Frankfurt a. M.
OFD Freiburg – Zoll- und Verbrauchsteuerabteilung	– Sautierstr. 32 79082 Freiburg
OFD Hamburg	– Rödingsmarkt 2, 20459 Hamburg
OFD Hannover	– Waterloostr. 5, 30169 Hannover
OFD Karlsruhe	– Moltkestr. 10, 76133 Karlsruhe
OFD Kiel	– Adolfstraße 14–28, 24105 Kiel
OFD Koblenz – Zoll- und Verbrauchsteuerabteilung	– Wiesenstr. 32 67433 Neustadt
OFD Köln	– Riehler Platz 2 50668 Köln
OFD Magdeburg – Zoll- und Verbrauchsteuerabteilung	– August-Bebel-Damm 20 39126 Magdeburg
OFD München	– Sophienstr. 6 80284 München
OFD Münster	– Andreas-Hofer-Str. 50 48145 Münster
OFD Nürnberg	– Krelingstr. 50 90408 Nürnberg
OFD Rostock	– Wallstr. 2 18055 Rostock
OFD Saarbrücken – Zoll- und Verbrauchsteuerabteilung	– Präsident-Baltz-Str. 5 66119 Saarbrücken
OFD Stuttgart	– Rotebühlplatz 30 70173 Stuttgart

Unmittelbar den Zoll- und Verbrauchsteuerabteilungen der Oberfinanzdirektionen sind die Zollfahndungsämter unterstellt. Sie haben ihren Sitz in der Regel am Ort der für sie zuständigen Oberfinanzdirektion. Ihre Aufgabe ist die zentrale Bekämpfung des Schmuggels, der Verstöße gegen die Verbrauchsteuer- und Monopolgesetze und der Zuwiderhandlungen gegen das Außenwirtschafts- und Marktordnungsrecht sowie der <u>Verstöße gegen die Verbote und Beschränkungen</u> im grenzüberschreitenden Warenverkehr. Die Zollfahndungsämter sind der Kriminaldienst der Zollverwaltung. Sie sind deshalb mit den modernsten technischen Hilfsmitteln ausgestattet. Ihre Beamten sind Hilfsbeamte der Staatsanwaltschaft.

Unterstützt werden die Zollfahndungsämter durch das Zollkriminalamt.

In diesem Zusammenhang sind auch die Zolltechnischen Prüfungs- und Lehranstalten und die Zollehranstalten zu nennen. Sie sind selbständige Dienststellen der Zoll- und Verbrauchsteuerabteilung der Oberfinanzdirektion ihres Sitzes. Soweit es sich um Zolltechnische Prüfungs- und Lehranstalten handelt, besteht eine örtliche Zuständigkeit für mehrere Oberfinanzdirektionen.

Zolltechnische Prüfungs- und Lehranstalten befinden sich in Berlin, Frankfurt a. M., Hamburg, Köln und München; Zollehranstalten befinden sich in Bremen, Freiburg, Hannover, Karlsruhe, Kiel, Krefeld-Uerdingen (Düsseldorf), Leipzig, Neustadt a. d. Weinstraße (Koblenz), Münster, Nürnberg, Rostock und Stuttgart.

Die Haupttätigkeit der Zolltechnischen Prüfungs- und Lehranstalten und der Zollehranstalten liegt in der Aus- und Fortbildung der Zollbeamten und in der Untersuchung und Begutachtung eingeführter Waren (soweit die Abfertigungszollstellen dies beantragen). Die Zolltechnischen Prüfungs- und Lehranstalten sind auch für die Erteilung verbindlicher Zolltarifauskünfte zuständig. Besondere Ausbildungsaufgaben für den Zollbeamtennachwuchs erfüllen die Bildungszentren der Bundesfinanzverwaltung in Münster, Plessow und Sigmaringen.

Der Oberfinanzdirektion Köln angegliedert ist die Zollwertgruppe der Bundeszollverwaltung. Sie hat die Aufgabe, bei der einheitlichen Durchführung der Vorschriften über den Zollwert und der gleichmäßigen Feststellung des Zollwerts durch Gutachten und eigene Ermittlungen mitzuwirken.

Mit der Herstellung und Verteilung von Zollvordrucken u. ä. ist das Beschaffungsamt der Bundeszollverwaltung, Frankfurter Str. 91, 63067 Offenbach a. M., beauftragt.

11 Örtliche Behörden
Die Hauptzollämter sind nach dem Gesetz über die Finanzverwaltung den Oberfinanzdirektionen als örtliche Bundesbehörden unmittelbar nachgeordnet. Amtsbezirk und Sitz der Hauptzollämter bestimmt der Bundesminister der Finanzen.

Die Hauptzollämter sind für die Verwaltung der Zölle, der bundesgesetzlich geregelten Verbrauchsteuern einschließlich der Einfuhrumsatzsteuer und der Biersteuer, für die zollamtliche Überwachung des Warenverkehrs über die Grenze, für die Grenzaufsicht und für die ihnen sonst übertragenen Aufgaben zuständig. Der Bundesminister der Finanzen kann vorstehend genannte Zuständigkeiten durch Rechtsverordnung ohne Zustimmung des Bundesrates einem Hauptzollamt für den Bereich mehrerer Hauptzollämter übertragen, wenn dadurch der Vollzug der Aufgaben verbessert oder erleichtert wird.

Zu den Hauptzollämtern gehören die Zollämter und Zollabfertigungsstellen. Man unterscheidet Zollstellen an der Grenze (sog. Grenzzollstellen) und Zollstellen im Innern, die nicht an einer Grenze liegen (sog. Binnenzollstellen). Nach den verschiedenen Verkehrswegen gibt es Flughafenzollstellen, Autobahn- und Landstraßenzollstellen, Hafenzollstellen und Eisenbahnzollstellen.

Die Beamten der Hauptzollämter, der Zollämter und der Zollabfertigungsstellen sind die häufigsten Partner in der Tätigkeit der Spediteure.

Hauptzollämter sind in der Regel mit Zahlstellen ausgestattet. Außerhalb der Zahlstelle ist kein Beamter berechtigt, Gelder oder andere Zahlungsmittel in Empfang zu nehmen. Ausnahmen von diesem Grundsatz bedürfen einer besonderen schriftlichen Genehmigung der Dienststelle.

Die Aufgaben und Befugnisse der Hauptzollämter ergeben sich im einzelnen aus den Gesetzen und den dazu ergangenen Aus- und Durchführungsbestimmungen, den allgemeinen Verwaltungsvorschriften und den besonderen Anordnungen der zuständigen Oberfinanzdirektion. Ein Hauptzollamt kann innerhalb seiner Befugnisse selbständig unter eigener Verantwortung entscheiden und in dringenden Fällen bis zum Eingang einer sofort nachzusuchenden Entscheidung der Oberfinanzdirektion vorläufige Anordnungen treffen, die der Sicherung des Steueraufkommens dienen oder zur Abwendung eines dem Fiskus erwachsenden Schadens zweckmäßig sind.

Den Hauptzollämtern sind ferner zugeordnet die Zollkommissariate mit ihren Grenzaufsichtsstellen, Zollschiffsstationen und Funkleitstellen.

Ein spezielles Sachgebiet beschäftigt sich mit der Durchführung von Außenprüfungen.

Die Beamten des Sachgebiets „Außenprüfung und Steueraufsicht" sollen die Verhältnisse ihres Bezirks genau kennen, die für die Verwaltung der Zölle und Verbrauchsteuern von Bedeutung sein können. Sie müssen daher das gesamte Wirtschafts- und Verkehrsleben beobachten und namentlich mit den Inhabern und Leitern von Betrieben, die unter Zoll- oder Steueraufsicht stehen, persönliche Fühlung gewinnen und sich ein sicheres Urteil über ihre Wirtschafts- und Betriebsverhältnisse sowie ihre steuerliche Zuverlässigkeit zu bilden suchen. Sie sollen ferner Beziehungen zu Sachverständigen, ortskundigen Personen und den Landes- und Gemeindebehörden ihres Bezirks pflegen.

Die Leiter der Zollkommissariate, die Oberbeamte des Aufsichtsdienstes sind, tragen eine besonders hohe Verantwortung. Sie müssen sich durch eigenen Augenschein über den Grenzverkehr an allen Punkten ihres Bezirks bei Tag und Nacht ständig unterrichtet halten. Nach Möglichkeit sollen sie auch mit den Zolldienststellen des Nachbarlandes Fühlung halten, um über alle Vorgänge an der Grenze genau unterrichtet zu sein.

Die Zoll- und Steueraufsicht an den Wassergrenzen wird ebenfalls von Zollkommissariaten Grenze ausgeübt (sog. Wasserzolldienst). Den hier eingesetzten Beamten stehen Zollkreuzer und Zollboote zur Verfügung.

An den Binnengrenzen der Gemeinschaft werden keine Zollabfertigungen mehr durchgeführt. Besondere Überwachungsaufgaben bestehen jedoch auch im Warenverkehr zwischen den Mitgliedsländern. Das betrifft namentlich den Bereich der besonderen Verbrauchsteuern. Diese sind lediglich hinsichtlich ihrer verfahrensmäßigen Realisierung partiell harmonisiert. Keine Harmonisierung besteht bei der Höhe der Steuersätze. Zu diesem Zweck wurden spezielle Kontrolltrupps gebildet.

Die Quellen des Zollrechts 1.2

12
Allgemeines
Die Tätigkeit der Zollverwaltung, die Rechte und Pflichten der am grenzüberschreitenden Warenverkehr Beteiligten, die Höhe der Einfuhrabgaben usw. werden umfassend durch Rechtsvorschriften geregelt, die damit zugleich Quelle des Zollrechts sind.

Eine erhebliche Änderung der Rechtslage auf diesem Gebiet vollzog sich mit der Verordnung (EWG) Nr. 2913/92 des Rates vom 12. Oktober 1992 zur Festlegung des Zollkodex der Gemeinschaft. Der Zollkodex (ZK) wurde nach einem partiellen Inkrafttreten zum 1.1.1993 am 1.1.1994 vollständig in Kraft gesetzt. Damit sind die wichtigsten Rechtsquellen im Zollbereich innerhalb der Gemeinschaft nahezu vollständig vereinheitlicht. Das daneben fortbestehende nationale Recht hat bestenfalls ergänzenden oder ausfüllenden Charakter. Mithin sind zunächst einige Ausführungen zur EG und namentlich zu deren rechtlichen Kompetenzen erforderlich.

13
EWG-Vertrag
Der Vertrag zur Gründung der Europäischen Wirtschaftsgemeinschaft (EWG-Vertrag) vom 25. 3. 1957, zuletzt geändert durch den Vertrag über die Europäische Union, der am 7.2.1992 in Maastricht unterzeichnet wurde, hat es der Gemeinschaft der Mitgliedstaaten (zunächst Deutschland, Belgien, Frankreich, Italien, Luxemburg, Niederlande, später auch Dänemark, Groß-

britannien und Irland, dann Griechenland, neuerdings auch Portugal und Spanien) zur Aufgabe gemacht, durch die Errichtung eines Gemeinsamen Marktes und die schrittweise Annäherung der Wirtschaftspolitik eine harmonische Entwicklung des Wirtschaftslebens innerhalb der Gemeinschaft, eine beständige und ausgewogene Wirtschaftsausweitung, eine größere Stabilität, eine beschleunigte Hebung der Lebenshaltung und engere Beziehungen zwischen den Staaten zu fördern, die in dieser Gemeinschaft zusammengeschlossen sind. Diesem Ziele sollte in erster Linie die Abschaffung der Zölle und mengenmäßigen Beschränkungen bei der Ein- und Ausfuhr von Waren sowie aller sonstigen Maßnahmen gleicher Wirkung zwischen den Mitgliedstaaten dienen; es sollte ferner ein Gemeinsamer Zolltarif eingeführt und eine gemeinsame Handelspolitik gegenüber dritten Ländern verfolgt werden. Der Gemeinsame Markt sollte während einer Übergangszeit von 12 Jahren schrittweise verwirklicht werden. Diese Übergangszeit war Ende 1969 abgelaufen.

Der EWG-Vertrag stellt fest, daß Grundlage der Gemeinschaft eine Zollunion ist, die sich auf den gesamten Warenaustausch erstreckt; sie umfaßt das Verbot, zwischen den Mitgliedstaaten Ein- und Ausfuhrzölle und Abgaben gleicher Wirkung zu erheben, sowie die Einführung eines Gemeinsamen Zolltarifs gegenüber dritten Ländern. Die Mitgliedstaaten haben ferner vereinbart, ihre Rechts- und Verwaltungsvorschriften auf dem Gebiete des Zollwesens einander anzugleichen. Auf diese Weise soll ein Binnenmarkt in der ganzen Gemeinschaft angestrebt werden, in dem alle im freien Verkehr befindlichen Waren ungehindert und uneingeschränkt bewegt werden können.

Durch den EWG-Vertrag wurden vier Organe eingesetzt: das Europäische Parlament, der Rat, die Kommission und der Europäische Gerichtshof. In der Kommission gibt es die Generaldirektion XXI „Zollunion und indirekte Steuern".

Neben den vorgenannten vier Organen wurde ein Wirtschafts- und Sozialausschuß errichtet, der vom Rat oder der Kommission in den im EWG-Vertrag vorgesehenen Fällen gehört werden muß und in allen Fällen, in denen diese beiden Organe es für angebracht halten, gehört werden kann. Der Wirtschafts- und Sozialausschuß besteht aus Vertretern der verschiedenen Gruppen des wirtschaftlichen und sozialen Lebens, insbesondere der Erzeuger, der Landwirte, der Verkehrsunternehmer, der Arbeitnehmer, der Kaufleute und Handwerker, der freien Berufe und der Allgemeinheit.

Zur Erfüllung ihrer Aufgaben nach Maßgabe des EWG-Vertrages erlassen der Rat und die Kommission Verordnungen, Richtlinien und Entscheidungen, sprechen Empfehlungen aus oder geben Stellungnahmen ab. Eine Verordnung, die im deutschen Recht einem Gesetz (Verordnung des Rates) oder einer Rechtsverordnung (Verordnung der Kommission) gleichzusetzen ist, hat allgemeine Geltung. Sie ist in allen ihren Teilen rechtsverbindlich und gilt unmittelbar in jedem Mitgliedstaat. Eine Richtlinie ist für jeden Mitgliedstaat, an den sie gerichtet wird, hinsichtlich des zu erreichenden Zieles verbindlich; sie überläßt jedoch den innerstaatlichen Stellen die Wahl der Form und Mittel. Richtlinien müssen daher stets durch nationale Rechtsakte in innerstaatliches Recht umgewandelt werden. Eine Entscheidung ist in allen ihren Teilen für diejenigen verbindlich, die sie bezeichnet. Empfehlungen und Stellungnahmen sind nicht verbindlich. Alle Verordnungen des Rates und der Kommission werden im Amtsblatt der Europäischen Gemeinschaften (ABl) veröffentlicht.

Vor dem Inkrafttreten des Zollkodex der EU wurden bereits schrittweise einzelne zollrechtliche Regelungsbereiche durch VO (EWG) rechtlich ausgestaltet. Dazu sind insbesondere folgende Verordnungen beispielhaft hervorzuheben:

Verordnung (EWG) Nr. 1224/80 des Rates über den Zollwert der Waren vom 28.5.1980 – ABl Nr. L 134/1 –, zuletzt geändert durch VO (EWG) Nr. 4046/89 vom 21.12.1989 – ABl Nr. L 388/24 –. Auf die Darstellung in Rn. 62 wird hingewiesen.

Verordnung (EWG) Nr. 222/77 des Rates über das gemeinschaftliche Versandverfahren vom 13.12.1976 – ABl Nr. L 38/1 –, zuletzt geändert durch VO (EWG) Nr. 474/90 vom 22.2.1990 – ABl Nr. L 51/1 –; Verordnung (EWG) Nr. 1062/87 der Kommission zur Durchführung und Vereinfachung des gemeinschaftlichen Versandverfahrens vom 27.3.1987 – ABl Nr. L 107/1 – (Versand DVO), zuletzt geändert durch die VO (EWG) Nr. 2920/90 vom 10.10.90 – ABl Nr. L 279/20 –.

VO (EWG) Nr. 2144/87 des Rates vom 13.7.1987 über die Zollschuld – ABl Nr. L 201/15 berichtigt durch ABl Nr. 245/54 –, geändert durch VO (EWG) Nr. 4108/88 vom 21.12.1988 – ABl Nr. L 361/2 –; Durchführungsverordnung der Kommission Nr. 597/89 vom 8.3.1989 – ABl Nr. L 65/11 –

VO (EWG) Nr. 1031/88 des Rates vom 18.4.1988 über die zur Erfüllung einer Zollschuld verpflichteten Person – ABl Nr. L 102/5 –, geändert durch VO (EWG) Nr. 1716/90 vom 20.6.1990 – ABl Nr. L 160/6 –.

VO (EWG) Nr. 25045/88 des Rates vom 25.7.1988 über Freizonen und Freilager – ABl Nr. L 225/8 –; Durchführungsverordnung der Kommission Nr. 2562/90 vom 30.7.1990 – ABl Nr. L 246/33 –, geändert durch VO (EWG) Nr. 2485/91 vom 29.7.1991 – ABl Nr. L 228/34 –.

VO (EWG) Nr. 4151/88 des Rates vom 21.12.1988 zur Festlegung der Vorschriften für in das Zollgebiet der Gemeinschaft verbrachte Waren – ABl Nr. L 367/1 –.

VO (EWG) Nr. 1854/89 des Rates vom 14.6.1989 über die buchmäßige Erfassung und die Voraussetzungen für die Entrichtung der Eingangs- und Ausfuhrabgaben bei Bestehen einer Zollschuld – ABl Nr. L 186/1 –.

VO (EWG) Nr. 4046/89 des Rates vom 21.12.1989 über die Sicherheitsleistungen für Zollschulden – ABl Nr. L 338/24 –; Durchführungsverordnung der Kommission Nr. 3716/90 vom 19.12.1990 – ABl Nr. L 358/48 –.

VO (EWG) Nr. 1715/90 des Rates vom 20.6.1990 über die von den Zollbehörden der Mitgliedstaaten erteilten Auskünfte über die Einreihung von Waren in der Zollnomenklatur – ABl Nr. L 160/1 –; Durchführungsverordnung der Kommission Nr. 3796/90 vom 21.12.1990 – ABl Nr. L 365/17 –.

Diese und weitere Verordnungen wurden substantiell in den Zollkodex der EU eingearbeitet. Im Ergebnis erfolgte die wohl umfassendste Kodifizierungsaktion auf zollrechtlichem Gebiet. Der Zollkodex folgt in seiner Systematik den praktischen Abläufen bei der Ein- und Ausfuhr von Waren. Insofern ist er in seiner Handhabung durchaus nutzerfreundlich. Die einzelnen Titel und Kapitel gliedern sich wie folgt:

**14
Zollkodex**

Titel I:	Allgemeines
Kapitel 1:	Geltungsbereich und grundlegende Begriffsbestimmungen
Kapitel 2:	Verschiedene Allgemeine Vorschriften, insbesondere über die Rechte und Pflichten der Personen nach dem Zollrecht
Titel II:	Grundlagen für die Erhebung der Einfuhr- und Ausfuhrabgaben sowie für die Anwendung der sonstigen im Warenverkehr vorgesehenen Maßnahmen
Kapitel 1:	Zolltarif der Europäischen Gemeinschaft und zolltarifliche Einreihung der Waren
Kapitel 2:	Ursprung
Kapitel 3:	Zollwert der Waren
Titel III:	Vorschriften, die für in das Zollgebiet der Gemeinschaft verbrachte Waren gelten, bis diese eine zollrechtliche Bestimmung erhalten haben
Kapitel 1:	Verbringen von Waren in das Zollgebiet der Gemeinschaft
Kapitel 2:	Gestellung
Kapitel 3:	Summarische Anmeldung und Abladen der gestellten Waren

Kapitel 4:	Verpflichtung, den gestellten Waren eine zollrechtliche Bestimmung zu geben
Kapitel 5:	Vorübergehende Verwahrung
Kapitel 6:	Vorschriften für in einem Versandverfahren beförderte Nichtgemeinschaftswaren
Kapitel 7:	Sonstige Bestimmungen
Titel IV:	Zollrechtliche Bestimmung
Kapitel 1:	Allgemeines
Kapitel 2:	Zollverfahren
Kapitel 3:	Sonstige zollrechtliche Bestimmungen
Titel V:	Verbringen von Waren aus dem Zollgebiet der Gemeinschaft
Titel VI:	Vorzugsbehandlungen
Kapitel 1:	Befreiungen
Kapitel 2:	Rückwaren
Kapitel 3:	Erzeugnisse der Seefischerei und andere Meereserzeugnisse
Titel VII:	Zollschuld
Kapitel 1:	Sicherheitsleistung für den Zollschuldbetrag
Kapitel 2:	Entstehen der Zollschuld
Kapitel 3:	Erhebung des Zollschuldbetrags
Kapitel 4:	Erlöschen der Zollschuld
Kapitel 5:	Erstattung oder Erlaß der Abgaben
Titel VIII:	Rechtsbehelf
Titel IX:	Schlußbestimmungen
Kapitel 1:	Ausschuß für den Zollkodex
Kapitel 2:	Rechtswirkungen der in einem Mitgliedstaat erlassenen Maßnahmen, ausgestellten Papiere und getroffenen Feststellungen in einem anderen Mitgliedstaat
Kapitel 3:	Sonstige Schlußbestimmungen

Zur inhaltlichen Ausgestaltung des Zollkodex wurde gleichzeitig eine umfassende Durchführungsverordnung erlassen.

Im Vergleich zur Rechtslage vor dem 1.1.1994 ist die Zahl der geltenden Verordnungen erheblich gesunken. Damit wurde eine wesentlich bessere Überschaubarkeit des gesamten Rechtsgebietes erreicht. Neben dem Kodex und seiner DVO existieren im zollrechtlichen Bereich gegenwärtig noch spezielle gemeinschaftsrechtliche Regelungen, vorwiegend auf den Gebieten Zolltarifrecht und Zollbefreiungen. Hier sind vor allem die VO (EWG) über die zolltarifliche und statistische Nomenklatur und den Gemeinsamen Zolltarif und die VO (EWG) 918/83 des Rates über das gemeinschaftliche System der Zollbefreiungen zu nennen.

Das gemeinschaftliche Zollrecht gilt einheitlich im gesamten Zollgebiet der Gemeinschaft. Eine territoriale Bestimmung des Zollgebietes enthält Art. 3 ZK (vgl. Rn. 17).

15 nationales Recht

Ergänzt werden die Regelungen des Gemeinschaftsrechts durch einige nationale Vorschriften.

Hier wäre nach wie vor die Abgabenordnung vom 16.03.1976 zu nennen. Die dort enthaltenen Regelungen des allgemeinen Steuerrechts sind allerdings weitgehend vom Gemeinschaftsrecht überlagert und nur noch punktuell im Zollbereich anwendbar. Allerdings ist bei der Erhebung der Verbrauchsteuern die AO weiterhin als allgemeine Grundlage von erheblicher Bedeutung.

Als unmittelbare nationale zollrechtliche Regelungen existieren weiterhin:

a) das Zollverwaltungsgesetz vom 21. Dezember 1992 (BGBl I S. 2125)

Dieses Gesetz regelt jene Fragen, die ursprünglich Regelungsgegenstand des nationalen deutschen Zollgesetzes waren und nicht von den Vorschriften des Gemeischaftsrechts erfaßt werden. Dazu gehören folgende Komplexe:

aa) Erfassung des Warenverkehrs

bb) Erlangung einer zollrechtlichen Bestimmung

cc) Befugnisse der Zollverwaltung

dd) Vorschriften für Grundstücke und Bauten im grenznahen Raum

ee) Zollverwaltung; Beistandspflichten

ff) Sondervorschriften für Freizonen und andere Teile des Hoheitsgebietes

gg) Sonstige Vorschriften

hh) Sonstige Ermächtigungen

ii) Zollordnungswidrigkeiten; Zollstraftaten und Zollordnungswidrigkeiten im Reiseverkehr

Es ist hinzuzufügen, daß die genannten Regelungsbereiche teilweise nur geringfügig bereits im Kodex enthaltene Festlegungen ergänzen.

b) die Zollverordnung

Diese nationale Verordnung regelt spezielle Probleme, die den deutschen Teil des gemeinschaftlichen Zollgebietes betreffen, nicht im Gemeinschaftsrecht erfaßt sind und vordem in der AZO geregelt waren. Das betrifft z. B. Regelungen über Speisewagenvorräte, Betriebsstoffe für Schiffe oder auch die Einfuhr von Diplomaten- und Konsulargut.

Orientierungen für die Anwendung der zollrechtlichen Regelungen geben die Dienstvorschriften des Bundesministers der Finanzen. Diese sind in der Vorschriftensammlung der Bundesfinanzverwaltung (VSF) zusammengefaßt.

Die VSF kann bei der Bundesanzeiger Verlagsgesellschaft mbH, Postfach 1320, 53003 Bonn, bezogen werden.

Verbringen von Waren in das Zollgebiet 1.3

16
Überwachung des Warenverkehrs

Der Warenverkehr über die Grenzen des Zollgebietes der Gemeinschaft wird zollamtlich überwacht.

Ebenso erfolgt eine Überwachung des Warenverkehrs über die Grenzen der innerhalb des Zollgebietes der Gemeinschaft liegenden Freizonen. Mit der zollamtlichen Überwachung soll die Erhebung der Abgaben sowie die Einhaltung des Zollrechts gesichert werden.

Im nationalen Bereich obliegt der deutschen Zollverwaltung daneben die Überwachung des Verkehrs mit verbrauchsteuerpflichtigen Waren über die Grenze des nationalen Verbrauchsteuergebietes.

Eine Legaldefinition des Warenbegriffes kennt das Zollrecht nicht. Man kann allerdings davon ausgehen, daß unter Waren

– alle beweglichen Sachen sowie der elektrische Strom zu verstehen sind.

17
Zollgebiet

Das Zollgebiet der Gemeinschaft wird in Art. 3 ZK bestimmt:

Dazu gehören:

- das Gebiet des Königreichs Belgien;
- das Gebiet des Königreichs Dänemark, mit Ausnahme der Färöer und Grönlands;
- das Gebiet der Bundesrepublik Deutschland, mit Ausnahme der Insel Helgoland sowie des Gebiets von Büsingen;
- das Gebiet der Republik Griechenland;
- das Gebiet des Königreichs Spanien, mit Ausnahme von Ceuta und Melilla;
- das Gebiet der Französischen Republik, mit Ausnahme der überseeischen Gebiete und der Gebietskörperschaften;
- das Gebiet Irlands;
- das Gebiet der Italienischen Republik, mit Ausnahme der Gemeinden Livigno und und Campione d'Italia sowie des zum italienischen Gebiet gehörenden Teils des Luganer Sees zwischen dem Ufer und der politischen Grenze der zwischen Ponte Tresa und Porto Ceresio gelegenen Zone;
- das Gebiet des Großherzogtums Luxemburg;
- das Gebiet des Königreichs der Niederlande in Europa;
- das Gebiet der Portugiesischen Republik;
- das Gebiet des Vereinigten Königreichs Großbritannien und Nordirland sowie die Kanalinseln und die Insel Man.

Darüber hinaus gehören weitere Gebiete aufgrund von besonderen Abkommen zum Zollgebiet der Gemeinschaft. Das betrifft:

- die österreichischen Gebiete von Jungholz und Mittelberg,
- das Fürstentum Monaco und
- die Republik San Marino.

Bestandteil des Zollgebietes sind auch die französischen überseeischen Departements Guadeloupe, Französisch-Guayana, Martinique und Reunion.

Das Zollrecht der Gemeinschaft differenziert zwischen Gemeinschaftsware und Nichtgemeinschaftsware. Der aus dem deutschen Zollrecht stammende Zollgutbegriff wurde damit aufgehoben. Gemeinschaftswaren sind in Art. 4 Nr. 7 ZK definiert:

18 Gemeinschafts-ware/Nichtgemeinschaftsware

„– Waren, die unter den in Artikel 23 genannten Voraussetzungen vollständig im Zollgebiet der Gemeinschaft gewonnen oder hergestellt worden sind, ohne daß ihnen aus nicht zum Zollgebiet der Gemeinschaft gehörenden Ländern oder Gebieten eingeführte Waren hinzugefügt wurden;"

Durch den Verweis auf Art. 23 ZK werden damit Ursprungswaren der Gemeinschaft erfaßt.

„– aus nicht zum Zollgebiet der Gemeinschaft gehörenden Ländern oder Gebieten eingeführte Waren, die in den zollrechtlich freien Verkehr übergeführt worden sind;

– Waren, die im Zollgebiet der Gemeinschaft entweder ausschließlich unter Verwendung von nach dem zweiten Gedankenstrich bezeichneten Waren oder unter Verwendung von nach den ersten beiden Gedankenstrichen bezeichneten Waren gewonnen oder hergestellt worden sind;"

Als Nichtgemeinschaftswaren werden nach Art. 4 Nr. 8 alle Waren erfaßt, die keine Gemeinschaftswaren sind.

Eine eingeführte Ware bleibt als Nichtgemeinschaftsware solange zollrechtlich gebunden, bis sie Gemeinschaftsware geworden, d. h. in den zollrechtlich freien Verkehr übergetreten ist, in eine Freizone oder ein Freilager verbracht oder wiederausgeführt wurde.

In bestimmten Fällen kann eine zollrechtliche Bindung auch bei Waren im freien Verkehr der Gemeinschaft fortbestehen.

19
Abläufe bei der Einfuhr

Bei der Realisierung grenzüberschreitender Warenbewegungen sind regelmäßig zollrechtlich vorgeschriebene Phasen zu durchlaufen, die jeweils durch konkrete Pflichten für die Beteiligten bestimmt sind.

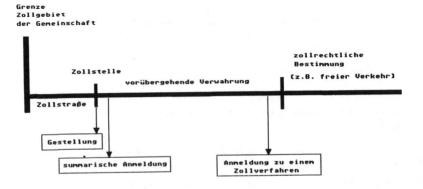

Bei dem Verbringen von Waren in das Zollgebiet der Gemeinschaft beseht die Pflicht des Verbringers, die Waren im Regelfall zunächst zu der bezeichneten Zollstelle zu befördern. Dies hat auf den festgelegten Zollstraßen zu erfolgen. Der sogen. Zollstraßenzwang ist in Umsetzung von Art. 38 Abs. 1 ZK national geregelt. Gemäß § 2 Abs. 1 ZollV werden die Zollstraßen im Bundesanzeiger bekanntgegeben. Eine Befreiung vom Zollstraßenzwang kann in Einzelfällen zur Erleichterung des Verkehrs gewährt werden. Weitere geregelte Fälle der Befreiung vom Zollstraßenzwang enthält § 5 ZollV. Diese betreffen jedoch vornehmlich den nichtkommerziellen Bereich. **20 Zollstraßenzwang**

Besonderheiten existieren im öffentlichen Schienenverkehr und im Luftverkehr.

Die Zollstraßen sind Landstraßen, Wasserstraßen, Rohrleitungen und sonstige Beförderungswege, die öffentlich bekanntgegeben werden. Eine Verletzung dieses Zollstraßenzwanges stellt gem. § 31 ZollVG eine Ordnungswidrigkeit dar.

Sollte sich nach dem Verbringen in das Zollgebiet der Gemeinschaft die Notwendigkeit ergeben, eine Ware umzuladen, so geht die Pflicht zur Einhaltung der Zollstraße sowie zur Beförderung an die jeweilige Zollstelle an die Person über, die die Ware mit der Umladung übernommen hat.

Eine zur Zollstelle beförderte Ware ist gemäß Art. 40 ZK zu gestellen. **21 Gestellung/ Einfuhr**

Der Zollkodex versteht unter der Gestellung die Mitteilung an die Zollbehörden in der vorgeschriebenen Form, daß sich die Waren bei der Zollstelle oder an einem anderen von den Zollbehörden bezeichneten oder zugelassenen Ort befinden (Art. 4 Nr. 19 ZK).

Nach nationalem Recht wird allerdings für die Gestellungsmitteilung eine beliebige Form zugelassen (Art. 8 ZollV). Zu beachten ist, daß über versteckte oder verheimlichte Waren eine ausdrückliche Mitteilung erfolgen muß, um der Gestellungspflicht zu genügen (Art. 8 Satz 2 ZollV). Generell kann festgestellt werden, daß der Gestellungspflicht durchaus eine zentrale Bedeutung im gesamten Ablauf der Wareneinfuhr zukommt.

Adressat der Gestellungspflicht ist die Person, die die Ware in das Zollgebiet der Gemeinschaft verbracht hat oder die ggf. die Beförderung der Waren unmittelbar nach dem Verbringen übernimmt. **22 Gestellungspflichtiger**

Das wird im Straßenverkehr z. B. regelmäßig der betreffende Lkw-Fahrer sein.

Als Ort der Gestellung ist gem. § 4 Abs. 1 ZollVG der Amtsplatz der zuständigen Zollstelle vorgesehen. An dessen Stelle kann aber auch ein anderer von der zuständigen Zollstelle zugelassener Ort treten. Die Gestellung ist zeitlich **23 Ort der Gestellung** an die bekanntgegebenen Öffnungszeiten der Zollstelle gebunden. Damit hat z. B. ein außerhalb dieser Zeiten eintreffendes Fahrzeug zu warten, um nach der Öffnung die Gestellungspflicht ordnungsgemäß erfüllen zu können.

24 zuständige Zollstellen Die für die Gestellung bei der Einfuhr zuständigen Zollstellen sind dem Grunde nach in § 7 ZollV festgelegt. Dabei handelt es sich grundsätzlich um

„1. im Landstraßen- und Binnenschiffahrtsverkehr die erste an der Zollstraße gelegene Zollstelle,

2. im Seeverkehr die erste an der Zollstraße gelegene Zollstelle; ..."

Zu beachten ist in diesem Zusammenhang, daß bei einem Verbringen von Waren in das Zollgebiet bei nachfolgender Weiterbeförderung zu einem anderen Hafen auf Grundlage desselben Beförderungspapiers die Gestellung erst in dem Hafen zu erfolgen hat, in dem die Waren aus- oder umgeladen werden (Art. 189 ZKDVO).

„3. im Luftverkehr ... die Zollstelle bei dem ersten angeflogenen Zollflugplatz ..."

Auch im Luftverkehr ist bei einer Weiterbeförderung nach Art. 189 ZKDVO zu verfahren.

„4. im Eisenbahnerkehr

a) für aufgegebenes Reisegepäck jede Zollstelle, die zur Zollbehandlung im Schienenverkehr befugt ist (Eisenbahnzollstelle),

b) für in internationalen Autoreisezügen transportierte Kraftfahrzeuge die für den Ort der Entladung zuständige Eisenbahnzollstelle;

c) für Waren, die aus einer Freizone in das übrige Zollgebiet der Gemeinschaft verbracht werden, Zollstelle, die zur Zollbehandlung des Warenverkehrs über die Freizonengrenze befugt ist,

d) für andere Waren jede Eisenbahnzollstelle, bei der planmäßig nach der Einfuhr zum ersten Male gehalten wird; ...

5. im Postverkehr jede Zollstelle, die zur Zollbehandlung im Postverkehr befugt ist (Postzollstelle),

6. im Verkehr durch Rohrleitungen oder über andere Beförderungswege die Zollstelle, in deren Bezirk die Ware die Zollstraße verläßt."

25 summarische Anmeldung Sobald die Ware gestellt worden ist, hat gemäß Art. 43 ZK eine summarische Anmeldung zu erfolgen. Diese dient letztlich zur Erfassung jener Waren, die in das Zollgebiet verbracht wurden, jedoch noch keine zollrechtliche Bestimmung erhalten haben. Die Abgabe dieser Anmeldung erfolgt auf einem gesonderten Vordruck.

Durch die Zollbehörde können auch Handels- oder Verwaltungspapiere als summarische Zollanmeldung zugelassen werden, sofern dort die erforderlichen Angaben enthalten sind. Auf eine summarische Zollanmeldung wird dann durch die Zollbehörde verzichtet, wenn die Ware unmittelbar, d. h. mindestens vor Ablauf der gem. Art. 43 ZK möglichen Frist einer zollrechtlichen Bestimmung zugeführt wird.

Die Ausfuhr ist gem. Art. 4 Nr. 16 ein Zollverfahren. Dies stellt gegenüber der Rechtslage vor Inkrafttreten des Zollkodex eine neue Situation dar. Danach ist auch bei der Ausfuhr die Ware generell zu gestellen und eine Ausfuhranmeldung vorzulegen. **26 Gestellung/ Ausfuhr**

Letztere ist bei der Zollstelle abzugeben, die für den Ort zuständig ist, an dem der Ausführer ansässig ist oder die Waren zur Ausfuhr verpackt oder verladen werden. Die Pflicht zur Gestellung, also zur Mitteilung an die Zollbehörde, daß sich die Waren bei der Zollstelle befinden, ist bei der Ausgangszollstelle zu erfüllen. Dabei handelt es sich zumeist um die letzte Zollstelle vor dem Ausgang der Waren aus dem Zollgebiet der Gemeinschaft (zur genauen Bestimmung der Ausgangszollstelle vgl. Art. 793 Abs. 2 ZKDVO).

Zur Überprüfung der Einhaltung der Gestellungspflicht hat die Zollverwaltung die Befugnis zur Überholung (§ 11 ZollVG). In diesem Rahmen besteht die Möglichkeit, eine Warensendung körperlich in Augenschein zu nehmen und zu untersuchen. Der Gestellungspflichtige hat die Überholung zu dulden und ggf. selbst oder auf seine Kosten und Gefahr die erforderliche Hilfe zu leisten. **27 Überholung**

Bei der Einfuhr schließt sich an die Gestellung unmittelbar die vorübergehende Verwahrung an. Die Abgabe der summarischen Zollanmeldung liegt zeitlich bereits innerhalb der vorübergehenden Verwahrung. **28 vorübergehende Verwahrung**

Diese Phase wird mit dem Erhalt einer zollrechtlichen Bestimmung beendet (vgl. Rn. 29). Die Ware befindet sich dabei weiter unter zollamtlicher Überwachung. Deren Lagerung darf ausschließlich an von den Zollbehörden zugelassenen Orten unter von diesen Behörden festgelegten Bedingungen erfolgen.

Es besteht ferner die Möglichkeit, von der Person, die die Ware in dieser Phase in Besitz hat, eine Sicherheitsleistung zur Gewährleistung der Erfüllung der Zollschuld zu fordern.

Eine Prüfung der Waren durch den Einführer sowie die Entnahme von Mustern oder Proben ist mit Zustimmung der Zollbehörde zulässig. Darüber hinaus dürfen auch solche Behandlungen der Ware vorgenommen werden, die zu deren Erhaltung erforderlich sind. Allerdings ist zu gewährleisten, daß damit keine Veränderungen des Warencharakters einhergehen.

Um die vorübergehende Verwahrung zu beenden, sind Aktivitäten des Beteiligten erforderlich. Dazu legt der Zollkodex in Art. 49 konkrete Fristen fest. Danach sind im Seeverkehr innerhalb von 45 Tagen, in anderen Verkehren innerhalb von 20 Tagen ab dem Tag der summarischen Anmeldung die Förmlichkeiten zu erfüllen, damit die Waren eine zollrechtliche Bestimmung erhalten können. Durch die Zollbehörden können in gerechtfertigten Fällen diese Fristen verlängert oder verkürzt werden.

Die zollrechtliche Bestimmung 1.4

Allgemeines 1.4.1

Gemäß Art. 48 ZK muß jede ordnungsgemäß in das Zollgebiet der Gemeinschaft verbrachte Nichtgemeinschaftsware eine zollrechtliche Bestimmung erhalten.

29 zollrechtliche Bestimmungen

Zollrechtliche Bestimmungen sind:
1. Die Überführung in ein Zollverfahren,
2. Das Verbringen in eine Freizone oder ein Freilager,
3. Die Wiederausfuhr,
4. Die Vernichtung oder Zerstörung,
5. Die Aufgabe zugunsten der Staatskasse.
(Art. 4 Nr. 15 ZK)

Welche dieser Formen der zollrechtlichen Bestimmung eine Ware erhalten soll, liegt im Ermessen des Beteiligten (Grundsatz der Wahlfreiheit, Art. 58 Abs. 1 ZK). Allerdings wird dieser Grundsatz der Wahlfreiheit dadurch eingeschränkt, daß gegebenenfalls Regelungen über Verbote und Beschränkungen (VuB) sowie handelspolitische Maßnahmen (Art. 1 Nr. 7 ZK-DVO) entgegenstehen.

So kann beispielsweise eine Ware, für die im Zusammenhang mit der Überführung in ein Zollverfahren ein Genehmigungsdokument erforderlich wäre, welches im maßgebenden Zeitpunkt nicht vorliegt, die zollrechtliche Bestimmung „Zollverfahren" nicht erhalten.

Die wohl am häufigsten in Betracht kommende zollrechtliche Bestimmung ist die Überführung von Waren in ein Zollverfahren.

Art. 4 Nr. 16 ZK gibt zunächst eine erschöpfende Aufzählung aller möglichen Zollverfahren. Zollverfahren sind danach:

die Überführung von Waren in
- den zollrechtlich freien Verkehr,
- das Zollagerverfahren,
- die aktive Veredelung,
- das Umwandlungsverfahren,
- die vorübergehende Verwendung,
- die passive Veredelung,
- das Ausfuhrverfahren,
- das Versandverfahren.

30 Zollverfahren

Die Zollverfahren werden jedoch im Zollkodex und seiner Durchführungsverordnung einer weiteren Systematisierung unterzogen, die für den Aufbau und den Inhalt dieser Vorschriften von Bedeutung sind.

Die entsprechende Systematisierung ist der Übersicht (Rn. 33) zu entnehmen.

Diese Systematisierung trägt sowohl allgemeinen als auch spezifischen Bedingungen und Voraussetzungen der einzelnen Zollverfahren Rechnung.

Allgemeine Bedingung und Voraussetzung für alle Zollverfahren ist beispielsweise die Abgabe einer Zollanmeldung.

Für bestimmte Verfahrensgruppen (z. B. bei Zollverfahren mit wirtschaftlicher Bedeutung) ist die Erteilung einer Bewilligung insbesondere unter wirtschaftlichen Aspekten durch die Zollbehörde wesentliche Voraussetzung.

Schließlich gibt es für einzelne Zollverfahren ganz spezifische Bedingungen und Voraussetzungen. So z. B. bei der Überführung von Waren in das Ausfuhrverfahren, in das nur Gemeinschaftswaren überführt werden können.

An dieser Stelle werden zunächst die allgemeinen Voraussetzungen und Bedingungen für die Überführung von Waren in ein Zollverfahren behandelt. Weitere Aspekte zu dieser Problematik werden in den entsprechenden Abschnitten über die Zollverfahren dargestellt.

Unabhängig davon, in welches Zollverfahren eine Ware überführt werden soll, stets ist die Abgabe einer Zollanmeldung erforderlich (Art. 59 ZK).

31 Zollanmeldung

> Die Zollanmeldung ist eine Handlung, mit der eine Person (Art. 4 Nr. 1 ZK) in der vorgeschriebenen Form und nach den vorgeschriebenen Bestimmungen die Absicht bekundet, eine Ware in ein Zollverfahren überführen zu lassen (Art. 4 Nr. 17 ZK).

Die Pflicht zur Abgabe der Zollanmeldung obliegt grundsätzlich dem Anmelder.

32 Anmelder

Anmelder ist die Person, die entweder im eigenen Namen eine Zollanmeldung abgibt oder in deren Namen eine Zollanmeldung abgegeben wird (Art. 4 Nr. 18 ZK).

Die Abgabe einer Anmeldung im eigenen Namen ist praktisch durch jede Person zulässig, die in der Lage ist, die Waren zu gestellen oder gestellen zu lassen und alle Unterlagen vorlegen kann, die für das betreffende Zollverfahren erforderlich sind (Art. 64 ZK).

33
Zollverfahren (Systematisierung)

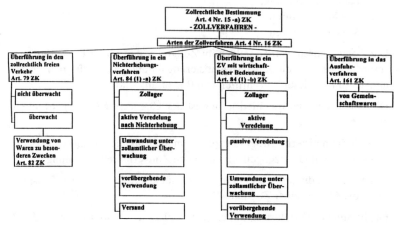

34 Der Anmelder kann sich jedoch auch bei der Abgabe der Zollanmeldung vertreten lassen (Art. 5 ZK). Diese Vertretung kann direkt oder indirekt erfolgen. Eine direkte Vertretung liegt vor, wenn der Vertreter im Namen und für Rechnung des Anmelders handelt.
Vertretung

Eine indirekte Vertretung liegt dagegen dann vor, wenn der Vertreter im eigenen Namen, aber für Rechnung eines anderen (Käufer) tätig wird. Allerdings muß die Art der Vertretung (direkt oder indirekt) eindeutig in der Zollanmeldung erklärt werden. Grundsätzlich ist von einer direkten Vertretung auszugehen, wenn die Erklärung nicht ausdrücklich auf das Handeln für fremde Rechnung beschränkt wird; (etwa wie folgt: „i. A. i. V. der Firma" A-Spedition B = direkte Vertretung; Spedition B für Rechnung der Firma A = indirekte Vertretung)

Die genaue Klärung der Frage, wer letztlich Zollanmelder ist, ist von prinzipieller Bedeutung, da der Zollanmelder i. d. R. auch Zollschuldner wird und damit zur Entrichtung der Einfuhrabgaben verpflichtet ist.

Die Abgabe der Zollanmeldung stellt zugleich eine Handlung dar, mit der der Anmelder seinen Willen zum Ausdruck bringt, die Ware in das betreffende

Zollverfahren überführen zu lassen. Seine Handlungsweise und damit seinen Willen kann der Anmelder dabei durch verschiedene Formen zum Ausdruck bringen, die aber vom Gesetzgeber in Art. 61 ZK allgemein vorgeschrieben sind.

Folgende Formen der Abgabe einer Zollanmeldung sind grundsätzlich möglich:

35 Formen der Zollanmeldung

– schriftlich
– mit Mitteln der Datenverarbeitung
– mündlich oder
– durch andere Formen der Willensäußerung.

Die verschiedenen Formen der Abgabe einer Zollanmeldung sind jedoch wiederum an bestimmte Voraussetzungen gebunden.

Schriftliche Anmeldungen sind immer dann zwingend vorgeschrieben, wenn die Abgabe in einer anderen Form aufgrund fehlender Voraussetzungen nicht möglich ist.

36 schriftliche Anmeldung

Bei der Abgabe einer schriftlichen Anmeldung sind zwei Verfahrensarten zu unterscheiden:

– das Normalverfahren und
– die vereinfachten Verfahren.

Beim Normalverfahren ist die Abgabe der schriftlichen Anmeldung auf einem Vordruck nach amtlichem Muster erforderlich. In aller Regel ist dies das Einheitspapier in einem entsprechenden Vordrucksatz (Art. 62 ZK i. V. m. Art. 205 und 208 ZK-DVO).

37 Normalverfahren

Die Zollanmeldung muß unterzeichnet werden und alle Angaben enthalten, die für das betreffende Zollverfahren erforderlich sind. Findet beispielsweise das Einheitspapier Anwendung, so ist es unter Beachtung des Merkblatts gemäß Art. 212 i. V. m. Anhang 37 ZK-DVO auszufüllen und während der Öffnungszeiten bei der Zollstelle abzugeben, bei der die Ware gestellt wurde (Art. 201, 202 ZK-DVO).

Außerdem sind der schriftlichen Anmeldung alle Unterlagen beizufügen, deren Vorlage für das betreffende Zollverfahren erforderlich ist. Diese Unterlagen ergeben sich aus den Art. 218 – 221 ZK-DVO unter den dort genannten Voraussetzungen. So ist zum Beispiel bei der Überführung in den zollrechtlich freien Verkehr eine Rechnung, auf deren Grundlage der Zollwert angemeldet wird, nach Maßgabe des Art. 181 ZK-DVO sowie eine Zollwertanmeldung unter Berücksichtigung der Art. 178 und 179 ZK-DVO vorzulegen.

Art. 76 ZK räumt den zuständigen Zollbehörden unter bestimmten Voraussetzungen die Möglichkeit ein, Förmlichkeiten und Verfahren weitgehend zu vereinfachen, wenn dadurch die Ordnungsmäßigkeit der Überführung der

38 vereinfachte Verfahren

Waren in ein Zollverfahren nicht beeinträchtigt wird. Diese Vereinfachungen beziehen sich auf die schriftlichen Zollanmeldungen.

Vereinfachte Anmeldeverfahren sind:

– die Abgabe einer unvollständigen Anmeldung, die einige Abgaben nicht enthält bzw. der einige Unterlagen, die für das betreffende Zollverfahren erforderlich sind, nicht beigefügt wurden

– Die Abgabe einer vereinfachten Zollanmeldung etweder in Form einer unvollständigen Anmeldung oder durch die Vorlage eines Handels- oder Verwaltungspapieres (z. B. Frachtbrief oder Rechnung)

– Die Abgabe einer Anmeldung durch Anschreibung in der Buchführung des Anmelders.

Derartige vereinfachte Verfahren sind bei allen Zollverfahren möglich. Ihre inhaltliche Ausgestaltung ergibt sich aus den entsprechenden Regelungen zu den einzelnen Zollverfahren (vgl. Rn. 56ff).

39 andere Formen der Zollanmeldung

Neben der schriftlichen Anmeldung (Normalverfahren und vereinfachte Verfahren) kann eine Anmeldung auch mit Mitteln der Datenverarbeitung abgegeben werden, wenn das in entsprechenden Regelungen der ZK-DVO vorgesehen ist (Art. 61 Buchstabe b ZK).

40 Datenverarbeitung

Die Art. 222 – 224 ZK-DVO regeln den grundsätzlichen Rahmen für die Anwendung dieser Form der Zollanmeldung sowie eine Ermächtigung an den Gesetzgeber der einzelnen EU-Mitgliedsstaaten, entsprechende Regelungen zu schaffen. In der deutschen Zollverwaltung finden diesbezüglich die IT-Verfahren „ALFA/Douane" Anwendung.

Schließlich kann eine Zollanmeldung auch mündlich oder durch andere Formen der Willensäußerung (konkludentes Verhalten) abgegeben werden (Art. 61 Buchstabe c ZK).

41 mündliche Zollanmeldung

Die Abgabe einer mündlichen Zollanmeldung ist überhaupt nur bei der Überführung in den zollrechtlich freien Verkehr (Art. 225 ZK-DVO), in die vorübergehende Verwendung (Art. 229 ZK und 696 ZK-DVO sowie beim Ausfuhrverfahren (Art. 226 ZK) möglich.

Dabei müssen die in diesen Vorschriften genannten Voraussetzungen strikte Beachtung finden. So ist beispielsweise die Abgabe einer mündlichen Anmeldung für Waren zu kommerziellen Zwecken[1] bei der Überführung in den zollrechtlich freien Verkehr gemäß Art. 225 Buchstabe b ZK-DVO nur möglich, wenn

---

[1] Der Begriff „zu kommerziellen Zwecken" ist weder im Zollkodex noch in der ZK-DVO definiert. Er ergibt sich jedoch logisch aus dem Umkehrschluß des Begriffs „zu nicht kommerziellen Zwecken" gem. Art. 1 Nr. 6 ZK-DVO (Rn. 42).

- der Gesamtwert je Sendung und Anmelder die vorgesehene statistische Wertschwelle von 800 ECU (1600,00 DM) nicht übersteigt

- die Sendung nicht Teil einer regelmäßigen Serie gleichartiger Sendungen ist und

- die Waren nicht von einem unabhängigen Beförderer als Teil eines größeren kommerziellen Beförderungsvorganges befördert werden.

Darüber hinaus müssen die Vorbehaltsregelungen in Art. 227 und 235 ZK-DVO beachtet werden. Danach kann die Zollstelle eine schriftliche Anmeldung verlangen, wenn sie Zweifel an der Richtigkeit oder der Vollständigkeit der Angaben hat.

Gemäß Art. 235 ZK-DVO darf eine Zollanmeldung nicht mündlich abgegeben werden, wenn für die Waren Ausfuhrerstattungen oder andere Beträge vorgesehen sind oder beantragt wurden oder die Waren Verbots- oder Beschränkungsmaßnahmen sowie besonderen Förmlichkeiten unterliegen.

Ebenfalls nur unter ganz bestimmten Voraussetzungen ist die Abgabe der Zollanmeldung durch andere Formen der Willensäußerung möglich (Art. 230 – 233 ZK-DVO).

42 andere Formen der Willensäußerung

Andere Formen der Willensäußerung sind:

a) bei Beförderung der Waren gemäß Art. 38 Abs. 1 ZK

- das Benutzen des grünen Ausgangs „anmeldefreie Waren"

- das Passieren einer Zollstelle ohne getrennte Kontrollausgänge, ohne spontan eine Zollanmeldung abzugeben

- das Anbringen einer Zollanmeldungsvignette oder eines Aufklebers „anmeldefreie Waren" an der Windschutzscheibe von Personenkraftwagen, sofern dies in den einzelstaatlichen Vorschriften vorgesehen ist,

b) bei Verzicht auf die Beförderungspflicht gemäß Art. 38 Abs. 4 ZK und § 5 Abs. 1 Zoll-VO

- das einfache Überschreiten der Grenze des Zollgebiets der Gemeinschaft.

So ist beispielsweise das einfache Überschreiten der Grenze der Gemeinschaft möglich, wenn

- die Abfertigung zum freien Verkehr erfolgt,

- es sich um Waren zu nichtkommerziellen Zwecken[1] handelt,
- die im persönlichen Gepäck der Reisenden enthalten sind und die gemäß Kapitel I, Titel XI der VO (EWG) Nr. 918/83 des Rates (Zollbefreiungsverordnung; VSF ZO210) einfuhrabgabenfrei sind und
- die gemäß Art. 38 Abs. 4 ZK i. V. m. § 5 Abs. 1 Nr. 1 Buchstabe a Zoll-VO von der Beförderungspflicht ausgenommen sind.

Schließlich müssen auch hier noch die Vorbehaltsregelungen gem. Art. 235 ZK-DVO beachtet werden.

43
Annahme der Anmeldung

Eine bei den Zollbehörden abgegebene Zollanmeldung zur Überführung von Waren in ein Zollverfahren bedarf unabhängig von ihrer Form der rechtswirksamen Annahme durch diese Behörde. Dabei ist der Zeitpunkt der Annahme von prinzipieller Bedeutung, weil er auf alle Vorschriften über das jeweilige Zollverfahren, zu dem die Waren angemeldet werden, zugrunde zu legen ist. Das bedeutet, daß sowohl bestimmte Rechtsfolgen als auch weitere durchzuführende Maßnahmen, die im Zusammenhang mit der Zollanmeldung stehen, von diesem Zeitpunkt abhängen.

So ist zum Beispiel bei der Überführung von einfuhrabgabepflichtigen Waren in den zollrechtlich freien Verkehr die Annahme der Zollanmeldung der Zeitpunkt der Entstehung der Einfuhrzollschuld.

Bei schriftlichen Anmeldungen im Rahmen des Normalverfahrens nimmt die Zollbehörde die Anmeldung unverzüglich an, wenn die Waren ordnungsgemäß gestellt wurden. Dabei gilt, daß eine vorzeitig abgegebene Anmeldung erst dann angenommen werden kann, wenn die Ware gestellt wurde.

Desweiteren muß die Anmeldung auf einem Vordruck nach amtlichem Muster abgegeben und unterzeichnet worden sein. Sie muß alle Angaben enthalten, die für das betreffende Zollverfahren erforderlich sind.

Schließlich müssen ihr alle erforderlichen weiteren Unterlagen beigefügt sein (Art. 63 ZK). Für die Annahme vereinfachter schriftlicher Anmeldungen sowie mündlicher Anmeldungen gelten die Bestimmungen des Art. 63 ZK sinngemäß (Art. 77 ZK).

So gilt beispielsweise bei Zollanmeldungen durch Anschreibung in der Buchführung des Anmelders (vereinfachtes Verfahren) die Anmeldung als angenommen, wenn die Ware an den von der Zollbehörde zugelassenen Ort (z. B.

---

[1] Waren zu nichtkommerziellen Zwecken sind Waren, deren Überführung in den zollrechtlich freien Verkehr oder in das Ausfuhrverfahren gelegentlich erfolgt und die ihrer Art und Menge nach ausschließlich zum privaten Ge- oder Verbrauch durch den Empfänger oder Reisenden sowie für Angehörige ihres Haushalts bestimmt sind oder als Geschenk überreicht werden sollen (Art. 1 Nr. 6 ZK-DVO).

im Betrieb des Anmelders) gestellt wurde, die Aufzeichnung in den Büchern mit allen erforderlichen Angaben erfolgt ist und alle Unterlagen beim Anmelder vorliegen. Eine mündliche Zollanmeldung ist dann angenommen, wenn die Ware gestellt und die Anmeldung von der Zollbehörde nicht ausdrücklich zurückgewiesen wurde.

Bei anderen Formen der Willensäußerung gem. Art. 61 Buchstabe c ZK i. V. m. Art. 230 – 233 ZK-DVO wurde auf eine Fiktion zurückgegriffen. Danach gelten die Waren als gestellt, die Zollanmeldung als angenommen und die Waren als überlassen, wenn beispielsweise die Zollstelle unter den genannten Voraussetzungen passiert wird.

44 Nichtannahme der Anmeldung

Gegenstück zur Annahme der Zollanmeldung ist ihre Nichtannahme oder Zurückweisung. Nach den Bestimmungen des Zollkodex ist nur diese Alternative möglich. Da Art. 63 ZK die Annahme der Anmeldung nur positiv beantwortet, ergibt sich die Schlußfolgerung, daß eine Anmeldung durch die Zollbehörde nicht angenommen wird, wenn eine Voraussetzung nicht vorliegt. Die Nichtannahme einer Zollanmeldung ist in § 7 Zoll-VG weiter ausgestaltet.

Danach lehnt die Zollstelle die Annahme der Anmeldung ab, wenn

– sie sachlich nicht zuständig ist,

– die Voraussetzungen für die betreffende Zollbehandlung nicht vorliegen oder

– Verbote oder Beschränkungen entgegenstehen.

Sie kann die Anmeldung ablehnen, wenn

– sie örtlich nicht zuständig ist oder

– Regelungen über den Amtsplatz oder die Öffnungszeiten nicht beachtet werden.

Wird eine Zollanmeldung aus diesen genannten Gründen nicht angenommen, so befindet sich die Ware weiterhin in der vorübergehenden Verwahrung. Art. 50 ZK bestimmt, daß sich die vorübergehende Verwahrung vom Zeitpunkt der Gestellung bis zum Erhalt einer zollrechtlichen Bestimmung erstreckt. Die Waren besitzen dann den Status von „vorübergehend verwahrten Waren" (Vgl. Rn. 28).

45 Maßnahme bei Nichtannahme der Anmeldung

Die Möglichkeiten weiterer Maßnahmen richten sich dabei stets nach dem konkreten Einzelfall. Möglich wären u. a. die Überführung in ein anderes Zollverfahren, die Wahl einer anderen zollrechtlichen Bestimmung (z. B. die Wiederausfuhr) oder Maßnahmen gemäß Art. 53 und 56 ZK sowie § 13 Zoll-VG, wie z. B. die Vernichtung oder Zerstörung von Amts wegen bzw. die Veräußerung der Waren. Letztere Maßnahmen setzen aber immer die Sicherstellung, Beschlagnahme oder die Einziehung durch die Zollbehörde voraus.

46
weitere Maßnahmen nach Annahme der Anmeldung

Wird eine Zollanmeldung durch die Zollbehörde angenommen, so können danach folgende Maßnahmen Anwendung finden:

– die Berichtigung oder Ungültigkeitserklärung der Anmeldung,

– die Prüfung der Anmeldung sowie aller weiterer Unterlagen,

– die Fertigung eines Befundes, einschließlich der Erhebung der Einfuhrabgaben, wenn eine Zollschuld entstanden ist und

– die Überlassung der Waren zu dem betreffenden Zollverfahren.

47
Berichtigung der Anmeldung

Auf Antrag des Anmelders kann die Zollbehörde eine Berichtigung der Zollanmeldung bewilligen. Berichtigung bedeutet, daß der Anmelder eine oder mehrere Angaben in der Anmeldung ändern kann (Art. 65 ZK).

In bestimmten Fällen kann die Zollbehörde zulassen oder auch verlangen, daß eine neue Zollanmeldung abgegeben wird (Art. 204 ZK-DVO). Eine Berichtigung der Anmeldung ist jedoch ausgeschlossen

– nach Ankündigung einer Zollbeschau,

– nach Feststellung der Unrichtigkeit einer betreffenden Angabe,

– nach Überlassung der Ware oder

– wenn sich die Berichtigung auf andere als die ursprünglich angemeldete Ware bezieht.

48
Ungültigkeitserklärung der Anmeldung

Eine bereits angenommene Anmeldung kann durch die Zollbehörden auf Antrag des Anmelders für ungültig erklärt werden, wenn der Anmelder nachweist, daß die Waren irrtümlich zu dem in dieser Anmeldung bezeichneten Zollverfahren angemeldet worden sind oder, daß infolge besonderer Umstände die Überführung der Waren in das betreffende Zollverfahren nicht mehr gerechtfertigt ist (Art. 66 ZK).

Solche besonderen Umstände liegen z. B. bei leicht verderblichen Waren vor, die zum Zollagerverfahren angemeldet wurden, sich jedoch aufgrund des Zustandes der Waren eine sofortige Verarbeitung erforderlich macht und sie deshalb in den zollrechtlich freien Verkehr überführt werden müssen.

Allerdings ist auch die Ungültigkeitserklärung einer Anmeldung eingeschränkt.

So kann bei einer Beschauankündigung durch die Zollbehörde ein Antrag auf Ungültigkeitserklärung der Anmeldung erst angenommen werden, nachdem die Beschau stattgefunden hat. Eine Ungültigkeitserklärung ist außer in besonderen Fällen (gemäß Art. 251 ZK-DVO) nach Überlassung der Ware nicht mehr möglich.

49 Prüfung der Zollanmeldung

Eine weitere Maßnahme, die an den Zeitpunkt der Annahme der Zollanmeldung geknüpft ist, besteht in der Prüfung der Zollanmeldung durch die Zollbehörde. Gemäß Art. 68 ZK kann die Zollbehörde die angenommene Zollanmeldung und die gegebenenfalls weiteren vorzulegenden Unterlagen inhaltlich bzw. durch eine Beschau einschließlich der Entnahme von Mustern und Proben prüfen.

Die Prüfung der Zollanmeldung sowie der weiteren vorzulegenden Unterlagen erfolgt insbesondere auf der Grundlage des Art. 199 ZK-DVO bezüglich

– der Richtigkeit der Angaben

– der Echtheit der Unterlagen und

– der Einhaltung aller weiteren Verpflichtungen im Zusammenhang mit der Überführung der Waren in ein Zollverfahren.

50 Zollbeschau

Die Zollbeschau einschließlich der Entnahme von Mustern und Proben ist vom Gesetzgeber als Recht, positiv ausgestaltet (Art. 68, 69 ZK; Art. 239 – 246 ZK-DVO).

Ob dieses Recht in Anspruch genommen wird, bzw. in welcher Art und in welchem Umfang die Beschau durchgeführt wird, entscheidet die Zollbehörde. Der Rahmen für die Art und den Umfang wird jedoch in Art. 240 ZK-DVO allgemein vorgegeben. Danach kann die Zollbehörde entweder eine Beschau der gesamten oder nur eines Teils der Ware vornehmen. Entscheidet die Zollbehörde, daß keine Beschau durchgeführt oder nur ein Teil der Ware beschaut wird, so wird für den nicht beschauten Teil vermutet, daß sie die gleichen Merkmale (Menge und Beschaffenheit) besitzt, wie die beschauten Waren (Art. 70 ZK).

Wird durch die Zollbehörde eine Beschau angeordnet, so hat der Zollanmelder das Recht bei dieser Beschau anwesend zu sein.

Er hat damit verbunden jedoch gleichzeitig die Pflicht, die Maßnahmen der Beschau zu unterstützen und gegebenenfalls die Waren darzulegen. Verzichtet der Anmelder auf das Recht seiner Anwesenheit bei einer Beschau, so kann die Zollbehörde diese ausdrücklich verlangen (eine Vertretung des Anmelders ist möglich).

Kommt der Anmelder seiner Anwesenheitspflicht nicht oder nicht innerhalb der festgelegten Frist nach, kann die Zollbehörde die Zollbeschau von Amts wegen auf Kosten und Gefahr des Anmelders durchführen.

51
Zollbefund

Die Ergebnisse der Prüfung der Anmeldung werden in einem Zollbefund entweder auf dem für die Zollstelle bestimmten Exemplar der Zollanmeldung oder einem Zusatzblatt vermerkt. Faktisch wird damit dem Zollanmelder die Zollbehandlung beurkundet (Art. 71 ZK, Art. 247 Abs. 1 ZK-DVO).

Wird auf die Zollbeschau verzichtet, so werden die angemeldeten Waren als mit den transportierten Waren in Übereinstimmung stehend betrachtet (Art. 71 Abs. 2 ZK).

Während bei schriftlichen Anmeldungen immer ein Befund einschließlich der Berechnung von Einfuhrabgaben (wenn eine Einfuhrzollschuld entstanden ist) gefertigt wird, geschieht dies bei mündlichen Anmeldungen nur in den Fällen, in denen Einfuhrabgaben zu erheben sind. Dem Anmelder wird dann praktisch ein „vereinfachter Befund" für die Entrichtung der Abgaben in Form einer Quittung ausgehändigt (Art. 228 ZK-DVO).

Schließlich gehört zu den allgemeinen Maßnahmen nach Annahme der Zollanmeldung die Überlassung der Waren.

52
Überlassung der Waren

Sie ist eine Maßnahme der Zollbehörde, durch die eine Ware dem Anmelder zu dem betreffenden Zollverfahren überlassen wird, in das die Ware übergeführt wird (Art. 4 Nr. 20 ZK).

Diese Maßnahme ist möglich, wenn

– für die Ware keine VuB-Regelungen entgegenstehen und

– die Anmeldung entweder überprüft oder ohne Überprüfung angenommen wurde (Art. 73 Abs. 1 ZK).

Ist durch die Annahme der Zollanmeldung eine Zollschuld entstanden, so darf die Ware dem Anmelder erst überlassen werden, wenn der Schuldbetrag entrichtet oder eine Sicherheit geleistet worden ist (Art. 74 ZK).

Weitere Gründe für eine Nichtüberlassung der Waren ergeben sich aus Art. 75 ZK sowie 250 ZK-DVO.

Die Form der Überlassung wird von der Zollbehörde unter Berücksichtigung aller örtlichen Gegebenheiten und den Erfordernissen der zollamtlichen Überwachung bestimmt. Bei schriftlichen Zollanmeldungen wird die Überlassung im Zollbefund vermerkt und eine Kopie dem Zollanmelder übermittelt.

Die Überführung in den zollrechtlich freien Verkehr 1.4.2

Für die Überführung von Waren in den zollrechtlich freien Verkehr gelten grundsätzlich die allgemeinen Bestimmungen des Zollkodex sowie der Zollkodex-DVO, wie sie bereits im Abschnitt 1.4.1 bei der Überführung von Waren in ein Zollverfahren dargestellt wurden.

53 Allgemeines

Grundsätzlich sind zwei Verfahren zu unterscheiden:

– die Überführung von Waren in den nichtüberwachten freien Verkehr und

– die Überführung von Waren in den überwachten freien Verkehr (Rn. 63).

54 Verfahrensarten

In den nichtüberwachten freien Verkehr kann praktisch jede Nichtgemeinschaftsware überführt werden, sofern keine Regelungen über Verbote und Beschränkungen oder handelspolitische Maßnahmen entgegenstehen.

Auch hierbei sind die beiden grundsätzlichen Verfahrensarten Normalverfahren und vereinfachte Verfahren zu unterscheiden.

Normalverfahren:

Für die schriftliche Anmeldung (Art. 62 ZK) sind die Exemplare 6 und 8 des Einheitspapiers zu verwenden. Diese Exemplare sind nach Maßgabe der Art. 211 und 212 ZK-DVO i. V. m. Anhang 37 ZK-DVO auszufüllen und bei der zuständigen Zollstelle während der Öffnungszeiten abzugeben.

55 Normalverfahren

Der Anmeldung sind alle weiteren Unterlagen, die gegebenenfalls für die Überführung erforderlich sind, beizufügen.

Gemäß Art. 218 ZK-DVO können das sein:

– die Rechnung, auf deren Grundlage der Zollwert der Waren angemeldet wird, nach Maßgabe des Art. 181 ZK-DVO

– die Anmeldung der Angaben über den Zollwert der angemeldeten Waren, sofern diese Anmeldung gemäß Art. 178 ZK-DVO vorgeschrieben ist (Vordruck 0464; Rn. 92)

– die Unterlagen, die für die Anwendung einer Präferenzregelung oder einer anderen Sonderregelung erforderlich sind sowie

– alle sonstigen Unterlagen, die nach den Vorschriften über die Überführung der angemeldeten Waren in den zollrechtlichen Verkehr erforderlich sind,

  z. B. – Einfuhrgenehmigungen nach dem Außenwirtschaftsrecht
  – Einfuhrlizenzen nach dem Marktordnungsrecht
  – Anmeldung der Angaben über Verbrauchssteuern (Vordruck 0467; Rn. 92)

Für die zollamtlichen Vermerke wird das „Zusatzblatt" zum Einheitspapier für die Abfertigung von Waren zum freien Verkehr verwendet (Vordruck 0785; Rn: 92).

Bei der Überführung in dem freien Verkehr wird zunächst geprüft, ob die Waren einfuhrabgabenfrei sind.

Einfuhrabgabenfrei können Waren entweder nach dem Zolltarif oder aus anderen Gründen (außertariflich z. B. nach der VO (EWG) Nr. 918/83-Zollbefreiungsverordnung) sein.

Ist die betreffende Ware einfuhrabgabenfrei, so wird sie dem Anmelder, sofern keine Hinderungsgründe gemäß Art. 73 und 75 ZK entgegenstehen, überlassen.

Ist die Ware dagegen nicht einfuhrabgabenfrei, so sind die Einfuhrabgaben durch die Zollstelle zu berechnen und zu erheben. Der berechnete Abgabenbetrag wird durch die Zollstelle buchmäßig erfaßt und dem Zollschuldner in entsprechender Form (schriftlich oder mündlich) mitgeteilt.

Entstandene Einfuhrabgaben werden nicht erhoben und damit auch nicht buchmäßig erfaßt, wenn sie im Reise- und Postverkehr weniger als eine deutsche Mark, sonst weniger als fünf Deutsche Mark betragen.

Für die Zahlung des Abgabenbetrages wird dem Zollschuldner grundsätzlich eine Frist gesetzt (Art. 222 Abs. 1 ZK).

Die Dauer der Frist wird vor allem davon bestimmt, ob dem Schuldner eine Zahlungserleichterung eingeräumt wurde.

Ist dem Schuldner keine Zahlungserleichterung (Zahlungsaufschub) eingeräumt worden, so beträgt die Frist bei kommerziellen Einfuhren, in Ausnahmefällen auch bei Privateinfuhren bis zu maximal 10 Tagen. Bei Privateinfuhren wird die Entrichtung des Abgabenbetrages i. d. R. sofort fällig.

Wird dem Schuldner dagegen von der Zollbehörde ein Zahlungsaufschub gewährt, so wird auf Antrag des Schuldners bei einer entsprechenden Sicherheitsleistung die Zahlung des Abgabenbetrages bis zum 16. des auf die Entstehung der Zollschuld folgenden Monats aufgeschoben.

Mit der Entrichtung der Einfuhrabgaben erlischt die Zollschuld (Art. 233 ZK).

Sobald die Einfuhrabgaben gezahlt oder aufgeschoben wurden, wird dem Anmelder die Ware zum zollrechtlich freien Verkehr überlassen. Dadurch erhält eine eingeführte Nichtgemeinschaftsware den zollrechtlichen Status einer Gemeinschaftsware.

Vereinfachte Verfahren:

56 vereinfachte Verfahren

Vereinfachte Verfahren im Sinne des Art. 76 ZK sind bei der Überführung von Waren in den zollrechtlich nicht überwachten freien Verkehr

- die unvollständige Anmeldung
- das vereinfachte Anmeldeverfahren sowie
- das Anschreibeverfahren (Rn. 38)

57 unvollständige Anmeldung

Die Regelungen über die unvollständige Anmeldung sind im Unterschied zu den anderen vereinfachten Verfahren eine Möglichkeit der Vereinfachung für Anmelder, die nicht ständig Waren einführen und die im Zeitpunkt der Überführung von Waren in den zollrechtlich freien Verkehr aus bestimmten Gründen nicht alle Angaben machen bzw. nicht alle erforderlichen Unterlagen vorlegen können. Jedoch müssen dabei bestimmte Mindestanforderungen erfüllt werden.

So muß die unvollständige Anmeldung mindestens die Angaben in den Feldern 1 (erstes und zweites Unterfeld) 14, 21, 31, 37, 40, 54 des Einheitspapiers (Blätter 6 und 8) enthalten.

Darüber hinaus sind folgende Angaben erforderlich:

- die Warenbezeichnung in so genauer Form, daß die Zollstelle sofort und eindeutig feststellen kann, zu welcher Position oder Unterposition der kombinierten Nomenklatur die Waren gehören

- bei wertzollpflichtigen Waren, den Zollwert, oder wenn der Anmelder diesen Wert nicht anmelden kann, einen vorläufigen Hinweis auf den Wert

- alle sonstigen Angaben, die für die Feststellung der Warennämlichkeit und die Anwendung der Vorschriften über die Überführung in den zollrechtlich freien Verkehr sowie gegebenenfalls für die Festlegung der Sicherheit erforderlich sind.

Sollten bei der Überführung in den zollrechtlich nicht überwachten freien Verkehr neben der Zollanmeldung weitere Unterlagen im Sinne des Art. 218 ZK-DVO erforderlich sein, so kann die Zollstelle die Anmeldung annehmen, obwohl einige Unterlagen zu diesem Zeitpunkt nicht vorliegen.

Jedoch muß dazu vom Anmelder der Nachweis erbracht werden, daß

- die jeweiligen Unterlagen vorhanden und gültig sind,

- diese Unterlagen aus Gründen, die der Anmelder nicht zu vertreten hat, der Zollanmeldung nicht beigefügt werden konnten und

- eine Verzögerung der Annahme der Zollanmeldung die Überführung in den zollrechtlich nicht überwachten freien Verkehr verhindern würde oder zur Folge hätte, daß ein höherer Abgabensatz zur Anwendung käme.

Die fehlenden Unterlagen müssen dabei in jedem Fall in der Zollanmeldung bezeichnet werden.

Sowohl fehlende Angaben als auch Unterlagen, die aus o. g. Gründen nicht vorgelegt werden konnten, müssen grundsätzlich innerhalb einer Frist bis zu einem Monat nachgereicht werden, wobei in begründeten Fällen eine Fristverlängerung möglich ist (Art. 256 ZK-DVO).

Dabei kann die bereits abgegebene unvollständige Zollanmeldung vervollständigt oder mit Zustimmung der Zollstelle durch eine neue Zollanmeldung ersetzt werden, die den Voraussetzungen einer schriftlichen Anmeldung im Rahmen des Normalverfahrens gemäß Art. 62 ZK entspricht.

Hinsichtlich der weiteren Durchführung des vereinfachten Verfahrens „unvollständige Anmeldung" gelten darüber hinaus die Grundsätze wie beim Normalverfahren. Auch hier wird zunächst geprüft, ob die Waren einfuhrabgabenfrei oder einfuhrabgabenpflichtig sind.

Hängt bei einfuhrabgabenpflichtigen Waren die Höhe der Abgaben von noch fehlenden Angaben oder Unterlagen ab – z. B. bei einer als präferenzberechtigt angemeldeten Ware ohne Vorlage des Präferenznachweises –, so wird grundsätzlich ein Abgabenbescheid nach den Bemessungsgrundlagen erteilt, die bei Vorliegen der Angaben oder Unterlagen anzuwenden wären. Dabei muß vom Anmelder Sicherheit in Höhe des Unterschieds zu dem Betrag geleistet werden, der sich bei der Anwendung der regelmäßigen Abgabensätze ergeben würde oder der endgültig auf die Waren erhoben werden könnte.

Die Fristen für die Entrichtung der Einfuhrabgaben sind dieselben wie beim Normalverfahren.

58
Sammelzollverfahren
Im Sprachgebrauch innerhalb der BR Deutschland werden das vereinfachte Anmeldeverfahren (Zollabfertigung nach vereinfachter Anmeldung, ZnV) und die Anschreibeverfahren (Zollabfertigung nach Aufzeichnung ZnA und Zollbehandlung nach Gestellungsbefreiung, ZnG) auch als Sammelzollverfahren bezeichnet, weil die in einem bestimmten Zeitraum eingeführten Waren in einer einzigen Zollanmeldung (Sammelzollanmeldung) angemeldet und der Zoll sowie die anderen Einfuhrabgaben für diese Waren in einer Summe entrichtet werden können.

59
Allgemeines
Das vereinfachte Anmeldeverfahren (Zollabfertigung nach vereinfachter Anmeldung, ZnV) kann zugelassen werden

– unmittelbar bei der Einfuhr von Waren,
– nach Gestellung in einem Zollverfahren mit wirtschaftlicher Bedeutung sowie
– nach Lagerung der Waren in der vorübergehenden Verwahrung

Weiterhin setzt die ZnV voraus, daß die einzelnen Sendungen mit der für die jeweilige Zollbehandlung erforderlichen Genauigkeit angemeldet werden.

Das Anschreibeverfahren (Zollabfertigung nach Aufzeichnung, ZnA) kann zugelassen werden für die Überführung von Waren, die an einem anderen Ort als bei der Zollstelle gestellt werden (vgl. auch Art. 38 Abs. 1 ZK), und zwar

– nach einem vorausgegangenen Versandverfahren, soweit nach den dafür geltenden Vorschriften die Gestellung außerhalb der Zollstelle zugelassen wurde (zugelassener Empfänger, vgl. Rn. 73) und

– nach einem Zollverfahren mit wirtschaftlicher Bedeutung (Art. 84 ZK) soweit dies nach den dafür geltenden Vorschriften zulässig ist (Rn. 80 ff).

Darüber hinaus muß bei ZnA gewährleistet sein, daß der Kreis der einzuführenden Waren festgelegt werden kann und die Waren so eindeutig bezeichnet werden können, daß sie weder für ihre Einreihung in den Zolltarif noch zur Feststellung etwaiger Besonderheiten (z. B. Präferenzregelungen, VuB, Außenwirtschaftsrecht) regelmäßig beschaut zu werden brauchen.

Das Anschreibeverfahren (Zollbehandlung nach Gestellungsbefreiung, ZnG) kommt nur für Waren in Betracht, die unmittelbar bei der Einfuhr von der Gestellung befreit sind (Art. 40, 41 ZK). Das Verfahren kann zugelassen werden

– für Massenwaren, die außerhalb einer Zollstraße eingeführt werden, weil deren Benutzung zu einem unzumutbaren Umweg führen würde

– für Flüssigkeiten und Gase in Rohrleitungen, auch nach vorausgegangenem Versandverfahren (Art. 450 ZK-DVO)

– für Briefmarken im Postverkehr sowie

– für andere Waren mit Einwilligung des BMF

Darüber hinaus kommt es auch in Betracht für Waren, die nach einem Zollverfahren mit wirtschaftlicher Bedeutung (soweit zulässig) ohne Gestellung in den freien Verkehr überführt werden, wenn das vereinfachte Verfahren nicht zugleich mit der Bewilligung des Zollverfahrens zugelassen wird (z. B. Art. 278 Abs. 3 Buchstabe c ZK-DVO).

Die Zulassung zur ZnG setzt außerdem voraus, daß die Waren so eindeutig bezeichnet werden können, daß sie wie beim ZnA-Verfahren nicht regelmäßig beschaut werden brauchen und die ordnungsgemäße Behandlung der Waren anhand von Unterlagen zuverlässig nachgeprüft werden kann.

Sammelzollverfahren werden insgesamt zugelassen, wenn Waren häufig eingeführt werden und eine wirksame zollamtliche Überwachung nicht beeinträchtigt wird. Dabei sind alle Vorschriften über die Einfuhr, insbesondere Zolltarif, Zollwert, Umsatzsteuerrecht, Präferenzrecht, automatisierte Überwachungsverfahren, Verbrauchssteuern, Marktordnungsrecht, VuB und Außenwirtschaftsrecht zu berücksichtigen.

Bei der Zulassung und Durchführung der Sammelzollverfahren werden folgende zwei Warengruppen unterschieden

- Warengruppe 1: Waren, die einem Zoll (einschließlich Abschöpfungen, Ausgleichsbeträgen sowie Antidumping- und Ausgleichszöllen oder einer besonderen Verbrauchsteuer) unterliegen.
- Warengruppe 2: Waren, die zollfrei sind und keiner besonderen Verbrauchsteuer unterliegen.

Für die bei allen Sammelzollverfahren anfallenden Einfuhrabgaben muß der Zulassungsinhaber Sicherheit leisten. Für die EUST brauchen zum Vorsteuerabzug Berechtigte regelmäßig keine Sicherheit zu leisten.

Die Zulassung erteilt grundsätzlich das HZA, in dessen Bezirk der Antragsteller seine Bücher oder Aufzeichnungen führt oder führen läßt. Dieses HZA ist auch in der Regel die Abrechnungszollstelle.

Die Zulassung der ZnV und ZnA kann auch Personen (z. B. Spediteuren) erteilt werden, die regelmäßig als Vertreter für Dritte Zollanmeldungen abgeben, sofern sie auch die Pflichten der Anmelder erfüllen können (Zollanmeldung oder Aufzeichnung in fremdem Namen). Bei Aufzeichnungen in fremden Namen müssen die Zulassungsvoraussetzungen gemäß Art. 264 ZK-DVO auch in bezug auf die Person des Anmelders gegeben sein.

Personen, die über keine Buchführung im deutschen Teil des Zollgebiets der Gemeinschaft verfügen kommen als Verfahrensbeteiligte (Zulassungsinhaber, Anmelder) eines Sammelzollverfahrens grundsätzlich nur bei ZnV in Betracht.

60 Zollabfertigung nach vereinfachter Zollanmeldung – ZnV:
Sammelzollverfahren, Einzelheiten, ZnV

Die Rechtsgrundlage bilden Art. 76 ZK sowie die Art. 253 Abs. 2 und Art. 260 bis 262 ZK-DVO. Danach kann zugelassen werden, daß die vereinfachte Zollanmeldung

- in Form einer unvollständigen Anmeldung oder in Form eines Handels- oder Verwaltungspapiers abgegeben und durch die Zollstelle angenommen wird. Voraussetzung ist, daß für die Waren, die innerhalb eines bestimmten Zeitraums gestellt werden, eine zusammengefaßte vollständige Zollanmeldung (Sammelzollanmeldung) abgegeben wird.

Der Antrag auf Zulassung zu diesem Verfahren muß grundsätzlich schriftlich auf einem amtlichen Vordruck (0500; Rn. 92) von dem jenigen gestellt werden, der die Überführung in den zollrechtlich freien Verkehr beabsichtigt.

Mit diesem Antrag können Zusatzanträge auf Zulassung weiterer Erleichterungen verbunden werden.

Als Antragsteller kann der Zollanmelder selbst auftreten. Ihn kann aber auch eine Person stellen, die regelmäßig als Vertreter für einen oder mehrere Zollanmelder Zollanmeldungen abgibt, (z. B. ein Spediteur) (vgl. Rn. 34).

Die Zulassung wird durch das betreffende Hauptzollamt auf Vordruck 0504 (Rn. 92) erteilt. Der Zulassung werden gegebenenfalls beigefügt

– eine Warenaufstellung,

– die Liste der Abfertigungszollstellen (Vordruck 0502; Rn. 92),

– das Merkblatt, Außenwirtschaftsrecht (Vordruck 0540; Rn. 92) sowie

– die Anleitung zur Verwendung und zum Ausfüllen der Verbundvordrucke für die Sammelzollverfahren (Vordruck 0509; Rn. 92)

Die Abfertigung bei mehreren Zollstellen soll nur zugelassen werden, wenn dem Antragsteller nicht zugemutet werden kann, sämtliche Einzelsendungen bei einer einzigen Zollstelle abfertigen zu lassen. Dabei sollen die Interessen der Beteiligten gegen die Belange der Verwaltung abgewogen werden.

Liegt die Zollstelle, bei der vereinfachte Zollanmeldungen abgegeben werden sollen (Abfertigungszollstelle), nicht im Bezirk des zulassenden Hauptzollamtes, so ist deren Zustimmung einzuholen, wenn dies besondere Umstände erfordern (z. B. wenn für bestimmte Maßnahmen der zollamtlichen Prüfung, wie Überholung und Beschau eine besondere technische Ausstattung notwendig ist.

Für vereinfachte Zollanmeldungen in Form der unvollständigen Zollanmeldungen ist das Einheitspapier (Vordruck 0777) oder entsprechend ausgefüllte Exemplare 6 und 8 (vgl. auch Angaben in der unvollständigen Anmeldung Rn. 57) zu verwenden.

Für andere als Waren aus EFTA-Staaten kann auch der Vordruck 0469 (Rn. 92) verwendet werden.

Die Waren müssen in der vereinfachten Zollanmeldung so genau bezeichnet werden, wie es für die Zollbehandlung und die sonstige Behandlung der Waren sowie für die Prüfung der Sammelzollanmeldung auf Übereinstimmung der warenbezogenen Angaben erforderlich ist.

Als vereinfachte Zollanmeldungen können auch Handels- und Verwaltungspapiere (Rechnung, Lieferscheine oder ähnliche Unterlagen) verwendet werden, wenn diese alle Angaben, die in der unvollständigen Anmeldung vorgesehen sind, enthalten.

Auf der Vorderseite des Handels- oder Verwaltungspapieres müssen die Warengruppe, die Zulassungsnummer und der Inhaber der Zulassung an deutlich sichtbarer Stelle angegeben sein.

In diesem Fall kann auch zugelassen werden, daß mit dem Antrag auf Zulassung der ZnV der Antrag auf Überführung der Waren in den zollrechtlich nichtüberwachten freien Verkehr unbefristet im voraus gestellt wird.

Abrechnungszeitraum, für den die Sammelzollanmeldung abzugeben ist, ist grundsätzlich der Kalendermonat. Bei nachgewiesenem Bedürfnis wird zugelassen, daß diese Sammelanmeldung in Abschnitten für einen kürzeren Zeitraum abgegeben wird.

Ausnahmsweise kann das Hauptzollamt zulassen, daß der Abrechnungszeitraum auch Teile von zwei Kalendermonaten bis zu insgesamt 31 Tagen umfaßt (z. B. vom 21.1. – 20.2.).

Für die Sammelzollanmeldung selbst sollen die Verbundvordrucke 0512 (Muster 1 g Außenhandelsstatistik) verwendet werden.

Abrechnungszollstelle ist in der Regel das Hauptzollamt, in dessen Bezirk der Antragsteller seine kaufmännischen Bücher oder Aufzeichnungen führt oder führen läßt. Hier ist die Sammelzollanmeldung innerhalb einer Frist, die den dritten Werktag nach Ablauf des Abrechnungszeitraums nicht überschreitet, abzugeben. Eine längere Frist wird nur festgesetzt, wenn sich der Antragsteller verpflichtet, die Angaben selbst zu berechnen. Sie soll bei Monatsabrechnungen jedoch nicht über den 10. Tag des folgenden Kalendermonats hinausgehen.

Sammelzollanmeldungen sind getrennt abzugeben für

- jede Warengruppe,
- jeden Einfuhrumsatzsteuersatz,
- Waren, für die eine Einfuhrkontrollanmeldung (soweit nicht das Verfahren nach § 27 Abs. 5 AWV, VSF A0151 angewendet wird),
- jeden Einführer, soweit eine Einfuhrerklärung, Einfuhrgenehmigung oder Einfuhrlizenz erforderlich ist.

Auf eine getrennte Anmeldung für jeden Einfuhrumsatzsteuersatz kann verzichtet werden, wenn der Steuerbetrag für jede Person in der Sammelzollanmeldung gesondert abgegeben wird.

Getrennte Sammelzollanmeldungen sind auch erforderlich für Waren, deren Einfuhr nach der Anweisung C in Teil III des Deutschen Gebrauchszolltarifs zu überwachen ist.

Bei Zollanmeldungen in fremdem Namen sind grundsätzlich getrennte Sammelzollanmeldungen für jeden Anmelder abzugeben.

Für die Zollabfertigung nach vereinfachter Zollanmeldung wird durch die Zollstelle Sicherheit in Höhe der Einfuhrabgaben verlangt, die durchschnittlich im Zeitraum von 1 1/2 Monaten entstehen.

Sicherheit für die Einfuhrumsatzsteuer wird in der Regel nicht verlangt, wenn die Waren für zum Vorsteuerabzug Berechtigte eingeführt werden. Hinsichtlich der Frist für die Entrichtung der Einfuhrabgaben gelten Art. 222 ff ZK.

Danach sind die Abgabenbeträge, wenn Zahlungsaufschub gewährt wurde, bis zum 16. Tag des auf ihre Entstehung folgenden Monats zu entrichten, sonst bis zum 10. Tag nach der Mitteilung des Abgabenbetrages oder der Rückgabe der Steueranmeldung bei Selbstberechnung, spätestens aber bis zum 16. Tag des auf den Abrechnungszeitraum folgenden Kalendermonats. Entstanden sind die Einfuhrabgaben mit der Annahme der vereinfachten Zollanmeldung durch die Abfertigungszollstelle.

Im Zusammenhang mit der Durchführung der ZnV-Verfahren werden durch die Zollbehörde regelmäßig Prüfungen bei den Anmeldern durchgeführt. Ist die Zollanmeldung im fremden Namen abgegeben worden, kann sich die Prüfung auch auf die Vertreter der Anmelder (z. B. Spediteure) erstrecken.

Zollabfertigung nach Aufzeichnung:

61
ZnA

Rechtsgrundlage bilden die Art. 76 ZK sowie die Art. 253 Abs. 3, Art. 263 – 267 ZK-DVO.

Hiernach kann die Zollstelle, wenn Waren nach einem Versandverfahren im Betrieb eines zugelassenen Empfängers (Rn. 73) oder nach einem Zollverfahren mit wirtschaftlicher Bedeutung gestellt werden, unter bestimmten Voraussetzungen und Bedingungen zulassen, daß die Zollanmeldung für die außerhalb der Zollstelle gestellten Waren durch Aufzeichnung in der Buchführung abgegeben wird.

Die Zulassung zu diesem Verfahren wird durch das zuständige Hauptzollamt auf Antrag (Vordruck 0500) desjenigen erteilt, der die Aufzeichnung übernimmt. Sollen Waren im fremden Namen aufgezeichnet werden, so ist eine Zustimmungserklärung des Anmelders gemäß Vordruck 0503 mit einem Prüfvermerk des für ihn zuständigen Hauptzollamtes vorzulegen.

Liegt die Zollstelle, die die Überführung der Waren in den freien Verkehr vornehmen soll (Abfertigungszollstelle) nicht im Bezirk des zulassenden Hauptzollamtes, so ist die Zustimmung des für diese Abfertigungsstelle zuständigen Hauptzollamtes einzuholen.

Die Zulassung zur ZnA wird nach Vordruck 0505 (Rn. 92) erteilt. Der Zulassung sind unter Umständen

- eine Warenaufstellung,
- die Liste der Orte, an denen die Waren aufgezeichnet werden dürfen (Vordruck 0502; Rn. 92),
- die Zustimmungserklärung (Vordruck 0503; Rn. 92),
- eine Anlage Allgemeines Überwachungsverfahren – AÜV (Vordruck 0506; Rn. 92) sowie
- das Merkblatt „Außenwirtschaftsrecht" (Vordruck 0540; Rn. 92) und
- die Anleitung zur Verwendung und zum Ausfüllen der Verbundvordrucke für die Sammelzollverfahren (Vordruck 0509; Rn. 92)

beizufügen.

Hinsichtlich des Warenkreises, für den die ZnA zugelassen werden soll, müssen Waren, die VuB-Regelungen unterliegen, besondere Beachtung finden. Derartige Waren können unter der Voraussetzung in die Zulassung einbezogen werden, wenn das Einfuhrhindernis spätestens im Zeitpunkt der Überlassung der Waren ausgeräumt werden kann. Einzelheiten werden dazu ggfs. nach Absprache mit der zuständigen Stelle in der Zulassung festgelegt.

Abrechnungszollstelle ist grundsätzlich das Hauptzollamt, in dessen Bezirk der Antragsteller seine kaufmännischen Bücher oder Aufzeichnungen führt oder führen läßt.

Für die Aufzeichnung selbst soll i. d. R. der Verbundvordruck 0512 (Muster 1 g AHSTaT) verwendet werden (Rn. 92).

Die Aufzeichnungen müssen grundsätzlich für

- jede Warengruppe,
- jeden Einfuhrumsatzsteuersatz,
- Waren, für die eine Einfuhrkontrollmeldung erforderlich ist und
- für jeden Einführer, soweit eine Einfuhrerklärung, Einfuhrgenehmigung oder Einfuhrlizenz nach dem Außenwirtschaftsrecht bzw. Marktordnungsrecht erforderlich ist

getrennt geführt werden.

Eine getrennte Aufzeichnung ist auch erforderlich für Waren, deren Einfuhr nach der Anweisung C in Teil III D GebrZT zu überwachen ist.

Bei Aufzeichnungen in fremdem Namen sollen darüber hinaus die Aufzeichnungen für jeden Anmelder getrennt geführt werden.

Die Aufzeichnungen selbst müssen grundsätzlich den Zeitpunkt der Aufzeichnung sowie mindestens die Angaben enthalten, die in einer vereinfachten Zollanmeldung zu machen wären.

Diese Aufzeichnung der Waren wird der Abfertigungszollstelle mit Vordruck 0472 (Rn. 92) angezeigt (Aufzeichnungsanzeige).

Ist ein Versandverfahren vorausgegangen, so kann die Aufzeichnung auch durch einen Vermerk im Versandschein angezeigt werden. In diesem Vermerk müssen Datum und Nummer der Aufzeichnung, Art und Menge der Waren sowie die Zulassungsnummer und der Inhaber der Zulassung angegeben werden.

Die Aufzeichnung der Waren ist der Abfertigungszollstelle grundsätzlich unverzüglich anzuzeigen. Eine Ausnahme hiervon ist möglich, wenn ein Versandverfahren vorausgegangen ist und die Anzeige durch Vermerk in der Versandanmeldung erfolgt. Zeitpunkt der Aufzeichnungsanzeige ist in diesem Fall der Termin für die Vorlage des Versandscheins oder der Beförderungspapiere bei der Abfertigungszollstelle.

Sind die Waren aufgezeichnet und die Aufzeichnungsanzeige abgegeben worden, entscheidet die Abfertigungsstelle über die Überlassung der Waren zum freien Verkehr.

Von Bedeutung ist hierbei, ob die Zollstelle eine Beschau der Waren durchführt oder auf diese verzichtet.

Ist bereits aufgrund der Angaben im Antrag auf Zulassung der ZnA erkennbar, daß eine Beschau nicht erforderlich ist, so erklärt die Abfertigungszollstelle, daß die Waren im Zeitpunkt der Aufzeichnung überlassen werden.

Wenn die Zollstelle erst nach Gestellung der Waren entscheiden kann, dann teilt sie dem Inhaber der Zulassung im Einzelfall mit, wie die Waren überlassen werden.

Aufgezeichnete Waren können auch durch Ablauf einer von der Zollstelle festgelegten Frist überlassen werden.

In diesem Zusammenhang ist eine Bereitstellung der Waren für die weitere Verwendung im Betrieb möglich, wenn diese dringend benötigt werden. Voraussetzung dafür ist allerdings, daß sie für eine etwaige Beschau unverändert zur Verfügung gestellt werden können.

Die Abgabe der Sammelzollanmeldung erfolgt auf Vordruck 0512 (Muster 1g AHStat), wenn dieser auch für die Aufzeichnung selbst verwendet wurde. In anderen Fällen ist der Vordruck 0473 zu verwenden.

Bei Verwendung dieses Vordrucks ist zusätzlich Blatt 1 des Verbundvordrucks 0512 vorzulegen. Hinsichtlich des Zeitraums für die Abgabe der Sammelzollanmeldung, bei Aufzeichnungen im fremden Namen sowie der Regelungen über die Berechnung und Entrichtung der Einfuhrabgaben gelten weitestgehend die gleichen Regelungen wie beim vereinvachten Anmeldeverfahren (ZnV).

62 Zollbehandlung nach Gestellungsbefreiung (ZnG):
ZnG Rechtsgrundlage für dieses Verfahren bilden ebenfalls die Art. 76 ZK sowie die Art. 253 Abs. 3, Art. 263 – 267 ZK-DVO, weil es sich auch hier um ein Verfahren durch Anschreibung in der Buchführung handelt.

Waren, für die die ZnG zugelassen ist, hat der Anmelder unverzüglich, nachdem sie an den von der Zollstelle bestimmten Ort gebracht worden sind, für die Überführung in den freien Verkehr anzuschreiben. Die Anschreibung steht der Abfertigung gleich.

Die Vorschriften über die Aufzeichnung – ZnA – gelten entsprechend.

Werden Waren, die nicht einfuhrabgabenfrei sind, zum freien Verkehr abgefertigt, so entsteht damit eine Zollschuld im Zeitpunkt der Anschreibung. Für die Anwendung Bemessungsgrundlagen (Menge, Beschaffenheit und Zollsatz) ist dieser Zeitpunkt maßgebend.

Die Abgabenbeträge sind, wenn Zahlungsaufschub gewährt ist, bis zum 16. Tag des auf ihre Entstehung folgenden Monats zu entrichten, in anderen Fällen bis zum 10. Tag nach der Mitteilung des Abgabenbetrages oder der Rückgabe der Steueranmeldung. Bei Selbstberechnung spätestens bis zum 16. Tag des auf den Abrechnungsmonat folgenden Kalendermonats. Schuldner ist der Anmelder.

Die Voraussetzungen für die Zulassung sind bis auf wenige Ausnahmen dieselben wie bei der ZnA.

Die Vorschriften der ZnA über das Zulassungsverfahren – Zulassung, Abrechnungszollstelle, Anschreibungen, Abrechnungszeitraum, Sammelzollanmeldung, Sicherheitsleistung usw. – gelten auch bei der ZnG.

Allerdings soll ein außerhalb des Bezirks der Abrechnungszollstelle liegender Platz nur ausnahmsweise als Ort, an den die Waren zu bringen sind, bestimmt werden.

Es wird ferner auferlegt, daß die an den dafür bestimmten Ort gebrachten Waren unverzüglich geprüft werden und es der Abrechnungszollstelle sofort anzuzeigen ist, wenn Art, Beschaffenheit oder Menge der Waren nicht mit den Angaben in den Begleitpapieren übereinstimmen.
Handelsübliche Abweichungen können dabei außer Betracht bleiben.

Bei der Einfuhr von Massenwaren außerhalb einer Zollstelle kann auferlegt werden, daß die Zulassung bei jeder Einfuhr mitzuführen und der Zeitpunkt des Verbringens der Waren über die EG-Grenze oder der Ankunft der Waren an dem dafür bestimmten Ort vorher dem für den Ort des Grenzüberganges zuständigen Zollkommissar oder der Abrechnungszollstelle mitzuteilen sind.

Der freie Verkehr unter besonderer Zweckbindung 1.4.3

Bestimmte Waren können bei der Überführung in den freien Verkehr eine Zollbegünstigung (entweder den Zollsatz „frei" oder einen ermäßigten Zollsatz) erhalten, wenn sie zu einem besonderen Zweck verwendet werden. **63** Allgemeines

In diesen Fällen wird praktisch nach der Überlassung der Waren in den freien Verkehr die zollamtliche Überwachung fortgesetzt. Dadurch soll gewährleistet werden, daß die betreffenden Waren tatsächlich zu diesem abgabenbegünstigten Zweck verwendet werden.

Besteht die Zollbegünstigung in der Anwendung eines ermäßigten Zollsatzes, so wird der danach berechnete Zoll bei der Überführung in den freien Verkehr erhoben. Dabei gelten die Vorschriften über die Zollschuld, die Erhebung der Einfuhrabgaben, die Zahlungsfrist und den Zahlungsaufschub sowie der Überlassung bei der Überführung von Waren in den nicht überwachten freien Verkehr sinngemäß.

Zum überwachten freien Verkehr können folgende Waren abgefertigt werden:

– Waren, die aufgrund zolltariflicher Vorschriften zollbegünstigt verwendet werden dürfen. Rechtsgrundlage hierfür sind Art. 82 ZK sowie die Art. 291 – 308 ZK-DVO. Diese Waren sind im Zolltarif „Spalte 2" mit dem Vermerk „unter zollamtlicher Überwachung" gekennzeichnet.

- Waren, deren außertarifliche Zollbefreiung von einer bestimmten Verwendung abhängig ist, wie bei bestimmten Zollbefreiungen gemäß Art. 184 ZK und der VO (EWG) Nr. 918/83 – Zollbefreiungsverordnung – z. B. Übersiedlungsgut oder Heiratsgut.

Die zollbegünstigte Verwendung kann die Verteilung, das ist die Abgabe von Waren für zollbegünstigte Zwecke an berechtigte Empfänger, und die Endverwendung, das ist der Ge- oder Verbrauch von Waren zu dem begünstigten Zweck, umfassen.

Die Überführung von Waren in den überwachten freien Verkehr bedarf grundsätzlich der Bewilligung. Diese wird auf schriftlichen Antrag desjenigen, der die Waren selbst verwenden und verteilen will, erteilt. Der Antragsteller muß ordnungsgemäß Bücher und Aufzeichnungen führen. Die Bewilligung wird durch einen Erlaubnisschein (Vordruck 0271; Rn. 92), in einfachen Fällen im entsprechenden Zusatzblatt zum Einheitspapier erteilt.

Bei Überführung in das Verfahren selbst ist neben der Zollanmeldung der Erlaubnisschein vorzulegen, wenn es sich nicht um einen einfachen Fall handelt.

Werden die Waren innerhalb der Verwendungsfrist dem begünstigten Verwendungszweck zugeführt, so können sie ohne zollrechtliche Beschränkungen veräußert oder weiterverwendet werden.

Bei einer Verwendung der Waren, die nicht dem begünstigten Zweck entspricht, entsteht eine Zollschuld in Höhe des „nicht erhobenen Abgabenbetrages".

Diese Zollschuld entsteht auch, wenn die Waren der vorgeschriebenen Verwendung nicht innerhalb der vorgeschriebenen Frist zugeführt worden ist. Keine Zollschuld entsteht dagegen, wenn die Waren mit Zustimmung der Zollbehörde wieder ausgeführt oder zerstört oder vernichtet werden.

„Nicht erhobener Abgabenbetrag" ist der Unterschied zwischen dem Betrag der Einfuhrabgaben, der sich aus der Anwendung des begünstigten Abgabensatzes ergibt, und den Betrag an Einfuhrabgaben, der ohne Inanspruchnahme der Zollbegünstigung zu entrichten wäre.

Für die Feststellung dieses Abgabenbetrages ist der Zeitpunkt der Annahme der Zollanmeldung zur Überführung in den überwachten Verkehr maßgebend. Zollschuldner ist der Anmelder, bei ordnungsgemäßer Übergabe der übernehmende Verwender.

Überführung in das Versandverfahren 1.4.4

Die Wirtschaft nutzt die einzelnen Verkehrsmittel wie LKW, Flugzeug, Eisenbahn, Seeschiffe usw. in vielfältiger Art und Weise zur Beförderung von Waren auch im grenzüberschreitenden Verkehr. Dabei soll der Warenfluß an den jeweiligen Zollgrenzen so wenig wie möglich aufgehalten werden.

64 Allgemeines

Das Versandverfahren bietet dazu sowohl für die Wirtschaft als auch für die Zollbehörden wesentliche Erleichterungen. Die Waren werden an den Grenzzollstellen abgefertigt und können rasch zu den für den Sitz des Empfängers zuständigen Binnenzollämtern befördert werden, wo dann die Waren in ein anderes Zollverfahren überführt werden oder eine andere zollrechtliche Bestimmung erhalten können.

Hier können dann die notwendigen und oft umfangreicheren Formalitäten (wie z. B. die Erhebung von Einfuhrabgaben oder die Berücksichtigung handelspolitischer Maßnahmen) erfolgen.

Der Zollkodex unterscheidet hinsichtlich des Versandverfahrens das externe Verfahren (Art. 91 ZK) und das interne Verfahren (Art. 163 ZK).

Die Beförderung der Waren kann dabei

- im externen oder internen gemeinschaftlichen Versandverfahren
- im Carnet TIR-Verfahren
- im Carnet ATA-Verfahren
- aufgrund des Rheinmanifestes (Art. 9 der revidierten Rheinschiffahrtsakte)
- mit Vordruck 302 gemäß dem am 19. Juni 1951 in London unterzeichneten Abkommen der NATO-Vertragsparteien über das Statut ihrer Streitkräfte
- durch die Post (einschließlich Paketpost)

erfolgen.

Die beiden wohl bedeutendsten Arten sind das gemeinschaftliche Versandverfahren und das TIR-Verfahren.

Beim gemeinschaftlichen Versandverfahren (gVV) sind das externe (Art. 91 Abs. 2 Buchstabe a ZK) und das interne (Art. 163 Abs. 2 Buchstabe a ZK) gVV zu unterscheiden.

65 gemeinschaftliches Versandverfahren

Im externen gVV können gemäß Art. 91 Abs. 1 ZK zwischen zwei innerhalb der Gemeinschaft gelegenen Orten

66 Allgemeines

- Nichtgemeinschaftswaren, ohne Abgabenerhebung oder Anwendung handelspolitischer Maßnahmen und

- Gemeinschaftswaren gemäß Art. 310 Abs. 1 ZK DVO befördert werden.

Rechtsgrundlagen für das externe gVV bilden die Art. 91 – 97 ZK sowie die Art. 341 bis 380 und Art. 382 bis 388 ZK DVO.

Das interne gVV ist aufgrund des grundsätzlichen Entfalls der zollamtlichen Überwachung des grenzüberschreitenden Warenverkehrs mit Gemeinschaftswaren seit dem 1.1.1993 weitgehend gegenstandslos.[1]

In bestimmten Fällen sind jedoch noch Ausnahmen vorgesehen.

Rechtsgrundlagen für das interne gVV bilden die Art. 163 bis 165 ZK sowie die Art. 381 bis 388 ZK DVO.

Nach Art. 163 Abs. 1 ZK i. V. m. Art. 311 Buchstaben a) – c) ZK DVO wird das interne gVV weiterhin für Gemeinschaftswaren ohne Änderung ihres zollrechtlichen Status angewendet,

- die zwischen zwei im Zollgebiet der Gemeinschaft gelegenen Orten über das Gebiet eines oder mehrerer EFTA-Länder befördert werden,

- im Handel zwischen der Zehnergemeinschaft mit Spanien bzw. Portugal bis zum vollständigen Abbau der Zölle oder anderer in der Beitrittsakte vorgesehenen Maßnahmen (z. B. Ausgleichsbeträge Beitritt),

- die von den Kanarischen Inseln, den französischen überseeischen Departements, den britischen Kanalinseln oder dem griechischen Berg Athos in einen anderen Teil des Zollgebiets der Gemeinschaft befördert werden. Dies gilt auch für die Beförderung von Waren in die genannten Gebiete.

- die im Eisenbahnverkehr von einem Mitgliedsstaat in einen anderen Mitgliedsstaat über ein Drittland, das kein EFTA-Land ist, befördert werden.

Voraussetzung für die Entscheidung, ob ein externes oder internes gVV zur Anwendung kommt, ist nach den genannten Regelungen die vorherige Bestimmung des zollrechtlichen Status der Ware, d. h. die Prüfung, ob es sich um eine Gemeinschafts- oder Nichtgemeinschaftsware handelt (Art. 4 Nr. 6 – 8 ZK).

Nach Art. 313 Abs. 1 ZK-DVO gelten zunächst alle zwischen einem Ort innerhalb der Gemeinschaft zu einem anderen Ort dieses Gebiets beförderten Waren als Gemeinschaftswaren, es sei denn, es wird der Nachweis erbracht, daß sie nicht den Gemeinschaftscharakter besitzen.

---

[1] Vgl. Esser, Gemeinschaftliches Versandverfahren und Einheitspapier im Binnenmarkt, 1993

Ausnahmeregelungen von diesem Grundsatz enthält Art. 313 Abs. 2 Buchstaben a) – e) ZK-DVO.

Danach gelten folgende Waren als Nichtgemeinschaftswaren, es sei denn, der Nachweis des Gemeinschaftscharakters wird ordnungsgemäß erbracht:

- Waren die mit Carnet TIR, Carnet ATA, aufgrund des Rheinmanifestes oder mit Vordruck 302 befördert werden (Art. 163 Abs. 2 Buchstabe b) – e) ZK),
- Waren, die über das Gebiet eines Drittlandes zwischen zwei im Zollgebiet der Gemeisnchaft gelegenen Orten befördert werden sowie
- bestimmte Ausnahmen für Waren, die im Luft- oder Seeverkehr bzw. auf dem Postweg befördert werden.
(Art. 313 Abs. 2 Buchstaben c – e ZK DVO).

Der Nachweis des Gemeinschaftscharakters wird nach den Bestimmungen der Art. 314 – 340 ZK-DVO erbracht.

Bei der Überführung von Waren in das externe gVV sind die Waren der Abgangsstelle mit einer Versandanmeldung T1 anzumelden.

67
externes gVV

Als Anmeldung im Normalverfahren ist regelmäßig das Einheitspapier, Exemplare 1, 4, 5 und 7 zu verwenden (Art. 205 Abs. 1 und Art. 215 Abs. 1 2. UA ZK-DVO). Abgangsstelle ist die Stelle der zuständigen Zolbehörde, bei der das gVV beginnt.

Die Abgangsstelle nimmt die Versandanmeldung unter Berücksichtigung der Regelungen des Art. 63 ZK an. Sie setzt die Frist für die erneute Gestellung der Waren bei der Bestimmungsstelle (im Regelfall 8 Tage), sichert die Nämlichkeit, erhebt ggf. Sicherheit, trägt die entsprechenden Angaben in die Versandanmeldung ein, behält das Exemplar für die Abgangsstelle (Exemplar 1) ein, händigt dem Hauptverpflichteten oder dessen Vertreter die übrigen Exemplare der Versandanmeldung aus.

Die von der Abgangsstelle ausgehändigten Exemplare des Versandscheins T1 müssen die Ware während der gesamten Beförderung begleiten und sind den Zollbehörden auf Verlangen jederzeit vorzulegen.

Der Beförderer hat, sofern eine Durchgangszollstelle passiert wird, dieser die Sendung vorzuführen, die Exemplare 4, 5 und 7 des Versandscheins T1 vorzulegen und einen Grenzübergangsschein abzugeben.

Aufgrund der bereits bei der Abgangsstelle erfolgten Nämlichkeitssicherung wird die Ware nur bei Verdacht einer Unregelmäßigkeit beschaut.

Durchgangszollstelle ist gemäß Art. 309 Buchstabe c ZK-DVO

- entweder die Ausgangszollstelle des Zollgebiets der Gemeinschaft, wenn die Sendung die Gemeinschaft im Laufe des Versandverfahrens über eine Drittlandsgrenze verläßt
- oder die Eingangsstelle des Zollgebiets der Gemeinschaft, wenn die Sendung durch ein Gebiet eines Drittlandes kommt.

Gemäß Art. 92 ZK endet das externe gVV, wenn die Waren unter Vorlage des Versandscheins T1 bei der Zollstelle, die für den Bestimmungsort zuständig ist (Bestimmungsstelle), gestellt werden (vgl. Art. 356 Abs. 1 und Art. 309 Buchstabe d ZK-DVO).

Die Bestimmungsstelle prüft grundsätzlich die Übereinstimmung der Ware mit dem Versandschein, ggf. durch eine Beschau. Sie vermerkt im Versandschein T1 das Ergebnis der Prüfung, sendet der Abgangsstelle unverzüglich das Exemplar 5 (Rückschein) zurück und behält das Exemplar 4 ein.

Mit der ordnungsgemäßen Beendigung des externen gVV kann die Ware in ein anderes Zollverfahren überführt werden oder eine andere zollrechtliche Bestimmung erhalten.

Zur Erfüllung aller Pflichten im Zusammenhang mit der Durchführung des Verfahrens ist die Person verpflichtet, die Inhaber des externen gVV ist.

68
Hauptverpflichteter

Diese Person ist gemäß Art. 96 Abs. 1 i. V. m. Art. 4 Nr. 21 ZK der Hauptverpflichtete (dies kann auch ein Spediteur sein).

Er hat insbesondere

- die von der Abgangsstelle zur erneuten Gestellung bei der Bestimmungsstelle gesetzte Frist einzuhalten,
- die von der Zollstelle zur Nämlichkeitssicherung geforderten Maßnahmen zu beachten,
- zu gewährleisten, daß die Waren der Bestimmungsstelle unverändert gestellt werden,
- alle weiteren Vorschriften über das gVV einzuhalten

und

- grundsätzlich Sicherheit zu leisten.

69
Sicherheitsleistung

Die Sicherheitsleistung soll die Erfüllung der Zollschuld und die Entrichtung der anderen Einfuhrabgaben sicherstellen.

Sicherheit kann durch Hinterlegen einer Barsicherheit oder durch Stellung eines Bürgen geleistet werden (Art. 193 ZK).

Die Sicherheitsleistung kann für mehrere gemeinschaftliche Versandverfahren als Gesamtbürgschaft oder für jedes gVV einzeln als

- Pauschalbürgschaft,
- Einzelbürgschaft oder
- Barsicherheit

geleistet werden.

Die Gesamtbürgschaft (Art. 360 – 366 ZK-DVO) gilt für eine unbestimmte Anzahl von gemeinschaftlichen Versandverfahren eines Hauptverpflichteten ab jeder beliebigen Abgangsstelle.

Die Höhe der Gesamtbürgschaft richtet sich grundsätzlich nach der voraussichtlichen Abgabenbelastung (mindestens jedoch 30 %) der Waren, für die das gVV in Anspruch genommen werden soll (Art. 361 ZK-DVO).

Als Nachweis erhält der Hauptverpflichtete eine Bürgschaftsbescheinigung von der Zollstelle der Bürgschaftsleistung (Hauptzollamt) gemäß Art. 362 i. V. m. Anhang 51 ZK-DVO. Die Geltungsdauer dieser Bescheinigung soll zwei Jahre nicht überschreiten, wobei eine einmalige Verlängerung von zwei Jahren möglich ist.

In jedem Versandschein T1 ist auf die Bürgschaftsbescheinigung hinzuweisen.

Die Pauschalbürgschaft (Art. 367 – 372 ZK-DVO) gilt nur für ein gVV bei jeder beliebigen Abgangsstelle ohne Bindung an einen bestimmten Hauptverpflichteten.

Die Höhe dieser Bürgschaft wird unabhängig von der tatsächlichen Höhe der Abgabenbelastung der Waren auf 7000 ECU festgesetzt.

Nur in Ausnahmefällen, z. B. bei erhöhten Risiken im Zusammenhang mit der Beförderung, wird eine höhere Bürgschaft festgesetzt (Art. 368 Abs. 2, 3 und 4 ZK-DVO).

Der Nachweis der geleisteten Pauschalbürgschaft wird durch sogenannte Sicherheitstitel erbracht.

Die Einzelsicherheit (Art. 373 ZK-DVO) gilt nur für ein gemeinschaftliches Versandverfahren.

Die Höhe der Bürgschaftssumme wird durch die Abgangsstelle bestimmt, die i. d. R. der Höhe der tatsächlichen Abgabenbelastungen entspricht. Als Nachweis dient z. B. eine Bürgschaftsurkunde.

Die Einzelsicherheit kann auch als Barsicherheit bei der Abgangsstelle hinterlegt werden.

In diesem Fall wird die Sicherheit erst freigegeben, wenn der Versandschein T1 (Eintreffen des Rückscheins, Exemplar 5 des Einheitspapiers) bei der Abgangsstelle erledigt wird.

Die Regelung des ZK sowie der ZK-DVO sehen jedoch auch Befreiungen von der Sicherheitsleistung vor. Grundsätzlich wird keine Sicherheit verlangt bei

– der Beförderung auf dem See- oder Luftweg,

– Warenbeförderungen auf dem Rhein und den Rheinwasserstraßen,

– Beförderungen durch Rohrleistungen,

– Beförderungen, die von den Eisenbahngesellschaften durchgeführt werden oder

– bei einer öffentlichen Verwaltung als Zollschuldner.

Von einer Sicherheitsleistung kann abgesehen werden:
– wenn der Betrag, für den Sicherheit zu leisten ist, nicht mehr als 500 ECU beträgt oder
– bei Personen, die die Voraussetzungen des Art. 95 Abs. 2 ZK erfüllen (z. B. bei Personen, die nicht nur gelegentlich ein gVV in Anspruch nehmen).

Die von der Sicherheitsleistung befreite Person erhält von den zuständigen Behörden eine Bescheinigung über die Befreiung, auf die in der Versandanmeldung T1 hinzuweisen ist.

Dagegen wird keine Befreiung von der Sicherheitsleistung gewährt, wenn
– der Gesamtwert der Sendung 100 000 ECU übersteigt bzw.
– für die Waren in Anbetracht der Höhe der zu entrichtenden Einfuhrabgaben ein erhöhtes Risiko besteht.

Gemeint sind hier die Waren des Anhangs 56 zur ZK-DVO.

70
internes gVV

Waren, die im internen gVV befördert werden sollen, sind mit einer Versandanmeldung T2 anzumelden.

Ansonsten gelten die Vorschriften für das externe gVV mit Ausnahme des Art. 93 ZK sowie unter Berücksichtigung einiger Besonderheiten sinngemäß (Art. 163 Abs. 3 ZK i. V. m. Art. 381 Abs. 2 ZK-DVO).

Besonderheiten ergeben sich vor allem im Warenverkehr zwischen Spanien und Portugal sowie den anderen zehn Mitgliedstaaten der Gemeinschaft. Bei der Beförderung von Waren aus Spanien oder Portugal in die anderen EG-Mitgliedstaaten werden als Versandanmeldung die Versandscheine T2 ES bzw. T2 PT verwendet.

Insofern ist Art. 3 Abs. 3 Buchstabe b der VO (EWG) Nr. 2726/90 (Versand-VO) weiter anwendbar. Auch die VO (EWG) Nr. 409/86 bleibt von der Einführung des Zollkodex unberührt (Art. 251 ZK).

Das externe bzw. interne gVV kann auch in vereinfachter Form durchgeführt werden. Diese Vereinfachungen beziehen sich vor allem auf die Förmlichkeiten bei der Abgangs- bzw. Bestimmungsstelle.

71 Vereinfachungen

Vereinfachungen der Förmlichkeiten bei der Abgangsstelle ergeben sich aus den Art. 398 – 405 ZK-DVO.

72 zugelassener Versender

Danach können Personen – sogenannte „zugelassene Versender" – unter bestimmten Voraussetzungen von der Gestellungs- bzw. Anmeldepflicht zum gemeinschaftlichen Versandverfahren bei der Abangsstelle befreit werden.

Die Vereinfachungen bestehen insbesondere in

- der Vorabstempelung der Versandanmeldung durch die Abgangsstelle,
- der Verwendung von Sonderstempeln durch den zugelassenen Versender oder
- der Verwendung von Vordrucken, in denen der Sonderstempelabdruck bereits angebracht wurde (Art. 401 ZK-DVO).

Die Möglichkeit der Inanspruchnahme dieser Vereinfachungen bedarf jedoch der vorherigen Bewilligung durch das zuständige Hauptzollamt.

Eine Bewilligung als zugelassener Versender kann nur eine Person erhalten, die

- laufend Waren versendet,
- ordnungsgemäße Anschreibungen führt,
- wenn erforderlich eine Gesamtbürgschaft geleistet hat bzw.
- keine schweren oder wiederholten Zuwiderhandlungen gegen Zoll- oder Steuervorschrift begangen hat.

Liegen diese Voraussetzungen nach bereits erteilter Bewilligung nicht mehr vor, so kann die Bewilligung widerrufen werden.

Grundsätzlich ist der zugelassene Versender, der zugleich Hauptverpflichteter ist, für die ordnungsgemäße Abwicklung des Versandverfahrens verantwortlich.

Vereinfachungen der Förmlichkeit bei der Bestimmungszollstelle ergeben sich aus den Art. 406 – 409 ZK-DVO.

73 zugelassener Empfänger

Danach entfällt die Gestellungspflicht bei der Bestimmungsstelle für im gVV beförderten Waren, wenn sie für einen sogenannten „zugelassenen Empfänger" bestimmt sind.

Die Gestellung außerhalb des Amtsplatzes ermöglicht es dem Empfänger u. a., Waren auch außerhalb der Öffnungszeiten der zuständigen Zollstelle (i. d. R. einer Binnenzollstelle) anzunehmen.

Die in diesem Zusammenhang durch den zugelassenen Empfänger zu erfüllenden Pflichten ergeben sich aus Art. 409 ZK-DVO.

Auch diese Vereinfachungen bedürfen der Bewilligung des zuständigen Hauptzollamtes.

Eine Bewilligung als zugelassener Empfänger wird nur Personen erteilt, die

– laufend Waren im gVV erhalten,

– ordnungsgemäße Anschreibungen führen,

– keine schweren oder wiederholten Zuwiderhandlungen gegen die Zoll- oder Steuervorschriften begangen haben.

Auch hier ist ein Widerruf einer bereits erteilten Bewilligung möglich, wenn die genannten Voraussetzungen nicht mehr vorliegen.

74 Vereinfachungen im Eisenbahnverkehr

Neben den Vereinfachungen bei zugelassenen Versendern bzw. Empfängern gibt es grundsätzliche Vereinfachungen der Förmlichkeiten bei den Abgangs- bzw. Bestimmungsstellen sowie bei den Durchgangszollstellen im Eisenbahnverkehr.

Rechtsgrundlagen hierfür bilden die Art. 412 – 425 ZK-DVO.

Danach sind folgende Vereinfachungen vorgesehen:
a) bei der Abgangsstelle;

– anstelle des Versandscheins T1 oder T2 wird der Frachtbrief CIM verwendet,

– die Kurzbezeichnung T1, T2, T2ES oder T2PT werden von der Abgangsstelle angebracht,

– die Nämlichkeit wird durch die Eisenbahngesellschaft gesichert,

– Sicherheit wird nicht erhoben,

– Hauptverpflichteter ist die Eisenbahngesellschaft, die die Waren mit Frachtbrief CIM befördert.

Beginnt die Beförderung außerhalb des Zollgebiets der Gemeinschaft, so sind keinerlei Förmlichkeiten bei der Abgangsstelle zu erfüllen.

b) bei der Durchgangsstelle

- die Warensendungen sind nicht vorzuführen,
- Anschreibungen der Eisenbahngesellschaft gelten als Grenzübergangsschein,

c) bei der Bestimmungsstelle

- bei Beendigung der Beförderung außerhalb des Zollgebiets der Gemeinschaft sind keinerlei Förmlichkeiten bei der Bestimmungsstelle zu erfüllen,
- bei Beendigung der Beförderung innerhalb des Zollgebiets der Gemeinschaft sind der Bestimmungsstelle die Exemplare 2 und 3 des Frachtbriefes CIM vorzulegen.

Die Bestimmungsstelle bringt ihren Sichtvermerk auf dem Exemplar 2 an und gibt es der Eisenbahngesellschaft zurück (Exemplar 3 verbleibt bei der Bestimmungsstelle).

Eine Ausnahme von diesen Regelungen besteht bei der Beförderung von Waren zwischen zwei im Zollgebiet der Gemeinschaft gelegenen Orten über das Gebiet eines EFTA-Staates. In diesem Fall sind bei der Bestimmungsstelle keinerlei Förmlichkeiten zu erfüllen.

Das gemeinschaftliche Versandverfahren findet seit dem 1.1.1988 auch auf die Warenbeförderung zwischen der Gemeinschaft und den EFTA-Ländern sowie zwischen den einzelnen EFTA-Ländern als sogenanntes gemeinsames Versandverfahren Anwendung.

75 gemeinsames Versandverfahren

Das ist im Übereinkommen zwischen der EWG und den EFTA-Ländern über ein gemeinsames Versandverfahren vom 20.5.1987 festgelegt worden. (Vgl.: Beschluß des Rates vom 15.6.1987 – ABL Nr. L 226/1).

Diese Bestimmungen werden vom Inkrafttreten des Zollkodex und seiner Durchführungsverordnung nicht berührt.

Ziel des Übereinkommens ist es insbesondere, den Warenverkehr zwischen der Gemeinschaft und den EFTA-Ländern sowie zwischen den EFTA-Ländern zu erleichtern.

Solange die Warenbeförderung innerhalb der Gemeinschaft stattfindet, gelten die Vorschriften über das gemeinschaftliche Versandverfahren (Art. 1 Abs. 2 Übereinkommen; abgedruckt unter VSF-Z3202). Werden die Waren über die Grenzen des Zollgebiets der Gemeinschaft hinaus zu einem in der EFTA gelegenen Ort befördert, so finden die Vorschriften des Übereinkommens EWG-EFTA lediglich für die Beförderung in oder über die EFTA-

Länder Anwendung. Ungeachtet seines spezifischen Aufbaus und seiner eigenen Terminologie lehnt sich das Übereinkommen EWG-EFTA bis auf wenige Ausnahmen eng an das gemeinschaftliche Versandverfahren an.

Diese Ausnahmen betreffen folgende Regelungen:

1. Das gemeinsame Versandverfahren ist im Warenverkehr grundsätzlich nicht zwingend vorgeschrieben.

   Eine zwingende Anwendung ist jedoch festgelegt, bei Warenbeförderung zwischen zwei Orten der Gemeinschaft über das Gebiet eines EFTA-Landes.

2. Im Gegensatz zum gemeinschaftlichen Versandverfahren wird im Übereinkommen EWG-EFTA nicht vom externen bzw. internen Versandverfahren, sondern vom T1- bzw. T2-Verfahren gesprochen (Art. 2 Abs. 1 Übereinkommen).

3. Bei der Durchfuhr durch einen EFTA-Staat ist ein zusätzliches Exemplar Nr. 4 des Versandscheines erforderlich.

76
TIR-Verfahren

Neben dem gemeinschaftlichen/gemeinsamen Versandverfahren kann die Warenbeförderung auch im TIR-Verfahren (TIR=Transport International des marchandises par la Route) erfolgen (Art. 91 Abs. 2 Buchstabe b und Art. 163 Abs. 2 Buchstabe b ZK).

Beim TIR-Verfahren handelt es sich um ein internationales Versandverfahren, dessen Rechtsgrundlage das Zollübereinkommen über den internationalen Warentransport mit Carnet TIR (TIR-Übereinkommen) vom 14.11.1975 – BGBL 1983 II S. 446) bildet.

Diesem Übereinkommen sind neben der Bundesrepublik Deutschland folgende Staaten beigetreten:

Afghanistan,	Frankreich,
Albanien,	Griechenland,
Algerien,[1]	Großbritannien u. Nordirland,
Belgien,	Indonesien,[1]
Bosnien-Herzegowina,[1]	Iran,
Bulgarien	Irland,
Chile,	Israel,
Dänemark (m Färöern),	Italien,
Ehem. jugosl. Rep. Mazedonien,	Jordanien,
Estland,	Jugoslawien,
Europäische Union,	Kanada,
Finnland,	Korea (Republik),[1]

[1] Mit diesen Vertragsparteien ist die Durchführung des TIR-Verfahrens zur Zeit nicht möglich.

Kroatien,	Russische Föderation,
Kuwait,	Schweden,
Lettland,	Schweiz (m. Liechtenstein),
Litauen,	Slowakische Republik,
Luxemburg,	Slowenien,
Malta,[1]	Spanien,
Marokko,	Tschechische Republik,
Moldawien,	Türkei,
Niederlande,	Tunesien,
Norwegen,	Ungarn,
Österreich,	Uruguay,[1]
Polen,	USA,[1]
Portugal,	Weißrußland,
Rumänien,	Zypern.

Neben den Bestimmungen des TIR-Übereinkommens finden die Art. 91 und 163 ZK sowie die Art. 451 ff. ZK-DVO Anwendung.

Ziel des TIR-Verfahrens ist es, die Warenbeförderung möglichst wenig durch Grenzformalitäten zu behindern. Weiterhin werden Einfuhr- bzw. Ausfuhrabgaben während des Beförderungsvorganges nicht erhoben.

Dazu bietet die Verwendung des Carnet TIR dem Carnet-Inhaber folgende Vorteile:

– Bei Beförderung im TIR-Verfahren wird die Sicherheit bereits durch bürgende Verbände geleistet (z. B. Bundesverband des Deutschen Güterfernverkehrs (BDF) e. V., Frankfurt am Main, oder Arbeitsgemeinschaft zur Förderung und Entwicklung des internationalen Straßenverkehrs (e. V.) – AIST-Berlin, oder Berliner Bank AG, Berlin (vgl. Art. 6 ff des TIR-Übereinkommens).

– Die bei der Abgangszollstelle (vgl. Art. 1 Buchstabe f) TIR-Übereinkommen) durchgeführten Kontrollmaßnahmen werden von allen am TIR-Verfahren beteiligten Staaten anerkannt (Art. 4 TIR-Übereinkommen).

Im Gegensatz zum gVV wird das TIR-Verfahren von jeder Vertragspartei für sich erledigt. Das TIR-Verfahren ist somit eine Abfolge von nationalen Versandverfahren, die auf einer gemeinsamen internationalen Rechtsgrundlagen beruhen.

Bei der Beförderung von Waren zwischen zwei in der Gemeinschaft gelegenen Orten im TIR-Verfahren gilt das Zollgebiet jedoch als ein einziges Gebiet (Art. 451 Abs. 1 ZK-DVO), das heißt, daß die bei Überschreiten an der Grenze vorgesehenen Förmlichkeiten nur noch an den Außengrenzen der Gemeinschaft zu erfüllen sind (Art. 452 ZK-DVO).

Für die Beförderung von Waren im TIR-Verfahren müssen grundsätzlich folgende Voraussetzungen erfüllt sein:

- Der Warentransport hat zwischen den Vertragsparteien zu erfolgen. (Wird auf einer Teilstrecke das Gebiet eines Staates berührt, der nicht dem TIR-Übereinkommen beigetreten ist, so wird das TIR-Verfahren während der Durchfahrt durch dieses Gebiet ausgesetzt Art. 26 TIR-Übereinkommen).
- Das Transportfahrzeug muß zollsicher hergerichtet sein (der Nachweis wird durch Verschlußanerkenntnis erbracht Art. 3 Buchstabe a) TIR-Übereinkommen).
- Das Fahrzeug muß mit einer TIR-Tafel gekennzeichnet sein (Art. 16 TIR-Übereinkommen).
- Es muß ein gültiges Carnet TIR vorgelegt werden (Art. 3 Buchstabe b) TIR-Übereinkommen).

Grundsätzlich erfolgt die Beförderung von Waren gemäß Art. 91 Abs. 1 ZK mit Carnet TIR nach dem TIR-Übereinkommen, wenn

- die Beförderung außerhalb der Gemeinschaft begonnen hat oder enden soll,
- die Beförderung Warensendungen betrifft, die sowohl im Zollgebiet der Gemeinschaft, als auch in einem Drittland abgeladen werden sollen oder
- die Beförderung zwischen zwei innerhalb der Gemeinschaft gelegenen Orten über ein Drittlandsgebiet erfolgt (vgl. auch Art. 163 Abs. 2 Buchstabe b ZK).

Dagegen ist eine Beförderung von Waren mit einem Carnet TIR nicht möglich, wenn die Beförderung innerhalb der Gemeinschaft beginnt und endet.

Eine Ausnahme von diesem Grundsatz ist jedoch möglich, wenn die Beförderung über ein nicht am gemeinschaftlichen Versandverfahren beteiligten Land erfolgt.

Das Ausfuhrverfahren 1.4.5

Ein Spediteur wird häufig beim Verbringen von Waren aus dem Wirtschaftsgebiet tätig. Nach dem Zollkodex sind hierbei bestimmte Pflichten in einem dafür vorgesehenen Ausfuhrverfahren zu erfüllen.

Die rechtlichen Regelungen über das verfahrenstechnische Vorgehen bei der Ausfuhr von Waren ergeben sich insbesondere aus Art. 161, 182 und 183 ZK und Art. 788ff ZKDVO, **77 Rechtsgrundlagen**

sowie §§ 8ff der Außenwirtschaftsverordnung – AWV – (s. Rn. 125). Zur praktischen Handhabung dieser Regelungen wurde für die Zollstellen die Dienstanweisung über das Ausfuhrverfahren erlassen (Vgl. VSF N 6893 Nr. 483 und VSF N Nr. 203).

Im Ausfuhrverfahren können – gem. Art. 161 ZK – Gemeinschaftswaren aus dem Zollgebiet der EG verbracht werden. Diese Ausfuhr umfaßt die Anwendung von ggf. handelspolitischen Maßnahmen (vgl. insbesondere die Beschränkungen der Warenausfuhr in Rn. 127) und die Erfüllung der übrigen für die Waren geltenden Ausfuhrförmlichkeiten. Darüber hinaus können ggf. Ausfuhrabgaben erhoben werden.

Gleichfalls gilt das gem. Art. 182 ZK für die Wiederausfuhr von Nichtgemeinschaftswaren aus dem Zollgebiet der Gemeinschaft.

Jede zur Ausfuhr bestimmte Ware ist in das Ausfuhrverfahren zu überführen. Allerdings gilt das nicht für ein Versandverfahren und eine passive Veredelung, die ein eigenes Verfahren darstellen und die Förmlichkeiten für die Ausfuhr beinhalten.

Die zur Ausfuhr vorgesehenen Waren unterliegen der zollamtlichen Überwachung und können durch die Zollbehörden kontrolliert werden. Sie müssen das Zollgebiet der Gemeinschaft gegebenenfalls über den von der Zollbehörde bestimmten Weg und unter Einhaltung der festgelegten Modalitäten verlassen.

Verantwortlich für die Warenausfuhr ist immer der im Art. 788 der ZKDVO genannte Ausführer. Danach ist das die Person, für deren Rechnung die Ausfuhranmeldung abgegeben wird und die zum Zeitpunkt der Annahme der Anmeldung Eigentümer der Ware ist. Liegt für diese Ausfuhr jedoch ein Ausfuhrvertrag über die Lieferung von Waren nach anderen Wirtschaftsgebieten als das der EG vor und Eigentümer ist z. B. durch die Lieferklausel „ab Werk" oder „ab Lager" der gebietsfremde Vertragspartner, so gilt der in der Gemeinschaft ansässige Vertragspartner stets als Ausführer. Ein Spediteur wird deshalb i. d. R. kein Ausführer sein. Es sei denn, er ist selbst gebietsansässiger

Vertragspartner oder Eigentümer der Ware (vgl. hierzu auch VSF A 0605 Abs. 1 – 1 c). Als Vertreter kann der Spediteur jedoch die Förmlichkeiten im Ausfuhrverfahren für den Ausführer erfüllen.

Nach dem Zollkodex ist bei der Warenausfuhr zwischen dem Normalverfahren und den vereinfachten Ausfuhrverfahren zu unterscheiden.

78
Normalverfahren
Die Regelungen für das Normalverfahren ergeben sich aus Art. 161 ZK i. V. m. Art. 788 ff der ZKDVO i. V. §§ 8 ff der AWV.

Danach ist für die Ware eine Ausfuhranmeldung mit einer vom Bundesamt für Wirtschaft zugeteilten Nummer bei der zuständigen Ausfuhrzollstelle abzugeben. Als Ausfuhranmeldung sind grundsätzlich die Exemplare Nr. 1, 2 und 3 des Einheitspapiers zu verwenden, welche nach Maßgabe des Merkblattes zum Einheitspapier auszufüllen sind. Das Exemplar Nr. 1 behält die Zollstelle ein und übersendet das Exemplar Nr. 2 an das Bundesamt für Statistik. Das Exemplar Nr. 3 wird dem Beteiligten ausgehändigt.

Zuständige Ausfuhrzollstelle ist die Zollstelle, in deren Bezirk der Ausführer seinen Wohnsitz oder Sitz hat. Jedoch kann die Ausfuhranmeldung auch bei der Zollstelle abgegeben werden, die für den Ort zuständig ist, an dem die Waren zur Ausfuhr verpackt oder verladen werden. Ausnahmen davon sind nur in begründeten Fällen möglich, die bei unvorhersehbarer Bestimmungsänderung nach Beginn der Beförderung in einem anderen Mitgliedstaat eintreten können. Insofern tragen allerdings die Kontrollen bezüglich der Einhaltung bestehender Verbote und Beschränkungen dem Ausnahmecharakter der Situation Rechnung.

Sofern die Ausfuhr durch einen Subunternehmer erfolgen soll, kann die Ausfuhranmeldung bei der für seinen Sitz zuständigen Zollstelle abgegeben werden.

Nach Art. 205 Abs. 4 der ZKDVO kann das Hauptzollamt unter bestimmten Voraussetzungen zulassen, daß in Ausfuhranmeldungen, die mittels maschineller Datenverarbeitung erstellt werden, keine Unterschrift im Feld 54 erforderlich ist. In Ausnahmefällen kann der für die Eintragung Verantwortliche auch durch einen dem Hauptzollamt zu benennenden Code kenntlich gemacht werden, was gleichfalls der Zulassung bedarf. Sofern Käufer- oder Bestimmungsland bzw. Land des Einbaus der Ausfuhrsendung in der Länderliste H genannt ist, hat der Ausführer in der Ausfuhranmeldung zu versichern, daß er keine Kenntnis von einer rüstungstechnischen Verwendung der Waren oder Unterlagen zur Fertigung dieser Waren im Sinne des § 5c AWV hat. Ausgenommen hiervon sind lediglich Warenlieferungen im Wert von nicht mehr als 5000,– DM.

Unter den Voraussetzungen des Art. 797 der ZKDVO kann eine Ausfuhr auch mit Carnet ATA erfolgen. Im übrigen sind für im Versandverfahren beförderte Waren deren Regelungen maßgebend (Vgl. Rn. 64).

Neben der Pflicht zur Abgabe einer Ausfuhranmeldung für die Ausfuhrsendung ist die Ware der Ausfuhrzollstelle zu gestellen. Sofern die Waren an einem anderen Ort (z.B. in der Firma bzw. im Lager) im Bezirk der Ausfuhrzollstelle verpackt oder verladen werden sollen, kann sie die Gestellung dort zulassen. Voraussetzung ist allerdings, daß die Ausfuhrzollanmeldung so rechtzeitig abgegeben wird, daß eine zollamtliche Behandlung der Ausfuhrsendung möglich ist (spätestens zwei Stunden vor Dienstschluß der Zollstelle am Tage vor dem Verpacken oder Verladen). Die Gestellung muß in diesem Fall auf dem Vordruck nach Anlage A 6 zur AWV beantragt werden.

Die Ausfuhrzollstelle prüft die Zulässigkeit der Ausfuhr nach den Rechtsvorschriften, die in dem jeweiligen Mitgliedstaat gelten, aus dem die Waren ausgeführt werden sollen. Grundsätzlich wird das das Land sein, in dem die Waren zur Ausfuhr verpackt oder verladen wurden. Soll die Ausfuhr aus einem anderen Mitgliedstaat erfolgen, so geht die Zollstelle davon aus, daß die in Deutschland geltenden Beschränkungen (vgl. Rn. 127) auch in diesem Mitgliedstaat gelten. Insofern wird die Ausfuhrabfertigung abgelehnt, wenn eine danach erforderliche Ausfuhrgenehmigung nicht vorgelegt werden kann.

Im Rahmen der Zulässigkeitsprüfung kann die Zollstelle weitere Angaben und Beweismittel zur Ware verlangen. Im übrigen finden die Vorschriften über die zollamtliche Behandlung des Zollkodex Anwendung.

Nach erfolgter Abfertigung durch die Ausfuhrzollstelle ist die Ware der Ausgangszollstelle zu gestellen und das Exemplar Nr. 3 des Einheitspapiers vorzulegen. Als Ausgangszollstelle gilt gem. Art. 793 der ZKDVO i.d.R. die letzte Zollstelle vor dem Ausgang der Waren aus dem Zollgebiet der Gemeinschaft (Grenzzollstelle). Sie überwacht und bescheinigt den Ausgang der Ware im Exemplar Nr. 3 des Einheitspapiers, das der Anmelder nach erfolgter Abfertigung zurückerhält.

Ist eine zollamtliche Behandlung der Ware durch die Ausfuhrzollstelle nicht erfolgt, so lehnt die Ausgangszollstelle die Ausfuhrabfertigung ab.

Sofern allerdings Waren keinen Verboten und Beschränkungen unterliegen und ihr Wert 3000 ECU nicht übersteigt, können sie nur bei der Ausgangszollstelle angemeldet und gestellt werden.

Befreiungen von der zollamtlichen Behandlung gelten nach Art. 226, 231, 237 und 238 der ZKDVO. Das betrifft u.a. Waren zu nichtkommerziellen Zwecken, die im persönlichen Gepäck von Reisenden mitgeführt oder die an

Privatpersonen gesandt werden. Das gilt auch für kommerzielle Waren im Wert bis zu 800 ECU, wenn sie keine regelmäßige gleichartige Sendung und kein Teil eines größeren kommerziellen Beförderungsvorganges darstellen. Ferner gelten die Befreiungen u. a. für Akten, Geschäftspapiere, Manuskripte, Entwürfe, technische Zeichnungen, Beschreibungen u. ä. Unterlagen, Beförderungsmittel und Zubehör, sofern sie nicht als Handelsware ausgeführt werden. Weiterhin für Umschließungen und Verpackungsmittel, Behälter und sonstige Großraumbehältnisse, die wie diese verwendet werden, Erbschaftsgut, Heiratsgut, Übersiedelungsgut usw. (Vgl. VSF N 2794 Nr. 203).

79
vereinfachte Verfahren
Die Ausfuhr von Waren ist in bestimmten Fällen auch in einem vereinfachten Verfahren möglich. Nach Art. 279 ff der ZKDVO wird hierbei zwischen drei vereinfachten Ausfuhrverfahren unterschieden.

1. Die unvollständige Zollanmeldung

In diesem Verfahren können die Zollbehörden die Annahme einer unvollständig ausgefüllten Ausfuhranmeldung zulassen. Eine besondere Bewilligung für dieses Verfahren ist nicht erforderlich. Allerdings ist es nur in begründeten Fällen zulässig, die insbesondere dann vorliegen, wenn eine Lieferung durch einen Subunternehmer vorgesehen ist und die Wahrung von Geschäftsgeheimnissen erforderlich wird (z. B. zum Preis) oder der Ausführer erklärt, daß er noch keine vollständige Ausfuhranmeldung abgeben kann, weil z. B. der Rechnungspreis oder der statistische Wert noch fehlt. Die unvollständige Anmeldung ist auf den Exemplaren Nr. 1, 2 und 3 des Einheitspapiers bei der zuständigen Zollstelle abzugeben. Es müssen mindestens die Angaben in den Feldern 1, 2, 14, 17, 31, 33, 38, 44 und 54 enthalten sein. Vorwiegend sind das die Angaben zur Anmeldung zur Ausfuhr, zum Namen des Ausführers, Vertretungsverhältnis, Bestimmungsland, zu den Packstücken und zur Warenbezeichnung, zur Warennummer und Eigenmasse. Darüber hinaus sind Ort, Datum, Unterschrift und Name des Anmelders oder seines Vertreters erforderlich. Ferner muß die unvollständige Anmeldung den Vermerk „Vereinfachte Ausfuhr" enthalten. Im weiteren sind ggf. Angaben zu machen, die eine Erhebung von Ausfuhrabgaben ermöglichen, was insbesondere bei Waren des landwirtschaftlichen Bereichs vorkommen kann.

Ist ein Subunternehmer bei der Ausfuhr eingeschaltet, so hat dieser auch die Ausfuhrzollstelle des Ausführers anzugeben.

Soweit für die Ausfuhr eine Genehmigung oder eine Lizenz erforderlich ist, müssen diese zusammen mit der unvollständigen Anmeldung vorliegen. Nach Annahme der Anmeldung setzt die Zollstelle dem Anmelder eine Frist von i. d. R. zehn Tagen, um die noch fehlenden Angaben nachzureichen oder die Anmeldung durch eine neue vollständige Anmeldung zu ersetzen. Letzteres ist vorwiegend der Fall, wenn die Anmeldung durch einen Subunternehmer erfolgte und die ergänzenden Angaben durch den Ausführer gemacht werden.

Die Ablösung einer unvollständigen Anmeldung in einem anderen EG-Mitgliedstaat ist nicht zugelassen, da bisher keine Vereinbarungen hierzu erfolgten.

2. Das vereinfachte Anmeldeverfahren

Dieses Verfahren ist dem der unvollständigen Anmeldung ähnlich. Es ist jedoch nur nach vorheriger Bewilligung durch das zuständige Hauptzollamt möglich. Dazu ist ein schriftlicher Antrag gem. Art. 282 der ZKDVO einzureichen, der alle erforderlichen Angaben zur Ausfuhr der Ware enthält.

Die erforderliche ergänzende Anmeldung kann in diesem Verfahren globaler, periodischer oder zusammenfassender Art sein. Die Modalitäten der nachzureichenden Ergänzungsmeldung werden in der Bewilligung geregelt. Dieses Verfahren ist für Firmen vorteilhaft, die z. B. häufig gleichartige Waren ausführen.

3. Das Anschreibeverfahren

In diesem Verfahren wird gem. Art. 283 ff ZKDVO ermöglicht, die Ausfuhrformalitäten für Waren in den Geschäftsräumen des Beteiligten oder anderen von den Zollbehörden bezeichneten oder zugelassenen Orten zu erledigen. Die betreffende Person wird in diesem Verfahren als „zugelassener Ausführer" bezeichnet. Die Abgabe einer Ausfuhranmeldung und die Gestellung der Ware bei der Ausfuhrzollstelle ist nicht erforderlich.

Die Inanspruchnahme dieses Verfahrens bedarf der Bewilligung des zuständigen Hauptzollamtes. Voraussetzung für deren Erteilung ist, daß nur genehmigungs- und lizenzfreie Waren ausgeführt werden. Allerdings kann die Ausfuhr von Waren erfolgen, für die eine Sammelgenehmigung oder allgemeine Genehmigung vorliegt, da hier keine zollamtliche Abschreibung erforderlich ist. Im weiteren muß der zugelassene Ausführer die Gewähr für eine Überwachungsmöglichkeit der Zollbehörde im Unternehmen bieten, die insbesondere darin besteht, daß vor dem Abgang der Ware

– der Zollstelle gegenüber eine Mitteilung über den beabsichtigten Versand erfolgt,

– die Anschreibung in der Buchführung nach den Merkmalen der Ware vorgenommen wird und

– der Zollbehörde alle für die Ausfuhr erforderlichen Unterlagen zur Verfügung gehalten werden.

Die Bewilligung des Verfahrens richtet sich im übrigen nach den Voraussetzungen der Art. 264 und 265 der ZKDVO.

Für den zugelassenen Ausführer liegt der Vorteil des Verfahrens darin, daß von der Gestellungspflicht für die Waren abgesehen wird und die Abgabe der Ausfuhranmeldung vor Abgang der Ware nicht erforderlich ist. Durch ihn ist jedoch ein vorabgefertigtes Exemplar Nr. 3 des Einheitspapieres auszustellen, welches zur Überwachung des Ausgangs der Ware und als Nachweis dafür dient. Die Vorabfertigungsform (von der Zollstelle blanko abgesiegelte Exemplare, durch den zugelassenen Ausführer selbst angebrachter Sonderstempel bzw. bereits drucktechnisch auf dem Exemplar angebrachter Sonderstempel) sowie auch die übrigen Modalitäten werden in der Bewilligung festgelegt. Das Exemplar Nr. 3 muß auch einen Hinweis auf das Datum und die Eintragung in der Buchführung aufweisen. Darüber hinaus muß im Feld 44 der Vermerk „Vereinfachte Ausfuhr" und die Nummer der Bewilligung des Anschreibeverfahrens sowie die ausstellende Ausfuhrzollstelle enthalten sein.

Der Ausgang der Ware wird durch die Ausgangszollstelle auf dem Exemplar Nr. 3 amtlich bestätigt und anschließend dem Ausführer wieder ausgehändigt, der es für nachträgliche Prüfungen der Ausfuhrzollstelle bereitzuhalten hat. In den Exemplaren Nr. 1 und 2 des Einheitspapiers hat der zugelassene Ausführer nach Abgang der Ware bei der Ausfuhrzollstelle eine ergänzende Anmeldung abzugeben. Die dafür vorgesehenen Modalitäten und Fristen ergeben sich aus der Bewilligung. Weitere Vereinfachungen, wie z. B. die Benutzung eines Handels- oder Verwaltungspapieres oder eines sonstigen Datenträgers anstelle des Einheitspapiers sind grundsätzlich möglich.

Eine weitere Vereinfachungsmöglichkeit ergibt sich aus § 13 der AWV. Danach kann das Hauptzollamt vertrauenswürdigen Ausführern ein „Vorausanmeldeverfahren" gestatten, in dem die Waren im voraus bei der Ausfuhrzollstelle angemeldet werden. Voraussetzung ist hier, daß der gesamte Ausfuhrvorgang nur im nationalen Wirtschaftsgebiet erfolgt und der Ausführer die fortlaufende, vollständige und richtige Erfassung der Ausfuhrsendungen nach der Art des betrieblichen Rechnungswesens, insbesondere mittels einer Datenverarbeitungsanlage gewährleistet. Anstelle der Ausfuhranmeldung sind eine Ausfuhrkontrollmeldung nach Anlage A 7 zur AWV oder auch andere Vordrucke abzugeben. Eine Gestellung bei der Ausfuhrzollstelle ist in diesen Fällen nicht erforderlich. Der Ausführer hat spätestens am letzten Arbeitstag vor Beginn eines Kalenderjahres anzuzeigen, wann er in diesem Zeitraum Waren versenden will. Ist das nicht möglich, so muß die Anzeige über Ort und Zeit des Versandes spätestens am letzten Arbeitstag vor dem ersten Verpacken bzw. Verladen der Ware erfolgen.

In der Ausfuhrkontrollmeldung muß der Hinweis „Zum Vorausanmeldeverfahren zugelassen" enthalten sein. Für bestimmte Waren sind gem. § 13 (6) AWV bis zum 10. Tag des Folgemonats Meldungen über die im Vormonat getätigten Ausfuhren abzugeben. Form und Inhalt der Meldung, die auch durch eine Datenfernübertragung erfolgen kann, bestimmt das Hauptzollamt.

Weitere Pflichten, die im Normalverfahren und auch in einem vereinfachten Verfahren einzuhalten sind, bestehen z. B. darin, daß bei der Ausfuhr von Mineralölerzeugnissen zusätzlich zur Ausfuhranmeldung eine Mineralölausfuhrmeldung nach Anlage A 9 der AWV abzugeben ist. Sofern die Ausfuhr im Vorausanmeldeverfahren erfolgt, hat der Ausführer diese Meldung für in einem Monat getätigte Ausfuhren bis zum 7. Werktag des Foglemonats an das Bundesamt für Wirtschaft zu senden.

Bei der Ausfuhr von festen Brennstoffen (Kohle) ist eine Gestellung und Anmeldung bei der Ausfuhrzollstelle nicht erforderlich, wenn der Ausfuhrvorgang nur im nationalen Wirtschaftsgebiet erfolgt. Vertrauenswürdigen Ausführern, die ständig zahlreiche Sendungen ausführen, kann gestattet werden, für die Ausfuhr anstelle einer Ausfuhranmeldung, eine Ausfuhrkontrollmeldung für Kohle nach Anlage A 4 zur AWV zu verwenden. Unter der Voraussetzung einer fortlaufenden, vollständigen und richtigen Erfassung der Ausfuhrsendung nach Art des betrieblichen Rechnungswesens, insbesondere mittels einer Datenverarbeitungsanlage, kann auch auf die Vorlage der Ausfuhrkontrollmeldung verzichtet werden.

Zur genehmigungsfreien Ausfuhr von Obst und Gemüse, das in der Ausfuhrliste mit „G" gekennzeichnet ist, hat der Ausführer zusätzlich eine Kontrollbescheinigung über die Qualitätskontrolle von Obst und Gemüse vorzulegen. Soweit die Ausfuhr im Anschreibeverfahren erfolgt, kann der Ausfuhrzollstelle an Stelle der Kontrollbescheinigung eine Durchschrift dieser zusammen mit der ergänzenden Anmeldung vorgelegt werden. Die Bescheinigung ist jedoch nicht erforderlich, wenn die Waren für einen Be- oder Verarbeitungsbetrieb bestimmt sind.

Sofern die Ausfuhr von bestimmten Waren des landwirtschaftlichen Bereiches erfolgen und eine Ausfuhrerstattung beantragt werden soll, ist der Ausfuhrzollstelle ein Kontrollexemplar T5 vorzulegen, das nach Maßgabe des Merkblattes zum Kontrollexemplar (VSF M 9024) ausgefüllt ist.

Weitere Zollverfahren 1.4.6

80 Der Zollkodex nimmt mit Ausnahme der Überführung in den freien Verkehr
Allgemeines und in das Ausfuhrverfahren für alle weiteren Zollverfahren gemäß Art. 4 Nr.
16 ZK in Art. 84 ZK eine Unterteilung in Zollverfahren mit wirtschaftlicher
Bedeutung und Nichterhebungsverfahren vor (Rn. 33).

Zollverfahren mit wirtschaftlicher Bedeutung sind:

– das Zollagerverfahren,
– die aktive Veredelung,
– die Umwandlung unter zollamtlicher Überwachung,
– die vorübergehende Verwendung und
– die passive Veredelung.

Nichterhebungsverfahren sind:

– das Versandverfahren (Rn. 64f),
– das Zollagerverfahren,
– die aktive Veredelung nach dem Nichterhebungsverfahren,
– die Umwandlung unter zollamtlicher Überwachung und
– die vorübergehende Verwendung.

Bis auf das Versandverfahren, das ein reines Nichterhebungsverfahren darstellt und die passive Veredlung, bei der i. d. R. Einfuhrabgaben entstehen, sind alle anderen hier genannten Verfahren sowohl Zollverfahren mit wirtschaftlicher Bedeutung als auch Nichterhebungsverfahren.

Innerhalb der Verfahren mit wirtschaftlicher Bedeutung gibt es Verfahren bzw. Verfahrensarten, bei denen keine Einfuhrabgaben i. S. des Art. 4 Nr. 10 erhoben werden. Es sind damit zugleich Nichterhebungsverfahren.

Beispielsweise wird bei der aktiven Veredlung das Nichterhebungsverfahren und das Verfahren der Zollrückvergütung unterschieden. Beim Nichterhebungsverfahren werden bei der Überführung in das Verfahren keine Abgaben erhoben. Beim Zollrückvergütungsverfahren werden zunächst die Einfuhrabgaben erhoben, jedoch bei ordnungsgemäßer Beendigung wieder vergütet.

Bei der vorübergehenden Verwendung gibt es Waren, die vollständig von Einfuhrabgaben befreit sind (folglich keine Erhebung der Einfuhrabgaben) und Waren, die nur teilweise von Einfuhrabgaben befreit sind (Erhebung der Einfuhrabgaben).

Bei der Umwandlung unter zollamtlicher Überwachung wird für bestimmte Waren der Zollsatz „frei" angewendet, während für andere Waren ein ermäßigter Zollsatz vorgesehen ist.

Für die Inanspruchnahme der Zollverfahren mit wirtschaftlicher Bedeutung, auch wenn sie zugleich Nichterhebungsverfahren sind, bedarf es grundsätzlich einer Bewilligung durch die Zollbehörde (Art. 85 ZK).

Hinsichtlich der Voraussetzungen für die Bewilligungserteilung sind allgemeine Voraussetzungen, die für alle Verfahren mit wirtschaftlicher Bedeutung gelten und spezielle Voraussetzungen zu unterscheiden.

Dieser Tatsache trägt auch der Zollkodex Rechnung, indem er die allgemeinen Bewilligungsvoraussetzungen praktisch in einer Klammer vor die einzelnen Verfahren setzt.

Die speziellen Voraussetzungen (insbesondere wirtschaftliche Aspekte sowie die zolltechnische Durchführbarkeit) sind dagegen in den einzelnen Abschnitten zu den Verfahren geregelt.

Gemeinsam ist allen Zollverfahren mit wirtschaftlicher Bedeutung, daß die Bewilligung von persönlichen Voraussetzungen des Antragstellers abhängig ist.

Dazu zählt einmal die erforderliche Gewähr für den ordnungsgemäßen Ablauf des Verfahrens. Orientierungspunkte hierfür können die persönliche Zuverlässigkeit, die Vertrauenswürdigkeit sowie eine ordnungsgemäße Buchführung sein. In den meisten Fällen bedarf es daneben der Ansässigkeit im Zollgebiet der Gemeinschaft.

Gemeinsam ist für die Zollverfahren mit wirtschaftlicher Bedeutung auch die Voraussetzung, daß der Überwachungsaufwand und die zollamtliche Prüfung nicht mit einem zu dem wirtschaftlichen Bedürfnis außer Verhältnis stehenden Verwaltungsaufwand verbunden sein dürfen (Art. 86 2. Anstrich ZK). Bisher ist jedoch lediglich im Zollagerverfahren diese Prüfung durchgeführt worden. Inhaltlich konkrete Maßstäbe fehlen zum gegenwärtigen Zeitpunkt noch[1].

Bei der Überführung von Waren in ein Zollverfahren mit wirtschaftlicher Bedeutung, ist als Zollanmeldung regelmäßig das Einheitspapier, Exemplare 6 und 8, zu verwenden. Unter den im Zollkodex bzw. der Zollkodex-DVO genannten Voraussetzungen sind auch die vereinfachten Verfahren gemäß Art. 76 ZK anwendbar.

---

[1] Vgl. Witte, Münster „Das neue am Zollkodex der Gemeinschaft", in ZfZ 1993 Nr. 6 S. 166

Zu den einzelnen Zollverfahren mit wirtschaftlicher Bedeutung (Überblick):

81
Zolllager-verfahren
Ist die endgültige Bestimmung von Waren noch nicht bekannt oder will der Beteiligte, z. B. um Kosten zu sparen, die Waren noch nicht einem bestimmten endgültigen Zollverfahren oder einer anderen zollrechtlichen Bestimmung zuführen, können diese Waren unbefristet in einem Zollager lagern, ohne daß Einfuhrabgaben zu entrichten und ggf. handelspolitische Maßnahmen anzuwenden sind.

Rechtsgrundlagen bilden die Art. 98 – 113 ZK sowie die Art. 503 bis 548 ZK-DVO.

Danach können im Zollagerverfahren folgende Waren im Zollgebiet der Gemeinschaft gelagert werden:

- Nichtgemeinschaftswaren

- Gemeinschaftswaren, für die in einer besonderen Gemeinschaftsregelung vorgesehen ist, daß bei Überführung in dieses Verfahren Maßnahmen anzuwenden sind, die an die Ausfuhr anknüpfen.

Als Zollager gilt jeder von der Zollbehörde zugelassene und unter zollamtlicher Überwachung stehende Ort, an dem Waren unter den festgelegten Voraussetzungen gelagert werden können.

Zollager können öffentliche oder private Zollager sein.

Öffentliche Zollager sind Zollager, die jedermann für die Lagerung von Waren zur Verfügung stehen. Bei den öffentlichen Zollagern sind die Lager des Typs A, B und F zu unterscheiden.

Private Zollager sind dagegen Zollager, die auf die Lagerung von Waren durch den Lagerhalter beschränkt sind.

Hierbei sind die Lagertypen C, D und E zu unterscheiden.

Während bei den öffentlichen Zollagern i. d. R. Lagerhalter und Einlagerer unterschiedliche Personen sind, sind bei den privaten Zollagern beide identisch.

Lagerhalter ist derjenige, der die Bewilligung für den Betrieb eines Zollagers erhalten hat. Einlagerer ist die Person, die durch die Anmeldung auf Überführung von Waren in das Zollagerverfahren gebunden ist, oder die Person, der die Rechte und Pflichten dieser ersten Person übertragen worden sind.

Der Lagerhalter ist dafür verantwortlich, daß

- die Waren während ihres Verbleibs im Zollager nicht der zollamtlichen Überwachung entzogen werden,

- die Pflichten, die sich aus der Lagerung der Waren im Zollagerverfahren ergeben, erfüllt werden und
- die in der Bewilligung festgelegten besonderen Voraussetzungen erfüllt werden.

Der Einlagerer ist stets dafür verantwortlich, daß die Pflichten, die sich aus der Überführung in das Zollagerverfahren ergeben, erfüllt werden.

Der Betrieb eines Zollagers bedarf mit Ausnahme eines öffentlichen Zollagers des Typs „F"[1)] der Bewilligung durch die zuständige Zollbehörde. Das ist grundsätzlich das Hauptzollamt, in dessen Bezirk das Lager eingerichtet werden soll.

Dazu muß diese Person einen schriftlichen Antrag (Vordruck 0417; Rn. 92) stellen.

Bewilligungsvoraussetzung ist, neben den bereits dargestellten allgemeinen Voraussetzungen, wie sie bei allen Zollverfahren mit wirtschaftlicher Bedeutung gelten, insbesondere der Nachweis darüber, daß ein wirtschaftliches Bedürfnis für die Lagerung besteht und das Lager hauptsächlich zur Lagerung von Waren bestimmt ist.

In der Bewilligung kann die Zollbehörde neben den Modalitäten für die Überführung von Waren in das Zollagerverfahren auch zulassen, daß bestimmte andere Waren, die nicht in das Lagerverfahren überführt werden, in den Räumlichkeiten des Zollagers gelagert werden dürfen (z. B. Nichtgemeinschaftswaren, die sich im Verfahren der aktiven Veredelung befinden oder auch Waren, die sich in der vorübergehenden Verwahrung befinden, also noch keine zollrechtliche Bestimmung enthalten haben).

Bei privaten Zollagern wird stets Sicherheit verlangt. Sie wird im Regelfall nach dem Betrag der Einfuhrabgaben bemessen, der auf die Warenmenge entfällt, die durchschnittlich in einem Zeitraum von 1 1/2 Monaten in den freien Verkehr überführt werden.

Die Überführung der Waren in das Zollagerverfahren erfolgt im Normalverfahren aufgrund einer entsprechenden Zollanmeldung auf einem Vordruck des Einheitspapiers (Exemplare 6 und 8).

Mit Überlassung der Waren in das Zollagerverfahren sind die Waren durch den Einlagerer unverzüglich und unverändert in die Räumlichkeiten des Zollagers zu verbringen. Dort hat der Lagerhalter die Waren unmittelbar in den in der Bewilligung zugelassenen Bestandsaufzeichnungen zu erfassen.

[1)] Öffentliche Zollager des Typs F sind Lager, die von der Zollbehörde selbst betrieben werden.

Bei privaten Zollagern des Typs D, die in der BR Deutschland am häufigsten Anwendung finden, können die Waren grundsätzlich ohne Gestellung und vor Vorlage einer entsprechenden Anmeldung aus dem Lagerverfahren in den freien Verkehr überführt werden. Dazu ist es jedoch erforderlich, daß im Zeitpunkt der Überführung in das Lagerverfahren Menge, Beschaffenheit und Zollwert der Waren festgestellt werden. Diese Bemessungsgrundlagen sind dann bei der Überführung in den freien Verkehr ohne zollamtliche Mitwirkung anzuwenden.

In diesem Fall entsteht im Zeitpunkt der Überführung der Waren in den freien Verkehr die Einfuhrzollschuld. Der Lagerhalter hat die innerhalb eines Kalendermonats in den freien Verkehr überführten Waren bis zum dritten Arbeitstag des auf die Überführung folgenden Kalendermonats in einer Zahlungsanmeldung unter Berechnung der Abgaben zusammengefaßt anzumelden. Die Angaben sind, wenn Zahlungsaufschub gewährt worden ist, bis zum 16. dieses Kalendermonats zu entrichten.

Während der Lagerung können die in das Zollagerverfahren überführten Waren üblichen Behandlungen die ihrer Erhaltung, der Verbesserung ihrer Aufmachung und der Handelsgüte oder auch der Vorbereitung ihres Vertriebs oder Weiterverkaufs dienen, unterzogen werden.

Wenn es die Umstände rechtfertigen, können diese Waren auch vorübergehend aus dem Zollager entfernt werden (z. B. zu Vorführzwecken, zur Anbahnung von Verkaufsgeschäften).

Ergibt sich infolge der üblichen Behandlung im Vergleich zu der gleichen Ware vor der Behandlung eine Einfuhrabgabenbegünstigung, so wird die übliche Behandlung nur bewilligt, wenn die Festsetzung der Einfuhrabgaben auf der Grundlage der unbehandelten Waren beantragt wird.

Führt die übliche Behandlung dagegen zu einem höheren Betrag an Einfuhrabgaben, so wird ein Antrag auf Festsetzung der Einfuhrabgaben auf der Grundlage der unbehandelten Waren von der Zollstelle abgelehnt. Der Lagerhalter eines Zollagers des Typs D muß in einem solchen Fall auf alle Vorteile verzichten, die sich aus der Feststellung der Bemessungsgrundlagen bei der Überführung in das Zollagerverfahren ergeben würden. Das bedeutet, er müßte die Waren gestellen und eine entsprechende Zollanmeldung zur Überführung in den freien Verkehr abgeben.

Im Rahmen des Zollagerverfahrens kann weiterhin zugelassen werden, daß die Waren aus einem Zollager in ein anderes Zollager übergehen, ohne daß das Zollagerverfahren beendet wird.

Das Zollagerverfahren wird regelmäßig durch Überführung der Waren in den freien Verkehr oder ein anders Zollverfahren bzw. durch den Erhalt einer anderen zollrechtlichen Bestimmung (Verbringen in eine Freizone, Wiederausfuhr, Vernichtung oder Zerstörung) beendet.

Bei der Überführung von Waren in die Veredelung sind die aktive und passive Veredelung zu unterscheiden.

82 Veredelung

Rechtsgrundlage für eine aktive Veredelung bilden die Art. 114 bis 129 ZK sowie Art. 549 bis 649 ZK-DVO.

83 aktive Veredelung

Bei der aktiven Veredelung werden Nichtgemeinschaftswaren in das Zollgebiet der Gemeinschaft eingfeführt, hier Veredelungsvorgängen (Bearbeitung, Verarbeitung oder Ausbesserung) unterzogen und die dadurch entstandenen Veredelungserzeugnisse wieder ausgeführt. Bei der Einfuhr der unveredelten Waren werden entweder keine Einfuhrabgaben (Nichterhebungsverfahren) erhoben oder die bei der Einfuhr erhobenen Einfuhrabgaben werden bei der Ausfuhr der Veredelungserzeugnisse erstattet (Verfahren der Zollrückvergütung). Anstelle der eingeführten Nichtgemeinschaftswaren können auch Gemeinschaftswaren veredelt werden (Ersatzwaren), die ihrer Beschaffenheit, Menge und Qualität nach den Nichtgemeinschaftswaren entsprechen.

Die aktive Veredelung bedarf der vorherigen Bewilligung durch die zuständige Zollbehörde, wobei neben den allgemeinen Bewilligungsvoraussetzungen insbesondere wirtschaftliche Voraussetzungen erfüllt sein müssen. Diesbezüglich muß das Verfahren dazu beitragen, die günstigsten Voraussetzungen für eine Ausfuhr oder Wiederausfuhr der Veredelungserzeugnisse zu schaffen, sofern wesentliche Interessen von Herstellern in der Gemeinschaft nicht beeinträchtigt werden.

Darüber hinaus muß die zolltechnische Durchführbarkeit gewährleistet sein, das heißt, es muß festgestellt werden können, daß die Einfuhrwaren in den Veredelungserzeugnissen tatsächlich enthalten sind bzw., daß die für die Ersatzwaren vorgesehenen Voraussetzungen erfüllt sind.

Die Veredelungsarbeiten müssen in der Regel im Betrieb des Veredelers durchgeführt werden. Für die Durchführung der Veredelungsarbeiten wird eine Frist gesetzt. Werden im Nichterhebungsverfahren die veredelten Waren nicht fristgerecht gestellt (z. B. zur Ausfuhr), so entsteht regelmäßig eine Zollschuld.

Entsteht für Veredelungserzeugnisse oder unveredelte Waren eine solche Zollschuld, so werden Ausgleichszinsen von dem Zollbetrag erhoben, der sich bei Ermittlung des Abgabenbetrages für die unveredelten Waren ergibt.

Im passiven Veredelungsverkehr können Gemeinschaftswaren zur Durchführung von Veredelungsvorgängen vorübergehend aus dem Zollgebiet der Gemeinschaft ausgeführt und die daraus entstandenen Veredelungserzeugnisse

84 passive Veredelung

unter vollständiger oder teilweiser Befreiung von Einfuhrabgaben in den freien Verkehr überführt werden.

Die passive Veredelung ist grundsätzlich für Gemeinschaftswaren ausgeschlossen,

- deren Ausfuhr zur Erstattung oder zum Erlaß von Einfuhrabgaben führt,
- die vor ihrer Ausfuhr aufgrund ihrer Verwendung zu besonderen Zwecken unter vollständiger Befreiung von Einfuhrabgaben in den zollrechtlichen Verkehr (überwachter freier Verkehr) überführt worden waren,
- deren Ausfuhr zur Gewährung von Ausfuhrerstattungen führt oder für die aufgrund ihrer Ausfuhr im Rahmen der gemeinsamen Agrarpolitik ein anderer finanzieller Vorteil als diese Erstattung gewährt wird.

Rechtsgrundlagen bilden die Art. 145 bis 160 ZK sowie die Art. 748 bis 787 ZK-DVO.

Auch die passive Veredelung bedarf der vorherigen Bewilligung. Sie wird vom zuständigen Hauptzollamt auf Antrag desjenigen erteilt, der die Veredelungsvorgänge durchführen läßt.

Für die Erteilung der Bewilligung müssen neben allgemeinen Bewilligungsvoraussetzungen insbesondere wirtschaftliche Voraussetzungen und die zolltechnische Durchführbarkeit gegeben sein.

Grundsätzlich dürfen danach wesentliche Interessen von Herstellern der Gemeinschaft nicht beeinträchtigt werden.

Außerdem muß festgestellt werden können, daß die Veredelungserzeugnisse aus den vorübergehend ausgeführten Gemeinschaftswaren hergestellt wurden.

Bei der Einfuhr der Veredelungserzeugnisse wird regelmäßig eine Zollermäßigung gewährt.

Diese Zollermäßigung besteht darin, daß der Zoll für die Veredelungserzeugnisse um den Betrag gemindert wird, der als Zoll für die unveredelten Waren zu erheben wäre (fiktiver Zoll für die ausgeführten Gemeinschaftswaren), wenn sie unter den gleichen Umständen in den nichtüberwachten freien Verkehr überführt worden wären.

Besteht die passive Veredelung in einer Ausbesserung ohne kommerziellen Charakter, z. B. Ersatz eines Motors in einem Kraftfahrzeug, so wird die Zollermäßigung auch ohne vorherige Bewilligung gewährt, wenn nachgewiesen wird, daß die auszubessernden Waren unter den für die passive Veredelung erforderlichen Voraussetzungen aus dem Zollgebiet der Gemeinschaft ausgeführt worden sind.

Im sogenannten Verfahren des Standardaustausches ist unter zusätzlichen Bedingungen zugelassen, daß anstelle der ausgebesserten Gemeinschaftsware eine Ersatzware (Nichtgemeinschaftsware) eingeführt wird. Die Ersatzware muß zu derselben Unterposition des HS gehören und die gleiche Handelsqualität und die gleichen technischen Merkmale besitzen wie die Ausfuhrware, wenn diese Gegenstand der vorgesehenen Ausbesserung gewesen wäre.

Die Erfahrung hat gezeigt, daß die Abgabenerhebung auf Waren nach tariflicher Beschaffenheit im Zeitpunkt ihrer Einfuhr in bestimmten Sonderfällen zu einem Betrag führt, der höher ist, als wirtschaftlich gerechtfertigt, und der dadurch eine Verlagerung der wirtschaftlichen Tätigkeit nach außerhalb der Gemeinschaft verursachen kann. **85** Umwandlung

In solchen Fällen können bei Vorliegen der Voraussetzungen die eingeführten Waren, die im Zollgebiet der Gemeinschaft bleiben sollen, in Waren anderer Beschaffenheit umgewandelt und die umgewandelten Erzeugnisse den für sie geltenden Einfuhrabgaben unterworfen werden.

Rechtsgrundlagen für die Umwandlung unter zollamtlicher Überwachung bilden die Art. 130 – 136 ZK sowie die Art. 650 bis 669 ZK-DVO.

Die Liste der Fälle, in denen das Umwandlungsverfahren zulässig ist, ergibt sich aus Art. 650 ZK-DVO i. V. m. Anhang 87 zur ZK-DVO.

Neben allgemeinen Bewilligungsvoraussetzungen müssen die wirtschaftlichen Voraussetzungen für die Umwandlung vorliegen. Das bedeutet vor allem, daß die Beschaffenheit oder der Zustand der Waren im Zeitpunkt der Einfuhr nach der Umwandlung in wirtschaftlich lohnender Weise nicht wiederhergestellt werden kann.

Die wirtschaftlichen Voraussetzungen sind regelmäßig erfüllt, wenn die Umwandlung dazu beiträgt, die Aufnahme oder Beibehaltung einer Tätigkeit zur Umwandlung von Waren in der Gemeinschaft zu fördern, ohne daß wesentliche Interessen von Herstellern gleichartiger Waren in der Gemeinschaft beeinträchtigt werden. Einzelheiten des Verfahrens sind in der Dienstanweisung Umwandlung – VSF Z 1801 – geregelt.

Im Verfahren der vorübergehenden Verwendung können Nichtgemeinschaftswaren, die zur Wiederausfuhr bestimmt sind, ohne daß sie, abgesehen von der normalen Wertminderung aufgrund des von ihnen gemachten Gebrauchs, Veränderungen erfahren haben, unter vollständiger oder teilweiser Befreiung von Einfuhrabgaben, und ohne daß sie handelspolitischen Maßnahmen unterliegen, im Zollgebiet der Gemeinschaft verwendet werden. **86** vorübergehende Verwendung

Rechtsgrundlagen bilden die Art. 137 bis Art. 144 ZK sowie die Art. 670 bis 747 ZK-DVO.

Danach werden unterschieden:

- die vorübergehende Verwendung von Beförderungsmitteln Art. 717 – 742 ZK-DVO und

- die vorübergehende Verwendung von anderen Waren als Beförderungsmittel Art. 671 – 716a ZK-DVO.

87
Beförderungsmittel Beförderungsmittel i. S. dieser Vorschrift sind:

- Straßenfahrzeuge,
- Eisenbahnfahrzeuge,
- zivile Kraftfahrzeuge,
- in der See- und Binnenschiffahrt eingesetzte Wasserfahrzeuge,
- Paletten,
- Behälter sowie
- Ersatzteile, Zubehör und übliche Ausrüstungen.

Für diese Waren kann unter bestimmten Voraussetzungen die vorübergehende Verwendung bei vollständiger Befreiung von Einfuhrabgaben bewilligt werden.

Die Bewilligung wird mit Ausnahme von Paletten und Behältern ohne schriftlichen Antrag und ohne schriftliche Bewilligung durch die Zollbehörde allgemein erteilt.

In diesem Fall gilt eine abgegebene Zollanmeldung i. S. des Art. 233 ZK-DVO (andere Formen der Willenserklärung Rn. 42) als Antrag und das Nichttätigwerden der Zollbehörde als Bewilligung der vorübergehenden Verwendung.

Paletten gemäß Art. 724 Abs. 2 ZK-DVO und Behälter gemäß Art. 725 Abs. 1 ZK-DVO können zu diesem Verfahren zugelassen werden, wenn der Bewilligungsinhaber

- im Zollgebiet der Gemeinschaft vertreten ist und den Zollbehörden des Mitgliedsstaates, in dem sich die Paletten oder Behälter befinden, Angaben zur Person und zur Art der Vertretung übermittelt,

- den Zollbehörden des jeweiligen Mitgliedsstaates auf Verlangen Auskunft über Ort und Zeitpunkt des Eingangs der Paletten und Behälter in das Zollgebiet oder des Ausgangs aus diesem Zollgebiet sowie über die Bewegung der Paletten und Behälter im Zollgebiet der Gemeinschaft erteilt.

In besonderen Fällen, z. B. Paletten, deren Nämlichkeit nicht festgestellt werden kann, muß der Halter der Paletten einen schriftlichen Antrag zur Bewilligungserteilung zur vorübergehenden Verwendung nach Maßgabe des Art. 732 Abs. 2 ZK-DVO stellen.

Für die Überführung von anderen Waren, als Beförderungsmittel, in die vorübergehende Verwendung sind grundsätzlich zwei Fälle zu unterscheiden:

88 andere Waren

1. Fälle, in denen die vorübergehende Verwendung bei vollsätndiger Befreiung von den Einfuhrabgaben bewilligt werden kann und

2. Fälle, in denen die vorübergehende Verwendung lediglich unter teilweiser Befreiung von Einfuhrabgaben bewilligt werden kann.

Der jeweilige Warenkreis sowie die Bewilligungsvoraussetzungen ergeben sich für den 1. Fall aus den Art. 671 bis 688 ZK-DVO und für den 2. Fall aus Art. 142 ZK unter Beachtung der Vorbehaltsregelungen gemäß Art. 690 i. V. m. Anhang 95 ZK-DVO.

Die Bewilligung wird in beiden Fällen grundsätzlich nur auf schriftlichen Antrag erteilt. Dieser Antrag wird regelmäßig mit der Zollanmeldung (i. d. R. ist dies das Einheitspapier, Exemplare 6 und 8) gestellt. Die Bewilligung selbst erteilt die zuständige Zollstelle durch einen Verwendungsschein (Vordruck 0790).

Bei der Überführung von Waren in die vorübergehende Verwendung unter teilweiser Befreiung von Einfuhrabgaben entsteht die Zollschuld im Zeitpunkt der Annahme der Zollanmeldung zur Überführung in das Verfahren.

Der Betrag dieser Zollschuld wird anhand der Bemessungsgrundlagen festgesetzt, die zu diesem Zeitpunkt maßgebend sind.

Dabei werden für jeden Monat bzw. angefangenen Monat, in dem sich die Waren im Verfahren der vorübergehenden Verwendung unter teilweiser Befreiung befinden, auf 3 % des Abgabenbetrages festgesetzt, der auf diese Waren erhoben worden wäre, wenn sie im Zeitpunkt der Überführung in die vorübergehende Verwendung in den freien Verkehr überführt worden wären.

Die zu erhebenden Abgaben werden mit Beendigung der vorübergehenden Verwendung erhoben. Dabei dürfen die zu erhebenden Einfuhrabgaben nicht höher sein als der Betrag, der bei Überführung in den freien Verkehr entstanden wäre.

Entsteht aus anderen Gründen als dem der Überführung in die vorübergehende Verwendung unter teilweiser Befreiung von den Einfuhrabgaben eine Zollschuld (z. B. durch eine nicht zugelassene Überführung aus der vorübergehenden Verwendung in den freien Verkehr), so entspricht der Betrag dieser Schuld dem Unterschied zwischen dem festgesetzten Betrag bei teilweiser Befreiung und dem Betrag, der bei Überführung in den freien Verkehr entstanden ist.

Zollrechtliche Bestimmungen außerhalb der Zollverfahren 1.4.7

Neben der Überführung von Waren in ein Zollverfahren sind in der BR Deutschland

- das Verbringen von Waren in eine Freizone oder ein Freilager,
- die Wiederausfuhr sowie
- die Vernichtung und Zerstörung unter zollamtlicher Überwachung

weitere Formen der zollrechtlichen Bestimmung.

89
Freizonen, Freilager

Freizonen und Freilager sind Teile des Zollgebiets der Gemeinschaft, die jedoch vom übrigen Zollgebiet getrennt sind. In ihnen dürfen sowohl Nichtgemeinschaftswaren als auch Gemeinschaftswaren unter den in Art. 166 ZK genannten Voraussetzungen verbraucht oder verwendet werden. Einzelheiten über die Errichtung von Freizeitzonen und Freilagern legen die EG-Mitgliedstaaten fest.

Rechtsgrundlagen bilden die Art. 166 – 181 ZK sowie die Art. 799 – 840 ZK-DVO.

Im einzelnen sind folgende Regelungen maßgeblich:

1. Für das Verbringen in eine Freizone oder in ein Freilager: Art. 169, 170 ZK; Art. 811 – 816 ZK-DVO

2. Für das Verfahren innerhalb einer Freizone oder eines Freilagers: Art. 171 bis 176 ZK; Art. 805 bis 810 und Art. 817 – 819 ZK-DVO.

3. Für den Ausgang von Waren aus einer Freizone oder einem Freilager: Art. 177 bis 181 ZK; Art. 820 bis 822 ZK-DVO

4. Sondervorschriften: Art. 823 – 840 ZK-DVO.

Wiederausfuhr, Vernichtung und Zerstörung werden zunächst im Zollkodex in Art. 182 zusammengefaßt, weil diese Formen der zollrechtlichen Bestimmung nur bei Nichtgemeinschaftswaren in Betracht kommen.

Weitere Rechtsgrundlagen bilden die Art. 841 und 842 ZK-DVO.

90
Vernichtung, Zerstörung

Eine Vernichtung oder Zerstörung von Waren ist der zuständigen Zollstelle schriftlich anzuzeigen, so daß eine zeitliche Überwachung des Vorgangs möglich ist.

Sind derartige zu behandelnde Waren bereits Gegenstand einer Zollanmeldung gewesen, so vermerkt die Zollstelle den Vorgang auf ihr und erklärt diese gemäß Art. 66 ZK für ungültig.

Der Unterschied zwischen Vernichtung und Zerstörung liegt in der Intensität. Während bei einer Vernichtung die Waren unwiederbringlich verloren gehen und sie nicht mehr wirtschaftlich sinnvoll verwendet werden können, fallen bei einer Zerstörung i. d. R. Abfälle und Reste an.

Diese Abfälle und Reste können unter Umständen eine andere zollrechtliche Bestimmung erhalten.

Auch die Wiederausfuhr von Nichtgemeinschaftswaren ist der Zollstelle vorab mitzuteilen.

91 Wiederausfuhr

In bestimmten Fällen kann auch die Abgabe einer Zollanmeldung erforderlich sein. Dabei gelten die Regelungen über das Ausfuhrverfahren sinngemäß.

Für Anträge, Anmeldungen, Vergünstigungen u. ä. ist im Zusammenhang mit der zollrechtlichen Bestimmung die Verwendung bestimmter Vordrucke vorgeschrieben. In den einzelnen Abschnitten ist bereits auf einige dieser Vordrucke hingewiesen bzw. sind einzelne Vordrucke abgedruckt worden.

92 Vordrucke

Die nachfolgende Zusammenstellung gibt eine Übersicht über die unter Z3010 bis Z3060 veröffentlichten Vordrucke.

Die Vordrucke sind durch eine Lagerbezeichnung (Vordruck-Nr.) gekennzeichnet, die bei Bezug der ausliefernden Dienststelle angegeben werden muß.

Vordruck-nummer	Bezeichnung des Vordrucks	Ausgabejahr	Fundstelle Kennung (Z)	Seite
1	2	3	4	5
0018	Klebezettel für die Kennzeichnung nicht präferenzberechtigter Postsendungen (32 Stück)	1990	3010 Nr. 2	16
0052	Klebezettel für zollamtlich abgefertigte Postsendungen mit Angabe der Zollstelle (32 Stück)	1991	3012 Nr. 1	10
0053	Klebezettel für zollamtlich abgefertigte Postsendungen (32 Stück)	1980	3012 Nr. 1	10
0054	Klebezettel für Postsendungen bei Zollabfertigung nach vereinfachter Zollanmeldung (24 Stück)	1986	3020 Nr. 2	37/–
0060	Unbedenklichkeitsbescheinigung für die Zulassung eines Kraftfahrzeugs oder Kraftfahrzeuganhängers	1984	3060 Nr. 7	46
0061	Freistellung eines Wassersportfahrzeugs von der zollamtlichen Überwachung	1981	3010 Nr. 4	31/–
0062	Anforderung von Unterlagen und Angaben für die Zollbehandlung	1988	3012 Nr. 4	20
0099	Hinweisblatt für entnommene Zollbelege	1988	3050 Nr. 2	21/22
0115	Schiffsbedarfsliste für die gewerbliche Seeschiffahrt	1988	3014 Nr. 6	37-39
0116	Schiffsbedarfsliste für die gewerbliche Binnenschiffahrt	1988	3014 Nr. 6	44/44

Vordruck-nummer	Bezeichnung des Vordrucks	Ausgabe-jahr	Fundstelle Kennung (Z)	Seite
1	2	3	4	5
0118	Liste der Besatzungsmitglieder und Fahrgäste	1988	3014 Nr. 6	41/42
0120	Erklärung für Gegenstände erzieherischen, wissenschaftlichen oder kulturellen Charakters	1988	3014 Nr. 1	7/8
0121	Erklärung für wissenschaftliche Instrumente oder Geräte	1992	3014 Nr. 1	9/10
0122	Erklärung für Gegenstände für Behinderte	1988	3014 Nr. 1	11/12
0123	Erklärung für Erprobungswaren	1988	3014 Nr. 1	12a/12b
0124	Erklärung für medizinische Instrumente oder Apparate	1992	3014 Nr. 1	13/14
0165	Erklärung für Speisewagenvorräte	1988	3014 Nr. 5	31/–
0166	Nachweis über Bordvorräte im Luftverkehr	1988	3014 Nr. 5	33/34
0182	Merkblatt für das Abfertigungsverfahren im Luftverkehr (deutsch)	1993	3014 Nr. 2	14i/–
0202	Verzeichnis der verschlußfähigen Schiffe (Titel)	1986	3060 Nr. 1	9/10
0203	Verzeichnis der verschlußfähigen Schiffe (Einlage)	1986	3060 Nr. 1	11–16
0220	Bauanzeige	1989	3044 Nr. 2	23/–
0221	Verwendungsanzeige	1989	3044 Nr. 2	25/26
0222	Ausrüstungsanzeige	1989	3044 Nr. 2	27/–
0229	Antrag auf Erstattung oder Erlaß von Eingangsabgaben	1992	3030 Nr. 1	5–7
0230	Bescheid über Erstattung oder Erlaß von Eingangsabgaben	1992	3030 Nr. 1	9–11
0236	Informationsblatt „Dreieckverkehr" (INF 5)	1987	3042 Nr. 3	30a–32
0238	Antrag auf Bewilligung einer aktiven Veredelung	1990	3042 Nr. 1	5–8
0239	Antrag auf Zulassung der vorzeitigen Ausfuhr in der aktiven Veredelung	1990	3042 Nr. 1	9/10
0240	Bewilligung einer aktiven Veredelung	1990	3042 Nr. 1	10a–10d
0243	Abmeldung von Waren aus der aktiven Veredelung	1990	3042 Nr. 1	11/12
0244	Berechtigungsschein zur Einfuhr in die aktive Veredelung nach vorzeitiger Ausfuhr	1990	3042 Nr. 1	13/14
0245	Abrechnung und Selbstberechnung bei aktiver Veredelung	1991	3042 Nr. 1	14a/14b
0246	Veredelungsbuch (Titel)	1990	3042 Nr. 1	15–17
0247	Veredelungsbuch (Einlage)	1987	3042 Nr. 1	18
0248	Antrag auf Bewilligung einer passiven Veredelung	1988	3042 Nr. 2	21/22
0249	Informationsblatt „Aktive Veredelung" (INF 1)	1992	3042 Nr. 3	29/30
0250	Veredelungsschein für Freihafen-Veredelung	1992	3042 Nr. 2	25/26

Vordruck-nummer	Bezeichnung des Vordrucks	Ausgabe-jahr	Fundstelle Kennung (Z)	Seite
1	2	3	4	5
0251	Informationsblatt „Passive Veredelung – Dreieckverkehr" (INF 2)	1989	3042 Nr. 3	33/34
0254	Bewilligung einer passiven Veredelung	1990	3042 Nr. 2	22a – 22d
0255	Auskunftsblatt „Vorübergehende Verwendung" (INF 6)	1990	3014 Nr. 7	55/56
0257	Vorübergehende Verwendung – Informationen gemäß Artikel 23 der VO (EWG) Nr. 3599/82	1990	3014 Nr. 7	57/–
0258	Vorübergehende Verwendung – Informationen gemäß Artikel 27 Abs. 2 der VO (EWG) Nr. 3599/82	1990	3014 Nr. 7	59/–
0270	Antrag auf Bewilligung der zollbegünstigten Verwendung von Waren	1988	3044 Nr. 1	13/14
0271	Erlaubnisschein für die zollbegünstigte Verwendung von Waren (Für den Verwender)	1988	3044 Nr. 1	15/16
0273	Zusatzblatt zur Bewilligung der zollbegünstigten Verwendung von Waren	1987	3044 Nr. 1	17/–
0274	Merkblatt zur Bewilligung der tariflich zollbegünstigten Verwendung von Waren	1988	3044 Nr. 1	19/20
0275	Übergabe-/Übernahmebestätigung für zollbegünstigte Waren	1988	3044 Nr. 4	35/–
0276	Vergleichsmitteilung über zollbegünstigte Waren	1988	3044 Nr. 4	37/–
0300	Niederschrift über die Entnahme und Behandlung von Proben	1988	3012 Nr. 3	15/16
0301	Probenzettel	1988	3012 Nr. 3	17
0302	Probenanhänger	1988	3012 Nr. 3	17
0303	Antrag auf Untersuchung einer Probe	1990	3012 Nr. 3	18
0306	Summarische Zollanmeldung	1992	3010 Nr. 1	13/14
0308	Vorübergehende Verwahrung gestellter Waren	1992	3010 Nr. 3	21/22
0321	Postübernahmebestätigung	1988	3010 Nr. 2	17/18
0324	Zwischenschein für die vorübergehende Ausfuhr von Waren	1993	3014 Nr. 3	20a/20b
0325	Zwischenschein für die vorübergehende Versendung/Ausfuhr von Treibstoffen	1988	3014 Nr. 3	21/22
0328	Rückwarenerklärung	1993	3014 Nr. 3	17/–
0329	Auskunftsblatt „Rückwarenregelung" (INF 3)	1982	3014 Nr. 3	19/20
0332	Auskunftsblatt bei passiver Veredelung	1985	3042 Nr. 3	35 – 38
0333	Anmeldung des Schiffsbedarfs (Rhein und Mosel)	1985	3014 Nr. 6	45/46
0349	Zollantrag und Zollanmeldung für die Abfertigung von Diplomaten- oder Konsulargut	1988	3014 Nr. 4	25/26

Vordruck-nummer	Bezeichnung des Vordrucks	Ausgabe-jahr	Fundstelle Kennung (Z)	Seite
1	2	3	4	5
0350	Zollantrag und Zollanmeldung für die Abfertigung von Übersiedlungsgut *zur Freigutverwendung*	*1993*	3014 Nr. 4	27/28
0370	Postmerkbuch (Titel)	1984	3016 Nr. 3	31/32
0371	Postmerkbuch (Einlage)	1984	3016 Nr. 3	33/–
0375	Vertrag über die Lagerung von Waren in vorübergehender Verwahrung	1992	3010 Nr. 3	27/–
0376	Vorübergehende Verwahrung/Sicherstellung/Beschlagnahme von Waren	1992	3010 Nr. 3	23–26
0384	Gestellungsbuch (Titel)	1992	3050 Nr. 1	13
0385	Gestellungsbuch (Einlage)	1992	3050 Nr. 1	14
0386	Buch für Sammelzollanmeldungen (Titel)	1988	3050 Nr. 1	15
0387	Buch für Sammelzollanmeldungen (Einlage)	1988	3050 Nr. 1	16
0388	Versandschein-Ausfertigungsbuch (Titel)	1988	3050 Nr. 1	17
0389	Versandschein-Ausfertigungsbuch (Einlage)	1988	3050 Nr. 1	18
0413	Anleitung zur Verwendung und zum Ausfüllen der Verbundvordrucke für offene Zollager	1991	3040 Nr. 2	25-32
0414	Eingangsbestätigung	1993	3060 Nr. 5	24
0415	Zusammenfassende Anmeldung (Zahlungsanmeldung) für Waren aus einem Zollager	1992	3040 Nr. 2	19-22
0416	Ergänzungsblatt zur zusammenfassenden Anmeldung (Zahlungsanmeldung)	1992	3040 Nr. 2	23/24
0417	Antrag auf Bewilligung eines Zollagers	1993	3040 Nr. 1	5-8
0418	Bewilligung eines Zollagers	1993	3040 Nr. 1	9/–
0419	Zusatzblatt zur Bewilligung eines Zollagers	1993	3040 Nr. 1	11/12
0420	Benachrichtigung von Abfertigungszollstellen über ein Zollagerverfahren	1993	3040 Nr. 1	15/–
0421	Merkblatt „Private Zollager"	1992	3040 Nr. 1	13/14
0422	Informationsblatt „Zollager" (INF 8)	1992	3040 Nr. 2	33/34
0424	Zusammenfassende Anmeldung der Wiederausfuhren aus einem Zollagerverfahren	1992	3040 Nr. 2	35/36
0426	Ersuchen um Nachprüfung zum Verwendungsschein	1992	3014 Nr. 7	61/–
0427	Endgültiger Feststellungsbescheid	1989	3040 Nr. 3	39/–
0430	*Bescheinigung zollrechtlicher Status*	*1993*	*3040 Nr. 3*	*41/42*
0463	Vereinfachte Berechnung der Eingangsabgaben	1989	3016 Nr. 1	17/–
0464	Anmeldung der Angaben über den Zollwert	1989	3016 Nr. 1	19/20
0465	Ergänzungsblatt zur Anmeldung der Angaben über den Zollwert	1989	3016 Nr. 1	21/22
0466	Merkblatt „Zollwert"	1992	3016 Nr. 1	23/24

Vordruck-nummer	Bezeichnung des Vordrucks	Ausgabe-jahr	Fundstelle Kennung (Z)	Seite
1	2	3	4	5
0467	Anmeldung der Angaben über Verbauchsteuern	1993	3016 Nr. 1	25/26
0468	Berechnung der Eingangsabgaben zur mündlichen Zollanmeldung	1990	3016 Nr. 1	15/-
0469	Zollantrag und vereinfachte Zollanmeldung	1993	3020 Nr. 2	33/34
0470	Ergänzungsblatt zum Vordruck 0469	1988	3020 Nr. 2	35/-
0472	Aufzeichnungsanzeige bei Zollabfertigung nach Aufzeichnung	1992	3020 Nr. 2	39/40
0473	Sammelzollanmeldung	1990	3020 Nr. 2	69/70
0474	Zusatzblatt Zollwert	1992	3030 Nr. 2	73/-
0475	Verschlußanerkenntnis	1978	3060 Nr. 1	7/8
0476	Antrag auf Erteilung eines Verschlußanerkenntnisses	1990	3060 Nr. 1	5/6
0490	Merkblatt Kleinsendungen nichtkommerzieller Art (deutsch-englisch)	1993	3014 Nr. 2	14 c/14 d
0500	Antrag auf Zulassung eines Sammelzollverfahrens	1993	3020 Nr.	7-10
0501	Warenaufstellung für Sammelzollverfahren	1988	3020 Nr. 1	11/1-
0502	Zugelassene Zollstellen und Orte	1988	3020 Nr. 1	27/-
0503	Zustimmungserklärung bei Sammelzollverfahren	1993	3020 Nr. 1	13/14
0504	Zulassung der Zollabfertigung nach vereinfachter Zollanmeldung	1993	3020 Nr. 1	15-18
0505	Zulassung der Zollabfertigung nach Aufzeichnung	1993	3020 Nr. 1	19-22
0506	Anlage „Automatisiertes Überwachungsverfahren (AÜV)" zur Zulassung eines Sammelzollverfahrens	1991	3020 Nr. 1	29/-
0507	Zulassung der Gestellungsbefreiung und der Zollbehandlung nach Gestellungsbefreiung	1993	3020 Nr. 1	23-26
0508	Benachrichtigung von Zolldienststellen über ein Sammelzollverfahren oder einen zugelassenen Empfänger	1993	3020 Nr. 3	79/-
0509	Anleitung zur Verwendung und zum Ausfüllen der Verbundvordrucke für die Sammelzollverfahren	1991	3020 Nr. 2	49-68 d
0512	Aufzeichnung/Anschreibung/Sammelzollanmeldung für den Eingang/die Einfuhr von Waren in den freien Verkehr	1991	3020 Nr. 2	41-44
0514	Aufzeichnung/Anschreibung/Sammelzollanmeldung für den Eingang/die Einfuhr von Waren in einen Freigutverkehr oder besonderen Zollverkehr	1991	3020 Nr. 2	45-48
0516	Ergänzungsblatt zur Sammelzollanmeldung	1989	3020 Nr. 2	71/72
0519	Mitteilung über einen Anmelder bei Zollabfertigung nach vereinfachter Zollanmeldung	1988	3020 Nr. 3	81/-
0520	Merkblatt „Sammelzollverfahren"	1993	3020 Nr. 3	77/78
0530	Umfang und Grund der Vorläufigkeit des Bescheids	1988	3016 Nr. 1	27/-

Vordruck-nummer	Bezeichnung des Vordrucks	Ausgabe-jahr	Fundstelle Kennung (Z)	Seite
1	2	3	4	5
0531	Rechtsbehelfsbelehrung (Beschwerde)	1985	3060 Nr. 4	22
0534	Steueränderungsbescheid/Steuerbescheid	1992	3060 Nr. 6	27-30
0536	Endgültiger Steuerbescheid	1990	3060 Nr. 6	31/-
0537	Steuerbescheid (Verwendung, Ausbesserung, Verwahrung)	1993	3060 Nr. 6	33-35
0538	Steuerbescheid (Versand)	1991	3060 Nr. 6	37-39
0539	Steuerbescheid nach Abrechnung aktiver Veredelung	1991	3060 Nr. 6	41-43
0540	Merkblatt „Außenwirtschaftsrecht"	1992	3060 Nr. 3	19/20
0613	Merkblatt Reiseverkehr (deutsch)	1993	3014 Nr. 2	14g/14h
0625	Zollmerkblatt für deutsche Auslandsreisende	*1993/2*	3014 Nr. 2	14e/14f
0785	Zusatzblatt zum Einheitspapier für die Abfertigung von Waren zum freien Verkehr	1991	3016 Nr. 1	7/8
0786	Zusatzblatt zum Einheitspapier für die Abfertigung von Waren zur Freigutverwendung oder bleibenden Zollgutverwendung	1991	3016 Nr. 1	9/10
0787	Zusatzblatt zum Einheitspapier für die *Überführung* von Waren *in ein Zollagerverfahren*	1992	3016 Nr. 1	11/-
0788	Zusatzblatt zum Einheitspapier für die Abfertigung von Waren zur aktiven Veredelung oder Umwandlung	1990	3016 Nr. 1	13/-
0789	Zusatzblatt zum Einheitspapier für die Abfertigung von Waren zur aktiven Ausbesserung	1991	3042 Nr. 1	18a-18c
0790	Zusatzblatt zum Einheitspapier für die Abfertigung von Waren zur vorübergehenden Verwendung	1991	3014 Nr. 7	49-51
0791	Zusatzblatt zum Einheitspapier für die Abfertigung von Waren zur passiven Veredelung	1990	3042 Nr. 2	23/24
0796	Zusatzblatt zum Ausbesserungsschein und Verwendungsschein	1990	3014 Nr. 7	53/54
1037	Bezugsheft mit Abgabennachweis für Betriebsstoffe auf Schiffen (50 Blätter)	1985	3044 Nr. 3	32a
1038	Bezugsheft mit Abgabennachweis für Betriebsstoffe auf Schiffen (5 Blätter)	1985	3044 Nr. 3	32b
1039	Abgabeheft mit Bezugsnachweis für Betriebsstoffe im Seeverkehr	1985	3044 Nr. 3	32c
1042	Abgabeheft mit Bezugsnachweis für Betriebsstoffe im Luftverkehr	1985	3044 Nr. 3	32d
0008	Kostenbescheid über Verwahrungsgebühr	1991	SV 2295	3-6
0009	Zusammenstellung über Verwahrungen von Waren	1991	SV 2295	7/-

Vordruck-nummer	Bezeichnung des Vordrucks	Ausgabe-jahr	Fundstelle Kennung (Z)	Seite
1	2	3	4	5
0010	Kosten-Anschreibungsbuch (Titel)	1989	H 5949	-
0011	Kosten-Anschreibungsbuch (Einlage)	1989	H 5949	-
0012	Kostenbescheid über kostenpflichtige Amtshandlungen	1989	SV 2295	9-12
0014	Kostenbescheid über Untersuchungsgebühren	1989	SV 2295	13-16
0016	Klebezettel für die Kennzeichnung von Versandgut (8 Stück)	1980	Z 3895 Nr. 2	181/-
0018	Klebezettel für die Kennzeichung nicht präferenzberechtigter Postsendungen (32 Stück)	1990	Z 3895 Nr. 2	181/-
0130	Bescheinigung über Schußwaffen und Munition	1984	SV 0206 Nr. 5	59/60
0131	Mitteilung über die Einfuhr von Schußwaffen und Munition	1984	SV 0206 Nr. 5	61/62
0154	Anerkenntnis über die Zollverschlußfähigkeit	1969	Z 0722 Nr. 1	28-31
0181	Überweisungsschein Fl	1988	SV 0602 Nr. 4	57-59
0290	Gemeinschaftliches Warenverkehrscarnet	1985	Z 3895 Nr. 2	183-198
0291	Gemeinschaftliches Warenverkehrscarnet – Eingangsabschnitt	1985	Z 3895 Nr. 2	199/200
0292	Gemeinschaftliches Warenverkehrscarnet – Ausgangsabschnitt	1985	Z 3895 Nr. 2	201/202
0304	Antrag auf Untersuchung einer Probe für Ausfuhrvergünstigung	1992	M 3565	53/-
0305	Antrag auf Bestimmung der Feuchtigkeit von Rohtabak	1985	M 9895	9/10
0307	Antrag auf Erteilung einer verbindlichen Zolltarifauskunft	1993	ZT 1195	3/4
0309	Verbindliche Zolltarifauskunft	1991	ZT 1195	5/6
0311	Probenanhänger (Verbindliche Zolltarifauskunft)	1991	ZT 1195	7/-
0336	Eingangsbescheinigung	1993	Z 3895 Nr. 2	203/-
0337	TC 12 – Mitteilung für den vorgesehenen Bestimmungshafen	1993	Z 3895 Nr. 2 Z 3722	205/-
0339	Zwischen- oder Abgabenachricht (Versandverfahren)	1988	Z 38 95 Nr. 2	207/-
0340	TC 20 Suchanzeige	1993	Z 38 95 Nr. 2	209/210
0341	Weitergabe der Suchanzeige	1989	Z 38 95 Nr. 2	211-218
0345	Nichterledigung von Versandverfahren (Anfrage der Abgangszollstelle)	1988	Z 38 95 Nr. 2	219/-
0346	Nichterledigung eines Versandverfahrens (Antwort an Abgangszollstelle)	1988	Z 38 95 Nr. 2	221/222
0347	Eisenbahnübernahmebestätigung	1992	Z 38 95 Nr. 2	223/-

Vordrucknummer	Bezeichnung des Vordrucks	Ausgabejahr	Fundstelle Kennung (Z)	Seite
1	2	3	4	5
0348	Kontrollfrage im Eisenbahnverkehr	1988	Z 3895 Nr. 2	225/226
0351	Abschlußbestätigung von Versandverfahren	1986	Z 3895 Nr. 2	227/-
0352	Mitteilung über den Abschluß des Versandverfahrens	1989	Z 3895 Nr. 2	229/-
0355	Antrag „Zugelassener Versender"	1988	Z 3895 Nr. 2	231/232
0356	Vereinfachung der Förmlichkeiten im gemeinschaftlichen/gemeinsamen Versandverfahren (Zugelassener Versender)	1991	Z 3895 Nr. 2	233-236
0357	Zusatzblatt „Zugelassener Versender"	1991	Z 3895 Nr. 2	237/-
0358	Verbleib von Versandgut (Anfrage an Hauptverpflichteten)	1991	Z 3895 Nr. 2	238 a/-
0359	Verbleib von Versandgut (Antwort des Hauptverpflichteten)	1991	Z 3895 Nr. 2	238 c/-
0360	Bescheinigung über die Befreiung von der Sicherheitsleistung	1993	Z 3895 Nr. 2	238 e/238 f
0361	Bürgschaftsurkunde für das gemeinschaftliche/gemeinsame Versandverfahren (*Gesamtbürgschaft Einzelbürgschaft*)	1993	Z 3895 Nr. 2	239-242
0362	Bürgschaftsbescheinigung (Gesamtbürgschaft)	1993	Z 3895 Nr. 2	243/244
0363	Hinweisblatt für Versandverfahren	1986	Z 3895 Nr. 2	245
0364	Hinweisblatt für Versandverfahren (Ostgrenze)	1992	Z 3895 Nr. 2	246
0365	Grenzübergangsschein	1993	Z 3895 Nr. 2	247/-
0366	Versandanmeldung für den innerstaatlichen Zollgutversand	1989	Z 3895 Nr. 2	249-254
0368	TC 30 – Ersuchen um Mitteilung von Anschriften	1989	Z 3895 Nr. 2	255/-
0369	Mitteilung über Auszahlung einer Barsicherheit im Versandverfahren	1985	Z 3895 Nr. 2	257/-
0372	TC 21 Nachprüfungsersuchen	*1993*	Z 3895 Nr. 2	259/-
0373	Nichterledigung eines Versandverfahrens (Anfrage der Bestimmungszollstelle)	1992	Z 3895 Nr. 2	261/-
0374	Nichterledigung eines Versandverfahrens (Antwort an Bestimmungszollstelle)	1988	Z 3895 Nr. 2	263/264
0377	Beschlagnahme von Tieren oder Pflanzen	1991	SV 0832 Nr. 7	221-230
0378	Beschlagnahme/Aussetzung der Freigabe/ Einziehung von Waren	1992	*SV 1204* Nr. 2	*29-36*
0379	Beschlagnahme/Einziehung von Waren (Madrider Abkommen)	1992	SV 1202 Nr. 2	*23-30*
0380	Antrag und Anmeldung für die Abfertigung von ausfuhrabgabepflichtigen Marktordnungswaren	1988	M 3765	11-16
0392	Verzeichnis der eingehenden Suchanzeigen (Titel)	1989	Z 3895 Nr. 2	265-267
0393	Verzeichnis der eingehenden Suchanzeigen (Einlage)	1989	Z 3895 Nr. 2	269-272
0394	Verzeichnis der ausgehenden Suchanzeigen	1988	Z 3895 Nr. 2	273/274

Vordruck-nummer	Bezeichnung des Vordrucks	Ausgabe-jahr	Fundstelle Kennung (Z)	Seite
1	2	3	4	5
0396	TC 22-Mahnbrief	1992	Z 3895 Nr. 2	275/276
0397	Zweite Mahnung zur Suchanzeige	1990	Z 3895 Nr. 2	277-282
0398	Dritte Mahnung zur Suchanzeige	1990	Z 3895 Nr. 2	283-291
0445	Antrag auf nachträgliche Ausstellung eines Präferenznachweises	1990	Z 3895 Nr. 2 Z 4275	292 a-292 d 89-92
0446	Ersuchen um nachträgliche Prüfung von Präferenznachweisen	1989	Z 4275	93-100
0447	Rücksendung von Nachprüfungsersuchen	1990	Z 4275	101-106
0464	Anmeldung der Angaben über den Zollwert	1989	Z 5695	3/4
0465	Ergänzungsblatt zur Anmeldung der Angaben über den Zollwert	1989	Z 5695	5/6
0466	Merkblatt „Zollwert"	1992	Z 5695	7/8
0484	Ersatzbeleg für den Vorsteuerabzug	1992	Z 8395 Nr. 1	5/-
0485	Berichtigung des Vorsteuerabzugs wegen nicht rechtzeitiger Zahlung von Einfuhrumsatzsteuer	1988	Z 8395 Nr. 1	3/-
0486	Kontrollmitteilung über Erstattung oder Erlaß von Einfuhrumsatzsteuer	1988	Z 8395 Nr. 1	7/-
0502	Zugelassene Zollstellen und Orte	1988	Z 3895 Nr. 2	293/-
0508	Benachrichtigung von Zolldienststellen über ein Sammelzollverfahren oder einen zugelassenen Empfänger	1988	Z 3895 Nr. 2	295/-
0524	Antrag „Zugelassener Empfänger"	1990	Z 3895 Nr. 2	297/298
0525	Zulassung der Gestellung außerhalb des Amtsplatzes der Bestimmungszollstelle (Zugelassener Empfänger)	1992	Z 3895 Nr. 2	299/300
0527	Mitteilung über einen zugelassenen Empfänger im Eisenbahnverkehr	1988	Z 3895 Nr. 2	301/-
0731	Einheitspapier (Versendung/Ausfuhr + gemein-schaftliches/gemeinsames Verfahren + Bestimmung – Eingang/Einfuhr –)	1989	Z 3895 Nr. 1	19-33
0732	Ergänzungsvordruck zum Vordruck 0731	1989	Z 3895 Nr. 1	35-49
0733	Einheitspapier (Versendung/Ausfuhr)	1992	Z 3895 Nr. 1 A 5695	53-56 5-10
0734	Ergänzungsvordruck zum Vordruck 0733	1988	Z 3895 Nr. 1 A 5695	57-60 17-22
0735	Einheitspapier (gemeinschaftliches/gemeinsames Versandverfahren)	1989	Z 3895 Nr. 1	72 a/72 b
0736	Ergänzungsvordruck zum Vordruck 0735	1989	Z 3895 Nr. 1	72 c/-
0737	Einheitspapier (Bestimmung – Eingang/Einfuhr –)	1992	Z 3895 Nr. 1	75-80
0738	Ergänzungsvordruck zum Vordruck 0737	1989	Z 3895 Nr. 1	81-85

Vordruck-nummer	Bezeichnung des Vordrucks	Ausgabe-jahr	Fundstelle Kennung (Z)	Seite
1	2	3	4	5
0745	Einheitspapier (Versendung/Ausfuhr + T2L)	1992	Z 3895 Nr. 1	111-116
0746	Ergänzungsvordruck zum Vordruck 0745	1989	Z 3895 Nr. 1	117-121
0747	Einheitspapier (Bestimmung – Eingang/Einfuhr – mit zusätzlichem Exemplar 6)	1992	Z 38 95 Nr. 1	89/90
0749	Einheitspapier (Veredelungs-/Ausbesserungsschein für die passive Veredelung + Versendung/Ausfuhr)	1992	Z 3895 Nr. 1	63-66
0750	Ergänzungsvordruck zum Vordruck 0749	1989	Z 3895 Nr. 1	67-70
0751	Einheitspapier (Versendung/Ausfuhr + gemein-schaftliches/gemeinsames Versandverfahren + Bestimmung – Eingang/Einfuhr –)	1989	Z 3895 Nr. 1	133-140
0752	Ergänzungsvordruck zum Vordruck 0751	1989	Z 3895 Nr. 1	141-147
0753	Einheitspapier (Versendung/Ausfuhr)	1992	Z 3895 Nr. 1	151-154
0754	Ergänzungsvordruck zum Vordruck 0753	1989	Z 3895 Nr. 1	155-158
0755	Einheitspapier (Bestimmung – Eingang/Einfuhr –)	1989	Z 3895 Nr. 1	161-165
0756	Ergänzungsvordruck zum Vordruck 0755	1989	Z 3895 Nr. 1	167-171
0761	*Einheitspapier (Versendung/Ausfuhr – unvollständige/vereinfachte Anmeldung –)*	*1993*	*Z 3895 Nr. 1* *A 5695*	*60 c-60 f* *11-14*
0777	Einheitspapier (Zollantrag und vereinfachte Zoll-anmeldung)	1991	Z 3895 Nr. 1	99-102
0778	Ergänzungsvordruck zum Vordruck 0777	1989	Z 3895 Nr. 1	103-105
0779	Einheitspapier (Bestimmung – Eingang/Einfuhr – mit drei Exemplaren (6))	1992	Z 3895 Nr. 1	93-96
0781	*Merkblatt zum Einheitspapier*	*1993*	*Z 3455*	*1-99*
0782	*Einheitspapier (Bestimmung – Anmeldung zur Überführung von Marktordnungswaren in die Erstattungs-Lagerung)*	*1993*	*Z 3895 Nr. 1* *M 3565*	*130 c-130 k* *61-68*
0783	*Ergänzungsblatt zum Einheitspapier (Vordruck 0782) für die Erstattungs-Lagerung*	*1993*	*M 3565*	*69-76*
0784	*Einheitspapier (Abmeldung von Marktordnungswaren aus der Erstattungs-Lagerung)*	*1993*	*Z 3895 Nr. 1* *M 3565*	*130 n-130 r* *77-80*
0820	Zollamtliche Behandlung einer Ausfuhrsendung	1990	A 5695	151/-
0840	Vorlage der Ausfuhrerklärung oder sonstiger Unterlagen	1988	A 5695	149/150
0900	Antrag auf Gewährung von Lagerkostenvergütung für Sirupe	1979	M 7817	15/16
0901	Zusammenstellung der Weißzuckerwerte (Anlage zum Vordruck 0900)	1979	M 7817	17/18
0902	Mitteilung der Erzeugnisse, für die die Lager-kostenabgabeschuld entstanden ist	1993	M 7817	19/20

Vordruck-nummer	Bezeichnung des Vordrucks	Ausgabe-jahr	Fundstelle Kennung (Z)	Seite
1	2	3	4	5
0903	Bescheid über Lagerkostenabgabe für Zucker	1993	M 7817	21/22
0912	Untersuchung und Prüfung von Proben eines	1988	M 1179	27/28
0920	Antrag und Anmeldung für die Abfertigung von Marktordnungswaren zur Erstattungs-Lagerung	1988	M 3565	61/62
0928	Erlaubnisschein für Marktordnungswaren (Für den Verwender)	1989	M 6045	27/28
2603	Umsatzsteuererklärung für Beförderungen mit nicht im Erhebungsgebiet zugelassenen Kraftomnibussen	*1993*	*SV 8450*	*5/6*

Bemessung des Zolls 1.5

Zolltarif 1.5.1

Die Bemessung des Zolls ergibt sich aus dem Zolltarif und dem Zollwert einer eingeführten Ware. In bestimmten Fällen treten an Stelle des Zollwertes andere spezifische Grundlagen, wie z. B. das Gewicht, die Stückzahl, die Fläche u. ä.

93 Allgemeines

Ein Zolltarif besteht immer aus zwei Grundelementen, dem Zolltarifschema und den Zollsätzen.

Unter einem Zolltarifschema versteht man die systematische Auflistung aller Waren. Insofern spricht man auch von einer Warennomenklatur.

Grundlage für das Zolltarifschema des gemeinsamen Zolltarifes der EG ist das „Harmonisierte System zur Bezeichnung und Codierung der Waren" (HS). Das HS ist eine Weiterentwicklung der Nomenklatur des Rates für die Zusammenarbeit auf dem Gebiet des Zollwesens (RZZ). Mit ihm erfolgte eine Anpassung an die modernen Warenstrukturen im Ergebnisse der Entwicklung der Technik und des Handels.

94 Harmonisiertes System

Das HS ist eine Warennomenklatur, die neben zolltariflichen Zwecken auch als Statistiknomenklatur dient. Darüber hinaus gibt es weitere Anwendungsmöglichkeiten für Hersteller, Händler, Im- und Exporteure, Spediteure und Transporteure, z. B. auf dem Gebiet des Handelsdatenaustausches.

Struktur und rechtliche Ausgestaltung sind auf die Realisierung des sogen. Allzollsystems ausgerichtet. Dahinter verbirgt sich der Anspruch, jede nur denkbare Ware in der Nomenklatur zu erfassen. In der Konsequenz ist es folglich nicht möglich, daß für eine Ware keine entsprechende Tarifposition ermittelt werden kann.

95
Allgemeine Hinweise

Das Harmonisierte System ist ein numerisches System, es ist in 21 Abschnitte, 97 Kapitel, 1241 vierstellige Positionen und 5019 sechsstellige Unterpositionen gegliedert. Um bestimmten zolltariflichen und statistischen Anforderungen der Europäischen Gemeinschaften gerecht zu werden, ist in der EWG eine Warennomenklatur eingeführt worden, die um zwei Stellen erweitert ist, die sogen. Kombinierte Nomenklatur. Die Kombinierte Nomenklatur (KN) umfaßt die Nomenklatur des HS, die gemeinschaftlichen Unterteilungen dieser Nomenklatur, genannt „Unterpositionen KN", wenn ihnen ein Zollsatz zugeordnet ist, und die Einführenden Vorschriften, die Zusätzlichen Anmerkungen zu den Abschnitten und Kapitel und die Fußnoten, die sich auf die Unterpositionen beziehen. Diese achtstellige Kombinierte Nomenklatur ist Grundlage des seit dem 1. Januar 1988 anzuwendenden Gemeinsamen Zolltarifs (vgl. VO [EWG] Nr. 2658/87 des Rates vom 23. 7. 1987 über die zolltarifliche und statistische Nomenklatur sowie den Gemeinsamen Zolltarif – ABl Nr. L 256/1 –. Sie ist auch Grundlage für die Statistik des Handels zwischen den Mitgliedstaaten.

Als Zollsätze kommen in Betracht:

– Wertzollsätze: Diese werden im Zolltarif in Prozenten des Zollwerts angegeben. Die modernen Zolltarife enthalten im Gegensatz zu früher überwiegend Wertzollsätze
– spezifische Zollsätze: Dies sind feststehende Beträge mit wägbaren, meßbaren oder zählbaren Bemessungsgrundlagen, z. B. 20 ECU je 100 kg, 40 ECU je 100 Liter oder 10 ECU je Stück
– Mischzollsätze: Diese bestehen aus einem Wertzollsatz und einem spezifischen Zollsatz, wobei die spezifischen Sätze oft Höchst- oder Mindestgrenzen angeben, z. B. 15 % des Wertes, mindestens 10 ECU je 100 kg. Solche Zollsätze sollen bei Wertschwankungen eine Mindest- oder Höchstbelastung der Ware gewährleisten.

96
Gemeinsamer Zolltarif; Zolltarifverordnung

Der an das Harmonisierte System zur Bezeichnung und Codierung der Waren anknüpfende Gemeinsame Zolltarif ist seit dem 1. 1. 1988 unmittelbar geltendes Recht in allen Mitgliedstaaten der EG.

97
Zolltarif der EG

Nach Art. 20 Abs. 3 ZK umfaßt der Zolltarif der EG

– die Kombinierte Nomenklatur;
– jede andere Nomenklatur, die ganz oder teilweise auf der Kombinierten Nomenklatur beruht und die durch besondere Gemeinschaftsvorschriften

zur Durchführung zolltariflicher Maßnahmen im Warenverkehr erstellt worden ist.

Hierbei handelt es sich namentlich um den Integrierten Tarif der EG (TARIC). Der TARIC verschlüsselte in der zehnten und elften Stelle der letztlich zwölfstelligen Codierung des Gebrauchs-Zolltarifes bestimmte gemeinschaftsrechtliche Maßnahmen, wie Zollkontingente, Zollaussetzungen, Zollpräferenzen, Antidumpingzölle u. a.

– die Regelzollsätze und die anderen Abgaben, die für die in der Kombinierten Nomenklatur erfaßten Waren gelten.

Darunter fallen neben den Zöllen vornehmlich die Abschöpfungen im Agrarbereich:

– die Zollpräferenzmaßnahmen aufgrund von Abkommen zwischen der Gemeinschaft und bestimmtern Ländern oder Ländergruppen, in denen eine Zollpräferenzbehandlung vorgesehen ist;

– die Zollpräferenzmaßnahmen, die von der Gemeinschaft einseitig zugunsten bestimmter Länder, Ländergruppen oder Gebiete erlassen worden sind.

Das betrifft die im Rahmen des Allgemeinen Präferenzsystems einseitig gewährten Zollvergünstigungen für Entwicklungsländer:

– die autonomen Aussetzungsmaßnahmen, mit denen die bei der Einfuhr bestimmter Waren geltenden Zollsätze herabgesetzt oder ausgesetzt werden;

– die sonstigen in anderen Gemeinschaftsregelungen vorgesehenen zolltariflichen Maßnahmen.

Eine nationale Zolltarifverordnung enthält die zolltariflichen Bestimmungen, die nicht auf Grund von Rechtsakten der EG-Organe unmittelbar anzuwenden sind. Dies sind in erster Linie alle EGKS-Zollsätze, die im Gemeinsamen Zolltarif nur nachrichtlich ausgewiesen sind (vgl. Zolltarifverordnung vom 24.9.1986 (BGBl. II S .896).

98
Erläuterungen KN

Zur gleichmäßigen Auslegung und Anwendung der dem Zolltarif zugrunde liegenden Kombinierten Nomenklatur hat das BMF die „Erläuterungen zur Kombinierten Nomenklatur" (ErlKN) als Lose-Blatt-Werk herausgegeben. Die ErlKN fassen folgende Bestimmungen zusammen:

– Erläuterungen zum HS

– Tarif-Avise des RZZ

– Erläuterungen zur KN

- Einzelentscheidungen der EG (EWG-Verordnungen, Tarifbescheide und Beschlüsse)
- Nationale Anordnungen des BMF.

Das Lose-Blatt-Werk kann von der Bundesanzeiger Verlagsgesellschaft mbH, Postfach 1320, 53003 Bonn, bezogen werden.

Die ausländischen Zolltarife mit ihren Änderungen und die grundlegenden ausländischen Zollbestimmungen werden in deutscher Sprache in der Publikation „Zoll- und Handelsinformation" veröffentlicht, die von der Bundesstelle für Außenhandelsinformation, Postfach 100522, 50445 Köln, herausgeben wird und dort bezogen werden kann.

99
Gebrauchszolltarif

Besondere Bedeutung für den Praktiker und damit auch für den Spediteur hat der Deutsche Gebrauchszolltarif. Solche Gebrauchs-Zolltarife existieren auf nationaler Ebene in allen Mitgliedsländern der EG. Es handelt sich dabei um ein umfassendes Handbuch, das neben dem eigentlichen Zolltarif (Zolltarifschema und Zollsätze), warenbezogene weitere Angaben enthält, die bei der Einfuhr zu beachten sind. Nicht zuletzt aus dieser Tatsache ergibt sich der praktische Wert des Gebrauchs-Zolltarifes. Der Gebrauchs-Zolltarif besteht aus drei Teilen:

Teil I   Nomenklatur mit Vorbemerkungen und Einführenden Vorschriften

Teil II Maßnahmen

Teil III Anhänge, Listen und Anweisungen

Die Vorbemerkungen des Deutschen Gebrauchs-Zolltarifs geben die erforderlichen Nutzerhinweise. Erläutert werden die verwendeten Abkürzungen sowie die inhaltlichen Komponenten der einzelnen Spalten des Tarifes. Hinzuweisen ist ferner auf die Umrechnungssätze des ECU. Diese sind für zolltarifliche Zwecke der Nr. 4.4 der Vorbemerkungen zu entnehmen.

100
Spalten des Gebrauchszolltarifes

Warenbezogene Aussagen sind in die einzelnen Spalten des Tarifes aufgenommen (vgl. Rn. 101 u. 102).

Spalte 1:[1)]

[1)] Bei den nachfolgenden Erläuterungen zu den einzelnen Spalten wird lediglich auf ausgewählte Fragen eingegangen. Eine umfassende Information geben die Vorbemerkungen zum DGebrZT, namentlich zur Bedeutung der in großer Zahl verwendeten Abkürzungen.

XX 9401

101

Zeile	Codenummer	Warenbezeichnung	Zusätzl. ber.	Einfuhrliste Genehmigungspflicht	Bemerkungen	EUSt	Ber.–Nr.
1	2	2	3	4	5	6	7
1 2	9401	Sitzmöbel (ausgenommen solche der Position 9402), auch wenn sie in Liegen umgewandelt werden können, und Teile davon:					
3		– Sitze von der für Luftfahrzeuge verwendeten Art:					
4 5	9401 1010 0000	– – nicht mit Leder überzogen, für zivile Luftfahrzeuge (siehe Titel II Buchstabe B der Einführenden Vorschriften), unter zollamtlicher Überwachung	11			R	
6		– – andere:					
7 8 9	9401 1090 0100	– – – mit Leder überzogene Sitze, ihrer Beschaffenheit nach für die Besatzung bestimmt, zum Bau, zur Instandhaltung oder Instandsetzung von Luftfahrzeugen mit einem Leergewicht von mehr als 2 000 kg, unter zollamtlicher Überwachung	11			R	
10	9401 1090 0900	– – – andere	11			R	
11	9401 2000 0000	– Sitze von der für Kraftfahrzeuge verwendeten Art	11			R	
12		– Drehstühle mit verstellbarer Sitzhöhe:					
13	9401 3010 0000	– – gepolstert, mit Rückenlehne und mit Rollen oder Gleitern	11			R	
14	9401 3090 0000	– – andere	11			R	
15 16	9401 4000 0000	– In Liegen umwandelbare Sitzmöbel, ausgenommen Gartenmöbel und Campingausstattungen	11			R	
17	9401 5000 0000	– Sitzmöbel aus Stuhlrohr, Korbweiden, Bambus oder ähnlichen Stoffen	11			R	
18		– andere Sitzmöbel, mit Gestell aus Holz:					
19	9401 6100 0000	– – gepolstert	11			R	
20	9401 6900 0000	– – andere	11			R	
21		– andere Sitzmöbel, mit Gestell aus Metall:					
22	9401 7100 0000	– – gepolstert	11			R	
23	9401 7900 0000	– – andere	19			R	
24	9401 8000 0000	– andere Sitzmöbel	11			R	

XX 9401 80

Stammlieferung 1994

9401 10

– 94/ 1 –

Codenummer	Z o l l s ä t z e					Besondere Zollsätze		Ber.– Nr.
	Beitrittsländer		Drittländer	Zollaussetzung (A) Zollkontingent (K)	Allg. Zollpräferenzen (APS)	AD, AKP, BCMS(BA, HR, SI, XJ), BG, CE, CY, CZ, EFTA(AT, CH, FI, IS, LI, NO, SE), FO, HU, IL, MCH(EG, JO, LB, SY), MGB(DZ, MA, TN), MT, PL, RO, SK, SM, TR, ULG, WB		
	ES	PT						
8	9	10	11	12	13	14		15
9401 1010 0000	frei	frei	frei	frei (A 4)	frei	frei		
9401 1090 0100	frei	frei	4,4		frei	frei		
9401 1090 0900	frei	frei	4,4		frei	frei		
9401 2000 0000	frei	frei	5,6		frei	frei CZ, HU, PL, SK: frei CZ, PL, SK: 3,1 RO frei (K 6039) HU, RO: 3,9		
9401 3010 0000	frei	frei	5,6		frei	frei BCMS, CZ, HU, PL, SK: frei CZ, PL, SK: 3,1 RO frei (K 6039) HU, RO: 3,9		
9401 3090 0000	frei	frei	5,6		frei	frei BCMS, CZ, HU, PL, SK: frei CZ, PL, SK: 3,1 RO frei (K 6039) HU, RO: 3,9		
9401 4000 0000	frei	frei	5,6		frei	frei BCMS, CZ, HU, PL, SK: frei CZ, PL, SK: 3,1 RO frei (K 6039) HU, RO: 3,9		
9401 5000 0000	frei	frei	5,6		frei	frei BCMS, CZ, HU, PL, SK: frei CZ, PL, SK: 3,1 RO frei (K 6039) HU, RO: 3,9		
9401 6100 0000	frei	frei	5,6		frei	frei BCMS, CZ, HU, PL, SK: frei CZ, PL, SK: 3,1 RO frei (K 6039) HU, RO: 3,9		
9401 6900 0000	frei	frei	5,6		frei	frei BCMS, CZ, HU, PL, SK: frei CZ, PL, SK: 3,1 RO frei (K 6039) HU, RO: 3,9		
9401 7100 0000	frei	frei	5,6		frei	frei BCMS, CZ, HU, PL, SK: frei CZ, PL, SK: 3,1 RO frei (K 6039) HU, RO: 3,9		
9401 7900 0000	frei	frei	5,6		frei	frei BCMS, CZ, HU, PL, SK: frei CZ, PL, SK: 3,1 RO frei (K 6039) HU, RO: 3,9		
9401 8000 0000	frei	frei	5,6		frei	frei BCMS, CZ, HU, PL, SK: frei CZ, PL, SK: 3,1 RO frei (K 6039) HU, RO: 3,9		
9401 9010 0100	frei	frei	4,4	frei (A 4)	frei	frei		
9401 9010 0900	frei	frei	4,4		frei	frei		

9401 90

– 94/ 1 –
Stammlieferung 1994

Diese Spalte enthält die im Regelfall zwölfstellige Codenummer. Hinter den einzelnen Ziffern dieser Codierung verbergen sich differenzierte Inhalte:

Bedeutung der einzelnen Ziffern der Codenummer des DGebrZT

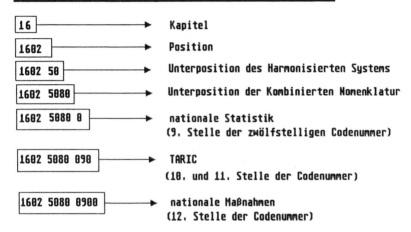

Zu beachten ist, daß die Zollanmeldung immer die Codenummer der betreffenden Ware enthalten muß. Mithin ist es gerade auch für den Spediteur von Bedeutung, Grundregeln für die Feststellung der zutreffenden Codenummer zu kennen (vgl. Rn. 104).

In bestimmten Fällen wird eine vierstellige Zusatzcodierung gefordert. Das betrifft z. B. Waren, die einem beweglichen Teilbetragszoll unterliegen. Die mit bT im Abgabenteil des Tarifes gekennzeichneten beweglichen Teilbeträge werden bei einigen Waren erhoben, zu deren Herstellung abschöpfungspflichtige Erzeugnisse verwendet wurden (z. B. Süßwaren). Die Ermittlung des Zusatzcodes sowie des beweglichen Teilbetrages erfolgt nach Maßgabe des Anhanges ZC 7 im Teil III des DGebrZT.

Spalte 2:

Hier ist die verbale Beschreibung der Waren enthalten. Für den Spediteur gilt es dabei zu beachten, daß die verbale Warenbeschreibung in der Zollanmeldung tarifgerecht sein muß. D. h., die Anmeldung muß die Zuordnung der Ware zu einer Codenummer ermöglichen. Das erfordert die Angabe aller in der tariflichen Warenbeschreibung vorgegebenen Merkmale. Letzteres kann z. B. die genaue stoffliche Beschaffenheit einer Ware, deren Leistung, Verwendungszweck u. a. sein.

Neben der Warenbeschreibung enthält die Spalte 2 weitere Angaben. Zu nennen ist die ggf. geforderte besondere Maßeinheit für die Außenhandelsstatistik (BMA). Bei einem entsprechenden Hinweis – z. B. BMA St. – ist als Maßeinheit auf der jeweiligen Statistikanmeldung neben dem generell geforderten Gewicht zusätzlich die Stückzahl oder eine andere geforderte Angabe aufzuführen.

Bei einem Hinweis auf Verbote und Beschränkungen (VuB) sind warenbezogen weitere Regelungen zu beachten. Die nachfolgend genannten Ziffern verweisen auf die zutreffende Kennung der Vorschriftensammlung der Bundesfinanzverwaltung.

Spalten 3 bis 5:

Die Spalten 3 bis 5 reflektieren außenwirtschaftsrechtliche Maßnahmen. Enthalten sind Bestimmungen der Einfuhrliste. Zu deren Inhalt sind in den Einführenden Vorschriften zum DGebrZt weitere präzisierende Angaben zu finden.

Besondere Bedeutung kommt hier der Information zu, ob bzw. in welchen Fällen für die betreffende Ware eine außenwirtschaftsrechtliche Einfuhrgenehmigung erforderlich ist.

Spalte 6:

Diese Spalte informiert über den anzuwendenden Satz für die Einfuhrumsatzsteuer. Differenziert wird zwischen dem Regelsteuersatz (R) und dem ermäßigten Steuersatz (E).

Spalte 7:

Hier wird lediglich auf die Quelle (Erlaß oder Austauschlieferung) einer ggf. vorgenommenen Änderung zur betreffenden Stammlieferung des DGebrZT verwiesen.

Änderungen enthalten.

Spalte 8:

Mit der Spalte 8 beginnt der Teil II des Tarifes. Zunächst wird – bedingt durch die Fortsetzung in einem neuen Band – aus Praktikabilitätsgründen die Codenummer wiederholt.

Spalten 9 und 10:

Diese Spalten enthalten die Zollsätze für die Einfuhr von Waren aus den Beitrittsländern. Gegenwärtig betrifft das Spanien und Portugal.

Spalte 11:

In Spalte 11 sind jene Zollsätze enthalten, die bei der Einfuhr von Waren aus Drittländern gewährt werden und auf dem Prinzip der Meistbegünstigung beruhen.

Anwendung finden die Zollsätze aus Spalte 11 immer dann, wenn

a) kein besonderer Zollsatz vorgesehen ist,

b) bei Vorliegen eines besonderen Zollsatzes die notwendigen Voraussetzungen (Nachweis der Präferenzberechtigung) nicht erbracht werden,

c) keine Zollaussetzung gegeben ist und

d) kein Zollkontingent vorliegt bzw. ein Kontingent bereits ausgeschöpft ist.

Zu beachten ist, daß die Beanspruchung von Zollpräferenzen beantragt werden muß. Das wird im Regelfall im Rahmen der Zollanmeldung erfolgen.

Spalte 12:

Diese Spalte enthält ggf. bestehende Zollaussetzungen und Zollkontingente.

Bei Zollaussetzungen werden für einen festgelegten Zeitraum keine Zölle erhoben.

Zollkontingente sind hingegen die Möglichkeit, bei bestimmten Waren in einer mengenmäßigen Begrenzung günstigere Zollsätze zu beanspruchen. Nach Auslastung der vorgegebenen Menge finden dann wieder die entsprechenden Regelsätze Anwendung

Spalte 13:

Die hier enthaltenen Zollsätze werden von der EG einseitig gegenüber einer Vielzahl von Entwicklungsländern gewährt. Es handelt sich um Zollvergünstigungen im Rahmen des allgemeinen Präferenzsystems.

Voraussetzung ist, daß der Warenursprung in der geforderten Form nachgewiesen wird.

Spalte 14:

In Spalte 14 sind Zollsätze aufgenommen, die auf Abkommen mit bestimmten Ländern oder Ländergruppen beruhen. Auch für diese Zollsätze ist eine Präferenzberechtigung nachzuweisen (vgl. auch Rn. 157)

103 Gliederung des Tarifes

Der Zolltarif gliedert sich übereinstimmend mit der Struktur des HS in 21 Abschnitte und 97 Kapitel. Dieser formellen Gliederung liegt sachlich das sogen. Produktionsprinzip zugrunde. Dies bedeutet, daß die Erfassung der Waren mit den Rohstoffen beginnt und über Halbfertigprodukte zu den

Fertigprodukten führt. Das Produktionsprinzip ist sowohl in der Struktur der gesamten Nomenklatur als auch innerhalb einzelner Abschnitte und Kapitel erkennbar. Falsch wäre indes, diesem Grundprinzip eine juristische Verbindlichkeit zusprechen zu wollen. Kenntnisse dazu ermöglichen lediglich eine bessere Groborientierung beim Umgang mit der Nomenklatur.

Im einzelnen enthält die Nomenklatur folgende Abschnitte und Kapitel:

Abschnitt I

Lebende Tiere und Waren tierischen Ursprungs

1 Lebende Tiere

2 Fleisch und genießbare Schlachtnebenerzeugnisse

3 Fische und Krebstiere, Weichtiere und andere wirbellose Wassertiere

4 Milch und Milcherzeugnisse; Vogeleier; natürlicher Honig; genießbare Waren tierischen Ursprungs, anderweit weder genannt noch inbegriffen

5 Andere Waren tierischen Ursprungs, anderweit weder genannt noch inbegriffen

Abschnitt II

Waren pflanzlichen Ursprungs

6 Lebende Pflanzen und Waren des Blumenhandels

7 Gemüse, Pflanzen, Wurzeln und Knollen, die zu Ernährungszwecken verwendet werden

8 Genießbare Früchte; Schalen von Zitrusfrüchten oder von Melonen

9 Kaffee, Tee, Mate und Gewürze

10 Getreide

11 Müllereierzeugnisse; Malz; Stärke; Inulin; Kleber von Weizen

12 Ölsamen und ölhaltige Früchte; verschiedene Samen und Früchte; Pflanzen zum Gewerbe- oder Heilgebrauch; Stroh und Futter

13 Schellack; Gummen, Harze und andere Pflanzensäfte und Pflanzenauszüge

14 Flechtstoffe und andere Waren pflanzlichen Ursprungs, anderweit weder genannt noch inbegriffen

Abschnitt III

Tierische und pflanzliche Fette und Öle; Erzeugnisse ihrer Spaltung; genießbare verarbeitete Fette; Wachse tierischen und pflanzlichen Ursprungs

15 Tierische und pflanzliche Fette und Öle; Erzeugnisse ihrer Spaltung; genießbare verarbeitete Fette; Wachse tierischen und pflanzlichen Ursprungs

Abschnitt IV

Waren der Lebensmittelindustrie; Getränke, alkoholhaltige Flüssigkeiten und Essig; Tabak und verarbeitete Tabakersatzstoffe

16 Zubereitungen von Fleisch, Fischen oder von Krebstieren, Weichtieren und anderen wirbellosen Wassertieren

17 Zucker und Zuckerwaren
18 Kakao und Zubereitungen aus Kakao
19 Zubereitungen aus Getreide, Mehl, Stärke oder Milch; Backwaren
20 Zubereitungen von Gemüse, Früchten und anderen Pflanzenteilen
21 Verschiedene Lebensmittelzubereitungen
22 Getränke, alkoholhaltige Flüssigkeiten und Essig
23 Rückstände und Abfälle der Lebensmittelindustrie; zubereitetes Futter
24 Tabak und verarbeitete Tabakersatzstoffe

Abschnitt V

Mineralische Stoffe

25 Salz; Schwefel; Steine und Erden; Gips, Kalk und Zement
26 Erze sowie Schlacken und Aschen
27 Mineralische Brennstoffe; Mineralöle und Erzeugnisse ihrer Destillation; bituminöse Stoffe; Mineralwachse

Abschnitt VI

Erzeugnisse der chemischen Industrie und verwandter Industrien

28 Anorganische chemische Erzeugnisse; anorganische oder organische Verbindungen von Edelmetallen, Seltenerdmetallen, radioaktiven Elementen oder Isotopen
29 Organische chemische Erzeugnisse
30 Pharmazeutische Erzeugnisse
31 Düngemittel
32 Gerb- und Farbstoffauszüge; Tannine und ihre Derivate; Farbstoffe, Pigmente und andere Farbmittel; Anstrichfarben und Lacke; Kitte; Tinten
33 Etherische Öle und Resinoide; zubereitete Riech-, Körperpflege- und Schönheitsmittel
34 Seifen, organische grenzflächenaktive Stoffe, zubereitete Waschmittel, zubereitete Schmiermittel, künstliche Wachse, zubereitete Wachse, Schuhcreme, Scheuerpulver und dergleichen, Kerzen und ähnliche Erzeugnisse, Modelliermassen, „Dentalwachs" und Zubereitungen für zahnärztliche Zwecke auf der Grundlage von Gips
35 Eiweißstoffe; modifizierte Stärke; Klebstoffe; Enzyme
36 Pulver und Sprengstoffe; pyrotechnische Artikel; Zündhölzer; Zündmetallegierungen; leicht entzündliche Stoffe
37 Erzeugnisse zu photographischen und kinematographischen Zwecken
38 Verschiedene Erzeugnisse der chemischen Industrie

Abschnitt VII

Kunststoffe und Waren daraus; Kautschuk und Waren daraus

39 Kunststoffe und Waren daraus
40 Kautschuk und Waren daraus

Abschnitt VIII

Häute, Felle, Leder, Pelzfelle und Waren daraus; Sattlerwaren; Reiseartikel, Handtaschen und ähnliche Behältnisse; Waren aus Därmen

41 Häute, Felle (andere als Pelzfelle) und Leder

42 Lederwaren; Sattlerwaren; Reiseartikel, Handtaschen und ähnliche Behältnisse; Waren aus Därmen

43 Pelzfelle und künstliches Pelzwerk; Waren daraus

Abschnitt IX

Holz und Holzwaren; Holzkohle; Kork und Korkwaren; Flechtwaren und Korbmacherwaren

44 Holz und Holzwaren; Holzkohle

45 Kork und Korkwaren

46 Flechtwaren und Korbmacherwaren

Abschnitt X

Halbstoffe aus Holz oder anderen cellulosehaltigen Faserstoffen; Abfälle und Ausschuß von Papier oder Pappe; Papier, Pappe und Waren daraus

47 Halbstoffe aus Holz oder anderen cellulosehaltigen Faserstoffen; Abfälle und Ausschuß von Papier oder Pappe

48 Papier und Pappe; Waren aus Papierhalbstoff, Papier oder Pappe

49 Bücher, Zeitungen, Bilddrucke und andere Erzeugnisse des graphischen Gewerbes; hand- oder maschinengeschriebene Schriftstücke und Pläne

Abschnitt XI

Spinnstoffe und Waren daraus

50 Seide

51 Wolle, feine und grobe Tierhaare; Garne und Gewebe aus Roßhaar

52 Baumwolle

53 Andere pflanzliche Spinnstoffe; Papiergarne und Gewebe aus Papiergarnen

54 Synthetische oder künstliche Filamente

55 Synthetische oder künstliche Spinnfasern

56 Watte, Filze und Vliesstoffe; Spezialgarne; Bindfäden, Seile und Taue; Seilerwaren

57 Teppiche und andere Fußbodenbeläge, aus Spinnstoffen

58 Spezialgewebe; getuftete Spinnstofferzeugnisse; Spitzen; Tapisserien; Posamentierwaren; Stickereien

59 Getränkte, bestrichene, überzogene oder mit Lagen versehene Gewebe; Waren des technischen Bedarfs, aus Spinnstoffen

60 Gewirke und Gestricke

61 Bekleidung und Bekleidungszubehör, aus Gewirken oder Gestricken

62 Bekleidung und Bekleidungszubehör, ausgenommen aus Gewirken oder Gestricken

63 Andere konfektionierte Spinnstoffwaren; Warenzusammenstellungen; Altwaren und Lumpen

Abschnitt XII

Schuhe, Kopfbedeckungen, Regen- und Sonnenschirme, Gehstöcke, Sitzstöcke, Peitschen, Reitpeitschen und Teile davon; zugerichtete Federn und Waren aus Federn; künstliche Blumen; Waren aus Menschenhaaren

64 Schuhe, Gamaschen und ähnliche Waren; Teile davon

65 Kopfbedeckungen und Teile davon

66 Regenschirme, Sonnenschirme, Gehstöcke, Sitzstöcke, Peitschen, Reitpeitschen und Teile davon

67 Zugerichtete Federn und Daunen und Waren aus Federn oder Daunen; künstliche Blumen; Waren aus Menschenhaaren

Abschnitt XIII

Waren aus Steinen, Gips, Zement, Asbest, Glimmer oder ähnlichen Stoffen; keramische Waren; Glas und Glaswaren

68 Waren aus Steinen, Gips, Zement, Asbest, Glimmer oder ähnlichen Stoffen

69 Keramische Waren

70 Glas und Glaswaren

Abschnitt XIV

Echte Perlen oder Zuchtperlen, Edelsteine, Schmucksteine oder dergleichen, Edelmetalle, Edelmetallplattierungen und Waren daraus; Phantasieschmuck; Münzen

71 Echte Perlen oder Zuchtperlen, Edelsteine, Schmucksteine oder dergleichen, Edelmetalle, Edelmetallplattierungen und Waren daraus; Phantasieschmuck; Münzen

Abschnitt XV

Unedle Metalle und Waren daraus

72 Eisen und Stahl

73 Waren aus Eisen oder Stahl

74 Kupfer und Waren daraus

75 Nickel und Waren daraus

76 Aluminium und Waren daraus

77 (Für spätere Verwendung freigehalten)

78 Blei und Waren daraus

79 Zink und Waren daraus

80 Zinn und Waren daraus

81 Andere unedle Metalle; Cermets; Waren daraus

82 Werkzeuge, Schneidwaren und Eßbestecke, aus unedlen Metallen; Teile davon, aus unedlen Metallen

83 Verschiedene Waren aus unedlen Metallen

Abschnitt XVI

Maschinen, Apparate, mechanische Geräte und elektrotechnische Waren, Teile davon; Tonaufnahme- oder Tonwiedergabegeräte, Fernseh-Bild- und -Tonaufzeichnungsgeräte oder Fernseh-Bild- und -Tonwiedergabegeräte, Teile und Zubehör für diese Geräte

84 Kernreaktoren, Kessel, Maschinen, Apparate und mechanische Geräte; Teile davon

85 Elektrische Maschinen, Apparate, Geräte und andere elektrotechnische Waren, Teile davon; Tonaufnahme- oder Tonwiedergabegeräte, Bild- und Tonaufzeichnungs- oder -wiedergabegeräte, für das Fernsehen, Teile und Zubehör für diese Geräte

Abschnitt XVII

Beförderungsmittel

86 Schienenfahrzeuge und ortsfestes Gleismaterial, Teile davon; mechanische (auch elektromechanische) Signalgeräte für Verkehrswege

87 Zugmaschinen, Kraftwagen, Krafträder, Fahrräder und andere nicht schienengebundene Landfahrzeuge, Teile davon und Zubehör

88 Luftfahrzeuge und Raumfahrzeuge, Teile davon

89 Wasserfahrzeuge und schwimmende Vorrichtungen

Abschnitt XVIII

Optische, photographische oder kinematographische Instrumente, Apparate und Geräte; Meß-, Prüf- oder Präzisionsinstrumente, -apparate und -geräte; medizinische und chirurgische Instrumente, Apparate und Geräte; Uhrmacherwaren; Musikinstrumente; Teile und Zubehör für diese Instrumente, Apparate und Geräte

90 Optische, photographische oder kinematographische Instrumente, Apparate und Geräte; Meß-, Prüf- oder Präzisionsinstrumente, -apparate und -geräte; medizinische und chirurgische Instrumente, Apparate und Geräte; Teile und Zubehör für diese Instrumente, Apparate und Geräte

91 Uhrmacherwaren

92 Musikinstrumente; Teile und Zubehör für diese Instrumente

Abschnitt XIX

Waffen und Munition; Teile davon und Zubehör

93 Waffen und Munition; Teile davon und Zubehör

Abschnitt XX

Verschiedene Waren

94 Möbel; medizinisch-chirurgische Möbel; Bettausstattungen und ähnliche Waren; Beleuchtungskörper, anderweit weder genannt noch inbegriffen; Reklameleuchten, Leuchtschilder, beleuchtete Namensschilder und dergleichen; vorgefertigte Gebäude

95 Spielzeug, Spiele, Unterhaltungsartikel und Sportgeräte; Teile davon und Zubehör

96 Verschiedene Waren

Abschnitt XXI

Kunstgegenstände, Sammlungsstücke und Antiquitäten

97 Kunstgegenstände, Sammlungsstücke und Antiquitäten

98 Vollständige Fabrikationsanlagen in der Ausfuhr

99 Zusammenstellungen verschiedener Waren

Eine übergreifende substantielle Bedeutung haben im Zolltarifrecht die Allgemeinen Vorschriften. Diese sind Regeln für die Einreihung von Waren in den Tarif. Es ist für den mit der Wareneinfuhr befaßten Spediteur durchaus von Bedeutung, Fähigkeiten zur Anwendung dieser Regeln zu entwickeln.

104 Einreihungsregeln

Die Grundregel für **jede** Einreihung enthält die Allgemeine Vorschrift 1:

„Die Überschriften der Abschnitte, Kapitel und Teilkapitel sind nur Hinweise. Maßgebend für die Einreihung sind der Wortlaut der Positionen und der Anmerkungen zu den Abschnitten oder Kapiteln und – soweit in den Positionen oder in den Anmerkungen zu den Abschnitten oder Kapiteln nichts anderes bestimmt ist – die nachstehenden Allgemeinen Vorschriften."

Diese verbindliche Regelung involviert drei grundsätzliche Aussagen:

a) Die Überschriften der Abschnitte, Kapitel und Teilkapitel sind nur Hinweise.

Sie besitzen mithin, wenn überhaupt, nur eine sehr begrenzte rechtliche Relevanz. Teilweise werden bestimmte Waren oder Stoffe in den Kapiteln aufgenommen, obgleich diese nicht durch die Überschrift abgedeckt sind. So enthält z.B. das Kapitel 5 laut Überschrift Waren tierischen Ursprungs, wobei bereits in der Pos. 0501 Menschenhaar aufgenommen ist.

b) Maßgebend für die Einreihung sind der Wortlaut der Positionen und der Anmerkungen zu den Abschnitten oder Kapiteln.

Aus dieser Aussage folgt, daß bei jeder Einreihung von Waren der vorliegende Sachverhalt (Ware) exakt auf den rechtlichen Tatbestand (Positionswortlaut und Anmerkungen) anzuwenden ist. Dieser Vorgang ist technisch ein klassischer Subsumtionsvorgang, wie er auch in anderen juristischen Disziplinen erfolgt. Die Bezeichnung der Ware – oder auch die Warenansprache – erfolgt in den Positionswortlauten ausgesprochen differenziert. Übergreifend läßt sich feststellen, daß im Regelfall die Ware nach ihrer Zweckbestimmung (z. B. Möbel), nach ihrer stofflichen Beschaffenheit (z. B. Waren aus Holz) oder nach beidem erfaßt ist.

Einreihungstechnisch ist es zweckmäßig, zuerst zu prüfen, ob eine einzureihende Ware nach ihrer Zweckbestimmung im Tarif aufgenommen wurde. Ist das nicht der Fall, bleibt die Einreihung nach der stofflichen Beschaffenheit.

Der Positionswortlaut wird durch die juristisch gleichrangigen Anmerkungen ergänzt, die sich jeweils am Beginn der meisten Abschnitte und aller Kapitel befinden. Anmerkungen enthalten präzisierende Regelungen in Form von Ausweisungen (bestimmte Waren werden aus dem Abschnitt oder Kapitel ausgenommen), Zuweisungen (sozusagen als Gegenstück zu den Ausweisungsanmerkungen), Definitionen, Einreihungsanweisungen (z. B. zu Teilen und Zubehör) u. a.

Eine Einreihung darf niemals auf die Prüfung des Positionswortlautes beschränkt werden. Vielmehr ist immer festzustellen, inwieweit die vorliegenden Anmerkungen hinsichtlich der einzureihenden Ware bestimmte Festlegungen treffen.

Die dritte Aussage der AV 1 verweist auf den subsidiären Charakter der nachstehenden Allgemeinen Vorschriften. Diese dürfen mithin nur dann Anwendung finden, wenn die einzureihende Ware mit ihren Merkmalen nicht unmittelbar in einem Positionswortlaut erfaßt oder von einer Anmerkung geregelt wird.

Die Allgemeine Vorschrift 2 besteht aus zwei Teilen und betrifft zunächst die Einreihung von

– unvollständigen Waren (mindestens ein Bestandteil fehlt);
– unfertigen Waren (mindestens ein Arbeitsgang fehlt);
– zerlegten Waren;
– noch nicht zusammengesetzten Waren.

Mit der AV 2b) erfolgt eine Erweiterung von Positionswortlauten dahingehend, daß auch Waren aufgenommen werden, die nur teilweise aus dem im Positionswortlaut bezeichneten Stoff bestehen.

„2. a) Jede Anführung einer Ware in einer Position gilt auch für die unvollständige oder unfertige Ware, wenn sie im vorliegenden Zustand die wesentlichen Beschaffenheitsmerkmale der vollständigen oder fertigen Ware hat. Sie gilt auch für eine vollständige oder fertige oder nach den vorstehenden Bestimmungen dieser Vorschrift als solche geltende Ware, wenn diese zerlegt oder noch nicht zusammengesetzt gestellt wird.

b) Jede Anführung eines Stoffes in einer Position gilt für diesen Stoff sowohl in reinem Zustand als auch gemischt oder in Verbindung mit anderen Stoffen. Jede Anführung von Waren aus einem bestimmten Stoff gilt für Waren, die ganz oder teilweise aus diesem Stoff bestehen. Solche Mischungen oder aus mehr als einem Stoff bestehenden Waren werden nach den Grundsätzen der Allgemeinen Vorschrift 3 eingereiht."

Aus verschiedenen Gründen besteht die Möglichkeit, daß für eine Ware zunächst mehrere Positionen des Zolltarifes zutreffen. Die Auflösung der bestehenden Positionskonkurrenzen regelt die AV 3:

„3. Kommen für die Einreihung von Waren bei Anwendung der Allgemeinen Vorschrift 2 b) oder in irgendeinem anderen Fall zwei oder mehr Positionen in Betracht, so wird wie folgt verfahren:

a) Die Position mit der genaueren Warenbezeichnung geht den Positionen mit allgemeiner Warenbezeichnung vor. Zwei oder mehr Positionen, von denen sich jede nur auf einen Teil der in einer gemischten oder zusammengesetzten Ware enthaltenen Stoffe oder nur auf einen oder mehrere Bestandteile einer für den Einzelverkauf aufgemachten Warenzusammenstellung bezieht, werden im Hinblick auf diese Waren als gleich genau betrachtet, selbst wenn eine von ihnen eine genauere oder vollständigere Warenbezeichnung enthält.

b) Mischungen, Waren, die aus verschiedenen Stoffen oder Bestandteilen bestehen, und für den Einzelverkauf aufgemachte Warenzusammenstellungen, die nach der Allgemeinen Vorschrift 3 a) nicht eingereiht werden können, werden nach dem Stoff oder Bestandteil eingereiht, der ihnen ihren wesentlichen Charakter verleiht, wenn dieser Stoff oder Bestandteil ermittelt werden kann.

c) Ist die Einreihung nach den Allgemeinen Vorschriften 3 a) und 3 b) nicht möglich, wird die Ware der von den gleichermaßen in Betracht kommenden Positionen in dieser Nomenklatur zuletzt genannten Position zugewiesen."

Die AV 4 ist eine Regel, die relativ selten zur Anwendung kommt. Allerdings wird durch ihre Existenz nicht zuletzt definitiv belegt, daß alle nur denkbaren Waren, d. h. auch solche, die heute noch nicht bekannt sind, in den Tarif einzureihen sind:

„4. Waren, die nach den vorstehenden Allgemeinen Vorschriften nicht eingereiht werden können, werden in die Position der Waren eingereiht, denen sie am ähnlichsten sind."

Häufig findet dagegen die AV 5 Anwendung. Diese regelt die Einreihung von Behältnissen und Verpackungen:

„5. Zusätzlich zu den vorstehenden Allgemeinen Vorschriften gilt für die nachstehend aufgeführten Waren folgendes:

a) Behältnisse für Fotoapparate, Musikinstrumente, Waffen, Zeichengeräte, Schmuck und ähnliche Behältnisse, die zur Aufnahme einer bestimmten Ware oder Warenzusammenstellung besonders gestaltet oder hergerichtet und zum dauernden Gebrauch geeignet sind, werden wie die Waren eingereiht, für die sie bestimmt sind, wenn sie mit diesen Waren gestellt und üblicherweise zusammen mit ihnen verkauft werden. Diese Allgemeine Vorschrift wird nicht angewendet auf Behältnisse, die dem Ganzen seinen wesentlichen Charakter verleihen.

b) Vorbehaltlich der vorstehenden Allgemeinen Vorschrift 5 a) werden Verpackungen wie die darin enthaltenen Waren eingereiht, wenn sie zur Verpackung dieser Waren üblich sind. Diese Allgemeine Vorschrift gilt nicht verbindlich für Verpackungen, die eindeutig zur mehrfachen Verwendung geeignet sind."

Bei den Behältnissen gem. AV 5 a) kann es sich z. B. um einen Geigenkasten, ein Gewehrfutteral, ein Etui für einen Rasierapparat, eine Tasche für einen Fotoapparat u. ä. handeln. Die Verpackungen gem. AV 5 b) sind zumeist Tüten, Kartons, Kisten etc.

Um Behältnisse und Verpackungen in die gleiche Position des Tarifes einreihen zu können, wie die darin befindliche oder dafür bestimmte Ware, sind regelmäßig die rechtlichen Voraussetzungen zu prüfen.

Behältnisse gem. AV 5 b) müssen

– besonders gestaltet oder hergerichtet und

– zum dauernden Gebrauch geeignet sein,

– zusammen mit der für das Behältnis bestimmten Ware gestellt, d. h. in einer Sendung zum gleichen Zeitpunkt eingeführt und

– üblicherweise zusammen mit der Ware verkauft werden.

Die AV 5 b) ist nicht anwendbar, wenn das Behältnis dem Ganzen den wesentlichen Charakter verleiht. Das wird in der Regel dann der Fall sein, wenn das Behältnis einen höheren Wert besitzt als die dafür bestimmte Ware.

Verpackungen nach der AV 5 b) sind im Gegensatz dazu nur zur einmaligen Verwendung bestimmt. Davon gibt es indes einige Ausnahmen, wie z. B. die Mehrwegflaschen.

Aus dem Wortlaut der Allgemeinen Vorschriften 1 bis 5 ergibt sich, daß diese zunächst nur für die Position, also die Gliederungsstufe mit einer vierstelligen Codierung, zutreffen. Für die Einreihung in die Unterpositionen ist als Einreihungsregel die AV 6 hinzuzuziehen:

„6. Maßgebend für die Einreihung von Waren in die Unterpositionen einer Position sind der Wortlaut dieser Unterpositionen, die Anmerkungen zu den Unterpositionen und – sinngemäß – die vorstehenden Allgemeinen Vorschriften. Einander vergleichbar sind dabei nur Unterpositionen der gleichen Gliederungsstufe. Soweit nichts anderes bestimmt ist, gelten bei Anwendung dieser Allgemeinen Vorschrift auch die Anmerkungen zu den Abschnitten und Kapiteln."

Diese Vorschrift regelt die Einreihung in die Unterpositionen annähernd analog der Allgemeinen Vorschrift 1. Einreihungstechnisch ist wichtig, innerhalb der Positionen die mit Führungsstrichen gekennzeichneten Gliederungsstufen zu beachten. Im ersten Schritt ist danach jene Stufe zu ermitteln, die mit einem Führungsstrich gekennzeichnet wird. Danach innerhalb dieser Gliederungsstufe jene mit zwei Führungsstrichen usw. (vgl. dazu auch den Auszug aus dem Deutschen Gebrauchs-Zolltarif unter Rn. 100, 101).

Aus verschiedenen Gründen kann es von Bedeutung sein, die tarifliche Zuordnung der einzuführenden Waren vor Realisierung der Einfuhr zu kennen. Dazu bieten sich verschiedene Möglichkeiten. Namentlich in eindeutigen Fällen und bei vorhandenen diesbezüglichen Kenntnissen kann die erforderliche Einreihung durch den Einführer, Spediteur etc. selbst vorgenommen werden. Darüber hinaus erteilen die Zollbehörden entsprechende Auskünfte. Diese sind allerdings unverbindlich, es sei denn, es werden ausdrücklich verbindliche Tarifauskünfte beantragt. Letztere sind Entscheidungen der Zollbehörde i. S. von Art. 4 Nr. 5 ZK. Die Antragstellung muß in diesen Fällen schriftlich bei der Zollbehörde des Mitgliedstaates, in dem die betreffende Auskunft verwendet werden soll, vorgenommen werden. Darüber hinaus kann der Antrag auch bei der Zollbehörde des Mitgliedstaates, in dem der Antragsteller ansässig ist, gestellt werden.

105 verbindliche Zolltarifauskunft

Im Antrag ist die betreffende Ware mit allen einreihungsrelevanten Merkmalen exakt zu beschreiben. Zweckmäßig ist auch die Beifügung eines

Musters oder einer Probe. Mit der Erteilung der verbindlichen Zolltarifauskunft bindet sich die Zollbehörde hinsichtlich der Einreihung der Ware. Der Adressat der Auskunft hat damit die Möglichkeit, sich über alle Maßnahmen, die von der Einreihung abhängig sind, zu informieren. Das werden vor allem Zollsätze oder außenwirtschaftsrechtliche Maßnahmen sein. Grundsätzlich hat eine verbindliche Zolltarifauskunft eine Gültigkeit von sechs Jahren, gerechnet vom Zeitpunkt ihrer Erteilung. Räumlich erstreckt sich die Gültigkeit auf das gesamte Zollgebiet der Gemeinschaft. Damit sind die Zollbehörden aller Mitgliedsländer an die Auskunft gebunden.

In der Bundesrepublik erteilen verbindliche Zolltarifauskünfte

1. die Oberfinanzdirektion Berlin – ZPLA – über Waren der Positionen 11.01 bis 11.04 und 23.02 und der Kapitel 86 bis 92 und 94 bis 97 der Nomenklatur

2. die Oberfinanzdirektion Frankfurt – ZPLA – über Waren der Kapitel 25, 31, 32, 34 bis 37 (ohne Pos. 35.05 und 35.06), 41 bis 43 und 50 bis 70 der Nomenklatur

3. die Oberfinanzdirektion Hamburg – ZPLA – über Waren der Kapitel 2, 3, 5, 9 bis 16 (ohne Pos. 11.01 bis 11.04), der Kapitel 23 (ohne Pos. 23.02), 24, 27, der Pos. 35.05 und 35.06, der Kapitel 38 bis 40, 45 und 46 der Nomenklatur

4. die Oberfinanzdirektion Köln – ZPLA – über Waren der Kapitel 26, 28 bis 30, 33, 47 bis 49, 71 bis 83 und 93 der Nomenklatur.

5. die Oberfinanzdirektion München – ZPLA – über Waren der Kapitel 1, 4, 6 bis 8, 17 bis 22, 44, 84 und 85 der Nomenklatur.

Für die Erteilung der verbindlichen Zolltarifauskünfte ist ein besonderer Vordruck geschaffen worden:

EUROPÄISCHE GEMEINSCHAFT – VERBINDLICHE ZOLLTARIFAUSKUNFT VZTA

2

1 Erteilende Zollbehörde	2 VZTA-Nummer
☐	

AUSFERTIGUNG FÜR DIE KOMMISSION

3 **Berechtigter** (Name und Anschrift) vertrauliche Daten	4 Datum der Erteilung
Wichtige Hinweise Unbeschadet der Artikel 11 Absatz 3, Artikel 13, 14 und 16 der Verordnung (EWG) Nr. 1715/90 des Rates bleibt diese VZTA 6 Jahre, vom Datum der Erteilung an gerechnet, gültig. Die mitgeteilten Angaben werden in einer Datenbank der Kommission der Europäischen Gemeinschaften für Zwecke der vorgenannten Verordnung gespeichert.	5 Datum und Nummer des Antrags
	6 **Einreihung in die Zollnomenklatur**

2

7 Warenbeschreibung

8 Handelsbezeichnung und zusätzliche Angaben   vertrauliche Daten

9 Begründung der Einreihung

10 Die VZTA wird auf der Grundlage folgender vom Antragsteller vorgelegter Unterlagen erteilt:

Beschreibung ☐   Kataloge ☐   Photos ☐   Muster/Proben ☐   Sonstiges ☐

Ort   Unterschrift   Stempel

Datum

Printed by Wilhelm Köhler, 4950 Minden (Germany)

Der Zollwert 1.5.2

107
Zollwert:
Rechtsgrundlagen, Geltungsbereich

Der Zollwert ist die Bemessungsgrundlage für die Höhe des Zolls. Es ist jener Wert einer Ware, von dem ein jeweils im Zolltarif enthaltener prozentualer Satz als Zollbetrag erhoben wird. Mithin spielt der Zollwert keine Rolle bei Waren, für die ein spezifischer Zollsatz vorgesehen ist, d. h., wenn sich die Höhe des Zolls etwa nach der Stückzahl oder dem Gewicht richtet.

Zollwertbegriff

Prinzipiell ist davon auszugehen, daß ein niedriger Zollwert auch einen entsprechend geringeren Zollbetrag zur Folge hat. Die konzeptionelle Struktur des Wertzollsystems begünstigt damit den Importeur, der in der Lage ist, einen vorteilhaften Preis zu erzielen. Dieser Gesichtspunkt hat hingegen bei spezifischen Zöllen keinerlei Einfluß.

Der Zollwert wird in allen Mitgliedstaaten der EG nach einheitlichen Vorschriften ermittelt, damit die Höhe des durch den Gemeinsamen Zolltarif geschaffenen Zollschutzes in der gesamten Gemeinschaft gleich ist und so alle Verkehrs- und Tätigkeitsverlagerungen sowie alle Wettbewerbsverzerrungen vermieden werden, die sich aus Unterschieden zwischen den einzelstaatlichen Vorschriften ergeben könnten.

Am 1. 7. 1980 ist ein neuer Zollwertbegriff in Kraft getreten. Dem bisherigen Zollwertrecht lag ein theoretischer Begriff des Zollwerts, der sog. Normalpreis (üblicher Wettbewerbspreis) einer eingeführten Ware zugrunde. Er beruhte auf dem Brüsseler Abkommen über den Zollwert der Waren aus dem Jahre 1950, das von der Bundesrepublik Deutschland durch Gesetz über internationale Vereinbarungen auf dem Gebiete des Zollwesens vom 17. 12. 1951 (BGBl II 1952 S. 8) ratifiziert worden ist. Ab 1. 10. 1951 wurden in der Bundesrepublik Deutschland erstmalig Wertzölle angewendet.

Bis zum 30. 6. 1980, dem Zeitpunkt, zu dem die EG-Mitgliedstaaten das Brüsseler Abkommen über den Zollwert gekündigt haben, waren von den 82 Staaten des Brüsseler Zoll-Rats dem Brüsseler Zollwertabkommen nur insgesamt 33 Staaten beigetreten, nicht jedoch so wichtige Handelspartner der EG wie USA, Kanada, Australien und Südafrika. Hinzu kam, daß der theoretische Zollwertbegriff des Brüsseler Zollwertabkommens sich im Laufe der Zeit als so anspruchsvoll erwies, daß sich in der praktischen Anwendung erhebliche Schwierigkeiten, Zweifel und Streitfragen ergaben, die immer wieder zu Zollprozessen vor den Finanzgerichten, dem Bundesfinanzhof und zuletzt sogar vor dem Europäischen Gerichtshof führten. Es ist deshalb allgemein begrüßt worden, daß der viel zu theoretische Brüsseler Begriff des Zollwerts durch einen neuen Begriff abgelöst werden sollte. Der neue Begriff des Zollwerts geht von einem positiven System aus; man könnte sagen, daß in den weitaus meisten Fällen der Rechnungspreis, d. h. der gezahlte oder zu zahlende Preis für die eingeführte Ware, der Zollwert ist. In den Zollwertvorschriften wird dieser Zollwert als Transaktionswert bezeichnet. Zur einheitlichen Ermittlung des Zollwerts bedarf der durch das Kaufgeschäft bei der Einfuhr von Waren in das Zollgebiet der Gemeinschaft gegebene Preis gewisser Berichtigungen, um bei allen Einfuhren, für die der Zollwert ermittelt werden muß, von den gleichen Voraussetzungen ausgehen zu können. Diese Berichtigungen betreffen aber lediglich einige wenige Tatbestände, die meist schon aus der Aufmachung der Rechnung oder aus der Lieferbedingung des einzelnen Geschäfts ersichtlich sind.

Das neue Zollwertrecht ist in multilateralen Handelsverhandlungen im Rahmen des GATT entstanden, die zu dem weltweiten Übereinkommen zur Durchführung des Artikels VII des GATT vom 12. 7. 1979, der die Grundsätze für den Begriff des Zollwerts beinhaltet, geführt haben (Zollwert-GATT-Kodex). Dieses Übereinkommen ist vom Rat der EG durch Beschluß vom 10. 12. 1979 angenommen und veröffentlicht worden (vgl. ABl Nr. L 71 vom 17. 3. 1980). Das Übereinkommen ist am 1. 1. 1981 in Kraft getreten. Die EG hat es jedoch für zweckmäßig gehalten, es schon ab 1. 7. 1980 anzuwenden. Deshalb hat der Rat der EG am 28. 5. 1980 eine neue Verordnung (EWG) über den Zollwert der Waren – nachstehend als Zollwertverordnung (ZWVO) bezeichnet – erlassen (VO [EWG] Nr. 1224/80 – ABl Nr. L 134/1 vom 31. 5. 1980).

Zur Durchführung der ZWVO wurden weitere Verordnungen erlassen. Diese regeln vornehmlich Spezialfälle der Zollwertermittlung, so z.B. bei bestimmten verderblichen Waren.

Mit der weiteren Vereinheitlichung des Zollrechts fanden auch die Regelungen zum Zollwert Aufnahme in den Zollkodex der EG, ohne damit substantiell wesentliche Veränderungen erfahren zu haben. Ausgestaltende Normen enthalten die Durchführungsvorschriften zum Zollkodex.

Für die praktische Anwendung der Zollwertvorschriften hat das BMF Dienstanweisungen erlassen, die in der VSF unter der Kennung Z 5301 ff veröffentlicht worden sind.

Für die Ermittlung des Zollwerts sind insgesamt acht Möglichkeiten vorgesehen. Jede Methode verlangt das Vorliegen bestimmt umrissener Voraussetzungen. Sind diese nicht gegeben, so muß eine andere Methode angewendet werden. Die dabei einzuhaltende Reihenfolge der acht Methoden ist zwingend vorgeschrieben.

108 Methoden zur Ermittlung des Zollwerts

Die Ermittlung des Zollwerts kann erfolgen nach

I. dem Transaktionswert, einem Preis zwischen nicht verbundenem Käufer und Verkäufer

II. dem Transaktionswert, einem Preis zwischen geschäftlich verbundenem Käufer und Verkäufer

III. dem Preis für gleiche Waren

IV. dem Preis für gleichartige Waren

V. der deduktiven Methode (berichtigter Verkaufspreis)

VI. einem errechneten Wert, z. B. nach den Herstellungskosten

VII. dem berichtigten Verkaufspreis auf Antrag des Einführers

VIII. einem geschätzten Wert.

109
I. Zollwert: Transaktionswert bei nicht verbundenen Personen

Die Ermittlung des Zollwerts nach dieser Methode hat nach dem Willen des Gesetzgebers absoluten Vorrang vor allen anderen Methoden, der Transaktionswert der zu bewertenden Ware soll danach in der Regel der Zollwert sein. Transaktionswert in diesem Sinne ist der für die Waren bei einem Verkauf zur Ausfuhr in das Zollgebiet der Gemeinschaft tatsächlich gezahlte oder zu zahlende Preis, ggf. nach Berichtigung wegen einzelner Kostenfaktoren (Art. 29 ZK). Die Voraussetzungen zur Anwendung dieser Methode sind folgende:

1. Es muß ein Verkauf zur Ausfuhr in das Zollgebiet der Gemeinschaft vorliegen. Ein solcher liegt vor, wenn die verkaufte Ware für das Zollgebiet der Gemeinschaft bestimmt ist und ihr Preis im Hinblick darauf festgesetzt worden ist. Für diese Feststellung wird schon die Tatsache als ausreichender Beweis angesehen, daß die Waren, die Gegenstand eines Verkaufs sind, zum freien Verkehr in der Gemeinschaft angemeldet werden. Dabei kann regelmäßig jeder Preis eines solchen Verkaufs für die Bewertung herangezogen werden. Das gilt auch bei aufeinanderfolgenden Verkäufen vor der Bewertung. Der Käufer muß lediglich Partei des entsprechenden Kaufvertrages sein.

Ein Werklieferungsvertrag oder Werkvertrag steht einem Kaufvertrag gleich.

Waren sind jedoch nicht Gegenstand eines Kaufgeschäftes, wenn es sich um eine kostenlose Sendung (Schenkung), eine Wareneinfuhr auf Konsignation oder auf Grund eines Miet- oder Leasingvertrages oder einer leihweisen Überlassung, bei der die Ware Eigentum des Absenders bleibt, handelt. Auch Einfuhren durch rechtlich unselbständige Zweigniederlassungen oder durch Vermittler, die die Ware nicht selbst kaufen, liegen keine Kaufverträge zugrunde. Das schließt jedoch nicht aus, daß letztere die Zollwertanmeldung in eigenem Namen abgeben; sie müssen dann aber den Preis eines Käufers anmelden.

Wenn Waren zum ungewissen Verkauf oder in Konsignation – häufig bei Obst und Gemüse – eingeführt werden, können diese Waren bereits im maßgebenden Zeitpunkt auf der Grundlage des späteren Kaufpreises bewertet werden. In diesem Falle muß der zu erwartende Kaufpreis jedoch an Hand von Preislisten oder ähnlichen Unterlagen nachgewiesen werden. Der Zollwert wird dann endgültig festgestellt.

Einkaufskommissionäre – auch als Einkaufsagenten, -agenturen, -gesellschaften usw. bezeichnet –, die im eigenen Namen, wenn auch für fremde Rechnung handeln, sind Käufer im Sinne von Art. 147 Abs. 3 ZV DVO. Meldet also der Einführer beim Erwerb von Waren unter Einschaltung eines solchen Kommissionärs den ihm von diesem in Rechnung gestellten Preis als den der Verzollung zugrundezulegenden Wert an, so gehört die vom Einführer an den Kommissionär gezahlte sog. Einkaufsprovision – auch wenn sie getrennt ausgewiesen oder gesondert in Rechnung gestellt wird – als Teil des tatsächlich gezahlten oder zu zahlenden Preises zum Zollwert. Meldet der Einführer dagegen den dem Kommissionär von dem Hersteller/Lieferer in Rechnung gestellten Preis an, so bleiben Provisionszahlungen des Einführers an den Kommissionär als nicht zum tatsächlich gezahlten oder zu zahlenden Preis gehörend bei der Zollwertermittlung außer Betracht. Zum Nachweis eines solchen angemeldeten Preises ist die Rechnung des Herstellers/Lieferers vorzulegen. Auf die Vorlage dieser Rechnung kann nur verzichtet werden, wenn sich der vom Kommissionär an den Hersteller/Lieferer tatsächlich gezahlte oder zu zahlende Preis – in der geschuldeten Währung – sowie die Liefer- und Zahlungsbedingungen des Herstellers/Lieferers aus der Rechnung des Kommissionärs an den Einführer ergeben und an der Richtigkeit keine Zweifel bestehen.

2. Weitere Voraussetzung für die Anerkennung des gezahlten oder zu zahlenden Preises als Zollwert ist, daß hinsichtlich der Verwendung oder des Gebrauchs der eingeführten Waren durch den Käufer keine Einschränkungen bestehen. Dies wäre z. B. der Fall, wenn ein Verkäufer von einem Autohändler verlangt, daß dieser die eingeführten Autos nicht vor einem festgelegten Zeitpunkt, zu dem ein neues Modelljahr beginnt, verkaufen darf. Solche Einschränkungen liegen jedoch nicht vor, wenn gleiche Waren für unterschiedliche Industriezweige oder Verwendungszwecke unterschiedliche Preise haben, z. B. Kakaobohnen zur Herstellung von Schokolade oder zur Verwendung bei der Margarineherstellung. Bei dieser Auslegung dürfte Art. 29 Abs. 1 Buchst. a) ZK kaum praktische Bedeutung haben.

3. Weitere Voraussetzung für die Anerkennung des gezahlten oder zu zahlenden Preises als Zollwert ist, daß hinsichtlich dieses Preises oder des dafür

maßgebenden Kaufgeschäfts keinerlei Bedingungen oder Leistungen vorliegen dürfen (Art. 29 Abs. 1 Buchst. b) ZK), die zu einer Ermäßigung des gezahlten oder zu zahlenden Preises geführt haben und deren Wert nicht bestimmt werden kann.

Beispiele dafür sind:

Der Verkäufer legt den Preis für die eingeführten Waren unter der Bedingung fest, daß der Käufer auch andere Waren in bestimmten Mengen kauft, oder der Preis für die eingeführten Waren hängt von dem Preis ab, zu dem der Käufer dem Verkäufer andere Waren verkauft, oder der Preis für die eingeführten Waren ist auf der Grundlage einer nicht mit dem Kauf der eingeführten Waren zusammenhängenden Form der Bezahlung festgelegt worden.

4. Die wichtigste Voraussetzung für die Ermittlung des Zollwerts ist das Vorhandensein eines tatsächlich vom Käufer unmittelbar oder mittelbar an den Verkäufer oder zu seinen Gunsten gezahlten oder zu zahlenden Preises für die eingeführten Waren. In der Regel ist dies der Rechnungsendbetrag, z. B. 100,– DM cif Hamburg oder 2000,– DM fob New York. Jeder tatsächlich gezahlte oder zu zahlende Preis, der als solcher in der Zollwertanmeldung angemeldet ist, kann Zollwert sein.

Alsdann muß die Frage gestellt werden: Was muß der Käufer vorweg oder später für die gekaufte Ware noch zahlen? Hat der Käufer neben dem Rechnungsendbetrag noch eine Schuld des Käufers beglichen oder hat er noch Lizenzgebühren für den Verkäufer an eine dritte Person zu zahlen? Bei einem solchen oder einem ähnlich aufgespaltenen Kaufpreis bildet die Summe der Zahlungen oder Leistungen den tatsächlich gezahlten oder zu zahlenden Preis. Im Rechnungspreis nicht enthaltene Aufwendungen für Werbung und Garantie gehören als vom Käufer auf eigene Rechnung durchgeführte Tätigkeiten selbst dann nicht zum tatsächlich gezahlten oder zu zahlenden Preis, wenn der Käufer insoweit durch den Verkäufer dazu verpflichtet worden ist, z. B. als Alleinvertreter des Verkäufers.

Preisermäßigungen, die in der Rechnung ausgewiesen sind, werden ohne Rücksicht darauf anerkannt, warum sie gewährt wurden, z. B. Treuerabatte, Saisonrabatte.

Soweit solche Preisermäßigungen dem Grunde und der Höhe nach im Zeitpunkt der Ermittlungen des Zollwerts feststehen, z. B. Mengenrabatt für eine bestimmte Menge innerhalb eines bestimmten Zeitraumes, werden solche Preisnachlässe bereits in diesem Zeitpunkt anerkannt, wenn der Zollstelle nachgewiesen werden kann, daß die Preisermäßigung in Anspruch genommen wird.

Ein nach den Zahlungsbedingungen eingeräumtes, allgemein übliches Skonto wird in der angemeldeten Höhe anerkannt. Ein darüber hinausgehendes Skonto wird ebenfalls anerkannt, wenn nachgewiesen wird, daß die Zahlung des Kaufpreises tatsächlich unter Abzug des höheren Skontos erfolgt ist.

Nicht zum gezahlten oder zu zahlenden Preis gehören folgende Zahlungen, wenn sie getrennt ausgewiesen sind, d. h. am zweckmäßigsten in der Rechnung, und ihre Nichteinbeziehung im maßgebenden Zeitpunkt in der Zollwertanmeldung geltend gemacht wird:

a) Zahlungen für das Recht zur Vervielfältigung

b) Kreditierungskosten, die auf Grund einer Finanzierungsvereinbarung an den Verkäufer zu zahlen sind

c) Kosten für den Bau, die Errichtung, die Instandhaltung oder die technische Unterstützung nach der Einfuhr der zu bewertenden Waren

d) die Beförderungskosten nach der Einfuhr und alle Zölle und Abgaben, die im Zollgebiet der Gemeinschaft zu zahlen sind

e) unter Art. 167 ZKDVO fallende Zahlungen für Daten oder Programmbefehle auf Datenträgern

f) Quotakosten.

Allerdings reicht die bloße Behauptung, daß solche Zahlungen und Kosten im Kaufpreis enthalten sind, nicht aus. Sie müssen vom Anmelder nachgewiesen werden oder sonstwie nachprüfbar sein. Die getrennte Ausweisung der Beförderungskosten kann auch in der Weise erfolgen, daß die Rechnung über die Gesamtfracht vorgelegt wird und die Gesamtfracht in der Zollwertanmeldung aufgeteilt wird, z. B. nach den Streckenanteilen innerhalb und außerhalb des Zollgebiets der Gemeinschaft.

Dem tatsächlich gezahlten oder zu zahlenden Preis müssen folgende Kosten hinzugerechnet werden, soweit sie dem Käufer entstanden sind, aber in dem tatsächlich gezahlten oder zu zahlenden Preis nicht enthalten sind:

– Provisionen und Maklergebühren, ausgenommen Einkaufsprovisionen

– Verpackungskosten – Material und Arbeitslohn

– Kosten von Behältnissen und Verpackungen (Umschließungen), die für Zollzwecke als Einheit mit den betreffenden Waren angesehen werden, z. B. Gläser mit Honig. Das gilt nicht, wenn die Behältnisse und Verpackungen aus dem freien Verkehr des Zollgebiets der Gemeinschaft stammen und dem Verkäufer vom Käufer zur Verfügung gestellt werden, z. B. liefert der Käufer die Gläser, die vom Verkäufer mit Honig befüllt werden.

Werden Behältnisse oder Verpackungen an den Verkäufer zurückgeliefert, wird davon ausgegangen, daß ihre Kosten im tatsächlich gezahlten oder zu zahlenden Preis enthalten sind, und werden evtl. gesondert zu zahlende Kosten für ihre Rücklieferung dem gezahlten oder zu zahlenden Preis nicht hinzugerechnet.

Dem tatsächlich gezahlten oder zu zahlenden Preis müssen ferner, soweit sie in ihm nicht enthalten sind, folgende Beträge hinzugerechnet werden:

- der anteilige Wert der vom Käufer zur Verfügung gestellten Gegenstände und Leistungen (Art. 32 Abs. 1 Buchst. b) ZKDVO)

- Lizenzgebühren, z. B. für Patente, Warenzeichen und Urheberrechte. Lizenzgebühren für Verfahrenspatente werden nur hinzugerechnet, wenn das Verfahren in den eingeführten Waren verkörpert ist. Lizenzgebühren für ein Warenzeichen werden nur dann hinzugerechnet, wenn die Waren bei ihrer Einfuhr bereits ein Markenerzeugnis sind. Zahlungen für das Recht zur Verfielfältigung der eingeführten Waren im Zollgebiet der Gemeinschaft werden nicht hinzugerechnet, wenn sie getrennt ausgewiesen sind

- der Wert jeglicher Erlöse aus späteren Weiterverkäufen, sonstigen Überlassungen oder Verwendungen der eingeführten Waren, wenn sie dem Verkäufer unmittelbar oder mittelbar zugute kommen. Dazu gehören nicht die Zahlungen für das Recht zur Vervielfältigung.

- Beförderungs- und Versicherungskosten für die eingeführten Waren. Ferner Ladekosten sowie Kosten für die Behandlung der eingeführten Waren, die mit ihrer Beförderung zusammenhängen.

Berichtigungen des gezahlten oder zu zahlenden Preises wegen der vorgenannten Umstände sind nur zulässig, wenn die zusätzlichen Leistungen des Käufers quantifizierbar sind, also der Höhe nach ziffern- und zahlenmäßig feststehen. Ist dies nicht der Fall, so kann die Ermittlung des Zollwerts nach dieser Methode nicht erfolgen.

5. Letzte Voraussetzung für die Ermittlung des Zollwerts auf der Grundlage des gezahlten oder zu zahlenden Preises ist es, daß Käufer und Verkäufer nicht miteinander verbunden sind (Art. 29 Abs. 1 Buchst. d) ZK i. V. m. Art. 143 ZKDVO). Diese gelten jedoch nur dann als miteinander verbunden, wenn

- sie der Leitung des Geschäftsbetriebes der jeweils anderen Person angehören

- sie sich in einem Arbeitgeber/Arbeitnehmerverhältnis zueinander befinden

- sie Teilhaber oder Gesellschafter derselben Personengesellschaft sind

- eine beliebige Person unmittelbar oder mittelbar 5 Prozent oder mehr der stimmberechtigten Anteile oder Aktien beider Personen besitzt, kontrolliert oder innehat

- eine von ihnen unmittelbar oder mittelbar die andere Person kontrolliert

- beide von ihnen unmittelbar oder mittelbar von einer dritten Person kontrolliert werden

- sie zusammen unmittelbar oder mittelbar eine dritte Person kontrollieren oder

- sie Mitglieder derselben Familie sind. Als Mitglieder derselben Familie werden alle Personen angesehen, die in einem der folgenden Verwandtschaftsverhältnisse zueinander stehen: Ehegatten, Eltern und Kind, Geschwister (auch Halbgeschwister), Großeltern und Enkel, Onkel oder Tante und Neffe oder Nichte, Schwiegereltern und Schwiegersohn oder Schwiegertochter, Schwäger und Schwägerinnen.

Ein „Kontrollieren" liegt vor, wenn eine Person auf die Geschäfte einer anderen derart Einfluß ausüben kann, daß sie z. B. in ihrer Preisgestaltung und Kalkulation nicht frei ist.

Lizenzvereinbarungen begründen für sich allein keine Verbundenheit. Alleinvertreter (Alleinkonzessionäre) gelten nur dann als verbunden, wenn sie über das Alleinvertreterverhältnis hinaus verbunden sind.

Die Verbundenheit von Käufer und Verkäufer muß in der Zollwertanmeldung angemeldet werden. Wird eine Verbundenheit verneint, so wird diese Angabe nur überprüft, wenn begründete Zweifel an ihrer Richtigkeit bestehen und wenn Anhaltspunkte dafür gegeben sind, daß der gezahlte oder zu zahlende Preis, z. B. durch eine Verbundenheit, beeinflußt ist.

1. Für die Anerkennung des gezahlten oder zu zahlenden Preises als Zollwert gilt auch bei dieser Methode, daß ein Verkauf zur Ausfuhr in das Zollgebiet der Gemeinschaft vorliegen muß. Dabei gelten die gleichen Grundsätze wie bei der Methode I (vgl. Rn. 109).

110
II. Zollwert: Transaktionswert bei verbundenen Personen

2. Auch hier ist weitere Voraussetzung, daß bezüglich der Verwendung oder des Gebrauchs der Waren durch den Käufer keinerlei Einschränkungen bestehen. Auf die Ausführungen hierüber in I Nr. 2 wird Bezug genommen (vgl. auch Art. 29 Abs. 1 Buchst. a) ZK).

3. Weitere Voraussetzung ist es auch bei dieser Methode, daß hinsichtlich des Kaufgeschäfts oder des Preises keinerlei Bedingungen oder Leistungen vorliegen (vgl. Art. 29 Abs. 1 Buchst. b) ZK). Es gelten auch hier die Ausführungen in I Nr. 3.

4. Wichtigste Voraussetzung bei Anwendung dieser Methode ist es ebenfalls, daß der tatsächlich gezahlte oder zu zahlende Preis sowie die Höhe der etwaigen Berichtigungen nach Art. 33 ZK festgestellt werden können. Die vorstehenden Ausführungen in I Nr. 4 gelten insoweit uneingeschränkt (vgl. Rn.).

5. Wann eine Verbundenheit zwischen Käufer und Verkäufer vorliegt, ist bereits in I Nr. 5 dargestellt worden. Dieser Darstellung braucht nichts hinzugefügt zu werden. Auf Art. 29 Abs. 1 Buchst. d) ZK und Art. 143 Abs. 2 und 3 ZKO wird hingewiesen.

6. Letzte Voraussetzung für die Anwendung dieser Methode ist es, daß der Preis durch die Verbundenheit zwischen Käufer und Verkäufer nicht beeinflußt ist. Aus der Verbundenheit allein kann nicht geschlossen werden, daß eine Preisbeeinflussung gegeben ist. Es müssen vielmehr noch weitere Anhaltspunkte vorliegen, die begründete Zweifel aufkommen lassen, daß der dem verbundenen Käufer berechnete Preis zu niedrig ist. Das könnte z. B. der Fall sein, wenn es sich um – häufig als Intercompany- oder Transferpreise bezeichnete – Preise handelt, zu denen Waren offensichtlich nicht an Unabhängige verkauft würden, oder wenn sich durch eine Prüfung der Begleitum-

stände des Kaufgeschäfts herausstellt, daß der Preis nicht nach den branchenüblichen Kalkulationsgrundsätzen gebildet worden ist, oder die Handelsspanne beim Weiterverkauf unangemessen hoch ist oder abweichende Preise für gleiche oder gleichartige Waren bei Verkäufen an nicht verbundene Käufer bekannt sind.

Hat die abfertigende Zollstelle solche Zweifel, so soll sie dies dem Importeur oder dessen Beauftragten (Spediteur) mitteilen und ihm Gelegenheit zur Äußerung geben. Die Zweifel der Zollstelle gelten als ausgeräumt, wenn der Zollwertanmelder Vergleichszollwerte aus Einfuhren gleicher oder gleichartiger Waren, die nicht länger als 6 Monate zurückliegen, nachweisen kann. Dabei sollen Saison- und Handelsbräuche berücksichtigt werden. Für den Spediteur wird ein solcher Nachweis ohne Mitwirkung seines Kunden kaum möglich sein, zumal er Kenntnisse aus Einfuhren anderer Kunden nicht ohne deren Zustimmung offenbaren darf.

111
III. Zollwert: Preis für gleiche Waren

1. Liegen weder Fall I noch Fall II vor, so kann nach der folgenden Methode III verfahren werden.

2. Einzige Voraussetzung für die Anwendung dieser Methode ist es, daß bereits ein Zollwert für gleiche Waren vorliegt, die im annähernd gleichen Zeitpunkt wie die zu bewertenden Waren eingeführt worden sind (vgl. Art. 30 Abs. 2 a) ZK). Dabei können Abweichungen hinsichtlich Handelsstufe und/oder Menge und Beförderungskosten berücksichtigt werden (s. Art. 150 Abs. 1 und 2 ZKDVO).

Gleiche Waren sind Waren, die in jeder Hinsicht, also in ihren körperlichen Eigenschaften, in ihrer Qualität und ihrem Ansehen (einschließlich Warenzeichen) gleich sind und in demselben Land sowie grundsätzlich von demselben Produzenten hergestellt worden sind wie die zu bewertenden Waren. Von anderen Produzenten hergestellte Waren gelten nur dann als gleiche Waren, wenn andere Einfuhren nicht bekannt sind. Eine gleiche Ware liegt nicht vor, wenn für ihre Herstellung im Zollgebiet der Gemeinschaft erarbeitete Techniken, Entwürfe, Pläne o. ä. zur Verfügung gestellt worden sind.

Zollwert gleicher Waren ist der auf der gleichen Handelsstufe und für eine etwa gleiche Menge wie die zu bewertenden Waren festgestellte Zollwert. Vergleichende Berichtigungen im Hinblick auf Menge und Handelsstufe sind zulässig. Das gilt auch für unterschiedliche Beförderungs- und Versicherungskosten z. B. Unterschiede bei Beförderung auf dem Luftwege oder dem Seewege.

112
IV. Zollwert: Preis für gleichartige Waren

1. Es liegen weder Fälle I noch II noch III vor.

2. Einzige Voraussetzung ist es, daß bereits ein Zollwert für gleichartige Waren vorliegt, die in etwa demselben Zeitpunkt wie die zu bewertenden

Waren eingeführt worden sind (Art. 30 Abs. 2 Buchst. b) ZK). Abweichungen hinsichtlich Handelsstufe, Menge und Beförderungskosten können berücksichtigt werden (vgl. Art. 151 Abs. 1 und ZDVO).

Gleichartige Waren sind Waren, die, obwohl sie nicht in jeder Hinsicht gleich sind, gleiche Eigenschaften und gleiche Materialzusammensetzung aufweisen, die es ihnen ermöglichen, gleiche Aufgaben zu erfüllen und im Handelsverkehr austauschbar zu sein. Dabei müssen Qualität, Ansehen und das Vorhandensein eines Warenzeichens berücksichtigt werden.

Im übrigen gelten die Ausführungen im vorstehenden Abschnitt III – Gleiche Waren – entsprechend. Schließlich wird in diesem Zusammenhang darauf hingewiesen, daß die Methoden III und IV in der EWG, insbesondere aber bei der Zollwertanmeldung im fremden Namen, durch einen Spediteur, kaum praktische Anwendung finden werden.

Für die Anwendung dieser Methode müssen folgende Voraussetzungen vorliegen:

113
V. Zollwert: Deduktive Methode

1. Eine Ermittlung des Zollwerts nach den Methoden I bis IV war nicht möglich.
2. Der Einführer oder sein Beauftragter hat keinen Antrag auf Ermittlung des Zollwerts nach Art. 30 Abs. 2 Buchst. d) ZK – nachstehend VI gestellt.
3. Die eingeführten oder gleiche oder gleichartige Waren sind im Zollgebiet der Gemeinschaft ggf. nach Be- oder Verarbeitung verkauft worden (Art. 30 Abs. 2 Buchst. c) ZK).

Auszugehen ist von dem Preis, zu dem die zu bewertenden oder gleiche oder gleichartige Waren im Zollgebiet der Gemeinschaft durch einen maßgebenden Käufer verkauft werden oder verkauft worden sind. Der Verkauf muß in jedem Falle etwa in demselben Zeitpunkt wie die Einfuhr der zu bewertenden Waren, spätestens innerhalb von 90 Tagen, erfolgt sein. Um die Ermittlung des Zollwerts möglichst im maßgebenden Zeitpunkt abschließen zu können, kann im Einvernehmen mit dem Verkäufer von den Preisen aus vergleichbaren, bereits getätigten Verkäufen ausgegangen werden. Käufer kann nur ein im Zollgebiet der Gemeinschaft ansässiger und nicht mit dem Verkäufer verbundener Käufer sein, der den ausländischen Hersteller nicht mit Gegenständen oder Materialien (Werkzeuge, Techniken, Pläne o. ä.) ausgestattet hat. Verkäufer kann nur eine Person sein, die beim Verkauf der eingeführten Waren maßgebender Käufer war, also nicht ein Vermittler.

Beim Verkauf der Waren in Teilmengen zu Preisen je Einheit wird der Preis für die gesamte Menge ermittelt, indem der Preis, zu dem die größte Anzahl von Einheiten verkauft worden ist, mit der Zahl der gesamten Einheiten multipliziert wird. Werden gleich große Teilmengen zu unterschiedlichen Preisen je Einheit verkauft, so ist der niedrigste Preis je Einheit zugrunde zu legen.

Werden die eingeführten oder eingeführte gleiche oder gleichartige Waren nach Be- oder Verarbeitung verkauft, so ist der Zollwert auf Antrag des Einführers oder seines Beauftragten auf der Grundlage des Verkaufspreises der be- oder verarbeiteten Ware festzustellen.

4. Letzte Voraussetzung für die Methode ist es, daß die Elemente des Art. 152 Abs. 1 ZKDVO festgestellt werden können. Das besagt, daß von dem vorher beschriebenen Verkaufspreis folgende Abzüge gemacht werden können – deshalb als „deduktive" Methode bezeichnet:

a) die branchenübliche Handelsspanne, d. h. die beim Verkauf von Waren derselben Gattung oder Art im Zollgebiet der Gemeinschaft üblicherweise erzielte Spanne, bezogen auf den Verkaufspreis, also der in Prozenten ausgedrückte Unterschied zwischen dem Einstandspreis (Preis frei Lager + Eingangsabgaben) und dem Verkaufspreis. Dabei kommt es auf die Herkunft der verkauften Waren nicht an

b) die innergemeinschaftlichen Beförderungs- und Versicherungskosten, soweit sie nicht in der Handelsspanne enthalten sind

c) die im Zollgebiet der Gemeinschaft geschuldeten Zölle und sonstigen Einfuhrabgaben.

114
VI. Zollwert: Ermittlung nach einem errechneten Wert (Herstellungskosten)

Der nach dieser Methode zu ermittelnde Zollwert beruht gemäß Art. 30 Abs. 1 Buchst. d) ZK auf einem errechneten Wert, der aus der Summe folgender Elemente besteht:

– Kosten oder Wert des Materials, der Herstellung sowie sonstiger Be- oder Verarbeitungen, die bei der Erzeugung der eingeführten Waren angefallen sind

– ein Betrag für Gewinn und Gemeinkosten, der jenem Betrag entspricht, der üblicherweise von Herstellern im Ausfuhrland bei Verkäufen von Waren der gleichen Gattung oder Art wie die zu bewertenden Waren zur Ausfuhr in die Gemeinschaft angesetzt wird

– Kosten oder Wert aller anderen Aufwendungen nach Art. 32 Abs. 1 Buchst. e) ZK (Beförderungs-, Versicherungs- und Ladekosten bis zum Ort des Verbringens).

Für die Anwendung dieser Methode müssen folgende Voraussetzungen erfüllt sein:

1. Die Ermittlung des Zollwerts nach den Methoden I bis V war nicht möglich.
2. Es werden weder vom Hersteller noch von der Regierung des Ausfuhrlandes Einwendungen gegen die Anwendung dieser Methode erhoben.
3. Die in Art. 30 Abs. 1 Buchst. d) ZK genannten Elemente für die Errechnung des Wertes müssen feststellbar sein.

Da keine Zollverwaltung von einer nicht in der Gemeinschaft ansässigen Person verlangen oder sie dazu verpflichten darf, Buchhaltungskonten oder andere Unterlagen zur Ermittlung des errechneten Wertes zur amtlichen Überprüfung vorzulegen, kann diese Methode nur unter Einschaltung der jeweiligen Zollbehörde angewendet werden. Das Bundesministerium der Finanzen hat deshalb angeordnet, daß für die Einholung der Zustimmung und die Ermittlung einzelner Elemente das BMF selbst bzw. auf seine Weisung die Oberfinanzdirektion Köln – Zollwertgruppe – eingeschaltet werden muß.

Die Voraussetzungen für die Anwendung dieser Methode sind:

115
VII. Zollwert: Rückkehr zur deduktiven Methode

1. Die Ermittlung des Zollwerts nach den Methoden I bis IV und VI war nicht möglich.
2. Die Methode V konnte nicht angewendet werden, weil der Einführer einen Antrag auf Ermittlung des Zollwerts nach Art. 30 Abs. 1 Buchst. d) ZK gestellt hat.
3. Die eingeführten oder gleiche oder gleichartige Waren sind im Zollgebiet der Gemeinschaft, ggf. nach Be- oder Verarbeitung, verkauft worden.
4. Die Elemente des Art. 152 Abs. 1 ZKDVO können festgestellt werden.

Der Zollwert ist in diesem Falle nach der Methode V zu ermitteln. Es ist der berichtigte Verkaufspreis.

Wenn die Ermittlung des Zollwerts nach den Methoden I bis VII – nicht möglich gewesen ist, muß der Zollwert geschätzt werden (Art. 31 ZK). Hierbei sollen möglichst Zollwerte herangezogen werden, die in flexibler Anwendung der vorangegangenen Methoden – s. Rn. 64 bis 70 – ermittelt worden sind. Sind keine solchen Zollwerte bekannt, so soll der Zollwert unter weiter Auslegung der Voraussetzungen für die einzelnen Methoden festgesetzt werden. Dabei können auch Preislisten und Preisangebote für Lieferungen im Zollgebiet der Gemeinschaft oder Börsennotierungen herangezogen werden. Bei Miet- und Leasingverträgen ist der Zollwert unter Zugrundelegung der fortlaufenden Zahlungen während der betriebsgewöhnlichen Nutzungsdauer evtl. einschließlich Mietsonder- und sogen. Restkaufpreiszahlungen zu ermitteln. Dabei ist zu berücksichtigen, daß in der Summe der fortlaufenden Zahlungen Beträge enthalten sein können, die – getrennt ausgewiesen – nicht vom Zollwert umfaßt werden, z. B. Wartungskosten.

116
VIII. Zollwert: Schätzung

Der Ermittlung des Zollwerts nach dieser Methode dürfen gemäß Art. 31 Abs. 2 ZK nicht zugrunde gelegt werden:

– die Verkaufspreise in der Gemeinschaft von Waren, die in der Gemeinschaft hergestellt wurden
– ein Verfahren, nach dem jeweils der höhere von zwei Alternativwerten für die Zollbewertung heranzuziehen ist
– die Inlandsmarktpreise von Waren im Ausfuhrland
– andere Herstellungskosten als jene, die bei dem „errechneten Wert" für gleiche oder gleichartige Waren nach Art. 30 Abs. 1 Buchst. d) ZK ermittelt wurden
– die Ausfuhrpreise in ein Land, das nicht zum Zollgebiet der Gemeinschaft gehört
– Mindestzollwerte
– willkürliche oder fiktive Werte.

117
**Zollwert:
Sonstige Hinweise**

1. Zerlegte Waren, Warenzusammenstellungen

Bei der Ermittlung des Zollwerts für Waren, die aus Transportgründen zerlegt in einer oder mehreren Sendungen eingeführt werden, wird der Zollwert für die vollständige unzerlegte Gesamtware festgestellt und auf die für sich zu verzollenden Teile entsprechend ihrem geschätzten Wertverhältnis zueinander aufgeteilt. Das gleiche gilt auch für Warenzusammenstellungen, z. B. eine Zimmereinrichtung.

2. Mittelwerte für Obst und Gemüse

Der Zollwert von üblicherweise im Rahmen von Kommissionsgeschäften eingeführten, leicht verderblichen Waren, insbesondere von Obst und Gemüse, kann auf Antrag des Importeurs nach einem vereinfachten Verfahren, dem sogenannten Mittelwertverfahren, das für die ganze Gemeinschaft festgelegt ist, ermittelt werden (vgl. Art. 173 ff. ZKDVO).

Dieses soll jedoch nicht das Recht des Importeurs ausschließen, eine andere für die Ermittlung des Zollwerts vorgesehene Methode nach der in Art. 30 ZK vorgeschriebenen Reihenfolge anzuwenden. Meldet also der Importeur den Zollwert der eingeführten Waren nach dem von der Kommission festgesetzten Mittelwert an, so tritt er damit dem Mittelwertverfahren für das laufende Kalenderjahr für die betreffende oder die betreffenden Waren bei. Beantragt der Importeur später die Anwendung anderer Bewertungsmethoden für eine oder mehrere der eingeführten Waren, so kann er für diese Ware oder diese Waren bis zum Ende des Kalenderjahres vom Mittelwertverfahren ausgeschlossen werden.

Für Warensendungen, die im maßgebenden Bewertungszeitpunkt schadhaft waren, gibt es besondere Regelungen (vgl. Art. 176 ZKDVO).

3. Ort des Verbringens in die Gemeinschaft

Die genaue Bestimmung dieses territorialen Punktes ist für die Berechnung der verschiedenen Kostenanteile von erheblicher Bedeutung. Eine entsprechende Regelung enthält Art. 163 ZKDVO.

Im Eisenbahn-, Binnenschiffs- oder Straßenverkehr ist der Ort des Verbringens die erste Zollstelle im Gebiet der Gemeinschaft. Besonderheiten bestehen, wenn eine Ware nach dem Verbringen in das Zollgebiet über einen Drittstaat in einen anderen Teil dieses Gebietes befördert wird. Erfolgt diese Beförderung durch die in Art. 163 Abs. 2 ZKDVO genannten Länder, wird der Zollwert unter Berücksichtigung des ersten Ortes des Verbringens in das Zollgebiet der Gemeinschaft ermittelt. Voraussetzung ist allerdings, daß die Durchfuhr durch diese Länder dem üblichen Transportweg entspricht. Eine entsprechende Regelung existiert für den Fall, daß nach dem Verbringen in das Zollgebiet der Gemeinschaft einen Weiterbeförderung in eine anderen Teil auf dem

Folgende Beispiele mögen das Verfahren verdeutlichen:

a) *Beförderung einer fob Warschau gekauften Ware nach Großbritannien*

   Die Ware wird auf dem Landwege von Warschau über Frankfurt/Oder durch die Bundesrepublik Deutschland und die Niederlande nach Rotterdam, von hier aus auf dem Seewege nach London befördert. Ort des Verbringens in das Zollgebiet der Gemeinschaft ist Frankfurt/Oder.

b) *Beförderung einer fob New York gekauften Ware nach Köln*

   Die Ware wird auf dem Seewege von New York nach Southampton, von hier auf dem Landwege nach London, von hier auf dem Seewege nach Rotterdam und von hier auf dem Landwege nach Köln befördert. Ort des Verbringens ist Southampton. Umladung in Southampton wird von der britischen Zollstelle formlos bescheinigt.

c) *Beförderung einer fob New York gekauften Ware nach Hamburg*

   Die Ware wird auf dem Seewege von New York über Lissabon nach London befördert. Hier werden für Großbritannien bestimmte Güter gelöscht. Die für Hamburg bestimmten Waren verbleiben auf dem Schiff und werden erst in Hamburg gelöscht. Ort des Verbringens ist Hamburg.

Anders ist die Rechtslage, wenn die von New York kommende Ware Lissabon umgeladen wird. Der Ort des Verbringens ist damit Lissabon, selbst wenn nach dem Umladen der unmittelbare Weitertransport per Schiff nach Hamburg erfolgt. Allerdings muß die Umladung von der zuständigen Zollstelle in Lissabon bescheinigt sein.

4. Gebühren für im Postverkehr beförderte Waren

Die Gebühren für im Postverkehr beförderte Waren gehören in voller Höhe zum Zollwert, es sei denn, im Einfuhrland werden zusätzliche Gebühren erhoben, die nicht zum Zollwert gehören. Bei Einfuhren, denen keine kommerziellen Erwägungen zugrunde liegen, findet wegen der Postgebühren keine Berichtigung des angemeldeten Wertes statt.

5. Luftfrachtkosten

Die zum Zollwert gehörenden Kosten ergeben sich aus dem Anhang 25 zur ZKDVO. Hier sind differenziert nach Abflughafen und Ankunftsflughafen die prozentual einzubeziehenden Anteile der Luftfrachtkosten aufgeführt.

6. Umrechnung ausländischer Währungen

Die Regelung dieses Problemkreises erfolgt in Art. 35 ZK sowie in den Art. 168 bis 172 ZKDVO.

Danach ist für die Umrechnung von Faktoren, die nicht in Deutscher Mark ausgedrückt sind und zur Ermittlung des Zollwerts der Waren dienen, der jeweils am vorletzten Mittwoch eines Kalendermonats notierte und an diesem oder am folgenden Tag im „Amtlichen Kursblatt der Frankfurter Wertpapierbörse" veröffentlichte Briefkus anzuwenden. Dieser Kurs gilt jeweils für den gesamten folgenden Kalendermonat. Weicht jedoch ein am letzten Mittwoch eines Kalendermonats notierter und an diesem oder am folgenden Tag veröffentlichter Briefkurs um 5 % oder mehr (nach oben oder unten) von dem oben genannten Kurs ab, so ist ab dem ersten Mittwoch des folgenden Kalendermonats für die Umrechnung dieser abweichende Briefkurs anzuwenden. Weicht aber ein am Mittwoch notierter und veröffentlichter Briefkurs um 5 % oder mehr von dem anzuwendenden Umrechnungskurs ab, so ersetzt dieser Briefkurs den anzuwendenden Umrechnungskurs am darauffolgenden Mittwoch. Wird an einem Mittwoch kein Briefkurs notiert oder ein notierter Kurs an diesem oder am folgenden Tag nicht veröffentlicht, so wird jeweils auf den letzten für diese Währung notierten und veröffentlichten Briefkurs zurückgegriffen.

Wird von der Frankfurter Börse ein Devisenkurs nicht notiert, so wird diese Währung mit dem von der OFD Köln – Zollwertgruppe – monatlich in den Zollwertnachrichten herausgegebenen Kursen umgerechnet.

Bei der erlaubten Anwendung periodischer Zollanmeldungen kann zugelassen werden, daß während des gesamten Abrechnungszeitraums mit dem Briefkurs umgerechnet wird, der am ersten Tag des Abrechnungszeitraums gilt.

Sind feste Umrechnungskurse vereinbart oder sonst festgelegt, so sind diese bei der Zollwertermittlung anzuwenden.

7. Aufteilung eines Gesamtpreises

Sind Waren, die für die Abfertigung zum freien Verkehr im Zollgebiet der Gemeinschaft angemeldet werden, Teil einer größeren Sendung gleicher, in einer einzigen Transaktion erworbener Waren, so ist der tatsächlich gezahlte oder zu zahlende Preis im Sinne von Art. 29 Abs. 1 ZK derjenige Teil des Gesamtpreises, der dem Verhältnis der angemeldeten Warenmenge zu der insgesamt erworbenen Warenmenge entspricht.

8. Im Ursprungs- oder Ausfuhrland anwendbare inländische Abgabe

Enthält der tatsächlich gezahlte oder zu zahlende Preis im Sinne von Art. 29 Abs. 1 ZK den Betrag einer auf die eingeführten Waren im Ursprungs- oder Ausfuhrland anwendbaren inländischen Abgabe, so wird dieser Betrag nicht in den Zollwert einbezogen, wenn nachgewiesen wird, daß die Waren von dieser Abgabe befreit worden sind oder befreit werden und dem Käufer diese Befreiung zugute kommt.

9. Abhängigkeit des Preises von einer Bedingung oder Leistung des Käufers

Wird bei der Ermittlung des Zollwerts nach Art. 29 Abs. 1 Buchst. b) ZK festgestellt, daß der Verkauf oder Preis eingeführter Waren von einer Bedingung oder Leistung des Käufers abhängt, deren Wert im Hinblick auf die zu bewertenden Waren bestimmt werden kann, so gilt dieser Wert als eine mittelbare Zahlung des Käufers an den Verkäufer und als Teil des tatsächlich gezahlten oder zu zahlenden Preises. Voraussetzung ist jedoch, daß die Bedingung oder Leistung nicht im Zusammenhang steht mit einer Tätigkeit, auf die Art. 29 Abs. 3 Buchst. b) ZK (vom Käufer auf eigene Rechnung durchgeführte Tätigkeiten) anwendbar ist, oder mit einem Faktor, der nach Art. 32 ZK einen Zuschlag zu dem tatsächlich gezahlten oder zu zahlenden Preis erforderlich macht, z. B. für Beförderungskosten bis zum Ort des Verbringens in das Zollgebiet der Gemeinschaft, für Verpackungskosten o. ä.

10. Tätigkeiten für den Absatz der Waren

Der Begriff „Tätigkeiten für den Absatz der Waren" im Sinne von Art. 29 Abs. 3 Buchst. b) ZK umfaßt alle Tätigkeiten in Verbindung mit der Werbung für diese Waren und der Förderung ihres Absatzes sowie alle Tätigkeiten in Verbindung mit der Gewährleistung und Garantie für diese Waren. Solche vom Käufer durchgeführten Tätigkeiten gelten als auf eigene Rechnung durchgeführt, selbst wenn ihnen eine Verpflichtung des Käufers nach Absprache mit dem Verkäufer zugrunde liegt. Die Kosten solcher Tätigkeiten gehören nicht zum Zollwert der Waren.

11. Kosten von Umschließungen

Werden Umschließungen, die für Zollzwecke als Einheit mit den betreffenden Waren angesehen werden (Art. 32 Abs. 1 Buchst. a) Ziffer ii ZK), wiederholt für Einfuhren verwendet, so werden ihre Kosten auf Antrag des Anmelders nach allgemein üblichen Buchführungsregeln aufgeteilt (vgl. Anhang 24 ZKDVO).

12. Kosten für Forschung und Vorentwürfe

Nach Art. 32 Abs. 1 Buchst. b) Ziffer iv ZK ist der Wert der für die Herstellung der eingeführten Waren notwendigen Techniken, Entwicklungen, Entwürfe, Pläne und Skizzen, die außerhalb der Gemeinschaft erarbeitet wurden, in den Zollwert der eingeführten Waren einzubeziehen, sofern dieser Wert nicht schon in dem gezahlten oder zu zahlenden Preis enthalten ist. Kosten für Forschung und Vorentwürfe gehören jedoch nicht zum Zollwert.

13. Lizenzgebühren

Lizenzgebühren für die zu bewertenden Waren, die der Käufer entweder unmittelbar oder mittelbar nach den Bedingungen des Kaufgeschäfts für die zu bewertenden Waren zu zahlen hat, gehören zum Zollwert, soweit sie nicht im tatsächlich gezahlten oder zu zahlenden Preis enthalten sind (Art. 32 Abs. 1 Buchst. c) ZK). Dabei ist es unerheblich, in welchem Land der Empfänger der Zahlung seinen Wohnsitz hat. Im übrigen wird auf die VO (EWG) Nr. 3158/83 vom 9. 11. 1983 der Kommission hingewiesen. Unter Lizenzgebühren gem. Art. 157 ZKDVO sind insbesondere Zahlungen zu verstehen, die zu leisten sind für die Nutzung von Rechten im Zusammenhang mit

– der Herstellung der eingeführten Waren (insbesondere Gebrauchsmuster, Geschmacksmuster und Herstellungs-„Know-how") oder

– dem Verkauf zur Ausfuhr der eingeführten Ware (insbesondere Warenzeichen, Gebrauchsmuster) oder

– der Verwendung oder dem Weiterverkauf der eingeführten Ware (insbesondere Urheberrechte, untrennbar in der eingeführten Ware verkörperte Herstellungsverfahren).

118
Zollwert-anmeldung

Nach Art. 178 ZKDVO muß jeder Anmeldung auf Abfertigung eingeführter Waren zum freien Verkehr grundsätzlich eine Anmeldung der Angaben über den Zollwert – nachstehend als Zollwertanmeldung bezeichnet – beigefügt sein. Für die Zollwertanmeldung ist ein besonderer Vordruck vorgeschrieben, der dem Muster in der Anlage 28 der ZKDVO entspricht (vgl. Rn. 120).

Die Zollwertanmeldung darf nur von einer Person abgegeben werden, die ihren Wohn- oder Geschäftssitz im Zollgebiet der Gemeinschaft hat und alle Tatsachen über die in der Anmeldung zu bestätigenden Umstände zur Verfügung hat. Hierauf sollte jeder Zollspediteur den Importeur hinweisen, wenn dieser ihn beauftragt, die Zollwertanmeldung in seinem Namen abzugeben. Die Person, die die Zollwertanmeldung abgibt, wird als Zollwertanmelder bezeichnet. Grundsätzlich ist Zollwertanmelder der maßgebende Käufer.

Die Mitgliedstaaten der EG können davon absehen, eine Zollwertanmeldung zu verlangen, wenn der Zollwert der eingeführten Waren nicht nach Art. 29 ZK – Transaktionswert = Zollwert ermittelt werden kann. In diesem Falle muß der Zollwertanmelder der zuständigen Zollstelle jede andere Information geben, die für die Ermittlung des Zollwerts nach einer anderen im ZK vorgesehenen Methode erforderlich ist. Werden Waren ständig unter gleichen Handelsbedingungen von demselben Verkäufer an denselben Käufer geliefert, so kann zugelassen werden, daß nicht alle Angaben über den Zollwert bei jeder Einfuhr vollständig gemacht werden, es sei denn, die Umstände haben sich geändert. Eine vollständige Zollwertanmeldung wird jedoch mindestens alle 3 Jahre verlangt.

Liegt der Einfuhr kein Kaufgeschäft (einschließlich Werklieferungsvertrag) zugrunde, kann auf die Zollwertanmeldung verzichtet werden. Allerdings muß dann der Empfänger die Angaben über den Zollwert in einer anderen von der Zollbehörde vorgeschriebenen Form und Art erbringen.

Weiterhin kann in folgenden Fällen von der Vorlage einer Zollwertanmeldung abgesehen werden:

– wenn der Zollwert der eingeführten Waren 5000 ECU je Sendung nicht übersteigt, sofern es sich nicht um eine Teilsendung oder um mehrfache Sendungen von demselben Absender an denselben Empfänger handelt

– wenn es sich um Einfuhren handelt, die keinen gewerblichen Charakter haben

– wenn die Anmeldung der betreffenden Angaben für die Anwendung des Zolltarifs nicht erforderlich ist oder die Zölle auf Grund einer speziellen zollrechtlichen Regelung nicht erhoben werden.

Bei der Verwendung von Datenverarbeitungsanlagen oder bei globalen, periodischen oder zusammenfassenden Zollanmeldungen können Abweichungen in der Form der Darstellung der zur Ermittlung des Zollwerts erforderlichen Daten zugelassen werden.

Der Zollwertanmelder muß der Zollwertanmeldung eine Rechnung über den Kauf der eingeführten Waren beifügen. Bei schriftlicher Zollwertanmeldung verbleibt die Rechnung bei der Zollstelle.

Lautet die Rechnung über die eingeführten Waren auf eine Person, die in einem anderen Mitgliedstaat als demjenigen ansässig ist, in dem der Zollwert angemeldet wird, so muß der Zollwertanmelder der Zollstelle eine zweite Ausfertigung der Rechnung vorlegen. Diese Zweitausfertigung erhält der Anmelder mit Stempelabdruck der Zollstelle zur Weiterleitung an die Person zurück, auf die die Rechnung ausgestellt ist.

119 Zollgewicht, Tara

Für die wenigen Waren, die einem Gewichtszoll unterliegen, ist das Zollgewicht je nach den zolltariflichen Vorschriften das Rohgewicht oder das Eigengewicht. Rohgewicht ist das Gewicht der Ware mit ihren sämtlichen Behältnissen oder Verpackungen. Eigengewicht ist das Gewicht der Ware ohne alle Behältnisse oder Verpackungen. Tara ist das Gewicht der Behältnisse oder Verpackungen. Als Behältnisse oder Verpackungen, die zum Rohgewicht gehören, gelten innere und äußere Behältnisse, Aufmachungen, Umhüllungen und Unterlagen. Zum Rohgewicht gehören nicht Beförderungsmittel (insbesondere Container), Planen, Lademittel (z. B. Paletten) und das bei der Beförderung verwendete Zubehör.

120

EUROPÄISCHE GEMEINSCHAFT	ANMELDUNG DER ANGABEN ÜBER DEN ZOLLWERT	D.V.1
1 NAME UND ANSCHRIFT DES VERKÄUFERS (in Druckbuchstaben)	FÜR AMTLICHE ZWECKE	

2 (a) NAME UND ANSCHRIFT DES KÄUFERS (in Druckbuchstaben)

2 (b) NAME UND ANSCHRIFT DES ANMELDERS (in Druckbuchstaben)

WICHTIGER HINWEIS

Mit Unterzeichnung und Vorlage dieser Anmeldung übernimmt der Zollwertanmelder die Verantwortung bezüglich der Richtigkeit und Vollständigkeit der auf diesem Vordruck und sämtlichen mit ihm zusammen vorgelegten Ergänzungsblättern gemachten Angaben und bezüglich der Echtheit aller als Nachweis vorgelegten Unterlagen. Der Zollwertanmelder verpflichtet sich auch zur Erteilung aller zusätzlichen Informationen und zur Vorlage aller weiteren Unterlagen, die für die Ermittlung des Zollwertes der Waren erforderlich sind.

3 Lieferungsbedingung

4 Nummer und Datum der Rechnung

5 Nummer und Datum des Vertrags

6 Nummer und Datum der früheren Zollentscheidungen zu den Feldern 7 bis 9

Zutreffendes ankreuzen

7 (a) Sind Käufer und Verkäufer VERBUNDEN im Sinne von Artikel 143 (*) der Verordnung (EWG) Nr. 2454/93? ☐ JA ☐ NEIN

Falls „NEIN", weiter zu Feld 8.

(b) Hat die Verbundenheit den Preis der eingeführten Waren BEEINFLUSST? ☐ JA ☐ NEIN

(c) (Antwort freigestellt) Kommt der Transaktionswert der eingeführten Waren einem der Werte in Artikel 29 Absatz 2 b) der Verordnung (EWG) Nr. 2913/92 SEHR NAHE? ☐ JA ☐ NEIN

Falls „JA", Einzelheiten angeben:

8 (a) Bestehen EINSCHRÄNKUNGEN bezüglich der Verwendung und des Gebrauches der Waren durch den Käufer, ausgenommen solche, die
- durch das Gesetz oder von den Behörden in der Gemeinschaft auferlegt oder gefordert werden,
- das Gebiet abgrenzen, innerhalb dessen die Waren weiterverkauft werden können,
- sich auf den Wert der Waren nicht wesentlich auswirken?

☐ JA ☐ NEIN

(b) Liegen hinsichtlich des Kaufgeschäftes oder des Preises BEDINGUNGEN vor oder sind LEISTUNGEN zu erbringen, deren Wert im Hinblick auf die zu bewertenden Waren nicht bestimmt werden kann?

☐ JA ☐ NEIN

Art der Einschränkungen, Bedingungen oder Leistungen angeben:

Falls der Wert im Hinblick auf die zu bewertenden Waren bestimmt werden kann, Betrag in Feld 11 (b) angeben.

9 (a) Hat der Käufer unmittelbar oder mittelbar LIZENZGEBÜHREN für die eingeführten Waren nach den Bedingungen des Kaufgeschäfts zu zahlen? ☐ JA ☐ NEIN

(b) Ist das Kaufgeschäft verbunden mit einer Vereinbarung, wonach ein Teil des Erlöses aus späterem WEITERVERKÄUFEN, sonstigen ÜBERLASSUNGEN oder VERWENDUNGEN unmittelbar oder mittelbar dem Verkäufer zugute kommt? ☐ JA ☐ NEIN

Falls „JA" zu einer der vorstehenden Fragen, die Umstände angeben und, wenn möglich, die Beträge in den Feldern 15 und 16 angeben.

(*) ANMERKUNGEN ZU FELD 7

1. Personen gelten nur dann als verbunden, wenn
   (a) sie der Leitung des Geschäftsbetriebes der jeweils anderen Person angehören;
   (b) sie Teilhaber der Gesellschaft oder Personalgesellschaften sind;
   (c) sie sich in einem Arbeitgeber/Arbeitnehmerverhältnis zueinander befinden;
   (d) eine beliebige Person unmittelbar oder mittelbar 5 % oder mehr der im Umlauf befindlichen stimmberechtigten Anteile oder Aktien beider Personen besitzt oder kontrolliert;
   (e) eine von ihnen unmittelbar oder mittelbar die andere kontrolliert;
   (f) beide von ihnen unmittelbar oder mittelbar von einer dritten Person kontrolliert werden;
   (g) sie zusammen unmittelbar oder mittelbar eine dritte Person kontrollieren, oder
   (h) sie Mitglied derselben Familie sind.

2. Die Tatsache, daß ein Käufer und ein Verkäufer miteinander verbunden sind, schließt die Anwendung des Transaktionswertes nicht unbedingt aus (siehe Artikel 29 Absatz 2 der Verordnung (EWG) Nr. 2913/92 und die erläuternde Anmerkung zu dieser Bestimmung im Anhang 23.

10 (a) Anzahl der beigefügten Ergänzungsblätter D.V.1 BIS

10 (b) Ort:

Datum:

Unterschrift:

		Ware	Ware	Ware
FÜR AMTLICHE ZWECKE				
A. Grundlage der Berechnung	11 (a) Nettopreis in der RECHNUNGSWÄHRUNG (Tatsächlich gezahlter Preis oder Preis bei Zahlung im maßgebenden Bewertungszeitpunkt).......... (b) Mittelbare Zahlungen – siehe Feld 8 (b) .... (Umrechnungskurs:)			
	12 Summe A in NATIONALER WÄHRUNG............................			
B. HINZU-RECHNUN-GEN in NATIONA-LER WÄH-RUNG, die NICHT in A enthalten sind (*) Gegebenen-falls NACH-STEHEND frühere Zollent-scheidun-gen hierzu angeben	13 Kosten die für den Käufer entstanden sind: (a) Provisionen, ausgenommen Einkaufsprovisionen .... (b) Maklerlöhne... (c) Umschließungen und Verpackung .... 14 Gegenstände oder Leistungen, die vom Käufer unentgeltlich oder zu ermäßig-ten Preisen für die Verwendung im Zusammenhang mit der Herstellung und dem Verkauf zur Ausfuhr der eingeführten Waren geliefert werden. Die aufgeführten Werte sind gegebenenfalls entsprechend aufgeteilt. (a) in den eingeführten Waren enthaltene Materialien, Bestandteile und der-gleichen .... (b) bei der Herstellung der eingeführten Waren verwendete Werkzeuge, Ma-trizen, Gußformen und dergleichen .... (c) bei der Herstellung der eingeführten Waren verbrauchte Materialien...... (d) für die Herstellung der eingeführten Waren notwendige Techniken, Ent-wicklungen, Entwürfe, Pläne und Skizzen, die außerhalb der Gemeinschaft erarbeitet wurden .... 15 Lizenzgebühren – siehe Feld 9 (a) .... 16 Erlöse aus Weiterverkäufen, sonstigen Überlassungen oder Verwendungen, die dem Verkäufer zugute kommen – siehe Feld 9 (b)................ 17 Lieferungskosten bis _____ (Ort des Verbringens) (a) Beförderung .... (b) Ladekosten und Behandlungskosten .... (c) Versicherung... 18 Summe B			
C. ABZÜGE: Kosten in NATIONA-LER WÄH-RUNG, die in A ENT-HALTEN sind (*)	19 Beförderungskosten nach Ankunft am Ort des Verbringens............. 20 Zahlungen für den Bau, die Errichtung, die Montage, die Instandhaltung oder technische Unterstützung nach der Einfuhr......................... 21 Andere Zahlungen (spezifizieren) _____ 22 Zölle und Steuern, die in der Gemeinschaft wegen der Einfuhr oder des Ver-kaufs der Waren zu zahlen sind................................... 23 Summe C..			
24 ANGEMELDETER WERT (A + B – C)...............................				

(*) Wenn Beträge in AUSLÄNDISCHER WÄHRUNG zu zahlen sind, hier den Betrag in ausländischer Währung und den Umrechnungskurs unter Bezug auf jede Ware und Rubrik angeben.

Bezug   Betrag   Umrechnungskurs

Zollschuld/Zollschuldner 1.6

121
Begriff
Die rechtlichen Regelungen zu Zollschuld und Zollschuldner können in beträchtlichem Umfang auch die Tätigkeit des Spediteurs berühren. Unter bestimmten Voraussetzungen besteht die Möglichkeit, daß der Spediteur selbst mit zum Zollschuldner werden kann.

Die Zollschuld ist nach Art. 4 Nr. 9 ZK die Verpflichtung einer Person, die für eine bestimmte Ware im geltenden Gemeinschaftsrecht vorgesehenen Ein- oder Ausfuhrabgaben zu entrichten. Als Person gelten dabei gleichsam juristische oder natürliche Personen sowie Personenvereinigungen ohne eigene Rechtspersönlichkeit. Letztere müssen aber im Rechtsverkehr wirksam auftreten können, sofern das im geltenden Recht vorgesehen ist (vgl. Art. 4 Nr. 1 ZK).

Eine zur Erfüllung der Zollschuld verpflichtete Person ist folglich Zollschuldner (Art. 4 Nr. 12 ZK).

Die überschaubare und zusammengefaßte Regelung der Zollschuldproblematik enthält Titel VII des Zollkodex.

122
Entstehung
Von besonderem Interesse ist für den Spediteur der in Art. 201 ZK aufgenommene Regelfall der Zollschuldentstehung. Dieser betrifft die Überführung von Waren in den zollrechtlich freien Verkehr sowie in das Verfahren der vorübergehenden Vewendung, also jene Fälle, wo Waren in den Wirtschaftskreislauf der EU eingehen. Die Zollschuld entsteht dabei mit der Annahme der betreffenden Zollanmeldung durch die Zolldienststelle (zur Annahme der Zollanmeldung vgl. Rn. 43).

123
Zollschuldner
Zollschuldner ist der Anmelder. Dahinter verbirgt sich die Person, in deren Namen die Anmeldung abgegeben wird. Damit dürfte der den Spediteur betreffende Regelfall abgedeckt sein. Meldet dieser als direkter Vertreter im Namen und für Rechnung einer Firma eine Ware an, wird mit Annahme dieser Anmeldung der Vertretene zum alleinigen Zollschuldner.

Zu beachten ist indes, daß die Vertretungsmacht auf Verlangen der Zollbehörde nachgewiesen werden muß (vgl. Art. 5 Abs. 5 ZK). Wer ohne Vertretungsmacht handelt, d. h. auch ohne entsprechenden Nachweis, wird selbst Zollschuldner.

Eine andere Situation ergibt sich bei der indirekten Stellvertretung, die nach neuem Recht generell möglich ist. Die indirekte Stellvertretung liegt dann vor, wenn z. B. ein Spediteur in eigenem Namen aber für fremde Rechnung handelt. Hier sieht nun Art. 201 Abs. 3 vor, daß sowohl der Anmelder als auch die Person, für deren Rechnung die Anmeldung abgegeben wird, Zollschuldner werden. Der als indirekter Stellvertreter handelnde Spediteur käme damit in die Situation einer Zollschuldnerschaft gemeinsam mit dem Vertretenen. Die Verpflichtung zur Erfüllung der Zollschuld obliegt dabei beiden gesamtschuldnerisch. Damit könnte folglich z. B. bei Zahlungsunfähigkeit des Vertretenen der Spediteur für den betreffenden Betrag voll in Anspruch genommen werden.

Die Mitteilung des Abgabenbetrages hat dann zu erfolgen, wenn dieser durch die Zollbehörde buchmäßig erfaßt worden ist.[1]

In den Art. 202 bis 205 ZK sind Zollschuldentstehungstatbestände enthalten, die bei Unregelmäßigkeiten, namentlich in Form von Pflichtverletzungen, Anwendung finden. Das betrifft

124
Zollschuld bei Unregelmäßigkeiten

– das vorschriftswidrige Verbringen von Waren (Art. 202 ZK)

– das Entziehen aus der zollamtlichen Überwachung (Art. 203 ZK)

– die Nichterfüllung von anderweitigen Pflichten (Art. 204 ZK) und

– den regelwidrigen Verbrauch oder die Verwendung von Waren in Freizonen oder Freilagern (Art. 205 ZK)

Übergreifend läßt sich hier feststellen, daß grundsätzlich die Entstehung der Zollschuld an die Pflichtverletzung gebunden ist. Schuldhaftes Handeln wird nur in wenigen Ausnahmen vorausgesetzt. So bei der Beteiligung von Personen am vorschriftswidrigen Verbringen oder beim Erwerb von Waren, die der zollamtlichen Überwachung entzogen wurden. In diesen Fällen ist das Wissen um die Rechtswidrigkeit Voraussetzung, um den Status eines Zollschuldners zu erhalten. Die Zollschuld selbst entsteht immer unabhängig von solchen subjektiven Voraussetzungen.

Folglich ist darauf hinzuweisen, daß namentlich durch den Spediteur konsequent auf die Einhaltung aller zollrechtlichen Pflichten zu achten ist, um eine Zollschuldentstehung aufgrund von Unregelmäßigkeiten zu vermeiden.

Die Zollschuld nach Art. 204 ZK entsteht nicht, wenn sich die Verfehlung nachweislich auf die ordnungsgemäße Abwicklung der vorübergehenden Verwahrung oder des betreffenden Zollverfahrens nicht wirklich ausgewirkt hat. In welchen Fällen dieser Umstand gegeben ist, wird in Art. 859 ZKDVO aufgelistet. Die Beweislast zum Vorliegen der Ausschlußgründe für die Zollschuldentstehung obliegt jedoch dem vermeintlichen Zollschuldner.

Eine Entlastungsmöglichkeit enthält auch Art. 206 ZK. Danach entsteht keine Zollschuld, wenn die betreffende Ware aus in ihrer Natur liegenden

---

[1] Zum Problem der buchmäßigen Erfassung vgl. Art. 217ff. ZK.

Gründen, durch Zufall oder infolge höherer Gewalt oder mit Zustimmung der Zollbehörden vernichtet oder zerstört worden oder unwiederbringlich verlorengegangen ist. Die Nachweisführung obliegt allerdings auch hier dem Beteiligten.

Außenwirtschaftsrecht 1.7

125
Rechtsgrundlage

Das Außenwirtschaftsrecht versteht unter dem Außenwirtschaftsverkehr, den Waren-, Dienstleistungs-, Kapital-, Zahlungs- und sonstigen Wirtschaftsverkehr mit fremden Wirtschaftsgebieten sowie den Verkehr mit Auslandswerten und Gold zwischen Gebietsansässigen.

Grundsätzlich ist dieser Außenwirtschaftsverkehr frei. Er unterliegt lediglich den Beschränkungen, die das Außenwirtschaftsgesetz (AWG) oder die Außenwirtschaftsverordnung (AWV) vorschreiben.

Das AWG vom 28.4.1961 (BGBl I S. 481), zuletzt geändert durch Art. 20 des Verbrauchsteuer-Binnenmarktgesetzes vom 21.12.1992 (BGBl I S. 2150), legt die Grundsätze fest, die im Außenwirtschaftsverkehr Beachtung finden müssen. Die AWV vom 18.12.1986 (BGBl I S. 2671) in der Fassung der Bekanntmachung vom 22.11.1993 (BGBl I S. 1934, Ber. BGBl I S. 2493), zuletzt geändert durch die 33. VO zur Änderung der AWV vom 27.4.1994 (BAnz. Nr. 81 vom 29.4.1994), enthält die für den Außenwirtschaftsverkehr zu beachtenden einschränkenden Bestimmungen.

Beschränkungen der Warenausfuhr ergeben sich aus der Ausfuhrliste (Anlage AL zur AWV), zuletzt geändert durch die 85. VO zur Änderung der Ausfuhrliste vom 3.9.1993 (BAnz Nr. 167 vom 7.9.1994 S. 8677). Beschränkungen der Wareneinfuhr sind in der Einfuhrliste (Anlage zum AWG), zuletzt geändert durch die 123. Änderungs-VO vom 22.12.1993 (BAnz S. 11153), enthalten.

Zur praktischen Handhabung der o.g. außenwirtschaftlichen Vorschriften durch die deutschen Zollstellen sind Dienstanweisungen des Bundesministeriums der Finanzen ergangen, die im Fachteil Außenwirtschaftsrecht enthalten sind (vgl. Inhaltsverzeichnis in VSF A 0300).

126
Wareneinfuhr

Nach § 10 AWG ist die Einfuhr von Waren durch Gebietsansässige nach Maßgabe der Einfuhrliste ohne Genehmigung zulässig. Im übrigen bedarf die Einfuhr der Genehmigung. Sofern also die Einfuhrliste etwas anderes bestimmt oder die Einfuhr durch einen Gebietsfremden erfolgt, ist eine Einfuhrgenehmigung erforderlich.

Im Außenwirtschaftsverkehr wird gem. § 4 AWG grundsätzlich zwischen Gebietsansässigen und Gebietsfremden hinsichtlich des nationalen Wirtschaftsgebietes und nach § 4c AWV zwischen Gemeinschaftsansässigen und Gemeinschaftsfremden in bezug auf das Gemeinschaftsgebiet der EG unterschieden. Drittländer sind alle Gebiete, die nicht zum Gemeinschaftsgebiet der EG gehören. Zu beachten ist, daß nach § 35 AWV Gemeinschaftsfremde aus den EFTA-Staaten den Gemeinschaftsansässigen gleichgestellt sind, sofern eine Einfuhr durch sie genehmigungsfrei zulässig ist.

Einführer ist gem. § 21 b (1) AWV die Person, die Waren in das Wirtschaftsgebiet verbringt oder verbringen läßt. Liegt der Einfuhr jedoch ein Vertrag mit einem Gebietsfremden über den Erwerb von Waren zum Zwecke der Einfuhr (Einfuhrvertrag) zugrunde, so ist nur der Gebietsansässige Vertragspartner Einführer. Bei der Einfuhr aus Drittländern stehen gem. § 23 (1) AWV hinsichtlich des Einführerbegriffes die gemeinschaftsansässigen den Gebietsansässigen gleich. Somit kann in diesem Fall auch der in anderen EG-Staaten Ansässige Einführer sein.

Der Spediteur oder Frachtführer, der beim Verbringen der Waren tätig wird, ist grundsätzlich kein Einführer und damit für die Beachtung der Einfuhrbestimmungen nach dem Außenwirtschaftsrecht nicht verantwortlich. Speditionsfirmen können jedoch im Zuge des im Speditionsgewerbe festzustellenden Funktionswandels, wonach Lagerhaltung und -bewirtschaftung sowie Mitwirkung bei der Geschäftsabwicklung auf sie übergehen, Vertragspartner eines Einfuhrvertrages und damit Einführer sein.

Soweit es sich bei dem Einführer um eine gebietsansässige Person oder eine ihr gleichgestellte Person handelt, ist die Einfuhr also nach Maßgabe der Einfuhrliste ohne Genehmigung zulässig. Für gebietsfremde Einführer, die den gebietsansässigen Personen nicht gleichgestellt sind, ist dagegen immer eine Einfuhrgenehmigung erforderlich. Bei der Wareneinfuhr ist insofern zwischen genehmigungsfreier (liberalisierter) und genehmigungsbedürftiger (nicht-liberalisierter) Einfuhr zu unterscheiden.

Die Einfuhr von Waren, auf die eine gemeinsame Marktorganisation oder Handelsregelung Anwendung findet, kann durch Rechtsakte der EG beschränkt werden. Auch kann die Einfuhr von Waren aus bestimmten Ländern unter nationale oder gemeinschaftliche Überwachung gestellt werden. Im übrigen sind die nichtaußenwirtschaftsrechtlichen Verbote und Beschränkungen für den Warenverkehr (vgl. Rn. 130) über die Grenze zu beachten.

Die Genehmigungsfreiheit oder -bedürftigkeit ergibt sich aus der o. g. Einfuhrliste in Verbindung mit den Länderlisten, die der Einfuhrliste beigefügt sind. Beides ist im DGebrZT abgedruckt. Einkaufsland ist i. d. R. das Land, in dem der Gebietsfremde ansässig ist, von dem der Gebietsansässige die Ware erwirbt. Versendungsland ist das Land, aus dem die Ware versandt wird. Ein Aufenthalt der Ware in einem Durchfuhrland im Zusammenhang mit der Beförderung ist hierbei ohne Bedeutung.

Die Einfuhrliste entspricht in ihrem Aufbau dem Warenverzeichnis für die Außenhandelsstatistik, welches auf dem Harmonisierten System zur Bezeichnung und Codierung der Waren beruht.

Nahezu vollständig liberalisiert ist die Einfuhr von Industriewaren aus allen Ländern. Allerdings besteht noch für einige Warengruppen des Textilsektors aus bestimmten Ländern mit niedrigem Preisniveau, vorwiegend im ostasiatischen Raum eine Einfuhrgenehmigungspflicht. Im Hinblick auf die Selbstbeschränkung von Textilexporten aus einigen Ländern aufgrund internationaler Abkommen hat die EG-Kommission Höchstmengen für die Einfuhr bestimmter Textilien festgesetzt. Im Rahmen dieser Höchstmengen sind deshalb auch Einfuhren genehmigungsbedürftig. Ferner ist für die Einfuhr von Kohle grundsätzlich eine Genehmigung erforderlich.

Die einführenden Vorschriften zum DGebrZT enthalten die „Bestimmungen zur Einfuhrliste", welche die Anwendung und Handhabung des im Tarif Spalte 3 bis 5 eingearbeiteten Teil III der Einfuhrliste (Warenliste) erläutern. Hinsichtlich der Genehmigungsbedürftigkeit der Wareneinfuhr durch Gebietsansässige bzw. ihnen gleichgestellte Gebietsfremde ist Nr. 3c und d der Bestimmungen zur Einfuhrliste zu beachten.

Danach ist generell eine Genehmigung bei der Einfuhr aus allen Ländern erforderlich für Waren, die in Spalte 4 der Einfuhrliste mit dem Zeichen „–" gekennzeichnet sind. Eine Einfuhrgenehmigung ist ebenfalls erforderlich für Waren, die in Spalte 4 der Einfuhrliste mit dem Zeichen „+" gekennzeichnet sind. Dieses Genehmigungserfordernis trifft jedoch nur zu, wenn das Ursprungsland der Ware (vgl. Rn. 156) kein Land der Länderliste A/B ist. Allerdings gilt das nicht für Waren mit Ursprung in Polen, Rumänien, der Slowakei und der Tschechischen Republik.

Eine Genehmigung kann auch erforderlich sein, wenn sich dies aus einem Anmerkungshinweis (Fußnote) in Splate 4 der Einfuhrliste ergibt. Das Verzeichnis der Fußnoten im Anhang zum DGebrZT verweist auf das Bestehen der Genehmigungspflicht bei der Einfuhr aus den betreffenden Ländern. Soweit Waren eingeführt werden, für die im Rahmen der gemeinsamen Handelspolitik der EG besondere handelspolitische Maßnahmen gelten und für die in einem anderen Mitgliedstaat eine aktive Zollveredelung bewilligt wurde, ist – gem. Nr. 3d der Bestimmungen zur Einfuhrliste – durch ein Informationsblatt INF 1 nach Art. 609 (2) ZKDVO zu bescheinigen, daß eine Anwendung dieser handelspolitischen Maßnahmen in dem betreffenden EG-Staat erfolgte. Ausgenommen davon ist die Einfuhr zur aktiven Zollveredelung oder wenn der Einführer die Anwendung der in der Einfuhrliste vorgesehenen Einfuhrregelung beantragt.

Bei der genehmigungsbedürftigen Einfuhr darf kein Liefervertrag abgeschlossen werden, bevor eine Einfuhrgenehmigung vorliegt. Antragsberechtigt ist gem. § 30 AWV nur der Einführer.

Zuständig für die Erteilung von Einfuhrgenehmigungen ist für Industriewaren das Bundesamt für Wirtschaft (Frankfurter Straße 29 – 35 in 65760 Eschborn) und für landwirtschaftliche Produkte das Bundesamt für Ernährung und Forstwirtschaft (Adickesallee 40 in 60322 Frankfurt/Main). Die Einfuhrgenehmigung ist der Zollanmeldung beizufügen.

Sofern die Einfuhr keiner Genehmigungspflicht unterliegt und damit liberalisiert ist, können sich dennoch anderweitige Pflichten aus der Einfuhrliste ergeben, die durch den Einführer ggf. zu beachten sind. So hat die EG zur besseren Beobachtung ungewöhnlicher Einfuhrentwicklungen im Bereich der genehmigungsfreien Einfuhr eine gemeinschaftliche Überwachung eingeführt, die durch besondere Verordnung für die im einzelnen betroffenen Waren festgesetzt wird. Für diese Waren, die in der Einfuhrliste mit „EEG" gekennzeichnet sind, ist eine Einfuhrerklärung vom zuständigen Bundesamt vorzulegen. Das Bundesamt setzt die Einfuhrfrist fest und gibt die abgestempelte Erstausfertigung dem Antragsteller zurück, der sie bei der Einfuhrabfertigung der entsprechenden Waren der Zollstelle vorzulegen hat (vgl. § 28a AWV). Das betrifft z. B. Kleider und Blusen aus Marokko, die ohne EUR 1 befördert werden.

Gleichfalls gilt das für Waren, die einer nationalen Überwachung unterworfen wurden und in der Einfuhrliste mit „EE" gekennzeichnet sind, wie z. B. einige Eisen- und Stahlwaren des Kapitel 72.

Die Einfuhr von Marktordnungswaren (vgl. Bestimmungen zur Einfuhrliste Nr. 12) ist grundsätzlich genehmigungsfrei zulässig. Für Waren bestimmter Marktorganisationen kann die Einfuhr jedoch von der Vorlage einer Einfuhrlizenz abhängig sein. Das betrifft z. B. Getreide, Reis, Zucker, Milch und Milcherzeugnisse, Rindfleisch u. a. Waren. Lizenzpflichtige Erzeugnisse sind in Spalte 4 der Einfuhrliste mit „L" gekennzeichnet. Für diese Waren ist bei der Abfertigung zum freien Verkehr eine Lizenz vorzulegen.

In der Bundesrepublik erteilen die Lizenzen die Bundesanstalt für landwirtschaftliche Marktordnung (BALM) und das Bundesamt für Ernährung und Forstwirtschaft (BEF), entsprechend ihrer im § 3 des Marktordnungsgesetzes (VSF M 0310) geregelten Zuständigkeit. Beide Einrichtungen haben ihren Sitz in 60322 Frankfurt/Main, Adickesallee 40.

Die Erteilung einer Lizenz hängt im allgemeinen von der Stellung einer Kaution in Form einer Barhinterlegung oder einer Bankbürgschaft ab. Sobald die Erfüllung der Einfuhrzollförmlichkeiten (i. d. R. durch eine zollamtliche Bestätigung auf der Lizenz) nachgewiesen ist, erfolgt die Freigabe der Kaution. Bei nicht stattgefundener Einfuhr verfällt die Kaution.

Im weiteren kann sich die Vorlage einer Einfuhrkontrollmeldung als ein Marktbeobachtungspapier nach Maßgabe des § 27a AWV erforderlich machen, wenn in der Einfuhrliste Spalte 5 die Ware mit „EKM" gekennzeichnet ist. Beispielsweise betrifft das Fisch, Milch und Milcherzeugnisse, Waren des Blumenhandels, Obst und Gemüse, Steinkohle, Heizöl, Geschirr und Glaswaren. Die Einfuhrkontrollmeldung wird vom Einführer selbst ausgestellt.

Bei der Einfuhrabfertigung sind ferner eine Rechnung oder sonstige Unterlagen vorzulegen, aus denen das Einkaufs- oder Versendungsland und das Ursprungsland der Ware ersichtlich ist.

In welchen Fällen ein Ursprungszeugnis oder eine Ursprungserklärung erforderlich ist, ergibt sich aus Nr. 6 und 7 der Bestimmungen zur Einfuhrliste (Vgl. Rn. 125).

Eine Befreiung von den o. g. Pflichten bzw. ein erleichtertes Verfahren ist in § 32 AWV sowohl für Gemeinschaftsansässige als auch Gemeinschaftsfremde vorgesehen.

Danach gelten die hier aufgeführten Pflichten z. B. nicht für die Einfuhr von Waren der gewerblichen Wirtschaft bis zu einem Wert von 1600,- DM je Einfuhrsendung und Waren des landwirtschaftlichen Bereiches, mit Ausnahme von Saatgut, bis zu einem Wert von 250,- DM je Einfuhrsendung. Weiterhin Filme und dazugehörige Tonträger, Geschenksendungen (bis 1600,- DM), private Einfuhren im Reiseverkehr (bis 3000,- DM) usw.

Der Antrag auf Einfuhrabfertigung ist gem. § 27 Abs. 3 und 5 AWV zusammen mit den nach den Zollvorschriften erforderlichen Anträgen vom Einführer zu stellen, der sich allerdings durch einen Spediteur vertreten lassen kann.

Die Zollstelle prüft die Zulässigkeit der Einfuhr. Sie lehnt die Einfuhrabfertigung ab, wenn die Waren nicht den Angaben in der Rechnung und den sonstigen Unterlagen entsprechend oder der Endtermin für die Lizenz, die Einfuhrgenehmigung oder Einfuhrerklärung nicht eingehalten wurde. Bei Waren, für deren Einfuhr gem. § 35a AWV Qualitätsnormen der EG gelten, wird eine Einfuhrabfertigung abgelehnt, wenn die erforderliche Kontrollbescheinigung für Obst und Gemüse fehlt oder die Waren nicht einfuhrfähig sind.

Im Warenverkehr innerhalb der Gemeinschaft ist gem. § 22b der AWV das Intra-EG-Warenbegleitpapier unverzüglich einer Zollstelle zur Prüfung und

Übersendung an das Bundesausfuhramt vorzulegen, sofern Waren des Teil I Abschnitt A der Ausfuhrliste (Waffen, Munition und Rüstungsmaterial – vgl. VSF A 0152) aus einem Mitgliedstaat der EG in das Wirtschaftsgebiet eingeführt werden. Auf Verlangen sind die Waren der Zollstelle zu gestellen.

127 Warenausfuhr

Die Ausfuhr von Waren kann beschränkt werden, um einer Gefährdung des lebenswichtigen Bedarfs im Wirtschaftsgebiet oder in seinen Teilen im gesamtwirtschaftlichen Interesse vorzubeugen oder entgegenzuwirken. Solche Beschränkungen sind nur zulässig, wenn der Bedarf auf andere Weise nicht bzw. nicht rechtzeitig oder nur mit unverhältnismäßigen Mitteln gedeckt werden kann. Das gilt vor allem auch für den ernährungs- und landwirtschaftlichen Bereich. Aber auch der Schutz der Sicherheit des Staates und seiner auswärtigen Interessen kann der Grund für die Einschränkung des Außenwirtschaftsverkehrs sein.

Für die Einhaltung solcher Beschränkungen ist der Ausführer verantwortlich. Nach Art. 788 der ZKDVO ist dies i. d. R. die Person, für deren Rechnung die Ausfuhranmeldung abgegeben wird und die zum Zeitpunkt der Annahme der Anmeldung durch die Zollbehörde Eigentümer der Ausfuhrware ist. Sofern der Eigentümer der Ware gem. den Betimmungen des Ausfuhrvertrages (z. B. Lieferklausel „ab Werk") außerhalb der Gemeinschaft ansässig ist, gilt der in der Gemeinschaft ansässige Vertragspartner als Ausführer. Somit wird auch bei der Ausfuhr ein Spediteur grundsätzlich nicht verantwortlich für die Einhaltung des Außenwirtschaftsrechts sein. Es sei denn, er ist selbst Vertragspartner.

Im Zusammenhang mit den Beschränkungen bei der Warenausfuhr kann das Käuferland bzw. Bestimmungsland von Bedeutung sein. Als Käuferland ist hierbei i. d. R. das Land anzusehen, in dem der gebietsfremde Vertragspartner des Ausfuhrvertrages ansässig ist.

Bestimmungsland ist das Land, in dem die Waren gebraucht, verbraucht bzw. be- oder verarbeitet werden sollen. Soweit das nicht bekannt ist, gilt das zuletzt bekannte Land, in welches die Waren verbracht werden sollen, als Bestimmungsland.

Beschränkungen für die Warenausfuhr ergeben sich im wesentlichen aus der Ausfuhrliste. Im Unterschied zur Einfuhrliste sind in der Ausfuhrliste ausschließlich genehmigungspflichtige Waren enthalten, für deren Ausfuhr nach Maßgabe der §§ 5, 5a und 6a der AWV eine Ausfuhrgenehmigung erforderlich ist. Die im Teil I der Liste enthaltenen Beschränkungen wurden auf der Grundlage internationaler Listen, wie z.B. der COCOM-Liste erlassen. Hiernach sind ausfuhrgenehmigungspflichtig u. a. solche Waren und Unterlagen zur Fertigung dieser Waren, die im Abschnitt A (Liste für Waffen, Munition und Rüstungsmaterial), Abschnitt B (Kernenergieliste) und Abschnitt C

(Liste für sonstige Waren und Technologien von strategischer Bedeutung) genannt sind. Die im Abschnitt C aufgeführten Waren (auch „dual use Waren" genannt) können i.d.R. ohne Genehmigung ausgeführt werden, wenn das Bestimmungsland der Ware ein Land der Länderliste A/B ist und der Wert der Lieferung gem. § 5 (3) AWV nicht mehr als 5000,– DM umfassen soll.

Ferner ist eine Genehmigung erforderlich, wenn die Waren im Abschnitt D (Liste für Chemieanlagen und Chemiekalien) oder im Abschnitt E (Liste für Anlagen zur Erzeugung biologischer Stoffe) enthalten sind. Diese Genehmigungspflicht gilt jedoch nicht, wenn das Käufer- und Bestimmungsland Mitglied der Organisation für wirtschaftliche Zusammenarbeit und Entwicklung ist. Diese Länder sind in der Länderliste A/B mit dem Zeichen „*" gekennzeichnet. Eine evtl. Genehmigung ist auch nicht erforderlich, soweit nach dem der Ausfuhr zugrunde liegenden Vertrag Waren im Wert von nicht mehr als 10000,– DM geliefert werden sollen. Allerdings gilt das nicht für Chemikalien der Ausfuhrlisten-Nr. 2002.

Die Prüfung, ob eine Ware von der Ausfuhrliste erfaßt ist und somit grundsätzlich einer Genehmigungspflicht unterliegt, ist nicht immer unkompliziert. Vielfach ergeben sich Zweifel bezüglich der Zugehörigkeit der Ware zu einer Listennummer. In solchen Fällen sollte der Ausführer rechtzeitig eine Negativbescheinigung beim Bundesausfuhramt beantragen, um ggf. Probleme bei der Zollabfertigung der Waren zu vermeiden. Mit dieser Negativbescheinigung wird amtlich bestätigt, daß die Ware nicht von der Ausfuhrliste erfaßt wird und somit genehmigungsfrei ausgeführt werden kann.

Soweit die Ware von Teil I der Ausfuhrliste erfaßt und genehmigungspflichtig ist, muß der Zollstelle bei der Ausfuhr eine Ausfuhrgenehmigung vorgelegt werden. Anträge dafür sind beim Bundesausfuhramt in 65760 Eschborn, Frankfurter Straße 29 – 35 mit einem Vordruck nach Anlage A 5ff zur AWV (vgl. § 17 AWV) zu stellen.

Sofern eine Ausfuhr von Waren des Teil I Abschnitt A der Ausfuhrliste nach einem anderen Mitgliedstaat der EG erfolgen soll, ist gem. § 21a AWV ein Intra-EG-Warenbegleitpapier auszufüllen und dem Bundesausfuhramt zur Prüfung vorzulegen. Die abgestempelten Exemplare Nr. 3, 4 und 5 sind vom Warenführer mitzuführen und bei einer evtl. Kontrolle zur Prüfung auszuhändigen. Eine Mitwirkung der deutschen Zollstellen ist hier nicht erforderlich.

Im Teil II der Ausfuhrliste sind vorwiegend Waren pflanzlichen Ursprungs erfaßt, bei denen die Genehmigungspflicht nur besteht, wenn die im § 6a AWV geforderten Qualitätsnormen und ggf. Mindestpreise nicht eingehalten wurden. Diese Waren sind in der Ausfuhrliste mit G oder G 1 bezeichnet. Für Waren des Kapitel 7 und 8, die mit G gekennzeichnet sind, ist dazu gem. § 16a

AWV grundsätzlich eine Kontrollbescheinigung über die Qualitätskontrolle von Obst und Gemüse den Zollstellen vorzulegen.

Zuständig für die Erteilung von Genehmigungen ist gem. § 2 Marktordnungsgesetz VSF M 0310 die Bundesanstalt für landwirtschaftliche Marktordnung (BALM) oder das Bundesamt für Ernährung und Forstwirtschaft (BEF), beide in 60322 Frankfurt/M., Adickesallee 40.

Andere Ausfuhrbeschränkungen als die der Ausfuhrliste, ergeben sich insbesondere aus den §§ 5b, 5c, 5d und 5e AWV. Auch auf mögliche Embargomaßnahmen (§§ 69a ff der AWV) sei hier nur hingewiesen.

In einer Reihe von Fällen ist eine Befreiung von der Genehmigungspflicht vorgesehen. Gem. § 19 AWV gelten diese Befreiungen z. B. für Beförderungsmittel und Zubehör, soweit sie keine Handelsware sind, für Waren, die irrtümlich in das Gemeinschaftsgebiet verbracht wurden und in Gewahrsam des Beförderungsunternehmens geblieben sind, Behälter und sonstige Großraumbehältnisse usw.

Für bestimmte landwirtschaftliche Erzeugnisse der gemeinsamen Marktorganisationen für Getreide, Reis, Zucker, Fette, Milch und Milcherzeugnisse, Rindfleisch, Schaf- und Ziegenfleisch sowie für Wein ist die Vorlage einer Ausfuhrlizenz notwendig. Die betreffenden Waren sind in der Warenliste Ausfuhr für die Zolldienststellen (VSF A 0690) mit „L" gekennzeichnet. Diese Lizenzen erteilt die Bundesanstalt für landwirtschaftliche Marktordnung (BALM). Um Waren der gemeinsamen Marktorganisationen, die einer einheitlichen Preisregelung unterliegen, bei ihrer Ausfuhr in Drittländer wettbewerbsfähig zu machen, werden deren Preise durch Ausfuhrerstattungen auf das Weltmarktpreisniveau herabgeschleust. Erstattungsfähig sind i. d. R. Waren der Marktorganisationen für Getreide, Reis, Rind-, Schweine- und Geflügelfleisch, Fette, Milch und Milcherzeugnisse, Eier, Fischereierzeugnisse, Rohtabak, Wein, Zucker, Obst und Gemüse sowie deren Verarbeitungserzeugnisse.

Darüber hinaus kann eine Ausfuhrerstattung für bestimmte Waren der zweiten und dritten Verarbeitungsstufe erfolgen, sofern bestimmte landwirtschaftliche Grunderzeugnisse verarbeitet wurden. Das betrifft z. B. Zucker-, Backund Teigwaren, Bier, Kasein, Dextrine u. a. Die Festsetzung der Erstattungssätze erfolgt durch die EWG-Kommission. Für welche Waren z. Z. Erstattungen gezahlt werden, ist aus der MO-Warenliste (VSF M 8010) zu entnehmen.

Die Erstattungen erfolgen für das gesamte Bundesgebiet vom HZA Hamburg-Jonas, Holzbrücke 8, 20459 Hamburg.

Bei der direkten Ausfuhr erstattungsfähiger Waren in Drittländer und bei Inlandslieferungen, die der Ausfuhr gleichgestellt sind (Schiffsbedarf, Lieferung an Streitkräfte usw.) ist ein Kontrollexemplar T 5 zu verwenden. Sofern die Ausfuhr in ein Drittland über einen anderen EG-Staat erfolgen soll, ist zusätzlich eine Versandanmeldung T 1 vorzulegen.

Das Kontrollexemplar wird durch die Ausfuhrzollstelle erteilt, in dem alle Angaben über Menge und Beschaffenheit der Ware enthalten sein müssen, die für die Berechnung der Erstattung erforderlich sind (vgl. insbesondere Merkblatt zum Kontrollexemplar T 5 in VSF M 9024).

Die Ausgangszollstelle bescheinigt im T 5 die Ausfuhr und übersendet es an das HZA Hamburg-Jonas, welches die Erstattung durch einen Bescheid festsetzt.

Sollte der Weltmarktpreis für Agrarerzeugnisse über das Inlandspreisniveau steigen, können zur Vermeidung von Störungen auf dem Binnenmarkt durch überhöhte Ausfuhren, Ausfuhrabschöpfungen bzw. -abgaben erhoben werden. Derartige Abgaben sind für bestimmte Waren der Marktorganisationen Getreide, Reis, Milch- und Milcherzeugnisse, Fette, Zucker und Verarbeitungserzeugnisse aus Obst und Gemüse vorgesehen.

Außenhandelsstatistik 1.8

128
Rechts-grundlagen

Das Gesetz über die Statistik des grenzüberschreitenden Warenverkehrs (Außenhandelsstatistik) – AHStatGes – vom 1. 5. 1957 (BGBl I S. 413) –, geändert durch das Erste Gesetz zur Änderung statistischer Rechtsvorschriften vom 14. 3. 1980 – BGBl I S. 294 –, bestimmt, daß über den grenzüberschreitenden Warenverkehr, also die Ein-, Aus- und Durchfuhr von Waren, eine Bundesstatistik durchgeführt wird. Anmeldepflichtiger ist für die in das Inland der Bundesrepublik Deutschland oder die österreichischen Gebiete Jungholz und Mittelberg eingeführten Waren derjenige, der die Zollanmeldung abgibt, in den übrigen Fällen derjenige, der die Waren im Zeitpunkt der Anmeldung besitzt. Anmeldestellen sind die Zollstellen.

Zur Durchführung des AHStatGes ist die Rechtsverordnung vom 8. 2. 1989 (BGBl I S. 203) – AHStatDV – erlassen worden. Alle Vorschriften über die Außenhandelsstatistik sind in der VSF Stoffgebiet Außenwirtschaftsrecht und Außenhandelsstatistik, Abschnitt Außenhandelsstatistik, Kennung A 6000 bis A 6999 enthalten. Der praktischen Handhabung dient die Dienstanweisung des Statistischen Bundesamtes zur Außenhandelsstatistik – AHStatDA – (VSF A 6402).

In der Regel mit der Zollanmeldung gibt der Anmelder eine statistische Einfuhranmeldung (regelmäßig Exemplar 7 des Einheitspapiers) ab, die für das Statistische Bundesamt bestimmt ist. Die Zollstellen sind berechtigt, die Richtigkeit und Vollständigkeit der Anmeldung durch Vergleich mit den Transport- und Zollpapieren zu prüfen und in Zweifelsfällen die Ware zu beschauen. **129 Verfahren**

In dem statistischen Anmeldeschein müssen die zwölfstelligen Codenummern aus Spalte 1 des DGebrZT angegeben werden; im innergemeinschaftlichen Verkehr mit Gemeinschaftswaren genügt die Angabe der ersten neun Stellen der Codenummer, die der Warennummer des Warenverzeichnisses für die Außenhandelsstatistik entspricht, es sei denn

– die Waren werden unter Einsatz von Datenverarbeitungssystemen angemeldet

– die Waren unterliegen neben der EUSt weiteren Abgaben

– für die Waren gelten – bezogen auf die ersten neun Stellen der Codenummer – unterschiedliche EUSt-Sätze

– für die Waren ist ein Zusatzcode anzuwenden.

Die statistische, außenwirtschaftsrechtliche und zollrechtliche Anmeldung wird in der Regel im Durchschreibeverfahren ausgefüllt (regelmäßig Exemplar 7 des Einheitspapiers oder Blatt 1 der sog. Verbundvordrucke, auch im vereinfachten Verfahren.

Bei der Ausfuhr von Waren dient der Anmeldung der auszuführenden Waren für statistische Zwecke regelmäßig Exemplar 2 des Einheitspapiers, das nach der Abfertigung von der Zollstelle dem Statistischen Bundesamt übersandt wird. Bei Abgabe monatlicher Sammelanmeldungen zur Außenhandelsstatistik sowie bei der Ausfuhr verschiedener Waren in einer Sendung sind besondere Verfahren vorgesehen (s. § 30 AHStatDV und Nr. 75 ff. AHStatDA).

Verbote und Beschränkungen für den Warenverkehr über die Grenze   1.9

Verbote und Beschränkungen für den Warenverkehr über die Grenze (VuB) sind alle Vorschriften, die das Verbringen von Waren über die Zollgrenze oder die Hoheitsgrenze verbieten oder beschränken. Diese Vorschriften sind in **130 Allgemeines** einer Vielzahl von Gesetzen und Rechtsverordnungen enthalten. Im Zolltarif wird durch das Zeichen „VuB" auf das Bestehen solcher Vorschriften hingewiesen. Alle bestehenden Verbote und Beschränkungen sind in der VSF, Stoffgebiet Sonstige Vorschriften, Abschnitt VuB, Kennung SV 0100 bis SV 1940 enthalten.

VuB bestehen zum Schutz der öffentlichen Ordnung (Waffen, Munition, Kriegswaffen, Sprengstoffe, radioaktive Stoffe usw.), zum Schutz der Umwelt (Beseitigung von Abfällen, Ottokraftstoffe, DDT, Immissionsschutz), zum Schutz der menschlichen Gesundheit (Fleisch, Geflügel, Wein, Betäubungsmittel, Eiprodukte, Speiseeis, Teigwaren, Milch und Milcherzeugnisse und andere Lebensmittel), zum Schutz der Tierwelt (Einhufer, Hasen und Kaninchen, Hunde und Hauskatzen, Geflügel, Bienen, Papageien und Sittiche, Affen, Artenschutz, national und international), zum Schutz der Pflanzenwelt (sanitärer Schutz, forstliches Saat- und Pflanzgut, Saatgut, Artenschutz), wegen des gewerblichen Rechtsschutzes (Schutz der Herkunftsbezeichnungen usw.), zum Schutz des Kulturgutes (u. a. gegen Abwanderung), wegen bestehender Monopole (Branntwein), wegen Verkehrsbeschränkungen auf dem Gebiet der Verbrauchsteuern.

Einfuhrumsatzsteuer 1.10

131
Rechtsgrundlagen

Das Umsatzsteuergesetz (UStG) in der Neufassung vom 27. 4. 1993 (BGBl I S. 565) regelt auch die Besteuerung des Umsatzes der Einfuhr von Gegenständen in das Inland der Bundesrepublik Deutschland oder die österreichischen Gebiete Jungholz und Mittelberg. Die dabei zu erhebende Umsatzsteuer heißt Einfuhrumsatzsteuer (EUSt). Zur Durchführung des UStG wurde die Umsatzsteuer-Durchführungsverordnung (UStDV) in der Neufassung vom 27. 4. 1993 (BGBl I S. 600) erlassen.

Die Befreiungen von der EUSt sind in der Einfuhrumsatzsteuer-Befreiungsverordnung – EUStBV – vom 11. 8. 1992 (BGBl. I S. 1526) in der Fassung der Ersten Verordnung zur Änderung der EUSTBV vom 9. 2. 1994 (BGBl I S. 302) geregelt.

Ferner gibt es Dienstanweisungen des BMF für die praktische Handhabung der Vorschriften über die EUSt. Alle diese Vorschriften sind in der VSF Stoffgebiet Zoll, Abschnitt EUSt, Kennung Z 8000 bis Z 8501 enthalten.

Die Einfuhrumsatzsteuer ist wie die Mehrwertsteuer beim Inlandumsatz selbst völlig wettbewerbsneutral. Sie geht nicht in die Kosten des Unternehmens ein. Sie ist nur noch ein durchlaufender Posten, der außerhalb der Kalkulation liegt und deshalb nicht die Preisbildung beeinflußt. Die vom Importeur gezahlte Einfuhrumsatzsteuer kann auf der nächsten Handelsstufe als Vorsteuer abgezogen werden.

Die EUSt ist wie der Zoll eine Einfuhrabgabe, die auch in der Regel zusammen mit dem Zoll erhoben wird. Steuerrechtlich zählt die EUSt zu den Verbrauchsteuern. Deshalb gelten für sie auch die besonderen Vorschriften der AO für Verbrauchsteuern, soweit nicht die sinngemäße Anwendung der Zollvorschriften vorgeht.

132 Bemessungsgrundlagen

Bemessungsgrundlage für die EUSt ist der Wert des eingeführten Gegenstandes. Dieser muß nach den zollrechtlichen Vorschriften über den Zollwert und seine Feststellung ermittelt werden; ausgenommen sind die Vorschriften über den Zollwert von Datenträgern, die zur Verwendung in Datenverarbeitungsanlagen bestimmt sind und Daten oder Programmbefehle enthalten. Unterliegen einfuhrumsatzsteuerpflichtige Gegenstände nicht einem Wertzoll, so wird der Umsatz bei der Einfuhr nach dem Entgelt dieser Gegenstände bemessen. Dies ist in der Regel im innergemeinschaftlichen Verkehr der Fall. Liegt ein Entgelt nicht vor, z. B. bei Vermietung der eingeführten Gegenstände, so ist wiederum der Wert maßgebend.

Ist ein Gegenstand ausgeführt, im Ausland für Rechnung des Ausführers veredelt und von diesem oder für ihn wieder eingeführt worden, so wird der Umsatz bei der Einfuhr nach dem für die Veredelung zu zahlenden Entgelt oder, falls ein solches Entgelt nicht gezahlt wird, nach der durch die Veredelung eingetretenen Wertsteigerung bemessen. Das gilt auch, wenn die Veredelung nur in einer Ausbesserung bestand und anstelle eines ausgebesserten Gegenstandes ein Gegenstand eingeführt wird, der ihm nach Menge und Beschaffenheit nachweislich entspricht, z. B. Ersatz eines leckgewordenen Benzintanks in einem Kraftfahrzeug durch einen neuen. Ist der eingeführte Gegenstand jedoch vor der Einfuhr geliefert worden und hat diese Lieferung nicht der Umsatzsteuer unterlegen, so ist Bemessungsgrundlage der Wert oder das Entgelt (s. vorstehenden Absatz).

Dem Wert oder Entgelt müssen stets hinzugerechnet werden, soweit sie darin nicht enthalten sind:

– die außerhalb des deutschen Zollgebiets für den eingeführten Gegenstand geschuldeten Beträge an Eingangsabgaben, Steuern und sonstigen Abgaben

– der im Zeitpunkt des Entstehens der EUSt auf den Gegenstand entfallende Betrag an Zoll, Abschöpfung usw.

- die auf den eingeführten Gegenstand entfallenden Verbrauchsteuern (außer der EUSt selbst), soweit die Steuern unbedingt entstanden sind
- die auf den Gegenstand entfallenden Kosten für die Vermittlung der Lieferung und für die Beförderung bis zum ersten inländischen Bestimmungsort im Inland
- auf Antrag die auf den Gegenstand entfallenden Kosten für die Vermittlung der Lieferung und für die Beförderung bis zu einem weiteren Bestimmungsort im Inland, sofern dieser im Zeitpunkt des Entstehens der EUSt feststeht, und schließlich auch die Kosten für andere sonstige Leistungen bis zum ersten oder einem weiteren Bestimmungsort im Inland, z. B. Kosten des Umschlags oder der Lagerung, Zollabfertigungskosten.

Zur Bemessungsgrundlage der EUSt gehören nicht Preisermäßigungen und Vergütungen, die sich auf den eingeführten Gegenstand beziehen und die im Zeitpunkt des Entstehens der EUSt feststehen, z. B. Mengenrabatte, Skonti.

Für die Umrechnung von Werten, die in fremder Währung ausgedrückt sind, gelten die entsprechenden Vorschriften über den Zollwert der Waren, die in Rechtsakten des Rates oder der Kommission festgelegt sind.

Inwieweit die Bemessungsgrundlage für die EUSt (Zollwert oder Entgelt) exakt ermittelt werden muß, hängt davon ab, ob die Gegenstände für das Unternehmen eines zum Vorsteuerabzug Berechtigten eingeführt worden sind. Nur für diese Gegenstände steht dem Unternehmer der Vorsteuerabzug zu, nicht dagegen für Gegenstände, die für das Unternehmen eines Dritten eingeführt worden sind. Deshalb steht dem Spediteur für Gegenstände, die dieser im Auftrag eines anderen eingeführt und versteuert hat, der Vorsteuerabzug nicht zu.

Nur wenn der Unternehmer zum vollen Vorsteuerabzug berechtigt ist, wirkt sich wegen der systembedingten Nachholwirkung der Mehrwertsteuer ein zuviel oder zuwenig erhobener Betrag an EUSt nicht aus. Für den Importeur und seinen Beauftragten ist es deshalb wichtig, in der Zoll- und Steueranmeldung zu erklären, daß derjenige, für dessen Unternehmen die Gegenstände eingeführt werden, zum vollen Vorsteuerabzug berechtigt ist. Gegebenenfalls muß er dies der Zollstelle glaubhaft machen.

Werden die Gegenstände durch oder für Personen eingeführt, die nicht zum vollen Vorsteuerabzug berechtigt sind, wird die Bemessungsgrundlage genau ermittelt.

Bei der Ermittlung der Bemessungsgrundlage wird vom *Zollwert* ausgegangen bei Einfuhren von Gegenständen, die einem Wertzoll unterliegen, gleichgültig, ob die Gegenstände gegen Entgelt oder unentgeltlich eingeführt werden, und solchen, die zwar keinem Wertzoll unterliegen, für deren Lieferung aber kein Entgelt vorliegt. Bei der Ermittlung der Bemessungsgrundlage wird auch dann vom Zollwert ausgegangen, wenn die eingeführten Gegenstände zwar einem Wertzoll unterliegen, aber im Rahmen eines Zollkontingents oder einer Zollaussetzung zollfrei sind. Der Zollwert wird auch dann Bemessungsgrundlage, wenn die eingeführten Gegenstände zwar einem Mischzollsatz unterliegen, aber im einzelnen Fall der spezifische Zollsatz angewendet wird.

Bei allen anderen Gegenständen ist für die Ermittlung der Bemessungsgrundlage das *Entgelt* maßgebend.

Wird der Zollwert für den Zoll festgestellt, so wird aus Vereinfachungsgründen von diesem Zollwert auch bei der Ermittlung der Bemessungsgrundlage für die EUSt ausgegangen. Das gilt nicht für die Ermittlung der Bemessungsgrundlage von Datenträgern, die zur Verwendung in Datenverarbeitungsanlagen bestimmt sind und Daten oder Programmbefehle enthalten. Zu dem für die Erhebung der EUSt für solche Datenträger maßgeblichen Wert gehört auch der Wert der Daten oder Programmbefehle.

Wird der Zollwert für den Zoll nicht benötigt, so können die Vorschriften über den Zollwert sinngemäß bei der Ermittlung des Wertes für die EUSt angewendet werden. Dabei wird darauf geachtet, daß räumlicher Geltungsbereich für die EUSt das Inland der Bundesrepublik Deutschland ist, einschließlich der österreichischen Gebiete Jungholz und Mittelberg.

Werden Waren eingeführt, für die der Zollwert nur wegen der EUSt ermittelt werden muß, so wird der Feststellung des Zollwerts in der Regel der angemeldete und durch die Rechnung belegte Rechnungspreis ohne weiteren Nachweis zugrunde gelegt, soweit dieser Preis nicht offensichtlich unzutreffend ist.

Der Wert, der als Teil der Bemessungsgrundlage für die EUSt in Betracht kommt, wird nach den zollrechtlichen Vorschriften über den Zollwert festgestellt (vgl. Rn. 109).

Wird der Rechnungspreis als Zollwert der Bemessung der EUSt zugrunde gelegt und sind die Gegenstände für das Unternehmen eines zum vollen Vorsteuerabzug Berechtigten bestimmt, so verzichtet die Zollstelle auf die Prüfung, ob die Voraussetzungen des Art. 29 ZK für die Geltung des Transaktionswerts als Zollwert erfüllt sind. Ebenso verzichtet sie auf die Vorlage der Durchschrift oder einer anderen Vervielfältigung der Rechnung. Kann in diesen Fällen die Rechnung der Zollanmeldung nicht beigefügt werden, so genügt zum Nachweis des Rechnungspreises auch eine andere Unterlage.

Werden Waren nicht auf Grund eines Kauf- oder Werklieferungsvertrages eingeführt, so wird der Zollwert geschätzt, wenn er nur wegen der EUSt ermittelt werden muß. Dabei wird großzügig verfahren, wenn die EUSt in voller Höhe als Vorsteuer abgezogen werden kann.

Entgelt ist nur die Gegenleistung für die Lieferung eines eingeführten Gegenstandes, nicht das Entgelt für eine sonstige Leistung. Entgelt ist alles, was der Käufer – bei Werklieferungsverträgen der Besteller – aufwendet, um die Lieferung zu erhalten – ohne die EUSt. Bei Kommissionsgeschäften ist Entgelt nicht der Verkaufserlös, den der Kommissionär für den Gegenstand erzielt, sondern der Betrag, den der Kommissionär dem liefernden Kommittenten zahlt.

Liegt kein Entgelt vor, z. B. bei gemieteten Gegenständen, so muß vom Zollwert ausgegangen werden.

Als Entgelt wird wiederum der Rechnungspreis anerkannt, soweit er nicht offensichtlich unzutreffend ist. Dabei wird nicht geprüft, ob dieser Preis durch zusätzliche Leistungen im Interesse des Lieferers beeinflußt ist, wenn die Gegenstände für das Unternehmen eines zum vollen Vorsteuerabzug Berechtigten eingeführt werden. Geltend gemachte Skonti werden anerkannt.

Die dem Zollwert oder dem Entgelt hinzuzurechnenden *Beförderungskosten* sind alle Kosten, die für die grenzüberschreitende Warenbewegung vom Absendeort bis zum ersten oder einem weiteren Bestimmungsort im Inland vom Empfänger aufgewendet werden. Zu den Beförderungskosten rechnen insbesondere die Frachtkosten und die Kosten für die Besorgung der Beförderung (Spediteurprovision), ferner die Kosten für damit verbundene Nebenleistungen, z. B. Kosten der Transportversicherung, Miete für Beförderungsmittel und Behälter, Kosten der Zollabfertigung.

Erster Bestimmungsort im Inland ist der Ort, an dem der grenzüberschreitende Beförderungsverkehr endet. Dieser Ort ergibt sich in der Regel aus dem Frachtbrief.

Bei Spedition zu festen Preisen und beim Sammelladungsverkehr kann ein anderer als der im Frachtbrief genannte Ort der erste Bestimmungsort sein, z. B. wenn mehrere Frachtführer eingesetzt sind (Rom – München, München – Hamburg; erster Bestimmungsort ist Hamburg). Der Nachweis dafür kann durch den Speditionsauftrag erbracht werden.

Wird die Beförderung des eingeführten Gegenstandes durch den Empfänger selbst durchgeführt, so werden als Kosten der Beförderung die Kosten in Ansatz gebracht, die entstanden wären, wenn ein gewerbsmäßiger Beförderer, z. B. ein Spediteur, die eingeführten Gegenstände befördert hätte.

133
Umrechnung Die für den Zollwert oder das Entgelt maßgeblichen Beträge (Rechnungspreise, Kosten usw.), die in ausländischer Währung ausgedrückt sind, werden in DM nach den Kursen umgerechnet, die für den Zollwert maßgebend sind.

Werden Waren für das Unternehmen eines zum vollen Vorsteuerabzug Berechtigten eingeführt, so werden die ausländischen Werte nach dem vom Beteiligten angemeldeten Umrechnungskurs umgerechnet. Von einer Nachprüfung der Richtigkeit des angemeldeten Umrechnungskurses wird in der Regel abgesehen.

Sind Preise oder Kosten in mehreren Währungen ausgedrückt, so ist die Währung maßgebend, in der der Rechnungsbetrag geschuldet wird. Der Rechnungsbetrag kann in der Regel als in der Währung geschuldet angesehen werden, in der der Rechnungsendbetrag ausgedrückt ist.

Der Beteiligte kann für die Erhebung der EUSt mit der Zollstelle Vereinbarungen treffen. Hiervon soll großzügig Gebrauch gemacht werden, wenn der Beteiligte oder derjenige, für dessen Unternehmen die Gegenstände eingeführt werden, hinsichtlich dieser Gegenstände zum vollen Vorsteuerabzug berechtigt ist. Es kann dann auch vereinbart werden, daß die Beförderungskosten bis zum maßgebenden Bestimmungsort pauschaliert werden oder daß auf eine vollständige oder teilweise Hinzurechnung der inländischen Beförderungskosten verzichtet wird. **134** Vereinbarungen

Die Pauschalierung der Beförderungskosten kann so vorgenommen werden, daß dem Zollwert oder Entgelt ein bestimmter für eine Mengen- oder Werteinheit festgesetzter Betrag hinzugerechnet wird oder die Beförderungskosten durch einen prozentualen Zuschlag auf den Zollwert oder das Entgelt abgegolten werden. Der Zuschlag kann auch der Höhe nach so festgesetzt werden, daß er sämtliche Hinzurechnungsbeträge, also auch den Zoll und andere Eingangsabgaben, abgilt; die EUSt kann dann unter Anwendung eines erhöhten Prozentsatzes, z. B. 16,8% statt 15%, berechnet werden.

Wird die Zulassung eines vereinfachten Verfahrens beantragt, so können die o. a. Vereinbarungen über die Bemessungsgrundlage in die Zulassung aufgenommen werden. Werden die Waren für Unternehmen zum Vorsteuerabzug Berechtigter eingeführt und unterliegen sie nur der EUSt, so kann der Statistische Wert (Grenzübergangswert) als Bemessungsgrundlage für die Einfuhr gelten. Werden andere Waren für Unternehmen zum Vorsteuerabzug Berechtigter eingeführt, so kann bei der Ermittlung der Bemessungsgrundlage für die Einfuhr vom Statistischen Wert ausgegangen werden.

Für bestimmte Waren, z. B. für Zitrusfrüchte, kann bei der Ermittlung der Bemessungsgrundlage für die EUSt von den gemeinschaftlichen Durchschnittswerten, die durch die Kommission der EG festgesetzt werden, ausgegangen werden. Die in diesen Durchschnittswerten nicht enthaltenen Beförderungskosten bis zum ersten Bestimmungsort im Inland werden in die Bemessungsgrundlage für die EUSt nur dann einbezogen, wenn die EUSt nicht in voller Höhe als Vorsteuer abgezogen werden kann. **135** Durchschnittswerte, Schätzwerte

Für Obst und Gemüse aus dem freien Verkehr der Europäischen Gemeinschaften gibt die Zollwertgruppe bei der Oberfinanzdirektion in Köln Schätzwerte bekannt, die nur für die Erhebung der EUSt gelten. Die Schätzwerte können angewendet werden, wenn die EUSt in voller Höhe als Vorsteuer abgezogen werden kann. Die in diesen Schätzwerten nicht enthaltenen Beförderungskosten bis zum ersten Bestimmungsort im Inland brauchen bei der Bemessungsgrundlage für die EUSt nicht berücksichtigt zu werden.

Als Bemessungsgrundlage für die Einfuhr von zollfreiem Tee gilt bis auf weiteres ein Betrag von 8,– DM je kg Eigengewicht wenn dieser Betrag angemeldet wird und die EUSt als Vorsteuer in voller Höhe abgezogen werden kann. Einer besonderen Vereinbarung bedarf es bei diesem Verfahren nicht.

136
Sinngemäße Anwendung der Zollvorschriften

Die EUSt ist eine Einfuhrabgabe und wird von der Zollbehörde erhoben. Damit die verschiedenen Einfuhrabgaben bei einer eingeführten Ware in einem einzigen Arbeitsgang durch dieselben Stellen erhoben werden können, ist für die Erhebung der EUSt bestimmt, daß die Zollvorschriften sinngemäß gelten (§ 21 Abs. 2 UStG). Als sinngemäß anzuwendende Zollvorschriften kommen insbesondere der Zollkodex, die DVO zum Zollkodex und die Zollverordnung in Betracht.

Bei der Zollbehandlung ist darauf hinzuweisen, daß in der Anmeldung (in Feld 44 des Einheitspapiers auch anzugeben ist, ob der Unternehmer, für dessen Unternehmen die Waren eingeführt werden, hinsichtlich dieser zum Vorsteuerabzug berechtigt ist. Hat die Zollstelle Zweifel an der Richtigkeit der Erklärung des Beteiligten über die Berechtigung zum Vorsteuerabzug und macht dieser seine Erklärung nicht glaubhaft, so ermittelt die Zollstelle die Bemessungsgrundlage für die EUSt genau.

Bei der Gewährung von Zahlungsaufschub wird Sicherheit für die EUSt – ausgenommen im Falle des Einzelzahlungsaufschubs – unter Vorbehalt des jederzeitigen Widerrufs im Regelfalle nicht verlangt, wenn der Antrag die Erklärung enthält, daß die Gegenstände für Unternehmen zum Vorsteuerabzug Berechtigter eingeführt werden.

Der sicherheitslose laufende Zahlungsaufschub für EUSt muß beim zuständigen Hauptzollamt schriftlich beantragt werden. Der sicherheitslose laufende Zahlungsaufschub kann auch von Spediteuren in Anspruch genommen werden, wenn sie selbst Steuerschuldner geworden sind, also im eigenen Namen abgefertigt haben.

Sinngemäß anzuwenden sind auch die Zollvorschriften über den Versand (s. Rn. 64) und die Zollager (s. Rn. 81). Für Waren, die nur der EUSt unterliegen und für die die Bewilligung eines Zollagers von Personen beantragt wird, die zum vollen Vorsteuerabzug berechtigt sind, wird in der Regel ein Lagerbedürfnis nicht anerkannt. Die Zollstellen lehnen deshalb solche Anträge grundsätzlich ab.

Bei der Anwendung der Zollvorschriften über den aktiven Veredelungsverkehr (s. Rn. 83) muß zwischen der aktiven Veredelung im Nichterhebungsverfahren und nach dem Verfahren der Zollrückvergütung unterschieden werden.

Die sinngemäße Anwendung der Vorschriften über die aktive Veredelung nach dem Verfahren der Zollrückvergütung ist ausdrücklich ausgenommen worden (§ 21 Abs. 2 Satz 1 UStG), somit werden die Einfuhrwaren bei der Abfertigung zu einem solchen Verkehr regelmäßig einfuhrumsatzsteuerrechtlich in den freien Verkehr übergeführt. Die Zollvorschriften über die aktive Veredelung im Nichterhebungsverfahren gelten dagegen an sich sinngemäß für die EUSt, und zwar dann, wenn der Veredelungsverkehr hinsichtlich des für die Ware zu entrichtenden Zolls bewilligt worden ist. Unterliegen die Waren jedoch nur der EUSt und wird der Veredelungsverkehr von einer Person beantragt, die zum vollen Vorsteuerabzug berechtigt ist, so wird ein solcher Antrag abgelehnt, weil „wesentliche Vorteile für die beteiligten Wirtschaftskreise" nicht erwartet werden können. Der Vorsteuerabzug führt wirtschaftlich und steuerlich zum gleichen Ergebnis.

Ein aktiver Veredelungsverkehr kann hiernach Personen bewilligt werden, die nicht zum vollen Vorsteuerabzug berechtigt sind. Ein solcher Veredelungsverkehr kann für Gegenstände, die nur der EUSt unterliegen, einer Person, die nicht zum Vorsteuerabzug berechtigt ist, auch dann bewilligt werden, wenn der veredelte Gegenstand zum Verbleib in einem anderen Mitgliedstaat der Europäischen Gemeinschaften bestimmt ist.

Passive Veredelungsverkehre für die EUSt dürfen nicht bewilligt und damit auch nicht durchgeführt werden (§ 21 Abs. 2 Satz 1 UStG).

Gegenstände, die im Inland der Bundesrepublik Deutschland oder den österreichischen Gebieten Jungholz und Mittelberg verbleiben sollen, können unter bestimmten Voraussetzungen außerhalb einer Zollstelle in Gegenstände anderer Beschaffenheit umgewandelt werden Ein solcher *Umwandlungsverkehr* (s. Rn. 85) wird aber für Gegenstände, die nur der EUSt unterliegen, bei Vorliegen der Voraussetzungen nur Personen gewährt, die nicht zum Vorsteuerabzug berechtigt sind. Personen, die zum vollen Vorsteuerabzug berechtigt sind, wird ein solcher Umwandlungsverkehr grundsätzlich nicht bewilligt. Er wäre auch in diesem Fall im Hinblick auf den Abzug der EUSt als Vorsteuer ohne Auswirkung.

Bei der sinngemäßen Anwendung der Zollvorschriften über die vorübergehende Verwendung (s. Rn. 86) ist zu beachten, daß unter bestimmten Voraussetzungen (s. § 11 EUStBV) die vorübergehende Einfuhr EUSt-frei erfolgen kann, es sei denn, die Gegenstände, die zur vorübergehenden Verwendung abgefertigt werden, sind nur teilweise vom Zoll befreit. In diesem Fall werden die Gegenstände für die EUSt in den freien Verkehr übergeführt.

Die vorübergehende Verwendung von Gegenständen, die nur der EUSt unterliegen, kann auch bewilligt werden, wenn der Verwender hinsichtlich dieser Gegenstände zum vollen Vorsteuerabzug berechtigt ist.

137
Steuersätze, Steuerbescheid

Der für den Umsatz im Erhebungsgebiet anzuwendende Steuersatz von 15 % der Bemessungsgrundlage gilt auch für die Einfuhr. Die Waren, deren Einfuhr nur einer Steuer zum ermäßigten Satz von 7 % unterliegt, ergeben sich aus der Anlage zum UStG. Sie sind darin unter Angabe des Kapitels, der Position oder Unterposition des Zolltarifs aufgeführt. Es handelt sich um Erzeugnisse der Landwirtschaft, Lebensmittel, Bücher usw.

Die EUSt wird vom Zollbeteiligten als Steuerschuldner durch mündlichen oder schriftlichen Steuerbescheid angefordert. Für die Zahlung wird stets eine Frist, regelmäßig bis zu 10 Tagen, gesetzt.

Steuerbescheide, in denen nur EUSt festgesetzt wird, werden in der Regel als endgültige Bescheide erlassen. Steuerbescheide unter Vorbehalt der Nachprüfung (§ 164 AO) und vorläufige Bescheide (§ 165 AO) werden nicht erteilt, wenn die EUSt in voller Höhe als Vorsteuer abziehbar ist.

Da sich eine nachträgliche Erhöhung oder Herabsetzung oder ein Erlaß oder eine Erstattung der EUSt bei vorsteuerabzugsberechtigten Unternehmen wirtschaftlich nicht auswirkt, werden Steuerbescheide über EUSt von Amts wegen nur geändert, wenn ein zu niedriger Steuersatz angewendet oder eine Ware, die nicht einfuhrumsatzsteuerfrei war, unversteuert freigegeben worden ist. Das gilt auch dann, wenn derselbe Abgabenbescheid wegen anderer Eingangsabgaben geändert wird.

Für die Erstattung und den Erlaß von EUSt ist auf Antrag § 14 EUStBV anzuwenden. Erlaß oder Erstattung von EUSt kommt hiernach nur in Betracht, wenn die EUSt nicht oder nicht in vollem Umfang als Vorsteuer abgezogen werden kann.

138
Vereinfachungen

Für Gemeinschaftswaren werden zulässige Erleichterungen bei der einfuhrumsatzsteuerrechtlichen Behandlung in größtmöglichem Umfang gewährt, und zwar in erster Linie in den Fällen, in denen die eingeführten Gegenstände für Unternehmen zum Vorsteuerabzug Berechtigter eingeführt werden und Verbote und Beschränkungen für den Warenverkehr über die Grenze nicht entgegenstehen. So wird im Regelfall von der Zollbeschau abgesehen und die Ware vorzeitig freigegeben. Unter bestimmten Voraussetzungen und Bedingungen kann zugelassen werden, daß die Anmeldung in vereinfachter Form abgegeben werden kann. Die hierfür in Betracht kommenden Verfahren sind in Rn. 38, 56 dargestellt.

Als Antragsteller tritt bei diesen Verfahren regelmäßig der Beteiligte selbst auf. Den Antrag auf Zulassung kann auch eine Person stellen, die regelmäßig als Vertreter für einen oder mehrere Beteiligte Anmeldungen abgibt, also auch ein Spediteur. In diesem Fall muß sich der Spediteur verpflichten, auch die Sammelzollanmeldung für die einzelnen Beteiligten abzugeben, die Einfuhrabgaben für sie zu entrichten und die Zollbelege mit den dazugehörigen Unterlagen den einzelnen Beteiligten zuzuleiten.

Für Gemeinschaftswaren, die nur der EUSt unterliegen und für Unternehmen zum Vorsteuerabzug Berechtigter eingeführt werden, können bei den vereinfachten Verfahren auch Handelspapiere (Rechnungen, Lieferscheine oder ähnliche Unterlagen) anstelle der vorgeschriebenen vereinfachten Anmeldung zugelassen werden. Wesentlich ist lediglich, daß hieraus die Warenart und -menge, die für die Feststellung des zutreffenden Steuersatzes erforderlichen Angaben, ggf. das Ursprungsland, ggf. Datum und Nr. des Versandscheins und der Anschreibung sowie die Zulassungsnummer und der Inhaber der Zulassung für das vereinfachte Verfahren hervorgehen.

Bei Abgabe der Sammelzollanmeldung im fremden Namen, also durch den Spediteur, muß für jeden Zollbeteiligten eine gesonderte Sammelzollanmeldung abgegeben werden. Das gilt jedoch nicht, wenn sich der Spediteur verpflichtet, in der Anmeldung die EUSt selbst zu berechnen.

Die EUSt-Befreiungen sind geregelt im Umsatzsteuergesetz (§ 5) und in der EUSt-Befreiungsverordnung.

139 Steuerbefreiungen

Auf Grund des UStG sind einfuhrumsatzsteuerfrei Wasserfahrzeuge, die dem Erwerb durch die Seeschiffahrt oder der Rettung Schiffbrüchiger zu dienen bestimmt sind, ferner Wertpapiere, gesetzliche Zahlungsmittel, inländische amtliche Wertzeichen, menschliche Organe, menschliches Blut und Frauenmilch und schließlich Luftfahrzeuge, die zur Verwendung durch Unternehmen bestimmt sind, die im entgeltlichen Luftverkehr überwiegend grenzüberschreitende Beförderungen oder Beförderungen auf ausschließlich im Ausland gelegenen Strecken durchführen. Steuerfrei sind auch die zur Instandsetzung, Wartung und Ausrüstung der vorgenannten Luftfahrzeuge und Seeschiffe bestimmten Gegenstände.

Weitere Befreiungen ergeben sich aus der EUSTBV. Nach § 1 dieser Verordnung ist insbesondere einfuhrumsatzsteuerfrei die Einfuhr von Gegenständen, die nach der Zollbefreiungs-VO (s. Rn. 42 u. 63) zollfrei eingeführt werden können. Ausgenommen davon sind u. a. Kleinsendungen nichtkommerzieller Art, Waren im persönlichen Gepäck von Reisenden und bestimmte Instrumente und Apparate für die wissenschaftliche oder medizinische Forschung, die nicht aus kommerziellen Zwecken eingeführt werden (vgl. Art. 20 – 24, 29 – 31, 45 – 49, 52 – 59b, 63a und 63b der Zollbefreiungs-VO).

Weiterhin ist einfuhrumsatzsteuerfrei die vorübergehende Einfuhr von Gegenständen, die nach den Art. 137 – 144 ZK frei von Einfuhrabgaben sind.

Das betrifft z. B. die vorübergehende Verwendung von Beförderungsmitteln und Behältern sowie Gegenstände, die zollfrei eingeführt werden können oder die gelegentlich und ohne gewerbliche Absicht eingeführt werden und der Verwender nicht zum Vorsteuerabzug berechtigt ist.

Einfuhrumsatzsteuerfrei oder einfuhrumsatzsteuerermäßigt ist aber auch die Einfuhr der Gegenstände, die nach §§ 12 und 14 – 22 der Zollverordnung frei von Einfuhrabgaben sind (z. B. Speisewagenvorräte, Diplomaten- u. Konsulargut, Bordvorräte für Luftfahrzeuge, Verteidigungsgut).

Die vorstehend genannten Befreiungen gelten allerdings vorbehaltlich der besonderen Regelungen für z. B. Investitionsgüter und andere Ausrüstungsgegenstände, reinrassige Pferde, Tiere für Laborzwecke, Gegenstände erzieherischen, wissenschaftlichen oder kulturellen Charakters, Gegenstände für Organisationen der Wohlfahrtspflege, Werbedrucke und Werbemittel, amtliche Veröffentlichungen, Wahlmaterial, Behältnisse und Verpackungen, Rückwaren, Waren zur vorübergehenden Verwendung und Fänge deutscher Fischer sowie Waren in der Freihafenlagerung und Freihafenveredelung nach den §§ 2 – 13 der EUSTBV.

140
Ersatzbeleg für Vorsteuerabzug

Der Unternehmer ist verpflichtet, die Voraussetzungen für den Vorsteuerabzug aufzuzeichnen und durch Belege nachzuweisen.

Der Aufzeichnungspflicht ist genügt, wenn die für die Einfuhr entrichtete oder im Falle des Zahlungsaufschubs (z. B. bei Einfuhren im Rahmen eines vereinfachten Verfahrens) zu entrichtende EUSt mit einem Hinweis auf einen entsprechenden zollamtlichen Beleg aufgezeichnet wird.

Als ausreichender Beleg wird in erster Linie der Steuerbescheid, auch die Sammelzollanmeldung bzw. Zahlungsanmeldung mit Selbstberechnung der EUSt oder abweichender Steuerfestsetzung, anerkannt.

Ist der Unternehmer, für dessen Unternehmen die Gegenstände eingeführt werden, nicht im Besitz der Zollquittung, z. B. weil er nicht selbst Steuerschuldner ist, so muß er einen amtlichen Ersatzbeleg erhalten. Die Zollstellen stellen auf Antrag des Steuerschuldners oder seines Vertreters, also des Spediteurs, einen von ihm vorbereiteten „Ersatzbeleg für den Vorsteuerabzug" gebührenfrei aus. Im Falle des Zahlungsaufschubs, z. B. bei Entnahmen von Waren aus einem Zollager sowie Einfuhren im Rahmen eines vereinfachten Verfahrens, wird in dem Ersatzbeleg hierauf besonders hingewiesen. Bei nachträglicher Herabsetzung, Erstattung oder Erlaß der EUSt müssen die Ersatzbelege der Zollstelle wieder zurückgegeben werden. Für den Ersatzbeleg ist der nachstehende Vordruck zu verwenden (s. Rn. 141).

Wird bei einem vereinfachten Verfahren als Sammelzollanmeldung das Muster 0510 (1 f AHStat) bestimmt, so kann dieses Muster durch ein zusätzliches perforiertes Papier ergänzt werden, auf das die Eintragungen durchgeschrieben werden. Der Inhaber der Zulassung bereitet die Ersatzbelege in diesem Fall in der Weise vor, daß er darauf die einzelnen Streifen des zusätzlichen Blattes aufklebt. Die Zollstelle bestätigt alsdann den so vorbereiteten Ersatzbeleg. Enthält die Sammelzollanmeldung für einen Abrechnungszeitraum mehrere Eintragungen für denselben abzugsberechtigten Unternehmer, so können die in Betracht kommenden durchgeschriebenen Streifen in einem Ersatzbeleg zusammengefaßt werden.

Zutreffendes ist angekreuzt ☒ oder ausgefüllt	(VSF Z 82 34 Abs. 2)

Ersatzbeleg für den Vorsteuerabzug

(Abzug der Einfuhrumsatzsteuer als Vorsteuer)

Die Felder 1 bis 8 sind vom Antragsteller auszufüllen.

1. Zu Zollbeleg (Kennbuchstabe, Nummer, Datum, ggf. Position)

2. Zeitpunkt (ggf. Zeitraum) des Entstehens der Einfuhrumsatzsteuer

3. Anmelder (Name oder Firma, Anschrift)

4. Eingeführte Gegenstände (Bezeichnung), Menge (Maßeinheit)

5. Bemessungsgrundlage für die Einfuhr (§ 11 UStG)   DM

6. Einfuhrumsatzsteuerbetrag   DM

   DM in Buchstaben

7. ☐ Dieser Betrag ist entrichtet.

8. ☐ Dieser Betrag ist spätestens bis zum 16. Tag des auf die Entstehung der Steuer folgenden Monats zu entrichten (Hinweis auf § 16 Abs. 2 Satz 4 UStG)

   Grund
   ☐ Zahlungsaufschub   ☐ Einfuhr in einem Sammelzollverfahren   ☐ Überführung aus einem Zollagerverfahren in den freien Verkehr

9. Der im Feld 1 bezeichnete Zollbeleg wurde hinsichtlich des im Feld 6 angegebenen Einfuhrumsatzsteuerbetrags für den Vorsteuerabzug ungültig gemacht.

10. Zollstelle, Datum, Dienststempel

0484 Ersatzbeleg für den Vorsteuerabzug – III B 4 – (1992)   DS

Ausfuhrnachweis für Umsatzsteuerzwecke 1.11

Ausfuhrlieferungen sind nach § 4 Nr. 1 UStG umsatzsteuerfrei. Eine Ausfuhrlieferung liegt vor, wenn gem. § 6 UStG bei einer Lieferung

142 Ausfuhrlieferung

– der Unternehmer den Gegenstand der Lieferung in das Nichtgemeinschaftsgebiet (ausgenommen die Freizonen) befördert bzw. versendet hat oder

– der Abnehmer den Gegenstand der Lieferung in das Nichtgemeinschaftsgebiet (ausgenommen die Freizonen) befördert bzw. versendet hat und ein ausländischer Abnehmer ist oder

– der Unternehmer oder Abnehmer den Gegenstand der Lieferung in die Freizonen befördert bzw. versendet hat und der Abnehmer ein Unternehmer ist, der den Gegenstand für sein Unternehmen erworben hat oder der Abnehmer ein Ausländer ist, der die Unternehmereigenschaft nicht besitzt, den Gegenstand jedoch in das Nichtgemeinschaftsgebiet verbringt.

Die vorgenannten Ausfuhrlieferungen sind allerdings nur dann umsatzsteuerfrei, wenn der Unternehmer buchmäßig und durch Belege nachweist, daß er oder der Abnehmer den Gegenstand der Lieferung in das Nichtgemeinschaftsgebiet befördert oder versendet hat (Ausfuhrnachweis). Diese Voraussetzung muß sich aus den Belegen eindeutig und leicht nachprüfbar ergeben.

Ein Beförderungsfall liegt vor, wenn der Unternehmer oder der Abnehmer oder ein unselbständiger Beauftragter (z.B. ein Arbeitnehmer) des Unternehmers bzw. Abnehmers den Gegenstand der Lieferung selbst (z.B. im eigenen Kfz) ausführt. Den Ausfuhrnachweis muß derjenige erbringen, der die Gegenstände selbst befördert hat. Der Beleg (üblicher Geschäftsbeleg wie z.B. Lieferschein, Rechnungsdurchschrift oder Ausfuhranmeldung) soll gem. § 9 (1) UStDV regelmäßig die folgenden Angaben enthalten:

143 Beförderungsfall

– Name und Anschrift des Unternehmers,

– handelsübliche Bezeichnung und Menge des ausgeführten Gegenstandes,

– Ort und Tag der Ausfuhr und die

– Ausfuhrbestätigung der Ausgangszollstelle oder bei Inanspruchnahme des gemeinschaftlichen oder gemeinsamen Versandverfahrens eine Ausfuhrbestätigung der Abgangszollstelle bzw. eine Abfertigungsbestätigung dieser Zollstelle in Verbindung mit einer Eingangsbescheinigung der Bestimmungszollstelle im Ausland.

144
Versendungsfall Ein Versendungsfall liegt vor, wenn der Unternehmer oder der Abnehmer einen selbständigen Beauftragten mit der Durchführung oder der Besorgung der Beförderung des Gegenstandes – z. B. einen Spediteur, Frachtführer oder Verfrachter – beauftragt. Der Ausfuhrnachweis soll hier gem. § 10 UStDV wie folgt geführt werden:

- durch einen Versendungsbeleg, insbesondere Eisenbahn- oder Luftfrachtbrief, Posteinlieferungsschein, Konnossement, Ladeschein, Rollfuhrschein oder deren Doppelstücke oder

- durch einen sonstigen handelsüblichen Beleg, insbesondere durch eine Bescheinigung des beauftragten Spediteurs oder eine Versandbestätigung des Lieferers.

Bei der Ausfuhrbescheinigung des Spediteurs für Umsatzsteuerzwecke handelt es sich um das für den Ausfuhrnachweis bei weitem häufigste und wichtigste Papier, weil die anderen der o. g. Papiere entweder nicht existieren (z. B. Nahverkehr über die Freizonen) oder inhaltlich nicht nachweisen, daß der Gegenstand tatsächlich in das Ausland gelangt ist oder weil die Belege noch für andere Zwecke Verwendung finden. Das von den Ausgangszollstellen abgestempelte Blatt 3 des Einheitspapiers darf nicht verwendet werden. Das Recht des Spediteurs, die Verbringung des Gegenstandes in das Nichtgemeinschaftsgebiet dem Exporteur steuerwirksam zu bescheinigen, setzt allerdings voraus, daß diese Bescheinigung inhaltlich exakt die nachfolgenden Daten enthält:

- Name und Anschrift des Ausstellers (Spediteur) sowie Datum der Ausstellung,

- Name und Anschrift des Unternehmers sowie des Auftraggebers, soweit dieser nicht der Unternehmer ist,

- handelsübliche Bezeichnung und Menge des ausgeführten Gegenstandes,

- Ort und Tag der Ausfuhr oder der Versendung in das Nichtgemeinschaftsgebiet,

- Empfänger und Bestimmungsort im Nichtgemeinschaftsgebiet,

- eine Versicherung des Ausstellers (Spediteur), daß die Angaben im Beleg auf Grund von Geschäftsunterlagen gemacht wurden, die im Gemeinschaftsgebiet nachprüfbar sind,

- Unterschrift des Ausstellers.

Soweit es dem Unternehmer in den Versendungsfällen nicht möglich oder nicht zumutbar ist, den Ausfuhrnachweis in dieser Form zu führen, so kann er den Nachweis auch wie in den Beförderungsfällen führen.

Für die „Ausfuhrbescheinigung für Umsatzsteuerzwecke" des Spediteurs ist vom BMF ein einheitliches Vordruckmuster empfohlen worden (Vgl. BStBl. 1990 S. 37, s. auch Rn. 146). Die Ausstellung einer solchen Bescheinigung kann jeder Spediteur vornehmen, der seinen Sitz im Inland hat bzw. dessen Geschäftsunterlagen im Inland nachprüfbar sind. Eine besondere Zulassung ist hierfür nicht erforderlich. Voraussetzung ist allerdings, daß der ausstellende Spediteur mit der unmittelbaren Ausfuhr über die Grenze beauftragt wurde. Insofern darf ein Spediteur, dessen Speditionsauftrag – für eine zur Ausfuhr in das Nichtgemeinschaftsgebiet bestimmte Sendung – im Inland endet, die Bescheinigung nicht ausstellen.

Im Reiseverkehr liegt eine Ausfuhrlieferung nur vor, wenn der Abnehmer ein Ausländer ist, der seinen Wohnort im Nichtgemeinschaftsgebiet hat und er oder sein Beauftragter den Gegenstand der Lieferung im persönlichen Reisegepäck in das Nichtgemeinschafgtsgebiet ausführt (das gilt nicht für Handelsware). Für Ausfuhrlieferungen im Reiseverkehr soll der Beleg zusätzlich zu den Angaben, die in Beförderungsfällen erforderlich sind, weiterhin den Namen und die Anschrift des Abnehmers sowie eine Bestätigung der Ausgangszollstelle, daß die gemachten Angaben zum Abnehmer mit den vorgelegten Grenzübertrittspapieren desjenigen übereinstimmt, der die Gegenstände in das Nichtgemeinschaftsgebiet verbringt. Als Ausfuhrbeleg soll das als Anlage beigefügte Muster (Rn. 147) Verwendung finden. Die zusätzlichen Angaben und deren Bestätigung durch die Ausgangszollstelle kann allerdings auch auf einer Rechnung oder einem sonstigen Beleg erfolgen. In welchen Fällen eine Bestätigung durch die Zollstellen versagt wird, kann der Dienstanweisung in VSF A 0693 entnommen werden.

145 innergemeinschaftliche Lieferung

Bei innergemeinschaftlichen Lieferungen ist in Beförderungs- und Versendungsfällen der Nachweis über die erfolgte Beförderung bzw. Versendung des Gegenstandes in das übrige Gemeinschaftsgebiet auch durch Belege zu führen, die eindeutig und leicht nachprüfbar das Verbringen des Gegenstandes in einen anderen Mitgliedstaat bescheinigen. Der Nachweis soll in Beförderungsfällen gem. § 17a UStDV

– durch das Doppel der Rechnung,

– durch einen handelsüblichen Beleg (insbesondere Lieferschein), aus dem der Bestimmungsort hervorgeht,

– durch eine Empfangsbescheinigung des Abnehmers oder Beauftragten sowie

– in Fällen der Beförderung des Gegenstandes durch den Abnehmer selbst, durch eine Versicherung des Abnehmers oder seines Beauftragten, den Gegenstand der Lieferung in das übrige Gemeinschaftsgebiet zu befördern, geführt werden. Sofern die Beförderung im gemeinschaftlichen Versandverfahren erfolgt, so kann der Nachweis auch durch eine Bestätigung der Abgangsstelle erfolgen, die nach Eingang des Rückscheins erteilt wird oder durch die Abfertigungsbestätigung der Abgangsstelle in Verbindung mit der Eingangsbestätigung der Bestimmungsstelle.

In Versendungsfällen soll der Nachweis hierüber durch das Doppel der Rechnung und durch einen Versendungsbeleg (z. B. Frachtbrief, Konossement, Posteinlieferungsschein) oder durch einen sonstigen handelsüblichen Beleg, insbesondere durch die Ausfuhrbescheinigung für Umsatzsteuerzwecke des Spediteurs erfolgen.

Darüber hinaus ist bei innergmeinschaftlichen Lieferungen der Unternehmer verpflichtet, die Voraussetzungen der Steuerbefreiung einschließlich der Umsatzsteuer-Identifikationsnummer des Abnehmers im anderen Mitgliedstaat, in den die Gegenstände geliefert werden, buchmäßig eindeutig und leicht nachprüfbar nachzuweisen. Die dazu geführten Aufzeichnungen sollen gem. § 17c der UStDV

– den Namen und die Anschrift des Abnehmers,

– den Namen und die Anschrift des Beauftragten des Abnehmers bei einer Lieferung, die im Einzelhandel oder in einer für den Einzelhandel gebräuchlichen Art und Weise erfolgt,

– den Gewerbezweig oder Beruf des Abnehmers,

– die handelsübliche Bezeichnung und Menge des Gegenstandes der Lieferung bzw. Art und Umfang der Leistung, die solchen Lieferungen gleichgestellt sind (Werkvertrag),

– Tag der Lieferung bzw. Leistung,

– das Entgeld und Tag der Vereinnahmung,

– Art und Umfang einer ggf. erfolgten Be- bzw. Verarbeitung vor Beförderung oder Versendung,

– die Beförderung oder Versendung in das übrige Gemeinschaftsgebiet und

– den Bestimmungsort im übrigen Gemeinschaftsgebiet

enthalten.

Im nichtkommerziellen innergemeinschaftlichen Reiseverkehr ist die Umsatzsteuerbefreiung ausgeschlossen, sofern das Entgeld einschließlich der Umsatzsteuer 1235,– DM nicht übersteigt. Allerdings gilt das nicht, wenn im anderen Einfuhrmitgliedstaat nachweislich Einfuhrumsatzsteuer entrichtet worden ist.

Bei Ausfuhren nach anderen Mitgliedstaaten, die diesen Betrag übersteigen, ist eine Steuerbefreiung nur vorgesehen, wenn für die Einfuhr in einem anderen Mitgliedstaat Einfuhrumsatzsteuer erhoben wurde bzw. wird. Der Nachweis der Besteuerung im Einfuhrstaat tritt an die Stelle des Ausfuhrnachweises. Zollamtliche Bestätigungen sind i. d. R. nicht erforderlich.

146

Anlage 1
zum BMF-Schreiben v. 15. Januar 1990
IV A 3 - S 7134 - 1/90

_____ (Firma/Name) _____ (Ort) _____ (Datum)

_____ (Straße)

_____ (PLZ, Sitz/Wohnort)

Ausfuhrbescheinigung für Umsatzsteuerzwecke
bei der Ausfuhr durch einen Spediteur oder Frachtführer
(§ 10 Abs. 1 Nr. 2 UStDV, Abschnitt 133 Abs. 3 Satz 1 UStR)

An
Firma / Herrn / Frau _____

in _____ (Straße)
_____ (PLZ, Sitz/Wohnort)

Ich bestätige hiermit, daß mir am _____ 19 ___
von Ihnen / von der Firma / von Herrn / von Frau *) _____

_____ (Straße) in _____ (PLZ, Sitz/Wohnort)

die folgenden Gegenstände übergeben / übersandt *) worden sind:

Packstücke			Menge und handelsübliche Bezeichnung der Gegenstände
Zahl	Verpackungsart	Zeichen und Nummern	

Ich habe die Gegenstände

am _____ (Tag der Versendung)

nach _____ (Ort im Außengebiet)

an _____ (Empfänger oder Verfügungsberechtigter)

versendet/befördert *)

Der Auftrag ist mir von _____

_____ (Straße) in _____ (PLZ, Sitz/Wohnort)

erteilt worden.

Ich versichere, daß ich die Angaben nach bestem Wissen und Gewissen auf Grund meiner Geschäftsunterlagen gemacht habe, die im Geltungsbereich der UStDV nachprüfbar sind.

_____ (Unterschrift)

*) Nichtzutreffendes bitte streichen.

Anlage 5
zum BMF-Schreiben vom 15. Januar 1990
IV A 3 - S 7134 - 1/90

Ausfuhr- und Abnehmerbescheinigung für Umsatzsteuerzwecke

bei Ausfuhren im außergemeinschaftlichen Reiseverkehr
(§ 17 UStDV, Abschnitt 140 Abs. 3 UStR)

— Unvollständig ausgefüllter Vordruck wird nicht als Nachweis anerkannt —

A Angaben des Unternehmers (Zutreffendes ankreuzen [X])
Dieser Abschnitt ist vom Unternehmer (Lieferer) vollständig und leserlich auszufüllen (möglichst in Maschinenschrift oder Druckschrift).

1	Name / Firma und Anschrift des liefernden Unternehmers (Straße, Hausnummer, Postleitzahl, Ort)	2	Name und Anschrift des Abnehmers außerhalb der EWG (Straße, Hausnummer, Wohnort und Land) — Bitte Hinweise auf der Rückseite beachten -

3	Gelieferte Gegenstände (oder Hinweis auf beigefügte Rechnung oder beigefügten Kassenzettel) Die Gegenstände sind genau zu bezeichnen. Die Angabe von Sammelbegriffen und Artikelnummern sowie nicht allgemein verständliche Abkürzungen reichen nicht aus. Wird auf beigefügte Rechnungen oder Kassenzettel verwiesen, so muß sich die genaue Bezeichnung der Gegenstände aus diesen Belegen ergeben. Leerzeilen sind zu streichen.	☐ Kaufpreis (einschl. Umsatzsteuer) ☐ Entgelt (Kaufpreis abzüglich Umsatzsteuer)

	Menge	genaue handelsübliche Warenbezeichnung	DM	Pf
4				
5				
6				
7				
8				
9				
10		Summe:		

11	DM-Betrag aus Nr. 10 in Buchstaben wiederholen Freibleibender Zellenraum ist auf beiden Seiten der Eintragungen durch einen liegenden Strich auszufüllen.

12	Ort, Datum, Unterschrift des liefernden Unternehmers oder dessen Bevollmächtigten

B Bestätigungen der Grenzzollstelle der Bundesrepublik Deutschland (Zutreffendes ankreuzen [X])
Kann die Ausfuhr oder die Abfertigung zur Ausfuhr für keinen Gegenstand bestätigt werden, so erteilt die Grenzzollstelle überhaupt keine Bestätigungen.

13	Die in Nr. 4 bis 9 bezeichneten Gegenstände wurden mit Ausnahme der in Nr. .... bezeichneten Gegenstände ☐ ausgeführt. ☐ zur Ausfuhr abgefertigt.

14	Die Angaben in Nr. 2 ☐ stimmen mit den Eintragungen in dem vorgelegten Reisepaß / sonstigen Grenzübertrittspapier des Ausführers (Abnehmers) überein. ☐ können nicht bestätigt werden, weil ☐ sie mit den Eintragungen in dem vorgelegten Reisepaß / sonstigen Grenzübertrittspapier des Ausführers nicht übereinstimmen. ☐ ....

15	Bemerkungen (zu Nr. 1 bis 14)

16	Ort, Datum, Unterschrift, Dienststempel

- 2 -

C In Ausnahmefällen:

Bestätigungen einer amtlichen Stelle der Bundesrepublik Deutschland im Bestimmungsland

(Zutreffendes ankreuzen [x])

Die Bestätigungen in diesem Abschnitt werden nur erteilt, soweit es dem Abnehmer nicht möglich war, die Bestätigungen der Grenzzollstelle (Nr. 13 und / oder 14) zu erlangen. Hat die Grenzzollstelle in diesen Fällen die Ausfuhr nicht bestätigt und kann auch die amtliche Stelle die Ausfuhr nicht bestätigen, so erteilt diese Stelle überhaupt keine Bestätigungen.

17 ☐ Die Ausfuhr der in Nr. 4 bis 9 bezeichneten Gegenstände kann nicht bestätigt werden

Ort, Datum, Unterschrift, Dienstsiegel

18 ☐ Die Ausfuhr der in Nr. 4 bis 9 bezeichneten Gegenstände wird
— mit Ausnahme der in Nr. .... bezeichneten Gegenstände —
bestätigt.

19 Die Angaben in Nr. 2

☐ werden bestätigt.

☐ Sie stimmen mit den Eintragungen in dem vorgelegten Reisepaß / sonstigen Grenzübertrittspapier überein.

☐ Ihre Richtigkeit ist auf andere Weise festgestellt worden.

☐ können nicht bestätigt werden.

20 Bemerkungen (zu Nr. 1 bis 12 sowie 17 bis 19)

21 Ort, Datum, Unterschrift, Dienstsiegel

Hinweise

Außengebietlicher Abnehmer

Die Steuerbefreiung für Ausfuhren im **außergemeinschaftlichen Reiseverkehr** ist nur bei Lieferungen an außengebietliche Abnehmer möglich. Dies sind Personen, die ihren **Wohnort** in einem Land außerhalb der EG haben. Hat ein Abnehmer mehrere Wohnsitze, so ist derjenige Ort maßgebend, der der örtliche Mittelpunkt seines Lebens ist. Insbesondere sind folgende Abnehmer sind **keine** außengebietlichen Abnehmer, auch wenn sie ihren ersten Wohnsitz in ihrem Heimatland beibehalten haben:

1. **Ausländische Gastarbeiter** und **Studenten** während ihres Aufenthalts in der Bundesrepublik Deutschland und Berlin (West),
2. **Angehörige ausländischer Streitkräfte**, die in der Bundesrepublik stationiert sind,
3. **das Personal ausländischer Missionen in der Bundesrepublik Deutschland** (z.B. Botschaften, Gesandtschaften, Konsulate, Handelsvertretungen).

Wegen weiterer Einzelheiten Hinweis auf Abschnitt II des bei den Finanzämtern vorrätig gehaltenen Merkblatts zur Umsatzsteuerbefreiung für Ausfuhrlieferungen.

Verbrauchsteuern 1.12

148
Allgemeines
Neben der Sicherung der Einhaltung des Zollrechts hat die Zollverwaltung weitere wichtige Aufgaben bei der Durchsetzung des Verbrauchsteuerrechts. Gemäß § 1 Abs. 2 ZollVG wird der Verkehr mit verbrauchsteuerpflichtigen Waren über die Grenzen des deutschen Steuergebietes zollamtlich überwacht. Darüber hinaus obliegt der Zollverwaltung auch die Überwachung des Verkehrs mit solchen Waren innerhalb des Steuergebietes.

Die dazu erlassenen vorwiegend nationalen rechtlichen Regelungen betreffen die Tätigkeit jener Spediteure, die sich mit nationalen oder internationalen Transporten von verbrauchsteuerpflichtigen Waren befassen.

149
Verbrauchsteuer-harmonisierung
Der Stand der Harmonisierung im Rahmen der EU ist auf diesem Gebiet im Vergleich zum Zollrecht wesentlich geringer entwickelt. Ein entscheidender Schritt wurde allerdings mit der Einführung eines neuen Verbrauchsteuerrechts zum 1.1.1993 vollzogen. Grundlage für die zu diesem Zeitpunkt neu in Kraft gesetzten nationalen Verbrauchsteuergesetze bildet die Richtlinie 92/12 EWG über das allgemeine System, den Besitz, die Beförderung und die Kontrolle verbrauchsteuerpflichtiger Waren, kurz Systemrichtlinie genannt. Deren wesentlicher Inhalt besteht unter anderem in der Konzipierung von Verfahrensfragen, auf die nachfolgend in Grundzügen eingegangen werden soll.

In Deutschland werden folgende besondere Verbrauchsteuern erhoben:

- Mineralölsteuer
- Tabaksteuer
- Biersteuer
- Branntweinsteuer
- Schaumweinsteuer (einschließlich der Zwischenerzeugnissteuer)
- Kaffeesteuer

Die entsprechenden nationalen Verbrauchsteuergesetze wurden mit dem Gesetz zur Anpassung von Verbrauchsteuer- und anderen Gesetzen an das Gemeinschaftsrecht sowie zur Änderung anderer Gesetze (BGBl. I 1992 S. 2150) erlassen.

Die genannten Verbrauchsteuern sind hinsichtlich des Gegenstandes in allen Mitgliedstaaten der EU vereinheitlicht. Eine Ausnahme bildet die nationale Kaffeesteuer. Bei der Bestimmung der Steuergegenstände erfolgt weitestgehend eine Bezugnahme auf die Positionen und Unterpositionen des Zolltarifes. Zu den genannten verbrauchsteuerpflichtigen Waren ist nach den Harmonisierungsintentionen der EU noch Wein hinzuzufügen. Allerdings bleibt es dabei im Ermessen der Mitgliedsländer, den Steuersatz auf null festzusetzen.

Von dieser Möglichkeit wurde in Deutschland Gebrauch gemacht. Jedoch sind bei einem Transport von Wein in andere Mitgliedstaaten verfahrensmäßige Anforderungen zu beachten.

Regelungsgegenstand der Systemrichtlinie ist das Verfahren der Beförderung von verbrauchsteuerpflichtigen Waren innerhalb der Gemeinschaft. Dies soll ermöglicht werden, ohne überhaupt eine Steuer entstehen zu lassen. Vielmehr bleibt die Steuerentstehung an den Verbrauch gebunden.

Grundlegendes Prinzip ist dabei das Bestimmungslandprinzip. D. h., die Steuer soll dort entrichtet werden, wo der Verbrauch auch tatsächlich erfolgt. Eine Abweichung gibt es lediglich für den privaten Bereich. Hier ist das Ursprungslandprinzip umgesetzt.

In rechtlich vorgesehenen Fällen ist eine Steuerbegünstigung in Form einer Steuerbefreiung oder einer Steuerermäßigung möglich.

150
Steuerbe-
bünstigung

Für die Verteilung oder Verwendung unter Steuerbegünstigung ist eine Erlaubnis erforderlich. In bestimmten Fällen ist diese Erlaubnis allgemein erteilt (vgl. Anlage 1 zur Mineralölsteuerverordnung). Liegt eine allgemeine Erlaubnis nicht vor, ist eine förmliche Einzelerlaubnis beim zuständigen Hauptzollamt einzuholen.

Eine tragende Säule des Verbrauchsteuerrechts ist das sogen. Steuerlager (vgl. z. B. § 5 MinöStG). Dahinter verbergen sich Herstellungsbetriebe einerseits und reine Lagerstätten andererseits. Im Mineralölsteuerrecht erfaßt § 6 MinöStG den Mineralölherstellungsbetrieb und § 7 des gleichen Gesetzes das Mineralöllager. Beides darf nur mit Erlaubnis des zuständigen Hauptzollamtes betrieben werden. Im Regelfall entsteht die Steuer mit der Entfernung des Steuergegenstandes aus dem Steuerlager, ohne daß sich ein Steueraussetzungsverfahren oder ein Zollverfahren (ohne das Verfahren der Überführung in den freien Verkehr und das Ausfuhrverfahren) anschließt. Die Steuer entsteht ferner durch Entnahme des Steuergegentandes zum Verbrauch im Steuerlager.

151
Steuerlager

Der Transport zwischen zwei Steuerlagern erfolgt im Steueraussetzungsverfahren. Während dieses Verfahrens ist der Steuergegenstand unverzüglich zu befördern und in das empfangende Steuerlager aufzunehmen. Eine Steuer entsteht dabei nicht.

152
Steueraus-
setzungs-
verfahren

Verfahrensschritte beim Steueraussetzungsverfahren am Beispiel des Mineralösteuerrechts:

– Anmeldung des beabsichtigten Versandes durch den Versender bei dem für den Empfänger zuständigen HZA mit einer Versendungsanmeldung (vgl. Rn. 154)

- Sicherheitsleistung durch den Inhaber des abgebenden Steuerlagers, wenn Steuerbelange nach Ermessen des HZA gefährdet erscheinen
- unverzügliche Eintragung des Abganges in die Buchführung des Versenders
- unverzüglicher Transport und Aufnahme des Mineralöls in das empfangende Steuerlager
- Eintrgung des Einganges in die Buchführung des Empfängers

Ein Steueraussetzungsverfahren ist nicht nur bei einem Transport zwischen zwei Steuerlagern im Steuergebiet zulässig. Die gleiche Möglichkeit besteht zwischen Steuerlagern in verschiedenen Mitgliedsländern der EU.

Darüber hinaus kann das Steueraussetzungsverfahren in folgenden Fällen Anwendung finden:

- bei der Ausfuhr in Drittländer (Länder, die nicht der EU angehören)
- bei der Einfuhr aus Drittländern nach Abfertigung zum zoll- und umsatzsteuerlichen freien Verkehr

Für die Abwicklung des Steueraussetzungsverfahrens findet das begleitende Verwaltungsdokument (vgl. Rn. 155) Anwendung.

Wird eine verbrauchsteuerpflichtige Ware dem Steueraussetzungsverfahren entzogen, entsteht die Steuer. Steuerschuldner wird der Empfänger, sofern er vor dem Entstehen der Steuer Besitz an der Ware erlangt hat, anderenfalls der Versender. In jedem Fall wird zudem der Entzieher Steuerschuldner.

153
Handel mit versteuerten Waren

Das Funktionieren des Binnenmarktes erforderte weiterhin Regelungen, die einerseits den ungehinderten Handel mit bereits versteuerten verbrauchsteuerpflichtigen Waren ermöglichen und andererseits das Bestimmungslandprinzip, also die Versteuerung im Verbraucherland, gewährleisten. Bereits versteuerte Ware kann zu gewerblichen Zwecken an Firmen anderer Mitgliedsländer verbracht werden. Für den Transport ist ein vereinfachtes Begleitdokument gemäß VO (EWG) 3649/92 zu verwenden.

An dessen Stelle können auch bestimmte kaufmännische Unterlagen, wie Rechnungen, Lieferscheine, Frachtbriefe usw. treten, wenn sie die gleichen Angaben enthalten, die das vereinfachte Begleitdokument vorsieht.

Der Empfänger der Ware hat den beabsichtigten Bezug bei seinem zuständigen HZA anzumelden. Für die Steuer ist eine Sicherheit zu leisten. Die Steuer entsteht mit dem Empfang der Ware im Steuergebiet. Steuerschulder ist der Bezieher. Mit der Bestätigung des Verbringens in ein anderes Mitgliedsland kann der Versender wiederum eine Erstattung der bereits bezahlten Steuer bei seiner Behörde beantragen.

EUROPÄISCHE GEMEINSCHAFT VERBRAUCHSTEUERN

**VEREINFACHTES BEGLEITDOKUMENT
INNERGEMEINSCHAFTLICHE BEFÖRDERUNG VON WAREN DES STEUERRECHTLICH FREIEN VERKEHRS**

Ausfertigung für den Lieferer

1 Lieferer — MwSt-Nummer
(Name und Adresse)

2 Bezugsnummer des Lieferers

3 Zuständige Behörde des Bestimmungslandes
(Bezeichnung und Anschrift)

4 Empfänger — MwSt-Nummer
(Name und Adresse)

5 Beförderer/Beförderungsmittel

6 Bezugsnummer und Datum der Anmeldung bei der zuständigen Behörde des Bestimmungslandes

7 Ort der Lieferung

1

8 Zeichen, Anzahl und Art der Packstücke, Warenbeschreibung

9 Warenkode (KN-Kode)

10 Menge

11 Rohgewicht (kg)

12 Eigengewicht (kg)

13 Rechnungspreis/Warenwert

14 Bescheinigungen (bestimmte Weine und Spirituosen, kleine Brauereien und Brennereien)

A Kontrollvermerk der zuständigen Behörde

15 Für die Richtigkeit der Angaben in Feld 1–13:
Rücksendung der Ausfertigung 3
gewünscht: Ja ☐ Nein ☐ (*)
Firma des Unterzeichners (mit Telefonnummer)

Name des Unterzeichners

Ort, Datum

Unterschrift

Fortsetzung auf der Rückseite der Ausfertigungen 2 und 3

2725 (Vereinfachtes Begleitdokument)

(*) Zutreffendes ankreuzen

WILHELM KÖHLER VERLAG
4950 Minden 1, Postfach 1130, Telefon 05 71/2 80 31, Telex 97 812, Telefax 05 71/2 80 21
6000 Frankfurt/M.1, Telemannstr. 13, Telefon 069/72 22 71+72 74 78, Telefax 069/77 72 86
2000 Hamburg 1, Mönckebergstr. 11, Telefon 040/32 45 06+32 74 48, Telefax 040/32 77 23
5300 Bonn 1, Kaiserstr. 15, Telefon 02 28/22 40 50, Telefax 02 28/26 18 40
7050 Leipzig, Gießerstr. 12, Telefon Leipzig 6 51 57+6 25 96, Telefax Leipzig 6 54 08

EUROPÄISCHE GEMEINSCHAFT
VERBRAUCHSTEUERPFLICHTIGE WAREN
BEGLEITENDES VERWALTUNGSDOKUMENT

Ausfertigung für den Versender

1	1 Versender □ MwSt-Nummer	2 Verbrauchsteuernummer des Versenders	3 Bezugsnummer
		4 Verbrauchsteuernummer des Empfängers	5 Rechnungsnummer
		6 Rechnungsdatum	
	7 Empfänger MwSt-Nummer	8 Zuständige Behörde am Abgangsort	
	7a Ort der Lieferung		
		10 Sicherheitsleistung	
	9 Beförderer		
		12 Abgangsland	13 Bestimmungsland
	11 Sonstige Angaben zur Beförderung	14 Steuerlicher Beauftragter	

1	15 Abgangsort	16 Versanddatum	17 Beförderungsdauer	

18a Zeichen, Anzahl und Art der Packstücke, Warenbeschreibung		19a Warenkode (KN-Kode)		
		20a Menge	21a Rohgewicht (kg)	
			22a Eigengewicht (kg)	
18b Zeichen, Anzahl und Art der Packstücke, Warenbeschreibung		19b Warenkode (KN-Kode)		
		20b Menge	21b Rohgewicht (kg)	
			22b Eigengewicht (kg)	
18c Zeichen, Anzahl und Art der Packstücke, Warenbeschreibung		19c Warenkode (KN-Kode)		
		20c Menge	21c Rohgewicht (kg)	
			22c Eigengewicht (kg)	

23 Bescheinigungen (bestimmte Weine und Spirituosen, kleine Brauereien und Brennereien)

A Kontrollvermerk der zuständigen Behörde	24 Für die Richtigkeit der Angaben in Feld 1-22
	Firma des Unterzeichners (mit Telefonnummer)
	Name des Unterzeichners
	Ort, Datum
	Unterschrift
Fortsetzung auf der Rückseite (Ausfertigungen 2, 3 und 4)	

2720 Begleitendes Verwaltungsdokument

Warenursprung und Präferenzen 1.13

1. Das Warenursprungsrecht

In diesem Rechtsgebiet wird im wesentlichen die „Nationalität" und damit das Ursprungsland der Ware bestimmt.

Das Warenursprungsrecht wird häufig auch als Regelung zum „Allgemeinen Warenursprung" bzw. „Nichtpräferentiellen Warenursprung" bezeichnet. International gibt es noch keine einheitliche Begriffsbestimmung über den Ursprung. Jeder Staat bzw. jede Staatengruppe hat hierzu eigene Regeln. Die EG definierte den Begriff des Warenursprungs zur einheitlichen Anwendung ihres gemeinsamen Zolltarifs, zur Durchsetzung der mengenmäßigen Beschränkungen und anderer Maßnahmen sowie zur Ausstellung von Ursprungszeugnissen. Die rechtlichen Grundlagen zum allgemeinen Warenursprung ergeben sich aus Art. 22 bis 26 ZK und Art. 35 bis 65 ZKDVO.

Vom Ursprung der Ware nach diesen Regelungen ist abhängig, ob eine Einfuhrgenehmigung nach dem Außenwirtschaftsrecht erforderlich ist. Ebenso kann es bei der Anwendung von Verboten und Beschränkungen im grenzüberschreitenden Warenvekehr (vgl. Rn. 130) auf den Ursprung der Ware ankommen. Ferner ist dieser Ursprung für die Anwendung bestimmter ermäßigter Abgabensätze – z.B. besonderer Abschöpfungssätze bei landwirtschaftlichen Waren – nach dem Warenursprungsrecht festzustellen.

Nach diesen Regelungen sind Ursprungswaren eines Landes solche Waren, die im Sinne des Art. 23 ZK vollständig in diesem Land gewonnen oder hergestellt wurden. Sofern mehrere Länder an der Herstellung der Ware beteiligt waren, hat die Ware gem. Art. 24 ZK den Ursprung in dem Land, das die letzte wesentliche und wirtschaftlich gerechtfertigte Be- oder Verarbeitung vorgenommen hat. Dabei müssen diese Be- bzw. Verarbeitungen in einem dazu eingerichteten Unternehmen erfolgen und zur Herstellung eines neuen Erzeugnisses geführt haben oder eine bedeutende Herstellungsstufe darstellen.

156 Warenursprung

Die genaue Feststellung des Warenursprungs ist häufig nicht unkompliziert. Durch die EG wurden deshalb für bestimmte Waren – gem. Art. 37 und Art. 39 i. V. m. Anhängen 10 und 11 der ZKDVO – Be- und Verarbeitungsvorgänge vorgeschrieben, die ausgeführt sein müssen, um der Ware den Ursprung des betreffenden Landes zu verleihen.

Der Ursprung ist i. d. R. bei der Einfuhr gegenüber der Zollbehörde nachzuweisen. Dieser Nachweis wird grundsätzlich durch die Vorlage einer Ursprungserklärung oder durch ein Ursprungszeugnis erbracht. Die Usprungserklärung ist auf der Rechnung oder einem ähnlichen Handelspapier durch den Hersteller bzw. Lieferanten abzugeben. Das Ursprungszeugnis (Rn. 160) ist ein Dokument, das nur von den jeweils zuständigen Behörden des Ausfuhrlandes der Ware ausgestellt wird (vgl. Art. 47 ff ZKDVO).

In der BR Deutschland ist das die Industrie- und Handelskammer, Handwerkskammer oder Landwirtschaftskammer. Die berechtigten Stellen anderer Länder sind aus der VSF A 0717 Nr. 1 und 2a ersichtlich.

In welchen Fällen eine Ursprungserklärung oder ein Ursprungszeugnis erforderlich ist, ergibt sich gem. § 27 (2) Nr. 2 der AWV VSF A 0152 aus der Einfuhrliste, die in den DGebrZT eingearbeitet wurde.

2. Das Präferenzrecht

Auch in diesem Rechtsgebiet ist der Ursprung einer Ware Gegenstand der Regelungen. Hier handelt es sich jedoch um spezielle Regelungen, die vom allgemeinen Warenursprungsrecht zu trennen sind.

157
Präferenzen

Vom präferentiellen Ursprung der Ware hängt es ab, ob bei der Einfuhr ermäßigte Zollsätze zur Anwendung kommen bzw. die Einfuhr zollfrei erfolgen kann. Präferenzen sind hier also immer Vergünstigungen hinsichtlich der zu erhebenden Einfuhrzölle.

Gem. Art. 27 ZK gewährt die EG bei der Einfuhr von Ursprungswaren aus bestimmten Ländern oder Ländergruppen solche Präferenzen auf der Grundlage von Abkommen mit diesen Ländern. Ferner werden die Vergünstigungen auch einseitig von der EG zugunsten bestimmter Länder z.B. den Entwicklungsländern eingeräumt.

Mit den meisten Ländern hat die EG Abkommen der verschiedensten Art abgeschlossen, in denen diese Vorzugsbehandlung vorgesehen ist. Beispielhaft sei hier das Abkommen über den Europäischen Wirtschaftsraum (EWR) VSF Z 4138 oder die Abkommen mit den Mittel- und Osteuropäischen Ländern genannt. Eine vollständige Übersicht zu den z.Z. bestehenden Abkommen – einschließlich der Fundstellen – kann aus dem Inhaltsverzeichnis in VSF Z 4100 entnommen werden.

Für die Gewährung präferentieller Zollsätze im Einfuhrland, sind die Voraussetzungen in den jeweiligen Abkommen zu prüfen. Grundsätzlich werden Präferenzen nur für Waren mit Ursprung in den Mitgliedstaaten des Abkommens gewährt.

158
Freiverkehrswaren

Eine Besonderheit gibt es im Warenverkehr zwischen der EG und der Türkei. Hier müssen sich die Waren gem. Art. 2 des Zusatzprotokolls zum Abkommen – abgedruckt in VSF Z 4125 – im zollrechtlich freien Verkehr der Vertragspartei befinden, um in den Genuß von präferentiellen Zollsätzen bei der Einfuhr in das Gebiet der anderen Vertragspartei zu kommen. Lediglich bei bestimmten landwirtschaftlichen Erzeugnissen ist der Ursprung in der Türkei erforderlich. Weiterhin ist Voraussetzung, daß der Zollbeteiligte bei der Einfuhr die Präferenzberechtigung anmeldet und den im Abkommen vorgeschriebenen Präferenznachweis vorlegt. Im Warenverkehr mit der Türkei wird dieser Nachweis mit der Warenverkehrsbescheingiung (WVB) A.TR.1 (vgl. Rn. 161) bei direkter Beförderung zwischen der EG und der Türkei (ungebrochener Durchfuhrverkehr) erbracht. Soweit dies nicht gegeben ist, muß eine WVB A.TR.3 (vgl. Rn. 162) vorgelegt werden.

Die Freiverkehrseigenschaft der Ware ist ferner im Warenverkehr zwischen den Mitgliedstaaten der EG erforderlich. Allerdings ist der förmliche Nachweis dafür mittels eines T2-Versandpapiers lediglich nur noch dann notwendig, wenn die Waren über ein Drittland, z. B. der Schweiz, befördert werden.

**159
präferentieller
Ursprung**

In allen anderen Abkommen bzw. Regelungen, die Zollpräferenzen zum Gegenstand haben, ist deren Gewährung vom Ursprung der Ware abhängig. Dieser präferentielle Warenursprung ist jedoch nicht für alle Regelungen global bestimmbar. Einen solchen Ursprung gibt es nicht. Vielmehr ist dieser als Ursprung im Sinne des jeweiligen Abkommens anzusehen, deren Ursprungsregeln unterschiedlich sein können. Um den präferentiellen Ursprung der Ware festzustellen, ist nach diesen Regeln vorzugehen.

Grundsätzlich kann davon ausgegangen werden, daß Waren, die vollständig in einer Vertragspartei des Abkommens hergestellt wurden, auch sogenannte Ursprungserzeugnisse und damit präferenzberechtigt sind. Soweit dies nicht vorliegt, weil mehrere Länder an der Herstellung beteiligt sind, enthalten die Abkommen Anhänge mit Listen, die i. d. R. für alle Waren zu erfüllende Bedingungen vorschreiben. Sofern diese erfüllt wurden, ist die Ware als ein Ursprungserzeugnis anzusehen und damit bei der Einfuhr in das Gebiet der anderen Vertragspartei präferenzberechtigt.

Diese Zollvergünstigung hängt wesentlich davon ab, daß der Anmelder die Ware als präferenzberechtigt anmeldet und den vorgeschriebenen Präferenznachweis vorlegt.

Zuständig für die Ausstellung dieser Nachweise bei der Ausfuhr von Waren aus der Bundesrepublik, die im Bestimmungsland zur Gewährung einer Präferenz führen sollen, ist die Zollstelle, in deren Bezirk der Ausführer seinen Sitz bzw. Ort der Geschäftsleitung, Zweigniederlassung oder Betriebsstätte hat oder bei der die Ausfuhrzollförmlichkeiten erfüllt werden. Im übrigen kann jede andere Zollstelle die Prüfung der Ursprungseigenschaft vornehmen und einen Präferenznachweis ausstellen. Auch in fremden Wirtschaftsgebieten erfolgt deren Ausstellung grundsätzlich durch die Zollbehörden.

Einen Antrag auf diesen Nachweis kann i. d. R. nur der Ausführer stellen, der sich durch einen Spediteur als Bevollmächtigten vertreten lassen kann. Sofern dieses Vertretungsverhältnis aus wirtschaftlichen Gründen nicht aus dem Präferenznachweis ersichtlich sein soll, ist es ausreichend, wenn die Vertretung aus dem Antrag erkennbar ist. Insofern erscheint der Bevollmächtigte als Absender im Präferenznachweis.

Zur Inanspruchnahme der Vergünstigung ist der Nachweis innerhalb der ggf. vorgesehenen Frist der Zollstelle des Einfuhrlandes vorzulegen, in dem die Abfertigung zum freien Verkehr oder zu einem anderen Zollverfahren vorgenommen wird. Bei einer evtl. Fristüberschreitung durch z. B. außergewöhnliche Umstände wie Streiks, Unfälle u. dgl. kann die Vergünstigung dennoch gewährt werden, wenn durch entsprechende Unterlagen nachgewiesen wird, daß sich der Präferenznachweis auf die gestellte Ware bezieht. Sofern daran kein Zweifel besteht, kann die Zollstelle auf diese Unterlagen verzichten. Eine Überschreitung der Vorlagefrist bedeutet also nicht in jedem Fall den Verlust der Vergünstigung.

Bei der Abfertigung zu einem Zollagerverfahren, Versandverfahren und der vorübergehenden Verwendung kann auf Antrag des Beteiligten die Vorlage eines Präferenznachweises im Zollbefund vermerkt werden. Diese Vermerke ersetzen deutschen Zollstellen gegenüber die Vorlage des Präferenznachweises.

Die Zollstellen gewähren die vorgesehenen Präferenzen bei der Einfuhr nur, wenn die Waren unmittelbar befördert wurden. Ein Drittland darf nicht berührt werden. Allerdings ist eine Durchfuhr durch Drittländer möglich, wenn die Beförderung mit einem einzigen, im Abkommensstaat bzw. Vertragsstaat ausgestellten Frachtpapier erfolgt, welches als Nachweis für die unmittelbare Beförderung der Zollstelle vorzulegen ist.

Welcher Präferenznachweis im einzelnen zur Anwendung kommt, ergibt sich aus den jeweiligen Protokollen mit den Ursprungsregeln zum Abkommen oder der DVO zum Zollkodex. Die wichtigsten Nachweise für Ursprungswaren sind:

1. Im Warenverkehr innerhalb des Europäischen Wirtschaftsraumes (EWR), der aus den EG- und EFTA-Staaten außer der Schweiz besteht, die Warenverkehrsbescheinigung EUR 1 (Vgl. Rn. 163) und die Ursprungserklärung auf der Rechnung. Während die EUR 1 nur durch die Zollstellen ausgestellt wird, darf eine Ursprungserklärung auf der Rechnung bis zu einem Warenwert von 6000,– ECU jeder Ausführer abgeben.

Für Ausfuhrsendungen, die über diesen Wert hinausgehen, dürfen die Ursprungserklärung nur ermächtigte Ausführer abgeben. Hier ist zusätzlich die Angabe der Bewilligungsnummer für die Ermächtigung erforderlich. Ohne Nachweis werden Präferenzen gewährt für Waren nichtkommerzieller Art in Kleinsendungen bis zu einem Wert von 500,– ECU und im Reiseverkehr bis zu 1200,– ECU. Vgl. Art. 16 ff Protokoll Nr. 4 zum Abkommen über den EWR, abgedruckt in VSF Z 4138–2.

Im Warenverkehr EG-Schweiz bestehen ähnliche Regelungen. Vgl. Art. 8 ff Protokoll Nr. 3 zum Abkommen EG/CH, abgedruckt in VSF Z 4137–1.

2. Im Warenverkehr mit den mittel- und osteuropäischen Ländern (Polen, Tschechische Republik, Slowakische Republik, Ungarn, Rumänien und Bulgarien), die WVB EUR 1, die von den Zollbehörden erteilt wird. Ferner dürfen ermächtigte Ausführer diese WVB EUR 1 nach vorheriger Bewilligung eigenständig ausstellen. Darüber hinaus kann ein Formblatt EUR 2 für Waren im Wert bis zu 5110,– ECU je Ausfuhrsendung jeder Ausführer oder unter seiner Verantwortung auch der bevollmächtigte Vertreter abgeben. Ohne Nachweis werden Präferenzen gewährt für Waren nichtkommerzieller Art in Kleinsendungen bis zu einem Wert von 365,– ECU und im Reiseverkehr bis zu 1065,– ECU. Vgl. Art. 11 ff Protokoll Nr. 4 zu den Abkommen, abgedruckt in VSF Z 4175–4.

3. Im Warenverkehr mit den Entwicklungsländern (Vgl. Anhang PL zum DGebrZT) ergeben sich die entsprechenden Regelungen aus Art. 78 ff ZKDVO.

Nachweis ist hier das Ursprungszeugnis nach Formblatt A, das von den Zollbehörden der Entwicklungsländer oder anderer Regierungsstellen ausgestellt wird. Darüber hinaus kann der Ausführer bis zu einem Wert von 3000,– ECU im Postverkehr einen Vordruck APR als Nachweis ausstellen. Ohne Nachweis werden Präferenzen im Reiseverkehr bis zu einem Wert von 600,– ECU und in Kleinsendungen bis 215,– ECU gewährt.

Im Warenverkehr mit anderen Ländern und Gebieten bestehen ähnliche Regelungen, deren Fundstellen aus der VSF Z 4100 zu entnehmen sind. Präferenznachweise können nach einigen Regelungen auch als LT-Certificate über einen längeren Zeitraum – i. d. R. ein Jahr – ausgestellt werden.

Wenn die Ausstellung des Präferenznachweises bei der Ausfuhr infolge eines Irrtums oder eines entschuldbaren Versehens unterblieben ist oder ein früher für die gleiche Ware ausgestellter Nachweis im Empfangsstaat nicht innerhalb der Gültigkeitsfrist vorgelegt werden konnte, darf i. d. R. die nachträgliche Ausstellung des Nachweises erfolgen. Dazu ist ein Antrag nach Formblatt 0445 (VSF Z 4275 S. 93) bei der o. g. Zollstelle zu stellen. Die nachträgliche

Ausstellung wird durch den Vermerk „Nachtäglich ausgestellt" auf dem Präferenznachweis zum Ausdruck gebracht.

Zweitausfertigungen des Präferenznachweises können auf Antrag des Ausführers ausgestellt werden, wenn die erste Ausfertigung verlorengegangen oder vernichtet worden ist. Der Antrag ist ebenfalls auf Formblatt 0445 bei der o. g. Zollstelle zu stellen. Die Zweitausfertigung wird als „Duplikat" gekennzeichnet.

Kann bei der Einfuhr einer präferenzberechtigten Ware ein entsprechender Nachweis nicht erbracht werden, setzt die Zollstelle i. d. R. eine Frist von bis zu vier Wochen zur Vorlage des Nachweises, wenn anzunehmen ist, daß die Voraussetzungen für die Zollvergünstigung vorliegen. Die Zollstelle erteilt unter Anwendung des besonderen Zollsatzes einen vorläufigen Zollbescheid. Für die Differenz zwischen dem Regelzollsatz und dem besonderen Zollsatz muß der Zollbeteiligte eine Sicherheit leisten. Bei sogenannten sicheren Zollbeteiligten (z. B. Aufschubnehmer) kann von der Sicherheitsleistung abgesehen werden. Die gesetzte Frist zur nachträglichen Vorlage des Präferenznachweises kann bei nachgewiesenem Bedürfnis auf Antrag bis zu drei Monaten verlängert werden.

Soweit eine Ware in der Zollanmeldung nicht als präferenzberechtigt angemeldet und eine Verzollung mit dem Regelzollsatz erfolgte, wird nach Vorlage des ordnungsgemäßen Präferenznachweises der erlassene Steuerbescheid unter den Voraussetzungen der Art. 235 ff ZK und Art. 877 ff ZKDVO geändert.

160

1 Absender - Consignor - Expéditeur - Expedidor	**D** 863362	ORIGINAL
2 Empfänger - Consignee - Destinataire - Destinatario		**EUROPÄISCHE GEMEINSCHAFT** *EUROPEAN COMMUNITY - COMMUNAUTE EUROPEENNE - COMUNIDAD EUROPEA* **URSPRUNGSZEUGNIS** *CERTIFICATE OF ORIGIN - CERTIFICAT D'ORIGINE - CERTIFICADO DE ORIGEN*

3 Ursprungsland - *Country of origin - Pays d'origine - Pais de origen*

4 Angaben über die Beförderung - *means of transport - expédition - expediciòn*	5 Bemerkungen - *remarks - observations - observaciones*

6 Laufende Nummer; Zeichen, Nummern, Anzahl und Art der Packstücke; Warenbezeichnung	7 Menge

8 DIE UNTERZEICHNENDE STELLE BESCHEINIGT, DASS DIE OBEN BEZEICHNETEN WAREN IHREN URSPRUNG IN DEM IN FELD 3 GENANNTEN LAND HABEN
The undersigned authority certifies that the goods described above originate in the country shown in box 3
L'autorité soussignée certifie que les marchandises désignées ci-dessus sont originaires du pays figurant dans la case No. 3
La autoridad infrascrita certifica que las mercancias abajo mencionadas son originarias del pais que figura en la casilla no. 3

Ort und Datum der Ausstellung; Bezeichnung, Unterschrift und Stempel der zuständigen Stelle
Genehmigt durch Erlaß des Bundesministers der Finanzen vom 22. 5. 1969   III B / 8 — Z 1351 — 9/69

179

WARENVERKEHRSBESCHEINIGUNG

1. **Ausführer** (Name, vollständige Anschrift, Staat)	**A.TR. 1** Nr. **D 449791**
	Vor dem Ausfüllen Anmerkungen auf der Rückseite beachten

2. **Frachtpapier** (Ausfüllung freigestellt)
Nr. .... vom ....

3. **Empfänger** (Name, vollständige Anschrift, Staat) (Ausfüllung freigestellt)	4. **ASSOZIATION** zwischen der **EUROPÄISCHEN WIRTSCHAFTSGEMEINSCHAFT** und der **TÜRKEI**

¹⁾ Anzugeben ist der Mitgliedstaat oder „Türkei"

5. Ausfuhrstaat	6. Bestimmungsstaat ¹⁾

²⁾ Hier ist gegebenenfalls der Vermerk „Anteilzoll Türkei" anzubringen

7. Angaben über die Beförderung (Ausfüllung freigestellt)	8. Bemerkungen ²⁾

9. Laufende Nr.	10. Zeichen, Nummern, Anzahl und Art der Packstücke (bei lose geschütteten Waren je nach Fall Name des Schiffes, Waggon- oder Kraftwagennummer); Warenbezeichnung	11. Rohgewicht (kg) oder andere Maße (hl, m³, usw.)

³⁾ In der Bundesrepublik Deutschland vom Ausführer auszufüllen

12. BESCHEINIGUNG DER ZOLLSTELLE Die Richtigkeit der Erklärung wird bescheinigt. Stempel Ausfuhrpapier: ³⁾ Art/Muster .... Nr. .... vom .... Zollstelle: .... Ausstellender Staat: .... (Ort und Datum) (Unterschrift)	13. ERKLÄRUNG DES AUSFÜHRERS Der Unterzeichner erklärt, daß die vorgenannten Waren die Voraussetzungen erfüllen, um diese Bescheinigung zu erlangen. (Ort und Datum) (Unterschrift)

WARENVERKEHRSBESCHEINIGUNG

1. **Ausführer** (Name, vollständige Anschrift, Staat)	**A.TR. 3** Nr. **D 050922** ✳
	Vor dem Ausfüllen Anmerkungen auf der Rückseite beachten
	2. **Frachtpapier** (Ausfüllung freigestellt) Nr. .... vom ....
3. **Empfänger** (Name, vollständige Anschrift, Staat) (Ausfüllung freigestellt)	4. **ASSOZIATION** zwischen der **EUROPÄISCHEN WIRTSCHAFTSGEMEINSCHAFT** und der **TÜRKEI**
	5. Ausfuhrstaat 6. Bestimmungsland im Zeitpunkt der Ausfuhr

[1] Hier ist gegebenenfalls der Vermerk „Anteilzoll Türkei" anzubringen

7. Angaben über die Beförderung (Ausfüllung freigestellt)	8. Bemerkungen [1]

9. Laufende Nr.	10. Zeichen, Nummern, Anzahl und Art der Packstücke (bei lose geschütteten Waren je nach Fall Name des Schiffes, Waggon- oder Kraftwagennummer); Warenbezeichnung	11. Tarifnummer	12. Rohgewicht (kg)	13. Eigengewicht (kg) oder andere Maße (hl, m³, usw.)

14. BESCHEINIGUNG DER ZOLLSTELLE

Zollbefund unter Angabe der Mittel zur Nämlichkeitssicherung [2]

[2] Siehe Rückseite

[3] In der Bundesrepublik Deutschland vom Ausführer auszufüllen

Die Richtigkeit der Erklärung wird bescheinigt. Stempel Ausfuhrpapier: [3] Art/Muster .... Nr. .... vom .... Zollstelle: .... Ausstellender Staat: .... (Ort und Datum) .... (Unterschrift)	**15. ERKLÄRUNG DES AUSFÜHRERS** Der Unterzeichner erklärt, daß die vorgenannten Waren die Voraussetzungen erfüllen, um diese Bescheinigung zu erlangen. Verladeort: .... (Ort und Datum) .... (Unterschrift)

WARENVERKEHRSBESCHEINIGUNG

1. Ausführer/Exporteur (Name, vollständige Anschrift, Staat)	**EUR. 1** Nr. **D** 569694
	Vor dem Ausfüllen Anmerkungen auf der Rückseite beachten
3. Empfänger (Name, vollständige Anschrift, Staat) (Ausfüllung freigestellt)	2. Bescheinigung für den Präferenzverkehr zwischen .... und .... (Angabe der betreffenden Staaten, Staatengruppen oder Gebiete)
	4. Staat, Staatengruppe oder Gebiet, als dessen bzw. deren Ursprungswaren die Waren gelten	5. Bestimmungsstaat, -staatengruppe oder -gebiet
6. Angaben über die Beförderung (Ausfüllung freigestellt)	7. Bemerkungen

¹) Bei unverpackten Waren ist die Anzahl der Gegenstände oder „lose geschüttet" anzugeben.

8. Laufende Nr.; Zeichen, Nummern, Anzahl und Art der Packstücke ¹); Warenbezeichnung	9. Rohgewicht (kg) oder andere Maße (l, m³, usw.)	10. Rechnungen (Ausfüllung freigestellt)

In der Bundesrepublik Deutschland vom Ausführer auszufüllen

11. SICHTVERMERK DER ZOLLBEHÖRDE	12. ERKLÄRUNG DES AUSFÜHRERS/ EXPORTEURS
Die Richtigkeit der Erklärung wird bescheinigt.	
Ausfuhrpapier:²) Art/Muster .... Nr. .... vom .... Zollbehörde: .... Aussteller/s Staat/Gebiet: .... **Bundesrepublik Deutschland** .... (Ort und Datum) .... (Unterschrift)	Stempel
	Der Unterzeichner erklärt, daß die vorgenannten Waren die Voraussetzungen erfüllen, um diese Bescheinigung zu erlangen. .... (Ort und Datum) .... (Unterschrift)

ERKLÄRUNG DES AUSFÜHRERS/EXPORTEURS

Der Unterzeichner, Ausführer/Exporteur der auf der Vorderseite beschriebenen Waren,

ERKLÄRT, daß diese Waren die Voraussetzungen erfüllen, um die beigefügte Bescheinigung zu erlangen;

BESCHREIBT den Sachverhalt, aufgrund dessen diese Waren die vorgenannten Voraussetzungen erfüllen, wie folgt:

....

LEGT folgende Nachweise VOR [1]):

....

VERPFLICHTET SICH, auf Verlangen der zuständigen Behörden alle zusätzlichen Nachweise zu erbringen, die für die Ausstellung der beigefügten Bescheinigung erforderlich sind, und gegebenenfalls jede Kontrolle seiner Buchführung und der Herstellungsbedingungen für die obengenannten Waren zu dulden;

BEANTRAGT die Ausstellung der beigefügten Bescheinigung für diese Waren.

.... (Ort und Datum)

.... (Unterschrift)

ACHTUNG: Unrichtige Angaben, die für die Vorzugsbehandlung von Bedeutung sind, können als Steuerstraftat oder Steuerordnungswidrigkeit geahndet werden.

[1] Zum Beispiel Einfuhrpapiere, Warenverkehrsbescheinigungen, Rechnungen, Erklärungen des Herstellers usw. über die verwendeten Erzeugnisse oder die in unverändertem Zustand werden ausgeführten Waren.

Druck genehmigt durch Erlaß des Bundesministers der Finanzen vom 13.12.1973 III B 8-Z 1354-241/73

A 0987

Bestell-Nr.
3482 2.6 (1989)

PURSCHKE + HENSEL, 12357 BERLIN, Kanalstraße 7 · 12315 BERLIN, Postfach 47 06 63 · Telefon: (030) 66 09 01 - 0 · Fax: (030) 66 09 01 - 11

Rechtsbehelfsverfahren in Zollsachen 1.14

164
Berechtigter

Zur Einlegung eines Rechtsbehelfes ist im Zollrecht jede Person befugt, die von einer Entscheidung der Zollbehörde unmittelbar und persönlich betroffen ist.

Die Möglichkeit der Einlegung eines Rechtsbehelfes ist aber auch dann gegeben, wenn eine Entscheidung beantragt, jedoch nicht fristgerecht getroffen wurde. In diesem Fall ist der Antragsteller zur Einlegung legitimiert.

165
zweistufiges Verfahren

Der Zollkodex sieht für das Rechtsbehelfsverfahren eine Zweistufigkeit vor (vgl. Titel VIII ZK). Dem folgend ist in der ersten Stufe der Rechtsbehelf bei der zuständigen Zollbehörde einzulegen. Im Regelfall wird das jene Dienststelle der Zollverwaltung sein, die die anzufechtende Entscheidung erlassen hat.

In der zweiten Stufe ist die Zuständigkeit eines Gerichtes oder einer gleichwertigen speziellen Stelle nach geltendem nationalen Recht vorgesehen. In Deutschland sind das regelmäßig die jeweiligen Finanzgerichte.

Gemäß Art. 245 ZK gilt für die Einzelheiten des Rechtsbehelfsverfahrens nationales Recht. Damit ist grundsätzlich auf die diesbezüglichen Regelungen der Abgabenordnung zurückzugreifen.

166
Frist/ Vollziehung

Ein Rechtsbehelf ist gem. § 355 Abs. 1 AO innerhalb einer Frist von einem Monat nach Bekanntgabe einzulegen. Die Vollziehung einer mit Rechtsbehelf angefochtenen Entscheidung wird gemäß Art. 244 ZK grundsätzlich nicht ausgesetzt. Eine Ausnahme ist dann gegeben, wenn die Zollbehörde selbst begründete Zweifel an der Rechtmäßigkeit der angefochtenen Entscheidung hat oder wenn dem Beteiligten ein unersetzbarer Schaden entstehen könnte.

167
Gerichtsweg

Wird einem Rechtsbehelf nicht entsprochen, ist die Möglichkeit der Klage beim zuständigen Finanzgericht gegeben. Solche befinden sich in den einzelnen Ländern. Der Bundesfinanzhof hat seinen Sitz in München.

Die Gerichtsverfassung, das Verfahren, die Kosten und die Vollstreckung sind in der Finanzgerichtsordnung (FGO) vom 6.10.1965 (BGBl I S. 1477) in der Fassung des Gesetzes zur Änderung der FGO und anderer Gesetze vom 21.12.1992 (BGBl. I S. 2109) geregelt.

Der Finanzrechtsweg ist gegeben

a) in öffentlich-rechtlichen Streitigkeiten über Abgabenangelegenheiten, soweit die Abgaben der Gesetzgebung des Bundes unterliegen und durch Bundes- oder Landesfinanzbehörden verwaltet werden,

b) in öffentlich-rechtlichen Streitigkeiten über die Vollziehung von Verwaltungsakten in anderen als den in a) bezeichneten Angelegenheiten, soweit die Verwaltungsakte durch Bundes- oder Landesfinanzbehörden nach den Vorschriften der AO zu vollziehen sind und soweit nicht ein anderer Rechtsweg ausdrücklich gegeben ist,
c) in öffentlich-rechtlichen und berufsrechtlichen Streitigkeiten über Angelegenheiten, die durch das Steuerberatungsgesetz geregelt sind,
d) in anderen als den vorbezeichneten öffentlich-rechtlichen Streitigkeiten, soweit für diese durch Bundes- oder Landesgesetz der Finanzrechtsweg eröffnet ist.

Die Finanzgerichte entscheiden im ersten Rechtszug über alle Streitigkeiten, für die der Finanzrechtsweg gegeben ist, soweit nicht der Bundesfinanzhof (BFH) zuständig ist. Der BFH entscheidet über das Rechtsmittel

a) der Revision gegen Urteile des Finanzgerichts und gegen Entscheidungen, die Urteilen des Finanzgerichts gleichstehen,
b) der Beschwerde gegen andere Entscheidungen des Finanzgerichts oder des Vorsitzenden des Senats.

Der BFH entscheidet im ersten und letzten Rechtszug u. a. über

a) die Klage wegen erstinstanzlicher Verwaltungsakte des Bundesministers der Finanzen auf dem Gebiet der Eingangsabgaben,
b) die Klage wegen verbindlicher Zolltarifauskünfte.

Wird im gerichtlichen Verfahren die Frage nach der Gültigkeit oder der Auslegung von EG-Rechtsakten gestellt, so kann das Finanzgericht, wenn es dies für erforderlich hält, nach Art. 177 EWG-Vertrag eine Vorabentscheidung des Europäischen Gerichtshofs (EuGH) einholen, die das Gericht bindet. Der BFH als letztinstanzliches Gericht muß bei Vorlage einer solchen Frage regelmäßig eine Vorabentscheidung einholen.

Der Spediteur und die Transport- und Lagerversicherung 2

Versicherung des Gutes – §§ 35–38 ADSp 2.1

Die Geschäftsbedingungen des Spediteurs, die *ADSp in der Fassung vom 1.1.1993* regeln die Versicherung des dem Spediteur übergebenen Gutes wie folgt:

**200
Versicherung
des Gutes gemäß
ADSp 1987/1.1.93**

„IX. Versicherung des Gutes

§ 35. a) Zur Versicherung des Gutes ist der Spediteur nur verpflichtet, soweit ein ausdrücklicher schriftlicher Auftrag dazu unter Angabe des Versicherungswertes und der zu deckenden Gefahren vorliegt. Bei ungenauen oder unausführbaren Versicherungsaufträgen gilt Art und Umfang der Versicherung dem Ermessen des Spediteurs anheimgestellt, wobei er mit der Sorgfalt eines ordentlichen Spediteurs die Interessen seines Auftraggebers zu wahren hat. Der Spediteur hat die Weisung zur Versicherung im ordnungsgemäßen Geschäftsgang auszuführen.

b) Der Spediteur ist nicht berechtigt, die bloße Wertangabe als Auftrag zur Versicherung anzusehen.

c) Durch Entgegennahme eines Versicherungsscheines (Police) übernimmt der Spediteur nicht die Pflichten, die dem Versicherungsnehmer obliegen; jedoch hat der Spediteur alle üblichen Maßnahmen zur Erhaltung des Versicherungsanspruches zu treffen.

§ 36. Mangels abweichender schriftlicher Vereinbarung versichert der Spediteur zu den an seinem Erfüllungsort üblichen Versicherungsbedingungen.

§ 37. a) Im Falle der Versicherung steht dem Auftraggeber als Ersatz nur zu, was der Spediteur von dem Versicherer nach Maßgabe der Versicherungsbedingungen erhalten hat.

b) Der Spediteur genügt seinen Verpflichtungen, indem er dem Auftraggeber auf Wunsch die Ansprüche gegen den Versicherer abtritt; zur Verfolgung der

Ansprüche ist er nur auf Grund besonderer schriftlicher Abmachung und nur für Rechnung und Gefahr des Auftraggebers verpflichtet.

c) Soweit der Schaden durch eine vom Spediteur im Auftrage des Auftraggebers abgeschlossene Versicherung gedeckt ist, haftet der Spediteur nicht.

§ 38. Für die Versicherungsbesorgung, Einziehung des Schadensbetrages und sonstige Bemühungen bei Abwicklung von Versicherungsfällen und Havarien steht dem Spediteur eine besondere Vergütung zu."

Wie das Wort „Versicherungsbesorgung" (§ 38 ADSp) deutlich macht, ist „versichern" eine Nebenleistung, die als Verrichtung im Sinne des § 1 ADSp zu sehen ist. Als Vergütung erhält der Spediteur in der Regel eine Kommission, den „Spediteurrabatt". (Vergl. auch Rn. 255)

Versicherungswesen und Versicherungszweige 2.2

201
Versicherungs-begriff

Kein Gesetz erklärt, was *Versicherung* ist. Viele Wissenschaftler und Praktiker versuchten eine Begriffsdefinition zu geben, z. B. Professor Hellauer:

„Versicherung ist, vom gemeinschaftlichen Standpunkt aus betrachtet, eine wirtschaftliche Einrichtung, die bezweckt, einen Vermögensbedarf, der durch ein zumindest bezüglich des Zeitpunktes unbestimmtes Ereignis für den einzelnen entsteht, durch eine Gemeinschaft gänzlich oder teilweise zur Deckung zu bringen. Die Gemeinschaft wird durch Personen gebildet, die sich in derselben Lage des eventuellen Vermögensbedarfs befinden. Ist ein Versicherungsunternehmer vorhanden, so ist sie durch die Gesamtheit der in gleicher Weise Versicherten gegeben.

Juristisch und betriebswirtschaftlich ist Versicherung ein Vertrag, bei dem der eine Teil, der Versicherte (Assekurat), gegen Bezahlung eines bestimmten Betrages, der Prämie, oder eines später nach Bedarf zu bestimmenden Betrages, der Umlage, das Recht erwirbt, bei Eintritt eines zumindest bezüglich des Zeitpunktes unbestimmten Ereignisses die gänzliche oder teilweise Deckung eines dadurch entstehenden Vermögensbedarfes durch den anderen Teil, den Versicherer (Assekuradeur, Assekuranten), zu fordern."

Hier sei in der Zusammenfassung eine einfache, knappere Definition des Systems *Versicherung* versucht:

Man zahlt die Versicherungsprämie als Ausgleich für Schäden am Vermögen. Die Versicherungsleistung erfolgt durch Zahlung einer Entschädigung in Geld.

Das System *Versicherung* funktioniert mathematisch nur und solange, wie der einzelne Versicherer viele möglichst gleichartige oder ähnliche Risiken deckt und daraus die Bedarfsprämie richtig berechnet ist. In der Transportversicherung sind Zweifel zulässig, ob die Bedarfsprämien in den letzten Jahren richtig kalkuliert wurden. Die Transportversicherungsbranche schrieb 1990 im versicherungstechnischen Geschäft rote Zahlen.

Die Versicherungswirtschaft in Deutschland kennt hauptsächlich drei Unternehmensformen:

202
Formen der Versicherungsunternehmen

1. Die Versicherungs-Aktiengesellschaft (Versicherungs-AG)

2. Den Versicherungsverein auf Gegenseitigkeit (VVaG)

3. Die Öffentlich-rechtliche Anstalt (Pflicht-, Monopol- oder Wettbewerbsanstalten)

Die wirtschaftlichen und versicherungstechnischen Grundlagen bei allen drei Unternehmensformen sind heute fast gleich, so daß hier nur noch rechtliche Unterschiede zusammengefaßt werden sollen:

Die Versicherungs-AG

ist die häufigste Gesellschaftsform in der Transportversicherung. Das Gesellschaftskapital entsteht durch Einlage privater Gesellschafter wie bei jeder anderen AG in unserer Volkswirtschaft. Auf dem Weg der AG-Gründung wird zum Ausgleich des Risikos die Zusammenfassung möglichst vieler Versicherungsverträge beschlossen und in die Wege geleitet.

Der Versicherungsverein auf Gegenseitigkeit

ist in der Transportversicherung selten, früher häufig in der See- und Flußkasko-Versicherung vertreten. Schiffseigner und Partikuliere wählen diese Form, um das Risiko der Schiffsversicherung abzudecken. Die Betriebsmittel entstehen entweder durch ein Umlageverfahren oder Prämienzahlung der Vereinsmitglieder mit oder ohne Nachschußverpflichtung bei Verlusten des Vereins. Je nach Satzung des VVaG können auch Nichtmitglieder Versicherungsschutz erhalten.

Öffentlich-rechtliche Versicherungsanstalten

sind in der Bundesrepublik Deutschland Körperschaften des öffentlichen Rechts; einige arbeiten auch auf dem Gebiet der Transportversicherung. Entstanden sind sie in den einzelnen deutschen Ländern und Reichsstädten im vorigen Jahrhundert durch „hoheitlichen Akt", später durch Landes- oder Bundesgesetze. Nach der Satzung oder dem jeweiligen Recht der Länder dürfen die Einkünfte aus den Beiträgen der Versicherungsnehmer nur für

Schadenzahlungen, die Verwaltung und besonders für die Schadenverhütung verwendet werden. Entsteht ein Überschuß, kommt er allen Versicherungsnehmern anteilig zugute.

203 Versicherungsarten

Versucht man eine Gruppierung der zahlreichen Versicherungszweige nach Arten, dann wird nach dem *zu versichernden Interesse* gegliedert; das kann sein eine Person, eine Sache oder ein Vermögenswert. Deshalb unterscheiden wir grob zwischen folgenden Versicherungszweigen:

a) Personenversicherung
   – Lebensversicherung, Unfallversicherung, Krankenversicherung
b) Sachversicherung
   – zu unterteilen nach der Versicherung unbeweglicher Sachen (Gebäude, Immobilien) und beweglicher Sachen (Mobilien, Handelsgüter, Hausrat)

   – Feuerversicherung, Glasversicherung, Sturmversicherung u.a.m. einerseits und
   – Transportversicherung, Einbruch-Diebstahlversicherung u.a.m.

c) Vermögensversicherung
   – Haftpflichtversicherung, Kreditversicherung, Kautionsversicherung u.a.m.

   Mischformen setzen sich immer stärker am Markt durch.

204 Transportversicherung trotz Verkehrsträgerhaftung?

Transportversicherung bedeutet die Übernahme des Wagnisses, das mit dem Transport von Gütern zusammenhängt, durch einen Versicherungsunternehmer gegen Erhebung der Prämie. Je nach den vereinbarten Kauf- oder Verkaufsbedingungen haftet der Käufer oder der Verkäufer für die wohlbehaltene Ankunft der verkauften oder gekauften Waren am Bestimmungsort. Einer von den beiden trägt das Wagnis (Risiko), das aus den Gefahren während des Transportes entsteht.

Für die finanziellen Schäden durch Verlust oder Beschädigung der Ware erwarten Verkäufer oder Käufer einen Schutz, der über die Haftung der am Transport beteiligten Unternehmer – Spediteur, Frachtführer, Kaiumschlagsbetriebe, Verfrachter von Seeschiffen/Luftfrachtführer – hinausgeht.

So bestehen zwischen dem Deckungsumfang einer Transportversicherung und der Haftung der Verkehrsträger und ihren Verkehrshaftungs-Versicherungen erhebliche Lücken. Die wesentlichen sind i. R.:

– Für höhere Gewalt z. B. Naturkatastrophe keine Haftung*)

– zeitliche Haftungsbegrenzung

– höhenmäßige Haftungsbegrenzung über das Gewicht oder das Ladevolumen.

---

*) Ausnahme GüKUMT ab Veröffentlichung im Bundesanzeiger Nr. 45 vom 3. 3. 1984.

Der Frachtführer haftet nur, solange sich das Transportgut in seiner Obhut befindet. Der Transportversicherer bietet jedoch Versicherungsschutz für *alle* Transportbewegungen auch vor Übernahme durch Frachtführer und nach Verlassen des Frachtführergewahrsams (z. B. Be- und Entladen, Umladen, Lagerung im Zoll usw.)

Bei See- und Binnenschiffahrtstransporten haften die Reeder nicht für die Aufwendungen an der Ladung im Falle der

– Havarie-grosse (große Haverei)

Die Opfer und Kosten für die Rettung der Ladung bei Havarien, gleich ob vom Schiff verschuldet oder nicht, liegen beim Ablader oder seiner Transportversicherung.

Die Haftungsprinzipien sind bei den einzelnen Verkehrsträgern verschieden. Insbesondere bei mehrstufigen Transporten, wenn verschiedene Frachtführer oder Verfrachter von Seeschiffen an der Durchführung des Transportes beteiligt sind, ist es nicht einfach, im Schadensfalle zu ermitteln, welcher der am Transport Beteiligten die Schuld an dem Schaden trägt. Soweit es sich um die Gefahren während des Transportes handelt, sprechen wir von der *Transportversicherung,* soweit es sich um die Gefahren während einer disponierten Lagerung handelt, von der *Lagerversicherung.*

Arten der Transportversicherung 2.3

Die Transportversicherung gehört zur Gruppe der Sachversicherung. Gegenstand der Transportversicherung kann sein:

a) die Kaskoversicherung, d. h. die Versicherung des Transportmittels

b) die Waren- oder Kargoversicherung, d. h. die Versicherung der Güter während des Transportes

c) die Frachtversicherung, d. h. die Versicherung der Frachtgelder.

205
Kasko-, Waren- und Frachtversicherung

Aus diesen drei Arten der Transportversicherung hat die Güter- oder Kargoversicherung für den Spediteur die größere Bedeutung. Die Kaskoversicherung berührt nämlich im wesentlichen die Interessen der Frachtführer, dagegen hat die Frachtgeldversicherung in der Seeschiffahrt eine Bedeutung. Die folgenden Kapitel behandeln deshalb nur die Warentransportversicherung.

206
Seetransportversicherung
Die Seetransportversicherung erstreckt sich auf die Versicherung der Güter während der Seereise. Sie ist der älteste Zweig der Versicherung überhaupt. In Deutschland kennt man sie bereits seit dem 16. Jahrhundert.

207
Binnentransportversicherung
Die Binnentransportversicherung erfaßt die Versicherung der Land- und die Binnenwassertransporte. Landtransporte sind Eisenbahn- und Kraftfahrzeugtransporte, sowie Transporte landwärts per Post, Express- und Paketdiensten, Binnenwassertransporte sind Transporte mit Binnenschiffen auf Flüssen und Kanälen; alle Transporte im grenzüberschreitenden Verkehr mit der Eisenbahn, dem LKW, dem Binnenschiff etc. gelten als Binnentransporte.

208
Lufttransportversicherung
Die Lufttransportversicherung erstreckt sich auf die Versicherung der Güter, die im Luftverkehr befördert werden, meist einschließlich der Vor- bzw. Nachreise zu bzw. zum Flughafen.

Auch gebrochene Verkehre fallen in diese Gruppe, es kommt nur darauf an, daß ein wesentlicher Teil der Reise durch die Luft erfolgt, wie beim sog. Splitcharter. Ein Beispiel für ein Splitcharterrisiko nach Saudi-Arabien: LKW/Köln nach Luxemburg, Luft-Charter/Luxemburg nach Kairo, Charter/Kairo nach Riad, LKW/Riad Jeddah.

Mit steigender Luftfrachttonnage in den letzten Jahren bemühen sich verschiedene von Airlines gegründete Versicherungsgesellschaften neben den traditionellen Risikoträgern um die Transportversicherung dieser Risiken.

209
Valorenversicherung
Die Versicherung von Wertsendungen erfolgt unter der Bezeichnung Valorenversicherung als ein Nebenzweig der Transportversicherung. Valoren werden in Bankvaloren und Bijouterie-(Juwelier-)Valoren unterteilt. Zu den Bankvaloren zählen Geld, Edelmetalle, Wertpapiere, Wechsel, Schecks u.a.m. Sie werden nochmals unterteilt in solche erster und zweiter Klasse. Bankvaloren erster Klasse sind Wertsendungen, die im Falle der Vernichtung oder des Abhandenkommens gerichtlich für kraftlos zu erklären werden können. Zu den Bijouterie-(Juwelier-)Valoren zählen Gold- und Silberwaren, Juwelen, Bijouterie, Schmuckwaren aller Art, Uhren u.a.m. Die Valorenversicherung erstreckt sich auf See-, Binnen- und Lufttransporte.

Zur Valorenversicherung gehört auch die Reiselagerversicherung. Versichert werden die auf der Reise und auf Geschäftsgängen mitgeführten Musterkollektionen. Die Reiselagerversicherung hat Bedeutung im Handel mit Bijouterien und Uhren. Das Risiko wird von den deutschen Transportversicherern in Mitversicherungsgemeinschaften (Valoren-Pools) gedeckt. Zu diesen Valoren-Pools haben sich wegen der Schwere des Risikos eine Vielzahl von Versicherern zusammengeschlossen.

210
Reisegepäckversicherung
Die Reisegepäckversicherung erstreckt sich auf die Versicherung von Reisegepäck (Reiseeffekten). Der Versicherungsschutz bezieht sich nicht nur auf

den eigentlichen Transport, sondern auch auf den Aufenthalt in Orten, die der Reisende aufsucht.

Der Versicherungsschutz regelt sich für neu abgeschlossene Policen seit 1980 einheitlich nach den

Allgemeinen Bedingungen für die Versicherung von Reisegepäck (AVB 1980)

Reisegepäck sind alle Sachen des persönlichen Reisebedarfs, die während einer Reise mitgeführt, am Körper oder in der Kleidung getragen oder durch ein übliches Transportmittel befördert werden. Als Reisegepäck gelten auch Geschenke und Reiseandenken, die auf der Reise erworben werden.

Sachen, die dauernd außerhalb des Hauptwohnsitzes der Versicherten aufbewahrt werden (z. B. in Zweitwohnungen, Booten, Campingwagen), gelten nur als Reisegepäck, solange sie von dort aus zu Fahrten, Gängen oder Reisen mitgenommen werden.

Fahrräder, Falt- und Schlauchboote sowie andere Sportgeräte einschließlich Zubehör sind nur versichert, solange sie sich nicht in bestimmungsgemäßem Gebrauch befinden. Außenbordmotoren sind stets ausgeschlossen.

Pelze, Schmucksachen, Gegenstände aus Edelmetall sowie Foto- und Filmapparate und Zubehör, sind, je Versicherungsfall mit höchstens 50% der Versicherungssumme der Police insgesamt, nur versichert, solange sie

– bestimmungsgemäß getragen bzw. benutzt werden oder

– in persönlichem Gewahrsam sicher verwahrt mitgeführt werden oder

– einem Beherbergungsbetrieb zur Aufbewahrung übergeben sind oder

– sich in einem ordnungsgemäß verschlossenen Raum oder einer bewachten Garderobe befinden; Schmucksachen und Gegenstände aus Edelmetall jedoch nur, solange sie außerdem in einem verschlossenen Behältnis untergebracht sind, das erhöhte Sicherheit auch gegen die Wegnahme des Behältnisses bietet.

Pelze, Foto- und Filmapparate und Zubehör sind auch dann versichert, wenn sie in ordnungsgemäß verschlossenen, nicht einsehbaren Behältnissen einem Beförderungsunternehmen oder einer Gepäckaufbewahrung übergeben sind.

Nicht versichert sind Geld, Wertpapiere, Fahrkarten, Urkunden und Dokumente aller Art, Gegenstände mit überwiegendem Kunst- oder Liebhaberwert, Kontaktlinsen, Prothesen jeder Art sowie Land-, Luft- und Wasserfahrzeuge (Fahrräder, Falt- und Schlauchboote siehe aber 5. Absatz). Ausweispapiere sind jedoch versichert.

Der Versicherungsschutz wird außerdem bei Aufbewahrung des Reisegepäcks im Auto und im Wassersportfahrzeug in bestimmten Fällen (z. B. nachts u. a.) stark beschnitten.

Der Umfang der versicherten Gefahren und Schäden ist beachtlich, die Ausschlüsse halten sich in akzeptablen Grenzen.

Die Reisegepäckversicherung wird von fast allen deutschen und ausländischen Transportversicherungsgesellschaften betrieben. Reisegepäckversicherungen verkauft die Deutsche Bundesbahn an jedem Gepäckschalter, ebenso wie jeder Reiseveranstalter, Luftfrachtführer oder Automobilclub für die jeweilige Transportversicherungsgesellschaft ihres Vertrauens.

Bei Drucklegung sind die AVB Reisegepäck **1992**, bereits vom Bundesaufsichtsamt genehmigt, aber die Wartefrist noch nicht abgelaufen, nach der erst neue Bedingungen dem Versicherungsschutz zugrunde gelegt werden dürfen. Deshalb unterblieb (noch) eine Kommentierung.

211 Einheitsversicherung

Die Einheitsversicherung ist auf bestimmte Industrieprodukte beschränkt, und zwar auf Textilwaren, Lederwaren, Rauchwaren (Pelze) und Tabakwaren. Sie ist eine besondere Sparte innerhalb der Transportversicherung. Sie deckt die Gefahren vom Bezug der Rohstoffe bis zur Ablieferung der Endprodukte an den Abnehmer. Die Einheitsversicherung ist aus der Versicherung „von Haus zu Haus" entstanden. Hierbei sind die Zu- und Abfuhren, der Umschlag und die Zwischenlagerungen der Erzeugnisse vom Rohstoff bis zum Fertigfabrikat versichert. Das Warenlager ist auch gegen Feuer-, Einbruchdiebstahl- und Leitungswasserschäden eingeschlossen.

1972 haben sich eine Vielzahl von Versicherern aus dieser Sparte wegen der konstanten schlechten Ergebnisse zurückgezogen. In den letzten Jahren mehrt sich die Anzahl der Versicherer wieder, die diese besondere Art der Versicherung in Deckung nehmen.

212 Ausstellungsversicherung

Die Ausstellungsversicherung ist eine Nebensparte der Transportversicherung; der „Messespediteur" sollte seinem Kunden über diese besondere Versicherungsart, nämlich Kombination zwischen Risiken der Transportversicherung und Risiken im stationären Ausstellungsbereich die wichtigsten Merkmale mitteilen können.

Nach dem Allgefahrenprinzip der Transportversicherung besteht Versicherungsschutz nach den

Allgemeinen Versicherungsbedingungen für Ausstellungs-Versicherungen

Besonders wären beispielhaft unter den versicherten Risiken hervorzuheben:

a) Durchgehender Versicherungsschutz, beginnend mit dem Zeitpunkt, in dem das Exponat vom bisherigen Aufbewahrungsort zwecks Beförderung zur Ausstellung angehoben wird; ohne Unterbrechung sind der Transport zur Messe, das Lagerrisiko vor der Messen, die offizielle Ausstellungs- oder Messezeit, das Lagerrisiko nach Beendigung der Messe bis zum Abtransport und der anschließende Rücktransport versichert. Der Versicherungsschutz endet mit dem Zeitpunkt, in dem das Ausstellungsgut nach Beendigung der Ausstellung oder Messe an seinen vorigen Aufbewahrungsort oder (z. B. bei Verkauf auf der Messe) seinen sonstigen Bestimmungsort erreicht hat und dort an der Stelle, die der Empfänger zur endgültigen Aufbewahrung bestimmt hat, abgesetzt wird

b) Das Ein- und Auspacken auf dem Ausstellungsgelände, der Auf- und Abbau – sofern nicht ausgeschlossen – evtl. auch die Montage sind mitversichert

c) Versicherungsschutz auch gegen Höhere Gewalt und Naturereignisse wie Überschwemmungen, Hochwasser, Erdbeben, Regen, Schnee und Hagel (ausgenommen jedoch Witterungseinflüsse an den unter freiem Himmel aufgestellten Gegenständen)

d) gewöhnlicher Diebstahl, Raub und Abhandenkommen, insbesondere im Hinblick auf das Durcheinander und die oft sehr unübersichtlichen Verhältnisse nach Beendigung der Ausstellung sowie während der Vor- und Nachlagerung

e) Beschädigung durch das Ausstellungspersonal, auch Besucher oder sonstige dritte Personen, auch an Ausstellungsgegenstände, die vom Besucher berührt werden können (ausgenommen Vorsatz der Angestellten des Versicherungsnehmers)

f) Bruch, Leckage, Verbiegen, Verbeulen, Verdrehen, Lack-, Kratz- und Schrammschäden, soweit sie nicht als Beschaffenheitsschäden bedingungsgemäß ausgeschlossen sind.

Versichert werden können

die Ausstellungsgegenstände (Exponate) selbst, der Messestand, Standeinrichtungen, wie Theken, Vitrinen, Beleuchtungskörper, Sitzmöbel, Teppiche, Teppichböden, auch Werbematerialien etc.

Auch besonders empfindliche oder wertvolle Ausstellungsgüter können versichert werden; hierfür empfiehlt es sich, mit den Versicherern besondere Absprachen, insbesondere im Hinblick auf die Sicherungen, zu treffen. Zu diesen besonderen Ausstellungsgütern zählen:

Antiquitäten, Kunstgegenstände, Juwelierwaren und Bijouterievaloren (Gold- und Silberwaren, Bijouterien, Juwelen, Edelsteine, Perlen, Sammlermünzen u. a.), Briefmarken, Rauchwaren (Pelze), Bücher, Modelle und Nachbildungen von Industrie-, Hafen- und Verkehrsanlagen, Gipsreliefs, Güter aus Ton-, Terrakotta und sonstigen bruchempfindlichen Materialien, Porzellan etc.

Die Versicherungssumme für das Ausstellungsgut sollte den Wert aller Gegenstände, die zur Messe gehen, berücksichtigen. Am besten läßt der Spediteur dem Versicherungsantrag eine Aufstellung der Exponate mit Wertangaben beigeben. Der Versicherer hat die Möglichkeit einer genauen Risikokenntnis und -beurteilung, im Schadenfall entstehen kaum Komplikationen, da dann nicht ein Wertnachweis durch Handelsrechnungen (oft nicht möglich) geführt werden muß.

Mitversichert werden können auch Frachten, Zölle, Montage- und Demontagekosten bei der Messe, die Kosten der Ausstellungsversicherung selbst; diese Kosten sind neben den Versicherungswerten für die Exponate bei Bildung der Versicherungssumme zu berücksichtigen.

Werden Güter auf der Messe verkauft und wünscht der Käufer für den Abtransport von der Messe keinen Versicherungsschutz, kann der Aussteller bei Meldung an den Versicherer die Deckung für den Rücktransport stornieren und eine anteilige Prämienerstattung verlangen.

Der „Messespediteur" rät seinem Kunden immer zu einer im durchgehenden Risiko laufenden Ausstellungsversicherung; Grund:

Es läßt sich im Schadenfall niemals feststellen, wann und wo der Schaden eingetreten ist. Wenn die Versicherungsdeckung „durchgeht", ist die Beweissituation für den Anspruchsteller günstig. Er braucht nämlich nicht nachzuweisen, wann und wo der Schaden entstanden ist und wer den Schaden verursacht hat. Der einfache Nachweis, daß der Schaden sich zu einem Zeitpunkt ereignet hat, als Versicherungsschutz für dieses Risiko bestand, genügt.

213
Paketversicherung

Die großen Paketdienste, als Beispiel sollen nur UPS, DPD und GERMAN PARCEL stehen, bieten entweder obligatorisch oder fakultativ Transportversicherungsschutz für das Paketgut.

Die Geschäftsbedingungen dieser Dienste ergänzen/ändern i. d. R. die ADSp zu den §§ 39–41 und § 64 und geben Auskunft, wie hoch gehaftet wird (starke Unterschiede in der Haftungshöhe und bei der Verjährung!!) und ob eine Transportversicherung von Haus zu Haus

– gegen Aufpreis beantragt werden muß (fakultativ)

oder

– im Preis bis zu einer in den Geschäftsbedingungen genannten Versicherungssumme automatisch enthalten ist (obligatorisch).

Vorsicht bei hochwertigen Sendungen; die meisten Paketdienste übernehmen keine den Rahmen ihrer Standardangebote überschreitenden Transportversicherungen. Es empfiehlt sich, dann den Kundenbetreuer/Akquisiteur des Paketdienstes zu befragen und Einsicht in seine AGB zu nehmen.

Das System Haftungsersetzung durch Versicherung bei Paketdiensten hat vom Grundsatz her der BGH im Urteil vom 6. 12. 1990 (IZR 138/89) bestätigt.

Ein Transportversicherer übernimmt oft das ganze Risiko der Versicherung nicht allein, sondern teilt es mit anderen Versicherern. Dabei ist zwischen Rückversicherung und Mitversicherung zu unterscheiden.

214
Rück- und Mitversicherung

Rückversicherung:

Es kommen keine vertraglichen Beziehungen zwischen dem Rückversicherer und dem Versicherungsnehmer des Erstversicherers (der Versicherer, dessen Name auf der Police steht) zustande. Der Rückversicherer bleibt anonym.

Mitversicherung:

Es kommen vertragliche Beziehungen zwischen mehreren Versicherern und dem Versicherungsnehmer zustande. Diese Versicherer teilen das Risiko offen dokumentiert in der Police untereinander auf. Ein Versicherer ist der sogenannte führende Versicherer, mit dem der Versicherungsnehmer allein verhandelt.

Oft wird diese Art der Versicherungsdeckung auch Beteiligungsversicherung genannt.

Jeder Versicherer haftet nur für seinen gezeichneten Anteil und niemals als Gesamtschuldner, auch dann nicht, wenn ein Versicherer für alle (übrigen) Versicherer die Police unterzeichnet hat.

Übliche Formulierungen für die Zeichnung in der Mitversicherung sind z. B.:

„Für 40% Führungsanteil und die (übrigen) mitbeteiligten Versicherer: XYZ-Versicherungs-AG"

oder

„For and on behalf of the co-insurers: XYZ-Vers.-AG".

Welche Dinge der führende Versicherer für die übrigen Versicherer regeln kann und welche nicht, ergibt sich aus dem Versicherungsvertrag.

Rechtsgrundlagen der Transportversicherung 2.4

Wir unterscheiden zwischen den gesetzlichen- und den vertraglich vereinbarten Rechtsgrundlagen (Versicherungsbedingungen)

Die gesetzlichen Bestimmungen für das Versicherungsgeschäft finden wir im Bürgerlichen Gesetzbuch (BGB), im Handelsgesetzbuch (HGB) und im Versicherungsvertragsgesetz (VVG). Das BGB und das HGB enthalten nur wenige Bestimmungen über den Versicherungsvertrag.

215
Gesetzliche Bestimmungen

Das Versicherungsvertragsgesetz (VVG) vom 30. August 1908 hat in der Zwischenzeit eine Reihe von Ergänzungen erfahren. In diesem Gesetz befinden sich folgende Vorschriften über den Versicherungsvertrag.

I. Abschnitt. Vorschriften für sämtliche Versicherungszweige
   1. Titel. Allgemeine Vorschriften (§§ 1–15 a)
   2. Titel. Anzeigepflicht. Gefahrenerhöhung (§§ 16–34 a)
   3. Titel. Prämie (§§ 35–42)
   4. Titel. Versicherungsagenten (§§ 43–48)

II. Abschnitt. Schadensversicherung
   1. Titel. Vorschriften für die gesamte Schadensversicherung (§§ 49–80)
      I. Inhalt des Vertrages (§§ 49–68 a)
      II. Veräußerung der versicherten Sache (§§ 69–73)
      III. Versicherung für fremde Rechnung (§§ 74–80)
   2. Titel. Feuerversicherung (§§ 81–107 c)
   3. Titel. Hagelversicherung (§§ 108–115 a)
   4. Titel. Tierversicherung (§§ 116–128)
   5. Titel. Transportversicherung (§§ 129–148)
   6. Titel. Haftpflichtversicherung (§§ 149–158 h)
      I. Allgemeine Vorschriften (§§ 149–158 a)
      II. Besondere Vorschriften für die Pflichtversicherung (§§ 158 b–158 h)

III. Abschnitt. Lebensversicherung (§§ 159–178)

IV. Abschnitt. Unfallversicherung (§§ 179–185)

V. Abschnitt. Schlußvorschriften (§§ 186–193)

Die Seetransportversicherung ist gesetzlich im HGB (§§ 778–893) geregelt. Für sie gilt das Versicherungsvertragsgesetz (VVG) nicht (§ 186 VVG). Die Vorschriften des HGB finden jedoch keine Anwendung, insoweit ihnen die Allgemeinen Deutschen Seeversicherungsbedingungen (ADS-Güterversicherung 1973 in der Fassung 1984) entgegenstehen und vereinbart sind (weiteres unter nachfolgender Rn. 216).

Wenn die Bestimmungen des 10. Abschnitts, 4. Buch des HGB, §§ 778 ff Anwendung finden sollten, sind dort Bestimmungen enthalten über

   a) den Umfang der Versicherung
   b) die Anzeigen beim Abschluß des Vertrages
   c) die Verpflichtungen des Versicherten aus dem Versicherungsvertrage
   d) den Umfang der Gefahr
   e) den Umfang des Schadens
   f) die Bezahlung des Schadens und
   g) die Aufhebung der Versicherung und Rückzahlung der Prämie.

Die Binnentransportversicherung fällt unter die Bestimmungen des VVG (§ 129 ff). Die vertraglichen Bedingungen müssen auf die „Beschränkungen der Vertragsfreiheit" Rücksicht nehmen (§ 187 VVG).

216 Vertragliche Bedingungen

Die vertraglichen Bedingungen für die Transportversicherung gegen die Gefahren der Beförderung zu Lande, auf Binnengewässern oder mit Luftfahrzeugen, wenn die Reise nicht über die Ozeane oder Meeresgebiete erfolgt, regeln sich meist nach den *Allgemeinen Deutschen Binnen-Transportversicherungsbedingungen (ADB 1963)*.

Die vertraglichen Bedingungen für die Transportversicherung gegen die Gefahren des Seetransportes (und des damit in direktem Zusammenhang stehenden Vor- und/oder Nachlaufes auf dem Lande) regeln sich nach den

Allgemeinen Deutschen Seeversicherungsbedingungen
Besondere Bestimmungen für die Güterversicherung (ADS-Güterversicherung 1973 in der Fassung 1984)

Anmerkungen zu den ADS:

Diese Versicherungsbedingungen sind von den deutschen Seeversicherern nach Beratungen mit den deutschen Handelskammern im Jahre 1919 herausgegeben worden. 1947 erfolgte eine Ergänzung bzw. Änderung in Form der „Zusatzbestimmungen für die Güterversicherung". Überarbeitungen erfolgten 1973 und 1984.

Die ADS-Güterversicherung 1973 in der Fassung 1984 ersetzten den zweiten Teil des Bedingungswerkes (§§ 88–99) und die Zusatzbestimmungen für die Güterversicherung (1947). Die Bestimmungen des gestrichenen § 97 der alten ADS wurden abgelöst durch die

Bestimmungen für die laufende Versicherung

Die allgemeinen Bestimmungen der alten ADS mit ihren §§ 1–57 ergänzen weiterhin die ADS Güterversicherung 1973 in der Fassung 1984.

Die ADS bilden fast immer die Vertragsgrundlagen bei Seetransportversicherungen und Lufttransportversicherungen (letztere, wenn die Reise ganz oder teilweise über See geht); erfolgt die Deckung über eine General-Police (laufende Versicherung), erfolgt die Ergänzung durch Bestimmungen für die laufende Versicherung.

Oft werden die ADS-Güterversicherung auch bei reinen Landtransportversicherungen angewendet, meist seitens der Versicherungsmakler und an den Seeplätzen.

Der Versicherungsschutz kann zwischen Versicherer und Versicherungsnehmer frei gestaltet werden. Die Vereinbarungen anderer, auch ausländischer

Versicherungsbedingungen ist möglich. Im Hinblick auf den internationalen Wettbewerb ist die Vertragsfreiheit auch in der Zukunft nicht gefährdet.

217
Versicherungsnehmer und Versicherter

An einem Versicherungsvertrag sind neben dem Versicherer, der das Risiko trägt,

- der Versicherungsnehmer und
- der Versicherte

beteiligt.

Versicherungsnehmer und Versicherter sind oft ein und dieselbe Person. Aber gerade der Speditionsbereich bildet die große Ausnahme von der Regel: Der Spediteur besorgt für einen anderen „Dritten" (für seinen Kunden, seinen Auftraggeber „für fremde Rechnung") Versicherungsschutz, z. B. eine Transport- oder Lagerversicherung. Versicherungsnehmer (der Spediteur) und Versicherter (der Kunde) sind zwei verschiedene Personen.

218
Versicherbare Interessen nach den Versicherungsbedingungen ADB + ADS

Versicherbar ist jedes in Geld zu schätzende Interesse. Liegt dem Versicherungsvertrag ein versicherbares Interesse nicht zugrunde, so ist er unwirksam (§ 2 Satz 1 ADS).

Was ist ein *versicherbares Interesse?*

Ein Interesse hat nach unserem allgemeinen Sprachverständnis jemand an Dingen, Sachen, Objekten (auch Menschen), zu denen er seine Beziehung oder Bindung nicht gegen seinen eigenen Willen verändern möchte. Ein Interesse besteht immer subjektiv, nie objektiv, der „Interessent" muß eine subjektive Beziehung zum (zu versichernden oder versicherten) Objekt haben. Die Beziehung des Interessenten soll auch zum Objekt so sein, daß eine negative Veränderung für ihn nachteilig ist oder anders formuliert „als ein Verlust oder ein Schaden empfunden wird".

Das „versicherte Interesse" ist also nicht die Sache selbst, sondern das Verhältnis des Versicherungsnehmers oder Versicherten zu der (zu versichernden oder versicherten) Sache.

Zum Zeitpunkt der Eindeckung einer Transportversicherung kommt es vor, daß noch nicht feststeht oder unbekannt ist, wessen Interesse versichert ist.

Beispiel:
Exportsendungen nach Übersee zur Kondition cif und unbekannter Importeur oder
Exportsendung ab Werk verkauft
und auch
„Versicherung für Rechnung, wen es angeht"

Was sagen die ADB 1963 und die ADS 1973 in der Fassung 1984 über das *versicherbare Interesse?*

Nach der ADB 1963 trägt der Versicherer alle Gefahren der Beförderung zu Lande, auf Binnengewässern oder mit Luftfahrzeugen, denen die Güter während der Dauer der Versicherung ausgesetzt sind. Das versicherbare Interesse erstreckt sich auf

- Verlust oder Beschädigung der versicherten Güter als Folge einer versicherten Gefahr
- den Betrag, den der Versicherungsnehmer oder Versicherte zur großen Haverei nach gesetzmäßig aufgemachter und von der zuständigen Dispache-Prüfungsstelle anerkannter Dispache zu leisten hat, sofern durch die Haverei-Maßregel ein dem Versicherer zur Last fallender Schaden abgewendet werden sollte
- Aufwendungen zur Anwendung oder Minderung des Schadens bei Eintritt des Versicherungsfalles und Kosten der Schadensfeststellung durch Dritte.

Für die Seeversicherung erstreckt sich nach den ADS Güterversicherung 1974 in der Fassung 1984, erster Teil, das in Geld schätzbare Interesse auf

- das Schiff
- die Güter
- von der Ankunft der Güter im Bestimmungsort erwarteter Gewinn (imaginärer Gewinn)
- im Falle der Ankunft des Schiffes oder der Güter am Bestimmungsort zu verdienende Provision
- die Fracht
- die Schiffsmiete
- die Überfahrtsgelder
- die Bodmereigelder
- die Havereigelder
- sonstige Forderungen, zu deren Deckung der Seegefahr ausgesetzte Gegenstände dienen.

Als Versicherungswert gilt der volle Wert des versicherten Interesses. Dies ist

219 Versicherungswert und Versicherungssumme

a) der gemeine Handelswert oder
b) der gemeinsame Wert, den die Güter beim Versicherungsbeginn am Abladeort haben, unter Hinzurechnung der Versicherungskosten, der Kosten, die bis zur Annahme der Güter durch den Beförderer entstehen, und der endgültig bezahlten Fracht oder

c) der gemeine Wert zuzüglich Versicherungs- und Transportkosten und eines imaginären Gewinns, wenn das Interesse des Käufers versichert ist.

Die Versicherungssumme ist derjenige Teil des Versicherungswertes, der tatsächlich auch zur Versicherung kommt. Die Folgen, die eintreten, wenn Versicherungswert und (die gewählte, beantragte) Versicherungssumme nicht übereinstimmen, erläutern die folgenden Rn. 220 + 221.

220
Unterversicherung

Unterversicherung (vergl. auch § 56 VVG und Ziffer 7.6. Güterversicherung 73) liegt vor, wenn die Versicherungssumme niedriger als der Versicherungswert ist. Der Versicherer hat den Schaden und die Aufwendungen nur nach dem Verhältnis der Versicherungssumme zum Versicherungswert zu ersetzen.

Beispiel:

Schadenbetrag:	DM 5 000,–
(gewählte, beantragte) Versicherungssumme:	DM 20 000,–
(tatsächlicher, richtiger) Versicherungswert:	DM 40 000,–
Entschädigung:	DM 2 500,–

Formel: (5 000) (20 000)

$$\frac{\text{Schadenbetrag} \times \text{Versicherungssumme}}{\text{Versicherungswert}} = \text{Entschädigung}$$

(40 000) (2 500)

221
Überversicherung und imag. Gewinn

Eine *Überversicherung* liegt vor, wenn die Versicherungssumme den Versicherungswert übersteigt. Nach den ADS § 9 ist in solchen Fällen der Vertrag insoweit unwirksam, als die Versicherungssumme den tatsächlichen Wert übersteigt. Der Versicherungsnehmer ist in diesem Falle an die vertraglichen Bestimmungen gebunden. Schließt der Versicherungsnehmer den Vertrag in der Absicht, sich aus der Überversicherung einen rechtswidrigen Vermögensvorteil zu verschaffen, so ist der ganze Vertrag unwirksam. Dem Versicherer steht dennoch die Prämie zu.

Streng zu unterscheiden von der Überversicherung ist die Mitversicherung eines sog. *„Imaginären Gewinnes"*. In der Transportversicherung kann der „durch die Ankunft der Güter erhoffte Gewinn" (das Interesse des Empfängers einer Sendung) mitversichert werden. Die Entschädigung dafür wird bei Verlust oder Totalschaden mit dem Warenschaden zusammen bezahlt, also dann, wenn infolge eines ersatzpflichtigen Schadens kein Veräußerungsgewinn anfallen kann (Versicherung des „Vermögenschadens Gewinnausfall"). Bei Akkreditivgeschäften muß nach Art. 35 b der „Einheitlichen Richtlinien und Gebräuche für Dokumenten-Akkreditive" ab dem 1. 10. 1984 ein 10% imag. Gewinn versichert werden, aber auch eine höhere Deckung ist möglich. Beispiel für die Versicherung eines imag. Gewinnes:

cif-Wert:	US-$ 11 500,–
+ 10 % imag. Gewinn:	US-$ 1 150,–
Vers.-Summe	US-$ 12 650,–

Von Doppelversicherung (vergl. auch § 59 VVG und §§ 10–12 ADS) sprechen wir, wenn ein Interesse gegen dieselbe Gefahr bei mehreren Versicherern versichert ist. Übersteigen die Versicherungssummen zusammen den Versicherungswert, sind die Versicherer nur als Gesamtschuldner verpflichtet. Der Versicherungsnehmer kann nicht mehr als den Betrag des Schadens verlangen.

**222
Doppel-
versicherung**

Hat der Versicherungsnehmer eine Doppelversicherung in der Absicht genommen, sich dadurch einen rechtswidrigen Vermögensvorteil zu verschaffen, ist der Vertrag unwirksam. Der Versicherer kann in solchem Falle die ganze Prämie verlangen. Nur wenn er bei der Schließung des Vertrages den Grund der Unwirksamkeit kannte, kann er es nicht.

Der Versicherungsnehmer hat, sobald er von der Doppelversicherung Kenntnis erlangt, dem Versicherer unverzüglich Mitteilung zu machen.

Beispiel:
Bei der Versicherungsgesellschaft A wurde (z. B. durch den Absender) eine Transportversicherung für eine Maschine von Düsseldorf nach Hamburg eingedeckt. Versicherungssumme DM 50 000,–.

Bei der Versicherungsgesellschaft B wurde (z. B. durch den Empfänger) das gleiche Risiko auch noch einmal versichert. Versicherungssumme auch DM 50 000,–.

Es tritt ein Totalschaden während der Beförderung ein, weil die 2 Tonnen schwere Maschine bei einer Umladung aus dem Haken des Kranes fällt, Folge Totalschaden!

Der Geschädigte erhält nur einmal als Entschädigung DM 50 000,–; die Versicherungsgesellschaft A zahlt DM 25 000,– und die Versicherungsgesellschaft B zahlt DM 25 000,–.

Das in der Versicherungsbranche übliche Antragswesen ist der Transportversicherung fremd.

Der Spediteur stellt den *Versicherungsantrag* entweder per Telefax oder Fernschreiben, oft auch mittels Versicherungsantrag Deklarationsblatt aus einem Anmeldeheft, das ihm der Versicherer zur Verfügung stellt. Der Spediteur sollte folgende Informationen geben:

a) Name, Anschrift, Telefon, Telex des antragstellenden Spediteurs oder Frachtführers

b) seine Aktenzeichen oder Sped.-Pos.-Nr. und Datum des Transportbeginns

c) Name des Versicherten (vgl. Rn. 217)

d) Markierung und Gewicht

e) Verpackung

f) Bezeichnung des zu versichernden Gutes

g) Transportmittel und Dampfername

h) Container ja/nein

i) Reise von ... via ... via ... nach ...

j) Versicherungssumme (gewünschte Währung angeben)

k) imaginärer Gewinn etc. ... % zusätzlich versichern?

l) Liegt Akkreditiv vor? ja/nein (wenn ja, beifügen oder zitieren)

m) Police erbeten, wievielfach, in welcher Sprache?

n) Spezielle Wünsche und Vorschriften?

Diese Angaben setzen den Versicherern fast immer in der Lage, das Risiko genau zu beurteilen, eine marktgerechte Prämie zu finden – soweit nicht generelle Absprachen in Form einer General-Police bestehen – und die Police oder das Versicherungszertificat auszufertigen.

223
Einzel-Police,
General-Police

Der Versicherer ist verpflichtet, eine von ihm unterzeichnete Urkunde über den Versicherungsvertrag (Versicherungsschein) dem Versicherungsnehmer auszuhändigen. Dieser Versicherungsschein heißt Police. Der Inhalt der Police gilt als vom Versicherungsnehmer genehmigt, wenn dieser nicht unverzüglich nach der Aushändigung widerspricht. Ist eine Police ausgestellt, so ist der Versicherer nur gegen Vorlegung der Police zur Zahlung verpflichtet.

Ist der Versicherungsvertrag auf ein einzelnes Versicherungsgeschäft gerichtet, und ist hierfür eine Police ausgefertigt worden, so heißt diese Urkunde *Einzelpolice*. Diese gilt als Police im Sinne des Gesetzes.

Ist dagegen die Versicherung in der Weise genommen, daß die Güter bei der Schließung des Vertrages nur allgemein oder nur ihrer Art nach bezeichnet und erst nach Entstehung des Versicherungsinteresses dem Versicherer einzeln aufgegeben werden, so bezieht sich die Versicherung auf alle Güter der im Vertrag bestimmten Art, für die der Versicherungsnehmer nach kaufmännischen Grundsätzen Versicherung zu nehmen hat. In solchen Fällen sprechen wir von einer laufenden Police (Generalpolice). Einer *Generalpolice* liegen die Bestimmungen für die laufende Versicherung, wenn es sich um See- oder kombinierte Land/Seetransportversicherung handelt, zugrunde.

Laufende Versicherungen (General-Policen) werden sowohl von den Verladern als auch von Spediteuren genommen, welche die einzelnen Transportrisiken ihrer Kunden fallweise anmelden und damit den Versicherungsschutz erwerben.

Versicherer sind verpflichtet, auch über eine laufende Versicherung eine unterzeichnete Urkunde dem Versicherungsnehmer auszuhändigen. Weil die laufende Versicherung (General-Police) nicht als Police i. S. des Gesetzes gilt, haben die Versicherer dem Versicherungsnehmer auf Verlangen über den einzeln zur Versicherung angemeldeten Transport eine Urkunde auszuhändigen. Diese Urkunde nennt man *Versicherungszertifikat*, das ebenfalls als Police im Sinne des Gesetzes gilt.

224
Versicherungszertifikat

Ist die Dauer der Versicherung nach Tagen, Wochen, Monaten oder nach einem mehrere Monate umfassenden Zeitraum bestimmt (Zeitversicherung), beginnt die Versicherung am Mittag des Tages, an dem der Vertrag geschlossen wird. Sie endigt am Mittag des letzten Tages der Frist. Bei der Seeversicherung ist für die Zeitberechnung der Ort maßgebend, an dem sich das Schiff befindet.

225
Zeitversicherung

Die Zeitversicherung ist für die Güter- oder Warentransportversicherung ungeeignet und deshalb selten; See- und Fluß-Kaskoversicherungen sind immer (wie in der Kfz-Versicherung) Zeitversicherungen, ebenso fast alle Frachtführer-Haftpflicht-Versicherungen (AGNB-, KVO-, CMR-Versicherungen u. a.).

Versicherte Gefahren, Deckungsformen 2.5

Die Transportversicherung geht im Prinzip von der Allgefahren-Deckung aus. Die beiden Basis-Versicherungs-Bedingungswerke

226
Prinzip:
Allgefahrendeckung

– für die Binnen-Transportversicherung, die *ADB 1963*

für die See-Transportversicherung, die *ADS Güterversicherung 1973 in der Fassung 1984*

sind auf das VVG § 129 (Binnen) und das HGB § 820 (See) abgestimmt, insoweit dispositives Recht (dispositiv = abänderlich).

Der Versicherer trägt alle Gefahren, es sei denn, es bestehen

a) gesetzliche Freizeichnungen – und/oder

b) vertragliche Freizeichnungen

(s. Rn. 231)

Darüber hinaus ersetzen die Versicherer Aufwendungen und Kosten nach den *ADB 1963* für

- den Betrag, den der Versicherungsnehmer oder Versicherte zur großen Haverei nach gesetzmäßig bzw. nach den Rhein-Regeln Antwerpen-Rotterdam 1956 aufgemachter und von der zuständigen Dispacheprüfungsstelle anerkannter Dispache zu leisten hat, sofern durch die Haverei-Maßnahmen ein dem Versicherer zur Last fallender Schaden abgewendet werden sollte

- Aufwendungen zur Abwendung oder Minderung des Schadens bei Eintritt des Versicherungsfalles und Kosten der Schadenfeststellung durch Dritte, nicht jedoch sonstige Aufwendungen und Kosten

- Die Kosten der Schiffahrt, wie Einschleppkosten, Hafengelder, Bewachungskosten, Leichter- und Ausladekosten wegen Niedrigwassers oder Auseisungskosten, jedoch nur mit dem auf die versicherten Güter entfallenden Beitrag für diese Kosten nach gesetzmäßig bzw. nach den Rhein-Regeln Antwerpen-Rotterdam 1956 aufgemachter und von der zuständigen Dispacheprüfungsstelle anerkannter Dispache. Der Versicherer haftet außerdem für Einschleppkosten in den Winterhafen, dort entstehende Hafengelder, Bewachungskosten und dergleichen nur dann, wenn hierfür eine Zuschlagprämie (Winterzuschlag) vereinbart worden ist. Frachtzuschläge oder Nebengebühren, die vom Frachtführer unter der Bezeichnung Überliegegelder, Winterstandsgelder und dergleichen erhoben werden, gehen nicht zu Lasten des Versicherers.

nach den *ADS Güterversicherung 1973 in der Fassung 1984* für

- den Betrag, den der Versicherungsnehmer zur großen Haverei aufgrund einer nach Gesetz oder nach York Antwerpener Regeln aufgemachten Dispache zu leisten hat, soweit durch die Haverei-Maßregeln ein dem Versicherer zur Last fallender Schaden abgewendet werden sollte. Übersteigt der Beitragswert zur Haveriegemeinschaft den Versicherungswert, leistet der Versicherer vollen Ersatz bis zur Höhe der Versicherungssumme. Die Bestimmungen über die Unterversicherung werden nicht angewendet

- die Kosten der Umladung, der einstweiligen Lagerung sowie die Mehrkosten der Weiterbeförderung infolge eines versicherten Unfalls nach Beginn der Versicherung, soweit der Versicherungsnehmer sie nach den Umständen für geboten halten durfte oder soweit er sie gemäß den Weisungen des Versicherers aufwendet

- Aufwendungen zur Abwendung oder Minderung des Schadens bei Eintritt des Versicherungsfalles und Kosten der Schadenfeststellung durch Dritte, soweit der Versicherungsnehmer sie nach den Umständen für geboten halten durfte oder soweit er sie gemäß den Weisungen des Versicherers macht

- Der Versicherungsnehmer kann für Havarie-grosse-Beiträge von seinem Versicherer Bürgschaft verlangen, wenn er selbst bereits bar Einschuß leisten mußte. In fast allen Fällen wickelt der Versicherer die Havariegrosse selbst mit dem vom Reeder beauftragten Dispacheur direkt ab, sobald er Kenntnis hat
- Es kann auch verlangt werden, daß ganz auf den einzelnen Fall bezogene zur Schadenminderung aufzuwendende Beträge durch den Versicherer vorgeschossen werden.

Die **Allgemeine Deutsche Seeversicherungsbedingungen Besondere Bestimmungen für die Güterversicherung (ADS Güterversicherung 1973, in der Fassung 1984)**

227
ADS Güterversicherung 1973 in der Fassung 1984

werden im alltäglichen Sprachgebrauch nur „ADS Güterversicherung 1984" genannt.

Diese Bedingungen treten an die Stelle des aufgehobenen zweiten Abschnittes der ADS 1919 mit den §§ 80–90.

Diese Bedingungen sind ein in sich abgeschlossenes, selbständiges Werk, das besonders auf die Versicherung eines einzelnen Transportes zugeschnitten ist.

Bei laufenden Policen (General-Policen) werden die *Bestimmungen für die laufende Versicherung* zusätzlich vereinbart.

Diese Bedingungen wurden 1973 am Markt eingeführt und 1984 überarbeitet. Bei der Schaffung haben die verschiedenen Interessenvertreter bzw. die Repräsentanten dieser Organisation mitgewirkt:

Verein Deutscher Versicherungsmakler (VDVM)
Bundesverband der Deutschen Industrie (BDI)
Deutscher Industrie- und Handelstag (DIHT)
Deutscher Versicherungsschutzverband (DVS)

Man kann von einem Gemeinschaftswerk der interessierten Wirtschaftskreise sprechen. Jetzt endgültig wurden die Versicherungsbedingungen von „Teer- und Segeltuch-Formulierungen" befreit. Insgesamt sind sie „ein Kompromiß mit beachtlichen Verbesserungen für die Versicherungsnehmer auf der einen Seite, andererseits aber auch gewissen Einschränkungen gegenüber dem bis 1972 geltenden Rechtsstand".[*])

Weil sich die Rahmenbedingungen im Bereich der Rechtsprechung, der Verhaltensweisen der Reeder und der Technologie besonders bei den Containerverkehren, die 1973 noch fast unbedeutend waren, immer schneller ändern,

---

[*]) zitiert aus: Dr. H. J. Enge: Erläuterungen zu den ADS-Güterversicherung 1973 und dazugehörigen Klauseln

war bereits nach 11 Jahren in 1984 eine Überarbeitung notwendig. Auch die Neufassung der englischen Institute Cargo Clauses (ICC) im Jahre 1982 hat dabei eine Rolle gespielt. Einige Änderungen in den englischen Bedingungswerken führten bei der deutschen ADS 1984 Überarbeitung in etwa zu den gleichen Ergebnissen.

Das bewährte Prinzip der *Allgefahren-Deckung* ist jedoch konsequent beibehalten worden (vergl. Rn. 226).

Klar abgegrenzt werden nicht versicherte Gefahren und die nicht ersatzpflichtigen (bestimmten) Schäden.

Trotzdem bleibt die Vertragsfreiheit für „maßgeschneiderte" Bedingungen oder Vereinbarungen erhalten.

Ergänzt werden diese ADS Güterversicherung 1973 in der Fassung 1984 durch folgende den Bedingungen angepaßte Klauseln, soweit keine speziellen Risiken zu versichern sind:

– *DTV-Kriegsklauseln 1984*
– *DTV-Streik- und Aufruhrklauseln 1984*
– *DTV-Bergungs- und Beseitigungs-Klausel 1989*
– *DTV-Klassifikationsklausel – Stand 1. 1. 79*

Diese Klauseln werden noch im einzelnen abgehandelt. Sie heben die vertraglichen Ausschlüsse oder Freizeichnungen in wesentlichen Teilen wieder auf bzw. ergänzen die Basis-Versicherungsbedingungen.

228
Deckungsformen nach ADS Güterversicherung 1973 in der Fassung 1984

Die ADS Güterversicherung 1973 in der Fassung 1984 bieten anstelle der bisherigen vier Deckungsformen nur noch zwei Deckungsformen an, und zwar die

– *Volle Deckung*

und die

– *Strandungsfalldeckung.*

Letztere gilt nur, falls sie ausdrücklich zwischen den Parteien vereinbart wird, sonst gilt automatisch die volle Deckung.

Die bis 1983 gültige Kennzeichnung der Deckungsformen durch Großbuchstaben fällt weg.

Dazu entschloß man sich, um die bis dahin möglichen Verwechselungen mit den Deckungsformen in den Bedingungen des englischen Marktes, auch heute noch in Großbuchstaben, aber in umgekehrter Reihenfolge wie in der alten Fassung ADS 1973, zu vermeiden.

Erläuterung der Deckungsformen:

Die „volle Deckung" als Deckungsform entspricht weitgehend dem auch heute noch oft verwendeten Versicherungswunsch nach „all risks".

Volle Deckung bedeutet die Absicherung gegen alle Gefahren des Verlustes und der Beschädigung rundum ohne Franchise. Sondereinschlüsse erübrigen sich. Sie gilt auch für Güter im Container. Zu beachten sind nur die ausgeschlossenen Gefahren und nicht ersatzpflichtigen Schäden, die namentlich in den ADS Güterversicherung 1973 im einzelnen aufgeführt werden. (Vergl. Rn. 228f).

229
Die Volle Deckung (falls nichts anderes vereinbart)

Eine Vergleichbarkeit dieser Deckungsform mit den englischen *Institute Cargo Clauses 1982 – A* – und damit der zwangsverknüpften *I.C.C. Nuclear Contamination Exclusion Clause 1. 10. 1990* ist im Grundsatz gegeben. Diese Deckungsform entspricht weitgehend dem heute noch oft verwendeten Begriff „all risko" Versicherung.

Die „Strandungsfalldeckung" wird in der Praxis verwendet für Güter, die nicht für die komplette Reise versichert werden können, z. B. bei Importen, die cif-Hamburg anderswo versichert waren, ab Messestand oder wenn überhaupt kein voller Versicherungsschutz gewünscht wird.

230
Die Strandungsfalldeckung (falls vereinbart)

Versichert ist nur Totalverlust der Ware und die Beschädigung, die in direktem Zusammenhang mit dem Strandungsfall eines Schiffes oder einem dem Strandungsfall gleichzusetzenden Schadenereignis steht, z. B. Transportmittelunfall, Einsturz von Lagergebäuden, Brand, Blitzschlag, Explosion, Elementarereignisse, Überbordwerfen und -spülen, Aufopferung der Güter durch die Schiffsbesatzung bei schwerem Wetter, Schäden an den Gütern beim Be- und Entladen u. a.

Darüber hinaus wird der Totalverlust ganzer Kolli infolge einer Beschädigung durch einen Unfall beim Be- und Entladen des Transportmittels eingeschlossen; für den Unfall beim Be- und Entladen und den daraus entstehenden Totalverlust muß der Anspruchsteller den „Beweis des ersten Anscheins" führen. Nach allgemeiner Auffassung wird es jedoch nicht als Totalverlust im Sinne dieser Strandungsfalldeckung angesehen, wenn das Gut beim Be- und Entladen aus der Kranschlinge fällt, auf die Kaimauer schlägt, das Kolli oder die Kiste in seiner Gesamtheit zerstört wird und ein Teil des Inhaltes ins Wasser fällt und versinkt, während der andere Teil des Kolli oder der Kiste auf dem Kai beschädigt liegenblieb.

Diese Deckungsform entspricht der auch heute noch verwendeten Kondition der alten ADS gemäß § 114 „frei von Beschädigung, außer im Strandungsfall".

Die Versicherer leisten bei den namentlich genannten Schadenereignissen, z. B. „Strandungsfall", Ersatz für Totalverlust ganzer Kolli, wobei jedoch Verluste infolge Beschädigung oder Abhandenkommen (z. B. Diebstahl, Unterschlagung, Nicht- oder Falschauslieferung) ausgeklammert werden.

Die „volle Deckung" als Deckungsform entspricht weitgehend dem auch heute noch oft verwendeten Versicherungswunsch nach „all risks".

Diese Deckungsfom „Strandungsfalldeckung" ist in keinem einzigen Fall eingeschränkter, aber in einigen Punkten (Erdbeben, Blitz, vulkanische Ausbrüche, Überbordspülen bei schwerem Wetter) weiter gefaßt als die englische Institute Cargo Clause C.

Gegenüber der englischen Institute Cargo Clause B ist die deutsche „Strandungsfalldeckung" enger. Die Engländer schließen unter B noch zusätzlich Schäden durch den Eintritt von Fluß- oder Seewasser ins Transportmittel u./o. Container u./o. Lager ein.

Nicht versicherte Gefahren und Schäden 2.6

231
Gesetzliche und vertragliche Freizeichnungen
Die Versicherer können sich von der Haftung für gewisse Gefahren freizeichnen. Die gesetzlichen Haftungsausschlüsse sind in den §§ 131 und 132 des VVG für die Land- und Binnenschiffahrt-Transporte und in § 821 des HGB für Seetransporte enthalten. Im wesentlichen beziehen sie sich auf Schäden, welche vom Versicherungsnehmer oder von dem Versicherten vorsätzlich oder fahrlässig verursacht werden (s. Rn. 247). Der Haftungsausschuß „fahrlässig" wird durch den Versicherungsvertrag meist auf „grobfahrlässig" reduziert.

Außerdem erfolgt in den Gesetzen eine klare Freistellung des Versicherers für Schäden, die durch die natürliche Beschaffenheit der versicherten Güter eingetreten sind. Dafür bestehen in der Regel auch keinerlei Einschlußmöglichkeiten.

Breiteren Raum nehmen die vertraglichen Freizeichnungen ein. Sie erstrecken sich auf die Befreiung der Versicherer

a) von der Gefahr einer bestimmten Schadengröße oder Schadenart

b) von der Gefahr bestimmter Schadenarten und Schadengrößen im Falle bestimmter Schadenursachen

c) von der Gefahr bestimmter Schadenursachen

Diese Freizeichnungen finden wir in den gedruckten Bedingungen:

1. Allgemeine Deutsche Binnen-Transportversicherungs-Bedingungen (ADB 1963), und zwar in § 2 (1) und (2) und § 3 (1) und (2), z. B. im wesentlichen (verkürzte Aufzählungen)

für die Risiken

Krieg, Bürgerkrieg, Kernenergie, Radioaktivität, Aufruhr, Plünderung, Streik, Sabotage, Beschlagnahme, Diebstahl (letzteres nur beim Transport per Binnenschiff), Feuer (letzteres nur, wenn schon anderweitig versichert)

für die Schäden

durch die natürliche Beschaffenheit der Güter, Verderb, Auslauf, Mindermaß und -gewicht, Schimmel, Geruchsannahme, Bruch, Lack-, Kratz- und Schrammschäden, Verbiegen, Verbeulen, Rost, Oxydation, Frost und Hitze etc. Sind diese Schäden direkte Folge eines Transportmittelunfalls, Höherer Gewalt, eines Brandes, Blitzschlags oder einer Explosion, haftet der Versicherer jedoch voll

für die Schäden

durch Verlademangel bei Selbstverladung durch den Versicherungsnehmer sowie Verpackungsmangel, Verstöße gegen behördliche Anordnungen, z. B. Zoll, Reiseverzögerungen etc.

für Schäden

an Schüttgütern (Kohle, Erz, Kali u. ä.), lose verladene Gütern (Holzbretter, nicht im Bunde), Vorreisegütern (wenn nicht die gesamte Reise bei ein und demselben Versicherer ohne Unterbrechung eingedeckt wurde) besteht ebenfalls nur Deckung für Schäden, die direkte Folge eines Transportmittelunfalls, Brandes, einer Explosion, Blitzschlages oder Höherer Gewalt sind.

Die Freizeichnung für Schäden infolge Bruches, Rostes, Verbiegens, Verbeulens hebt der Versicherer bei entsprechender Verpackung nach Prämienvereinbarung auf.

2. Allgemeine Deutsche Seeversicherungs-Bedingungen

Besondere Bedingungen für die Güterversicherung (ADS Güterversicherung 1973 in der Fassung 1984)

In den Ziffern 1.1.2.1 bis 1.1.2.5 und 1.3.1 bis 1.4.2 finden wir die Freizeichnung

für die Gefahren durch

Krieg, Bürgerkrieg, kriegsähnliche Ereignisse und solche, die sich unabhängig vom Kriegszustand aus der feindlichen Verwendung von Kriegswerkzeugen sowie aus dem Vorhandensein von Kriegswerkzeugen als Folge einer dieser Gefahren ergeben

Streik, Aussperrung, Arbeitsunruhen, politische und terroristische Gewalthandlungen, Aufruhr und sonstige bürgerliche Unruhen, der Kernenergie, der Beschlagnahme, Entziehung oder sonstige Eingriffe von hoher Hand.

Diese Gefahren sind bei Vereinbarungen der entsprechenden DTV-Klausel ganz oder teilweise wieder eingeschlossen (s. Rn. 232 ff) für Beschlagnahmerisiko (s. Rn. 238, Klauselaufzählung).

Zahlungsunfähigkeit und Zahlungsverzuges des Reeders, Charterers oder Betreibers des Schiffes oder sonstiger finanzieller Auseinandersetzungen mit den genannten Parteien.

Erstmalig neu erwähnt wird in der Fassung 1984 der Ausschluß von Schäden durch Zahlungsunfähigkeit des Reeders, Charterers usw. Die deutschen Versicherer waren schon bisher der Ansicht, daß die Gefahren der Zahlungsunfähigkeit des Reeders etc. nicht zu den Seegefahren gehören.

Nachdem in den neuen Institute Cargo Clauses derartige Schäden ausdrücklich ausgeschlossen wurden, wurde auch für die deutschen Bedingungen eine solche Klarstellung durch Einfügung vorgenommen.

Für laufende Policen (General-Policen) findet dieser strikte Ausschluß jedoch in bestimmten Fällen keine Anwendung. In den Bestimmungen für die laufende Versicherung ist eine Sonderlösung zugunsten der Versicherungsnehmer gegeben, die durch den Abschluß einer laufenden Police in fester Geschäftsbeziehung zu ihrem Versicherer stehen. Über den bisherigen Rechtszustand hinaus sind hier die aus der Zahlungsunfähigkeit des Verfrachters entstehenden Gefahren abgedeckt. Allerdings müssen dazu folgende Voraussetzungen vorliegen:

a) Der Versicherungsnehmer muß nachweisen, daß er bzw. seine bevollmächtigten Mitarbeiter den Reeder, Charterer oder Betreiber des Schiffes mit der Sorgfalt eines ordentlichen Kaufmannes ausgewählt bzw. dem Spediteur entsprechende Anweisungen erteilt haben

b) Dem Versicherungsnehmer oder Versicherten (z. B. bei Versicherung über eine Spediteur-General-Police oder beim fob- und cif-Verkauf) muß es nach den Bedingungen des Kaufvertrages unmöglich gewesen sein, Einfluß auf die Auswahl der am Transport beteiligten Parteien z. B. Reeder, Charterer usw. zu nehmen.

für folgende besondere Fälle:

eine Verzögerung der Reise
inneren Verderb oder die natürliche Beschaffenheit der Güter, handelsübliche Mengen-, Maß- und Gewichtsdifferenzen oder -verluste, die jedoch als berücksichtigt gelten, sofern hierfür eine Abzugsfranchise vereinbart ist
normale Luftfeuchtigkeit oder Temperaturschwankungen
Fehlen oder Mängel handelsüblicher Verpackung (s. Rn. 247). Der Versicherer leistet ferner keinen Ersatz für mittelbare Schäden aller Art (Die Mitversicherung dieser Schäden wird von den Versicherern auch gegen große Prämienzulagen abgelehnt.)

Die Gefahren des *Krieges, Bürgerkrieges oder sonstiger kriegsähnlicher Ereignisse* stellen für die Versicherer besonders schwere Risiken dar. Deshalb werden sie in den ADS Güterversicherung 1973 in der Fassung 1984 ausgeschlossen.

232
DTV-Kriegsklauseln 1984

In Form einer kurzfristig änderbaren Klausel liegt jedoch eine Wiedereinschlußklausel vor, die genau den ADS Güterversicherung 1973 in der Fassung 1984 angepaßt ist. Durch die Mitversicherbarkeit per Klausel soll auch die eigenständige Versicherung des Kriegsrisikos unterbunden werden.

Die Versicherer leisten Ersatz für Beschädigungen und Verluste als Folge einer wieder mitversicherten (Kriegs-)gefahr gemäß Deckungsform – volle Deckung – ohne Franchise.

Mit Ausnahme der Versicherung von Postsendungen besteht Versicherungsschutz nur solange, wie die versicherten Güter an Bord eines Seeschiffes oder Flugzeuges sind (internationales Waterborne Agreement).

Die Mitversicherung der Kriegsgefahren ist zulageprämienpflichtig. Die Versicherer berechnen branchenweit die gleichen Prämiensätze, die sich an der aktuellen Kriegsgefahr auf der jeweiligen Reiseroute orientieren (Kriegsprämientarif nach Ländern geordnet/Internationale Tagessätze).

Die deutschen Kriegsklauseln sind in wesentlichen Punkten den englischen Institute War Clauses (Cargo) angeglichen, z. B. in Form eines Miteinschlusses der Risiken durch Kernenergie-Kriegswerkzeug.

1984 wurde im Hinblick auf die bereits erwähnte engl. Kriegsklausel auch in der deutschen Klausel die Versicherung der „Minenrisiken" dokumentiert, obwohl dieses Risiko auch nach dem alten Text der deutschen Klausel schon seit Neuschöpfung der Bedingungen gedeckt war.

Beide Parteien können dieses Risiko – unabhängig von der sonstigen Güterversicherung – mit zweitägiger Frist kündigen, jedoch nicht für Güterversicherungen, die bereits begonnen haben. Die Kündigung kann rechtswirksam auch durch Publikation im Bundesanzeiger ausgesprochen werden.

233
DTV-Streik- und Aufruhr- klauseln 1984

Nach den ADS Güterversicherung 1973 in der Fassung 1984 sind die Gefahren *Streik, Aussperrung, Arbeitsunruhen, terroristische und politische Gewalthandlungen* ausgeschlossen. Durch diese Wiedereinschlußklausel können sie mitversichert werden. Der Versicherer leistet Ersatz für den Verlust und die Beschädigung der versicherten Güter als Folge der aufgezeigten Gefahren.

Neu in dieser Klausel ist der Wiedereinschluß für terroristische Gewalthandlungen (bis 1983 nur Einschluß politischer Gewalthandlungen). Einmal dient dies der Klarstellung. Eine terroristische Gewalthandlung ist oft nur aus der jeweiligen persönlichen Interpretation der Terroristen eine politische Gewalthandlung. Nach allgemeiner Auffassung liegt jedoch eine normale kriminelle Handlungsweise vor. Zum anderen war der Wiedereinschluß wegen der neuen Freizeichnung des Versicherers in den ADS Güterversicherung 1973 in der Fassung 1984 notwendig (vgl. Rn. 231, Ziffer 2., zweiter Absatz).

Der Versicherer ist für die Gefahren nach dieser Klausel ununterbrochen im Risiko (im Gegensatz zur Kriegsklausel), also von Haus zu Haus.

Nicht ersetzt werden mittelbare Schäden, wie z. B. Mehrkosten für eine anderweitige Beförderung (oder Mehrkosten, weil das Seeschiff einen anderen als den ursprünglich geplanten Hafen anläuft, weil dort gestreikt wird) und Schäden durch Verderb oder Verzögerung der Reise.

Im Gegensatz zu dem Einschluß der Kriegsrisiken erfolgt der Einschluß meist prämienfrei.

Auch mit dieser Klausel liegt wiederum eine Angleichung an den englischen Versicherungsmarkt, und zwar an die

Institute Strikes, Riots and Civil Commotion Clauses (Cargo)

vor.

Die Kündigungsfristen sind ebenso geregelt wie bei den DTV-Kriegsklauseln (vergl. Rn. 232, letzter Absatz).

234
Das Kernenergie-Risiko

Nach der ADS Güterversicherung 1973 in der Fassung 1984 sind die Gefahren der *Kernenergie* ausgeschlossen. Die Wiedereinschlußklausel 84 wird nicht mehr angewendet. Das Kernenergie-Risiko, die Beschädigung des Transportgutes infolge radioaktiver Bestrahlung, die Entseuchungskosten etc. ist derzeit, ausgelöst durch den Reaktorunfall von Tschernobil nicht mehr versicherbar.

Ab dem 1. 1. 92 – 00 Uhr ist dieses Risiko wegen fehlender Rückversicherungsmöglichkeiten in Deutschland, England und anderen europäischen Ländern auch aus bestehenden Versicherungen ausgeschlossen worden.

Der überseeische Versicherungsmarkt übt wegen dieses Kumulrisikos ebenso stenge Zurückhaltung.

Diese Klausel wird im Laufe 1994 aufgrund des BGH-Urteils v. 16.11.1992 neu gefaßt und trägt im Untertitel den Nachsatz:

**235
DTV-Maschinen-
Klausel 1994**

*Zusatzbedingungen für die
Transportversicherung von Maschinen und Apparaten*

Sie berücksichtigt die Besonderheiten bei der Versicherung von neuen und gebrauchten Maschinen und Apparaten. Die Klausel kann sowohl in Verbindung mit den ADB 1963 als auch der ADS Güterversicherung 1973 in der Fassung 1984 vereinbart werden.

Über den Versicherungsumfang sagt die Klausel nichts, sie regelt die Modalitäten der Schadenregulierung.

Als Versicherungswert wird der gemeine Handeswert (= der allgemeine Verkäuflichkeitswert) zugrunde gelegt, gleich, ob die Maschinen und Apparate gebraucht oder neu sind. Zoll kann zusätzlich versichert werden.

Der Wert ist am Absendungsort bei Beginn der Transportversicherung zuzüglich der Versicherungskosten, der Kosten, die bis zur Annahme der Güter durch den Beförderer entstehen, sowie zuzüglich der endgültig bezahlten Fracht zu bemessen. Rabatte und ausgehandelte Preisnachlässe blieben bei Bildung des Versicherungswertes unberücksichtigt.

Entschädigt wird im Falle eines *Totalschadens* bei neuen und neuwertigen Maschinen und Apparaten die Versicherungssumme, bei gebrauchten Maschinen und Apparaten der Zeitwert am Ablieferungsort oder, wenn die Versicherungssumme niedriger ist, die Versicherungssumme und Zoll, falls er zusätzlich bei Bildung der Versicherungssumme Berücksichtigung fand.

Im Falle einer *Beschädigung* und bei *Teilverlusten* werden die Wiederherstellungskosten (= Reparaturkosten oder Wiederbeschaffungskosten) der fraglichen Teile ersetzt. Ist jedoch zum Schadenszeitpunkt die Versicherungssumme niedriger als der Versicherungswert, wie eingangs dieses Kapitels beschrieben, wird nur im Verhältnis der Versicherungssumme zum Versicherungswert geleistet.

Von den *Wiederherstellungskosten bei gebrauchten Maschinen und Apparaten* wird, wenn eine Werterhöhung eintritt, ein *Abzug „neu für alt"* vorgenommen.

Ausgeschlossen werden Schäden durch mangelhafte oder unsachgemäße Verladeweise des Versicherungsnehmers und Schäden durch Röhren- und Fadenbruch, z. B. im Schaltteil einer Maschine, es sei denn, diese Schäden sind Folgen eines Strandungsfalles, eines Brandes, eines Blitzschlages, einer Explosion oder eines Transportmittelunfalls.

Wertminderungen sind ausgeschlossen.

Nach der Rechtsprechung des BGH im Jahre 1975 ist die Klausel nur auf den Transport von Maschinen und auf andere (maschinenähnliche) Güter anwendbar. Will man z. B. Kraftfahrzeuge unter dieser Klausel transportversichern, müßte sie entsprechend erweitert werden.

Eigenständige Kündigungsmöglichkeiten der Parteien gibt es nicht, sind auch überflüssig, weil diese Klausel nur die Modalitäten im Schadenfall regelt.

236
DTV-Klassifikations- und Altersklausel

Diese Klausel besagt, daß die ausgehandelte oder in der Police vereinbarte Prämie nur gültig ist, wenn die Verladung mit *klassifizierten Schiffen* erfolgt.

Außerdem ist festgelegt, daß die Prämie selbst bei „klassifizierten Schiffen" ab einem bestimmten Alter steigt.

Der Grund ist in der Erkenntnis der Versicherer zu suchen, daß die Häufigkeit des Totalverlustes mit dem Alter des Schiffes einerseits und der mangelnden technischen Qualität und dem jeweiligen Ausrüstungsstand des Schiffes andererseits, steigt.

Die Einteilung der Schiffe nach Klassen erfolgt durch die jeweiligen nationalen Schiffsregister. Die bekanntesten Register sind:

Germanischer Lloyd
Lloyd's Register
American Bureau of Shipping
British Corporation
Bureau Veritas
Korea Register of Shipping
Nippon Kaiji Kyokai
Norske Veritas
Registro Italiano Navale
Russian Register
Polski Rejestr Statkow

Jeder Reeder ist bestrebt, daß sein Schiff in der „ersten Klasse" (besten Klasse) registriert wird. Ist ein Schiff nicht „erstklassig" und älter als 10 Jahre bei einem Bulk- oder Combination carrier (Mehrzweckstrecken- oder Massengut-Mehrzweck-Schiff) sowie Tanker über 50000 BRT, sonstige andere Schiffe 15 Jahre, verlangen die Versicherer Zulageprämien. Für Linienschiffe und approbierte Linienschiffe bis zum Alter von 25 Jahren wird keine Zulageprämie berechnet.

Diese Klausel wird häufig von den Versicherern evtl. nach Hörung der Klassifizierungsgesellschaften, die früher einmal auf Veranlassung der Schiffsversicherer gegründet wurden, den jeweiligen Erkenntnissen und Erfahrungen entsprechend überarbeitet.

Die derzeit gültige Klassifikations- und Altersklausel hat den Stand 01.01.1993.

Weitere Informationen unter Rn. 775 im Lorenz Teil 1.

237
DTV-Bergungs- und Beseitigungs-Klausel 1989

Im Rahmen dieser Klausel leisten die Versicherer Ersatz neben oder über die Versicherungssumme des versicherten Transportgutes hinaus für Aufwendungen zum Zwecke der Bergung, Beseitigung oder Vernichtung, z. B., wenn verunfalltes Transportgut infolge behördlicher Anordnungen zu entsorgen ist. Die Entschädigung wird mit 5 % der Versicherungssumme der transportversicherten Ware begrenzt. Bei Versicherungen über General-Policen erfolgt der Einschluß i. R. prämienfrei.

Kein Ersatz erfolgt für zusätzliche Aufwendungen als Vorsorge zwecks Verhinderung von Umweltschäden, insbesondere der Verunreinigung von Boden, Wasser und Luft.

Der Versicherer erwirbt auch keine Rechte an oder auf das beschädigte oder zerstörte Gut, insbesondere auch nicht aus dem bloßen Vorhandensein.

238
Sonstige Klauseln und Besondere Bedingungen

Die deutschen Versicherer arbeiten in der Warentransportversicherung von Fall zu Fall – außer mit den im einzelnen besprochenen und noch kurz zu kommentierenden Klauseln – noch mit folgenden gedruckten Klauseln, Besonderen Bedingungen und Druckstücken, die im einzelnen hier nicht erläutert werden; die gebräuchlichsten sind:

1. *DTV-Bruchklausel für Möbel und Umzugsgut*
2. *DTV-Klausel für Warenversicherung in fremder Währung*
3. *DTV-Export-Schutzklausel 1990 (neu)*
4. *DTV-Import-Schutzklausel 1990 (neu)*
5. *DTV-Besondere Bedingungen für die Versicherung von rollendem Material*
6. *DTV-Besondere Bedingungen für die Versicherung von Kunstgegenständen (BB Kunstgegenstände 1972)*
7. *DTV-Allgemeine Versandbestimmungen für Postsendungen*

Andere Klauseln und Besondere Bedingungen werden von Fall zu Fall von den Versicherern individuell getextet. Vermerkt sei jedoch, daß *Klauseln* nach allgemeiner Praxis den Versicherungsschutz einschränken und *Besondere Bedingungen* den Versicherungsschutz erweitern.

Leider wird diese Regel häufig durchbrochen, so daß sie heute nicht mehr allgemein verbindlich sein kann.

239
Die Grenze der Versicherungsleistung: Versicherungssumme

Der Versicherer haftet für den während der versicherten Reise entstehenden Schaden nur bis zur Höhe der Versicherungssumme.

Aufwendungen, z. B. für Rettungsmaßnahmen, die der Versicherer zu ersetzen hat, fallen ihm ohne Rücksicht darauf zur Last, ob sie zusammen mit der übrigen Entschädigung die Versicherungssumme übersteigen.

Nach den ADS Güterversicherung 1973 in der Fassung 1984 werden Havariegrosse-Beiträge sogar bis zur Höhe der Versicherungssumme neben den noch möglichen Warenschaden erstattet, wenn der nach Dispachierungsrichtlinien ermittelte Beitragswert die Versicherungssumme nicht überschreitet.

240
Anfang und Ende der Versicherung (von Haus zu Haus)

Anfang und Ende des Versicherungsschutzes werden in Abschnitt 5 der ADS Güterversicherung 1973 in der Fassung 1984 mit der in Klammern aufgeführten Bezeichnung (von Haus zu Haus) abgehandelt. In starker Anlehnung an die englische Transit Clause im Inhalt und Aufbau erscheint die Bezeichnung zunächst und in vielen Fällen der Praxis irreführend und – was das Ende der Versicherung oder besser ihr Erlöschen vor Erreichen der Ware am Endbestimmungsort betrifft, falsch.

In der Neufassung 1984 hat man jedoch insofern eine positive Änderung vorgenommen, daß jetzt die Versicherung nicht mehr automatisch endet, sondern nur noch bis zur Weiterbeförderung des Gutes innerhalb von 90 Tagen ruht, wenn auf seiner Vorreise, z. B. im Verschiffungshafen vor Beladen des Seeschiffes, die 30tägige Frist für (automatisch versicherte) Zwischenlagerungen überschritten wird.

Beispiel:
Ab Köln: 3. 8. 92
an Antwerpen: 4. 8. 92
Verladung ins Seeschiff: 1. 10. 92
Abfahrtsdatum Seeschiff: 3. 10. 92
Ankunft Porto: 5. 10. 92

Der Versicherungsschutz ruht vom 4. 9. bis zum Zeitpunkt des Verladebeginns am 1. 10. 86.

Es empfiehlt sich, die Lücke durch eine Nachversicherung bis zum Wiederaufleben der Deckung zu schließen.

Diese auf das Beispiel anzuwendenden Bestimmungen im Abschnitt 5 der ADS Güterversicherung 1973 in der Fassung 1984 lauten:

– Die Versicherung beginnt, sobald die Güter am Absendungsort zur Beförderung auf der versicherten Reise von der Stelle entfernt werden, an der sie bisher aufbewahrt wurden

- Die Versicherung endet, je nachdem welcher Fall zuerst eintritt
- sobald die Güter am Ablieferungsort an die Stelle gebracht sind, die der Empfänger bestimmt hat (Ablieferungsstelle)
- sobald die Güter nach dem Ausladen im Bestimmungshafen an einen nicht im Versicherungsvertrag vereinbarten Ablieferungsort weiterbefördert werden, wenn durch die Änderung des Ablieferungsortes die Gefahr erhöht wird
- sobald vom Versicherungsnehmer veranlaßte Zwischenlagerungen insgesamt 30 Tage überschreiten; wird diese Frist vor Verladung auf das Seeschiff überschritten, ruht die Versicherung bis zur Fortsetzung des Transportes innerhalb von 90 Tagen
- mit dem Ablauf von 60 Tagen nach dem Ausladen mit dem Seeschiff im Bestimmungshafen
- mit dem Gefahrübergang, wenn die Güter wegen eines versicherten Ereignisses verkauft werden.

Die Deckung für den Nachlauf vom Seehafen zum Ablieferungsort wird also zeitlich begrenzt. Andere Absprachen mit den Versicherern sind je nach Transportroute möglich und zu empfehlen.

Im Vergleich zur englischen Transit Clause ist diese Deckung immer noch günstiger.

Nach Abschluß des Versicherungsvertrages darf nach den ADS Güterversicherung 1973 in der Fassung 1984 der Versicherungsnehmer die Gefahr ändern, insbesondere erhöhen, und die Änderung durch einen Dritten gestatten.

241
Gefahränderung, Gefahrerhöhung

Ändert der Versicherungsnehmer die Gefahr oder erlangt er von einer Gefahränderung Kenntnis, so hat er dies dem Versicherer unzuverüglich anzuzeigen.

Als eine Gefahränderung ist es insbesondere anzusehen, wenn

- der Antritt oder die Vollendung der versicherten Reise erheblich verzögert wird
- von dem angegebenen oder üblichen Reiseweg erheblich abgewichen wird
- der Bestimmungshafen geändert wird
- die Güter in Leichterfahrzeugen befördert werden, ohne daß dies ortsüblich ist
- die Güter an Deck verladen werden.

Hat der Versicherungsnehmer eine Gefahrerhöhung nicht angezeigt, so ist der Versicherer von der Verpflichtung zur Leistung frei, es sei denn, die Verletzung der Anzeigepflicht beruhte weder auf Vorsatz noch auf grober Fahrlässigkeit oder die Gefahrerhöhung hatte weder Einfluß auf den Eintritt des Versicherungsfalles noch auf den Umfang der Leistungspflicht des Versicherers.

Dem Versicherer gebührt für Gefahrerhöhungen eine zu vereinbarende Zuschlagsprämie, es sei denn, die Gefahrerhöhung war durch das Interesse des Versicherers oder durch ein Gebot der Menschlichkeit veranlaßt oder durch ein versichertes, die Güter bedrohendes Ereignis geboten.

Gefahren ändern darf der Versicherungsnehmer, anzeigen muß er, sonst können die beschriebenen Folgen eintreten. Bei der Beurteilung der Folgen ist zu unterscheiden zwischen der Änderung und Erhöhung der Gefahr.

Darauf zu achten ist, daß der Versicherer die Möglichkeit der Gefahränderung oft in der Police einschränkt oder verbietet, sogar Leistungsfreiheit vereinbaren kann, wenn er ein berechtigtes Interesse daran hat, daß die Gefahr eben nicht geändert oder erhöht wird.

Beispiel für einen solchen Fall:

Geölter, mit Wasser abstoßendem Papier verpackter Kaltbandstahl in Coils, umgeben mit Ausschußblechen als Umverpackung, will der Versicherer nur dann gegen Rost durch Seewasser versichern und dafür das Risiko tragen, wenn unter Deck verladen wird. Auch gegen Zulageprämie will er nicht Rostschäden, deren Ursache in der Aufdeckverladung zu suchen sind, übernehmen.

242
Versicherung in fremder Währung
Der Versicherer deckt auch Transportrisiken in anderer Währung als Deutsche Mark. Normalerweise wäre dann die Prämie in der jeweils gewünschten Währung zu zahlen. (In Zeiten der Inflation zwischen den beiden Weltkriegen verlangt und praktiziert.) Im Schadenfall ist der Versicherer verpflichtet, den Schaden in der versicherten Währung auszugleichen.

Nach der *DTV-DM-Klausel für Warenversicherungen in fremder Währung* erfolgt trotzdem dann die Prämienzahlung in DM. Umrechnungskurs ist der sogenannte DTV-Kurs (Mittelkurs Hamburger Börse zum Zeitpunkt des Eingangs der Versicherungsanmeldung).

243
Versicherung „für fremde Rechnung"
Der Spediteur besorgt Transportversicherungsschutz immer „für fremde Rechnung" oder „für Rechnung, wen es angeht". Das bedeutet, daß diese beiden Begriffe sowohl bei der Versicherung für die eigene Rechnung (des Versicherungsnehmers) als auch bei der für Fremde gelten.

Ein Exporteur wäre nicht in der Lage, einen cif-Verkauf durchzuführen, wenn er nicht „für fremde Rechnung" versichern kann. Der Exporteur zahlt zwar die Prämie, das Risiko ab Überschreiten der Reling (das er zu Gunsten seines überseeischen Käufers) versichert hat, trägt aber schon der Importeur.

Rechtlich werden somit nicht nur „Kenntnis und Kennenmüssen" des (fremden) Versicherten dem des (den Versicherungsschutz beantragenden) Versicherungsnehmers gleichgestellt, sondern es fallen auch dem (fremden) Versicherungsnehmers gleichgestellt, sondern es fallen auch dem (fremden) Versicherten haftungsbefreiende Tatbestände und Verhaltensweisen zur Last.

Beispiele:

Fahrlässige oder vorsätzliche Herbeiführung des Versicherungsfalles, unterlassene Schadenanzeige, unterlassene Schadenminderung und -abwendung u. a.

Gebräuchliche Begriffe aus der Transportversicherung 2.7

Jeder Kaufmann will bei Außenhandelsgeschäften sein Risiko gering halten. Deshalb werden Zahlungsverpflichtungen zwischen Käufer und Verkäufer in der Regel über Akkreditive abgewickelt. Geschäfte über Akkreditive abzuwickeln, geben dem Käufer die Gewähr, daß die Zahlung des Kaufpreises durch die Bank nur nach Vorlage einwandfreier Dokumente erfolgt. Eins dieser Dokumente ist das Vesicherungszertifikat. Es muß der bankmäßigen Prüfung standhalten.

244 Akkreditiv und Versicherungs-Police

Ein Dokumenten-Akkreditiv ist der einem Dritten (meist der Bank des Käufers) gegebene Auftrag, eine genau bezeichnete Geldsumme gegen Aushändigung ganz bestimmter Dokumente zu zahlen, z. B. Handelsrechnung, Ursprungszeugnis, Original-Konnossemente und das nach ganz bestimmten Kriterien aufgemachte Versicherungs-Zertifikat.

Der Käufer muß das Akkreditiv über die vorgeschriebene Akkreditivbank stellen; diese Bank befindet sich meist am Wohnsitz des Verkäufers. Von Fall zu Fall wird auch eine Korrespondenzbank an seinem Wohnsitz beauftragt, welche die Vermittlung dieses Geschäftes betrieben hat. Ein Akkreditiv ist erst dann gestellt, wenn die Akkreditivbank den Verkäufer von der Akkreditierung benachrichtigt. Ist der Verkäufer von der Eröffnung des Akkreditivs benachrichtigt worden, muß der Verkäufer die verlangten Urkunden vorlegen.

Erst nach Richtigbefund zahlt die Bank an den Verkäufer und gibt die Papiere an den Käufer weiter.

Hier sei besonders ein Hinweis auf die ICC Publikation 460

- *Uniform customs and practice for documentary credits 1983 Revision in force as from 1st. July 1990*

- Einheitliche Richtlinien und Gebräuche für Dokumenten-Akkreditive Revision 1983, anzuwenden ab 1. Juli 1990

gegeben, über die in Rn. 292 weiteres nachzulesen ist.

Transportversicherung bei LC-Geschäften ist verkäuferzeitig nach diesen neuen, bzw. überarbeiteten Richtlinien bei Vereinbarung der CIF- oder CIP Klauseln zu besorgen, insbesondere

a) Versicherungsdokumente müssen so beschaffen sein, wie im Akkreditiv vorgeschrieben, und von Versicherungsgesellschaften oder Versicherern (underwriters) oder deren Agenten ausgestellt und/oder unterzeichnet sein.

b) Von Maklern ausgestellte Deckungsbestätigungen (cover notes) werden nicht angenommen, sofern dies im Akkreditiv nicht ausdrücklich zugelassen ist.

c) Sofern im Akkreditiv nichts anderes vorgeschrieben ist oder aus dem (den) Versicherungsdokument(en) nicht hervorgeht, daß die Deckung spätestens am Tag der Verladung an Bord oder der Versendung oder der Übernahme der Waren wirksam wird, weisen die Banken vorgelegte Versicherungsdokumente zurück, die ein späteres Datum tragen als das Datum der Verladung an Bord oder der Verendung oder der Übernahme der Waren, wie es in dem (den) Transportdokument(en) angegeben ist.

d) Sofern im Akkreditiv nichts anderes vorgeschrieben ist, muß das Versicherungsdokument in derselben Währung ausgestellt sein wie das Akkreditiv.

e) Sofern im Akkreditiv nichts anderes vorgeschrieben ist, ist der Mindestbetrag, auf den die im Versicherungsdokument angegebene Versicherungsdeckung lauten muß, der CIF-Wert (Kosten, Versicherung, Fracht „benannter Bestimmungshafen" beziehungsweise der CIP-Wert (Frachtfrei versichert „benannter Bestimmungsort") der Waren zuzüglich 10%. Wenn die Banken jedoch den CIF- beziehungsweise CIP-Wert nicht aus der äußeren Aufmachung der Dokumente bestimmen können, nehmen sie als Mindestwert den Betrag an, in dessen Höhe unter dem Akkreditiv Zahlung, Akzeptleistung oder Negoziierung verlangt wird, oder den Betrag der Handelsrechnung, je nachdem, welcher Betrag höher ist.

f) In den Akkreditiven sollte vorgeschrieben werden, welche Art von Versicherung verlangt wird, und gegebenenfalls, welche zusätzlichen Risiken zu decken sind. Ungenaue Ausdrücke wie „übliche Risiken" oder „handelsübliche Risiken", sollten nicht verwendet werden; werden sie jedoch verwendet, nehmen die Banken die Versicherungsdokumente so an, wie sie vorgelegt werden, und zwar ohne Verantwortung für irgendwelche nicht gedeckten Risiken.

g) Wenn ein Akkreditiv „Versicherung gegen alle Risiken" vorschreibt, nehmen die Banken ein Versicherungsdokument an, das irgendeinen Vermerk oder eine Klausel über „alle Risiken" enthält – gleichgültig, ob mit der Überschrift „alle Risiken" versehen oder nicht –, selbst wenn angegeben ist, daß bestimmte Risiken ausgeschlossen sind, und zwar ohne Verantwortung für irgendwelche nicht gedeckten Risiken.

h) Die Banken nehmen ein Versicherungsdokument an, in dem angegeben ist, daß die Deckung einer Franchise oder einer Abzugsfranchise unterworfen ist, sofern im Akkreditiv nicht ausdrücklich vorgeschrieben ist, daß die Versicherung ohne Berücksichtigung eines Prozentsatzes für Franchise ausgestellt sein muß.

Für die Praxis sei deshalb bei Geschäften mit Dokumentenakkreditiv im Hinblick auf die Transportversicherung empfohlen:

Beauftragen Sie den Transportversicherer Ihres Vertrauens mit der Eindeckung der Risiken gemäß Akkreditiv, und machen Sie diesen Auftrag unbedingt von der vollen Erfüllung der versicherungsmäßigen Akkreditivvorschriften abhängig. Damit der Versicherer diesen Auftrag auch fehlerfrei ausführen kann, sollten ihm folgende Dokumente mit dem Versicherungsauftrag zur Verfügung stehen:

a) Lesbare Fotokopie des Akkreditivs
b) Kopie der Handelsrechnung
c) Kopie des Konnossementes

Das Konnossement benötigt der Versicherer nicht, wenn ihm das konnossementmäßige Verschiffungsdatum, den Dampfernamen, die konnossementmäßige Reiseroute und Hinweise darüber gegeben werden, ob konnossementmäßig „auf Deck" oder „unter Deck" verschifft wurde.

Der zusätzliche Hinweis, ob die Sendung im Container, evtl. Sammelcontainer zum Versand kommt, kann evtl. zu einer günstigeren Prämie führen.

Der Transportversicherer erstattet nach den hier erläuterten Versicherungsbedingungen Beiträge zur Havarie-grosse. Die Havarie-grosse, besser große oder gemeinschaftliche Haverei, ist eine in fast allen Staaten gesetzlich geregelte Einrichtung. Alle Schäden, die dem Schiff oder der Ladung oder beiden zum Zwecke der „Errettung beider aus einer gemeinsamen Gefahr" auf Anweisung des Kapitäns oder seines Vertreters vorsätzlich zugefügt werden, sind „große Haverei", auch die aus gleichem Anlaß aufgewendeten Kosten. Alle anderen durch einen Unfall des Schiffes hervorgerufenen Schäden und Kosten sind „besondere Haverei". Die „große Haverei" wird von Schiff, Ladung und Fracht gemeinschaftlich, die „besondere Haverei" nur vom Schiffseigner und den Ladungsbeteiligten, jeder für sich allein, getragen.

**245
Havarie-grosse**

Einige Beispiele für die „große Haverei" oder Havarie-grosse (engl. general-average):

- Löschen eines Brandes an Bord eines Schiffes
- freiwilliges Aufgrundsetzen, um Schiff und Ladung aus einer gemeinsamen, unmittelbar drohenden Gefahr zu retten
- Anlaufen eines Nothafens oder
- Aufsuchen eines Zwischenhafens wegen Eisgangs in der Binnenschiffahrt.

Nach einer unfreiwilligen Strandung werden nur die auf die Rettung des Schiffes und seiner Ladung gezielten Kosten und Schäden in „Havarie-grosse" vergütet (alle Interessenten, Schiffseigner, Ladungseigner und Frachtinteressenten), während für die direkten Schäden als Folge dieser Strandung jeder Interessent selbst aufzukommen hat. Bei einem Brand wird jedoch ein Löschwasserschaden an der Ladung in „Havarie-grosse" vergütet, wenn die Ladung nicht vom Feuer zerstört worden ist.

Die bei einer „großen Haverei" angefallenen Aufwendungen (Bergelöhne, Schlepperkosten), Opfer (Überbordwerfen von Ladung) und Kosten (wegen Anlaufens eines Nothafens) werden nach gesetzlichen oder vertraglichen Regeln, meist nach *York-Antwerp-Rules,* auf die drei Interessenten Schiff, Ladung und Fracht im Verhältnis der geretteten und somit „beitragspflichtigen Werte" gemäß Dispache verteilt. Dieses Dokument, die Dispache, wird von einem „vereidigten Dispacheur" aufgemacht, in kleinen Fällen aber auch vom Reeder oder von den Schiffsversicherern, um die Kosten des Dispacheurs zu sparen.

Für Havarien auf deutschen Binnengewässern, die unter die „Havariegrosse" fallen, müssen die Dispachen den Stempel der zuständigen Dispachen-Prüfstelle tragen. Die Fracht ist nicht beitragspflichtig.

Für die Praxis ist es wichtiger zu wissen, in welcher Form dieses Problem auf den Versicherungsnehmer, seinen Spediteur und den Transportversicherer zukommt:

Wenn einer Reederei ein Havarie-grosse-Fall gemeldet wird, dann gibt sie in aller Regel ihren Agenten in den Bestimmungshäfen Anweisung, die verschifften Güter an die Empfänger nur auszuhändigen gegen

a) Zeichnung einer Havarie-grosse-Garantie (Havarie-grosse-Bond);

oder

b) die Leistung eines Bareinschusses bzw. Depots.

Als Unterlage hierfür wird ein Wertaufgabe-Formular als Nachweis für den Wert der Güter *(Statement of value)* gefordert.

Der **Havarie-grosse-Bond** ist von den in den Konnossementen genannten Empfängern oder Abladern zu zeichnen. Die Versicherer haben sich in ihren

Policen in aller Regel verpflichtet, durch Gegenzeichnung auch ihrerseits eine Garantie zu geben. Das geschieht meistens mit dem Vermerk: „Für Havarie-grosse-Beiträge gemäß gesetzmäßiger Dispache auf versichertes Interesse in den Grenzen der Policenhaftung".

Hat der Empfänger einen **Havarie-grosse-Einschuß** geleistet, erhält er hierfür eine ordnungsgemäße Havarie-grosse-Einschuß-Quittung. Die Versicherer erstatten ihm seine Auslagen gegen Vorlage dieser ordnungsgemäß von dem Zahler des Einschusses indossierten Quittung. Es sollte allerdings immer versucht werden, einen Einschuß zu vermeiden. Häufig gelingt es, den Reeder durch Verhandlungen zur Annahme eines Havarie-grosse-Bonds zu veranlassen.

Sehr oft werden die Versicherer auch von dem Reeder, dem Dispacheur oder ihren Versicherungsnehmern angesprochen, mit dem Ziel, eine unmittelbare Regelung der Havarie-grosse-Garantie zu erreichen. Die Versicherer akzeptieren in der Regel diese Aufforderung nach Rücksprache mit ihrem Versicherungsnehmer.

Die **Wertaufgabe** ist von den Empfängern oder Abladern auszufüllen und zu unterschreiben. Es ist dabei darauf zu achten, daß der Versicherungswert nicht unbesehen übernommen wird, denn maßgeblich ist der Wert der Ware bei der Trennung vom Schiff, Basis ist also der cif-Wert, von dem etwaige Schäden abgesetzt werden müssen.

Eine andere Art der vertraglichen Freizeichnung sind die *Franchisen*. Sie werden entweder in den gedruckten oder geschriebenen Bedingungen zu den Versicherungsverträgen benannt.

Franchisen haben die Wirkung von Selbstbeteiligungen des aus der Police Begünstigten.

Die Versicherer wollen nicht für solche Verluste und Beschädigungen aufkommen, die während eines Transportes zwangsläufig eintreten müssen. Sie wollen nur Schäden ausgleichen, die während eines Transportes eintreten können. Gewisse Verluste, die unbedingt eintreten müssen, gehören zum kaufmännischen Risiko. Sie sind deshalb von einem Kaufmann einzukalkulieren. Beispielsweise verlieren bestimmte Güter während des Transportes durch den Trocknungsprozeß oder Auslauf an Gewicht. Der Versicherer befreit sich davon durch Vereinbarung einer Franchise.

Folgende Franchisen sind gebräuchlich:

a) die *Abzugsfranchise* (oft angewendet)

Die Versicherer treten nur ein, wenn der Schaden die Freizone übersteigt. Die Franchise wird in der Police so formuliert:

„frei von Schaden, wenn unter 3 %"

meist dann noch mit der Bestimmung (wie bei der Abzugsfranchise)

„jedes Kollie eine Taxe"

oder auch

„die ganze Partie eine Taxe".

Die Franchise wird pro Kollo (Sack, Kiste, Faß, Palette usw.) oder im zweiten Fall pro Partie (gesamte versicherte Partie oder Police) berechnet.

Der Sinn dieser Franchise ist, bestimmten Schadenersatz, mit dem immer gerechnet werden kann, nicht zu ersetzen. Die Bearbeitung dieser Bagatellschäden würde höhere Bearbeitungskosten bei den Versicherern auslösen, als der Schaden selbst ausmacht, jedenfalls für die „pro Kollo-Integral-Franchise".

Beispiel:

Beträgt der Schaden 1 % oder 2 % oder 3 %, erfolgt kein Ersatz durch die Versicherer, ist der Schaden höher als 3 %, z. B. 3,01 %, erfolgt volle Erstattung durch die Versicherer ohne Abzug.

247
Mangelhafte Verpackung

Schon bei der ersten Überarbeitung der ADS im Jahre 1973 wurde der bisherige Begriff der „mangelhaften Verpackung" durch den Begriff des nicht ersatzpflichtigen Schadens bei „Fehlen oder Mängeln handelsüblicher Verpackung" ersetzt.

Wenn dieser Risikoausschluß zum Tragen kommen soll, ist auf die Handelsüblichkeit am Abladeort abzustellen. Die handelsübliche Verpackung kann am gleichen Ort, je nach den Umständen der Reise, unterschiedlich sein. Es kommt nur darauf an, ob die Verpackung für die (tatsächlich versicherte) Reise handelsüblich war. Die Versicherer sprechen von einem objektiven Risikoausschluß; es kommt nicht darauf an, ob das Fehlen oder die Mängel an der Verpackung durch den Versicherungsnehmer verschuldet sind. Wenn der Versicherungsnehmer z. B. durch Dritte verpacken läßt, das kann auch der Exporteur sein, so ist ihm zuzurechnen, wenn die Güter nicht handelsüblich verpackt sind oder aber die handelsübliche Verpackung Mängel aufweist.

In der Schadenspraxis erfolgt die Wertung oder Bewertung der Verpackung durch den von den Versicherern vorgeschriebenen Havariekommissar; werden seine Angaben vom Versicherungsnehmer angezweifelt, bietet sich das Sachverständigenverfahren an; für die Feststellung, ob eine Verpackung der Handelsüblichkeit entspricht oder nicht, sind immer objektive Maßstäbe anzulegen.

248
Fahrlässigkeit und grobe Fahrlässigkeit

In den Bedingungswerken der Versicherer tauchen immer wieder die Begriffe der „Fahrlässigkeit" und der „groben Fahrlässigkeit" auf. Inwieweit bei Fahrlässigkeit Versicherungsschutz gewährt wird oder eine Freizeichnung der Versicherer einsetzt, kommt auf den Einzelfall an. Bei grober Fahrlässigkeit des Versicherungsnehmers tritt immer Leistungsbefreiung ein.

Zur besseren Abgrenzung soll hier eine Definition versucht werden:

Fahrlässig handelt, wer einen (den Schadenersatz auslösenden) Tatbestand zwar nicht wünscht, ihn aber herbeiführt. Davon ist auszugehen, wenn jemand bei seinem Handeln die im Verkehr erforderliche Sorgfalt außer acht läßt. Gemeint ist „diejenige Sorgfalt, die ein normaler, ordentlicher und gewissenhafter Mensch in dem betroffenen Verhältnis des Verkehrs anzuwenden pflegt". Ein Urteil ist also nur unter Berücksichtigung der Umstände zu geben, nicht aber im Hinblick auf die Eigenart der Person.

Grobfahrlässig handelt, wer die im Verkehr erforderliche Sorgfalt „gröblich in hohem Maße" außer acht läßt. Der BGH hat 1977 nicht im Zusammenhang mit einem Transportversicherungsvertrag, sondern zu einem Schadenfall aus der Feuerversicherung den Begriff der groben Fahrlässigkeit recht anschaulich umrissen. Weil der Begriff kaum besser zu interpretieren ist, sei hier der Oberste Deutsche Gerichtshof wörtlich zitiert:

„Grobfahrlässig verhält sich, wer nicht beachtet, was unter den gegebenen Umständen allgemein einleuchtet, oder wer schon einfachste, ganz naheliegende Überlegungen nicht anstellt und dadurch die im Verkehr erforderliche Sorgfalt in hohem Maße außer acht läßt; es muß sich um ein auch subjektiv unentschuldbares Fehlverhalten handeln, welches das gewöhnliche Maß erheblich übersteigt."

249 f.p.a.-Versicherung

Der Spediteur bekommt oft von seinen Kunden den Auftrag, eine sogenannte „f.p.a.-Versicherung" einzudecken. Wenn sein Auftrag so lautet, meint damit der Verlader einen eingeschränkten Versicherungsschutz und spricht die Abkürzung der alten englischen Versicherungsbedingung

„free from particular average"

an.

Mit dieser Abkürzung wird jedoch nur der erste Teil dieser alten englischen Versicherungsklausel zitiert, denn die Klausel beginnt mit dem Text:

„warranted free from particular average unless the vessel or craft be stranded, sunk or burnt ..."

das heißt sinngemäß übersetzt:

„frei von Teilschäden, es sei denn, das Schiff oder Fahrzeug ist gestrandet, gesunken oder verbrannt ..."

Seit dem Jahre 1982 hat der englische Versicherungsmarkt u. a. auch diese f.p.a.-Versicherung, ebenso wie die später erläuterte all risks-Versicherung aufgegeben und durch neue, anders geartete Klauseln ersetzt. Trotzdem wird die Kurzbezeichnung f.p.a.-Versicherung im nächsten Jahrzehnt nicht aus dem Sprachgebrauch verschwinden. Man muß in etwa davon ausgehen, daß der Kunde einen reduzierten Versicherungsschutz begehrt, für den eine gewisse Gleichartigkeit gegeben ist; einmal zur deutschen Deckung

ADS-Güterversicherung 1973 in der Fassung 1984 – Strandungsfall-Deckung, zum anderen zur englischen

Institute Cargo Clauses 1982, Deckungsform -C-.

Ein Vergleich sowohl der neuen englischen „Deckungsform -C-" von 1982 als auch der neuen deutschen Deckungsform von 1984 „eingeschränktes Risiko" ergibt, daß die deutsche Deckung in einigen wenigen Fällen weitreichender ist, aber in keinem einzigen Fall eingeschränkter als die englische Klausel. Die wesentlichen Unterschiede liegen darin, daß bestimmte Naturereignisse nach deutschem, eingeschränkten Bedingungsstandard versichert sind, nach dem englischen Standard aber eben nicht. So bleiben bei diesen eingeschränkten Deckungsformen bei der englischen C-Deckung die Risiken Blitzschlag, Erdbeben, vulkanische Ausbrüche und Seebeben ausgeschlossen (nur nach der neuen englischen B-Klausel mitversichert), nach der deutschen eingeschränkten Deckung werden jedoch diese Risiken erfaßt.

Wann wird diese eingeschränkte Art des Versicherungsschutzes gewählt:

Die Gründe sind vielfältig und unterschiedlich; einmal, wenn bestimmte Warengattungen, z. B. unempfindliche oder robuste Güter zum Versand kommen und/oder auch Prämie gespart werden soll, zum anderen, wenn Warenarten versichert werden sollen, die der Versicherer eben nicht zu vollen Konditionen decken möchte oder gar decken kann, wie z. B. bei Schüttgütern wie Salz oder Getreide oder bei unverpackten Gütern, oder wenn Güter mit konventionellen Schiffen auf Deck verladen werden.

250
All Risks-Versicherung/ Institute Cargo Clauses

In der täglichen Praxis verlangt der Verlader oft eine *All Risks-Versicherung.* Damit meint er eine Deckung „gegen alle Gefahren" analog der bis zum Jahre 1982 geltende alte englische „All Risks-Klausel" gemäß den im Jahre 1951 eingeführten „Institute Clauses".

Eine „All Risks-Versicherung" sieht ihrem Deckungsumfang nach so aus, daß nicht etwa alle oder jegliche Gefahren, sondern selbstverständlich nur die Transportgefahren gedeckt sind.

Der Anfang der

Institute Cargo Clauses „All Risks" 1/1/63

lautet:

This insurance is against All Risks of loss of or damage to the subject-matter insured but shall in no case be deemed to extend to cover loss damage or expense proximately caused by delay or inherent vice or nature of the subject-matter insured."

Das heißt sinngemäß:

„Diese Versicherung deckt alle Gefahren durch Verlust und/oder Beschädigung der versicherten Güter, sie soll aber keinesfalls für die Erweiterung der Deckung auf Verlust, Beschädigung oder Kosten gedacht sein, welche in ursächlichem Zusammenhang mit einer Verzögerung oder innerem Verderb oder der natürlichen Beschaffenheit der versicherten Güter stehen."

Obgleich die alte All Risks-Deckung einen weitgehenden Versicherungsschutz bietet, ist stets zu beachten, daß der Verlust oder die Beschädigung durch äußere Ursachen entstanden sein muß. Nicht gedeckt sind dagegen gewöhnliche Verluste, Handelsverluste durch Reiseverzögerungen sowie Schäden durch die natürliche Beschaffenheit der Ware, insbesondere durch inneren Verderb. Auch das Kriegs- und Minenrisiko wird nur aufgrund besonderer Vereinbarungen mitversichert.

Man muß sich einprägen, daß der englische Versicherungsmarkt nur die Schäden decken will, die sich während des Zeitpunkts der Gefahrtragung ereignen können, niemals aber solche Schäden, die sich zwangsläufig ereignen müssen.

Diese alte englische Versicherungskondition „verkauft sich" allein durch das Wort „All Risks". Es würde zu weit führen, hier alle Unterschiede im einzelnen aufzuzeigen. In jedem Fall dürfte jedoch eine Gleichwertigkeit im Grundsatz mit der deutschen Deckungsform

– den ADS-Güterversicherung 1973 in der Fassung 1984 – volle Deckung –

gegeben sein.

Merke:

Auch bei einer „All Risks-Versicherung" wachsen die Bäume nicht in den Himmel. Die Klausel gewährt keinen Versicherungsschutz für jeden, wie auch immer gearteten, Schaden. Sie schränkt vielmehr durch Klauseln den Versicherungsschutz wieder ein. Die All Risks-Deckung kennt keine Franchise. Trotzdem wird der All Risks-Versicherer im Schaden keinen Ersatz leisten, der nicht aus einer versicherten Gefahr entstanden ist. Normales Manko oder Schäden durch mangelhafte Verpackung, Schäden durch Selbstentzündung, Schäden durch Klimaeinflüsse oder Fermentation werden nicht gedeckt. Die I.C.C. All Risks-Clause wird allmählich durch die I.C.C. – Form A – verdrängt.

251
Maximum
Das Maximum ist die in einer laufenden Police (General-Police) festgelegte Höchstversicherungssumme für ein Transportmittel oder ein feuertechnisch getrenntes Lager. Die Versicherer haften im Schadenfall nur bis zu den festgesetzten Höchst-Beträgen.

Das hat bei Überschreitung zur Folge, daß die Regeln über die Unterversicherung zur Anwendung kommen.

Was als Transportmittel gilt, ergibt sich immer aus dem geschriebenen Text der Police, z. B. ein Seeschiff, ein Lastkraftwagen mit Anhänger, ein Eisenbahnzug.

Erfolgen Zuladungen auf das „maximierte Transportmittel" oder „maximierte Lager" und dies hat der Versicherungsnehmer nicht zu vertreten, so erfolgt keine Beschränkung auf die Höchstversicherungssumme im Schadenfall. Die Überschreitung bleibt jedoch unverzüglich anzuzeigen.

Deshalb sollte immer für ausreichende Maxima gesorgt werden; ein ausreichendes Maximum (möglichst mit Reserve zugunsten des Versicherungsnehmers) beeinträchtigt im Regelfall nicht die Prämienhöhe.

Für den Versicherer ist das Maximum oder sind die Maxima einer Police von wesentlicher Bedeutung; aufgrund der Höhe des Maximums entscheidet der Versicherer, inwieweit er das Risiko ganz oder nur teilweise tragen kann. Er hat dann von Fall zu Fall zu entscheiden, ob er sein eigenes Risiko in Form der Rück- oder Mitversicherung reduzieren will (s. Rn. 214).

252
Abkürzungen aus Transportversicherung
Nicht nur im Geschäftsverkehr mit englischen Versicherern sondern auch international und in Deutschland – besonders bei englisch sprachigen Policen – haben sich folgende Abkürzungen aus der in England gebräuchlichen Seeversicherungstechnik eingebürgert, die mit englischem Wortlaut und deutscher Übersetzung wiedergegeben werden:

Abkürzung:	engl. Text	deutsche Übersetzung
a. P.	Additional premium	Zulage-Prämie
Ap D	Appended Declaration	Ergänzende Erklärung (der Transportversicherer bei akkreditiv bed. Policen)
A. R.	All Risks	alle Gefahren
B./L.	Bill of Lading	Konossement
B./R.	Building risks	Baurisiken
C. D.	Country damage	Landbeschädigung

C + F	Cost and freight	Kosten u. Versicherung
c. i. f.	Cost, insurance, freight	Kosten, Versicherung, Fracht
c. i. f. and c.	Cost, insurance, freight and commission	Kosten, Versicherung, Fracht und Kommission
C. N.	Cover Note	Deckungsnote
Convs. (Cors)	Conveyances	Transportmittel
C. T. L.	Constructive Total Loss	konstruktiver Totalverlust
E. C. S. A.	East Coast of South America	Ostküste Südamerikas
f. a. s.	Free alongside steamter	frei längsseits Schiff
f. c. and s.	Free of capture and seizure	frei von Beschlagnahme
FIATA FCR	Forwarders Certificate of Reciept	Spediteur-Übernahme-Bescheinigung
FIATA FCT	Forwarders Certificate of Transport	Spediteur-Transport-Bescheinigung
FIATA FLBL	Negotiable Fiata Combined Transport Bill of Lading	Durchkonossement für kombinierte Transporte, eingeführt durch Fiata
FIATA FWR	FIATA Warehouse Receipt	FIATA Lagerschein
f. o. b.	Free on board (steamer etc.)	frei an Bord
F. O. D. abs.	Free of Damage absolutely	frei von jeglicher Beschädigg.
f. o. r./f. o. t.	Free on rail/free on truck	Frei (franko Waggon … genannter Abgangsort
F. P. A.	Free of particular average	frei von Beschädigung
F. P. A. u. c. b.	Free of particular average unless caused by	frei von Beschädigung außer verursacht durch
F. r. c.	Free of reported casualty	frei von bekanntem Schaden
f. w. d.	Freshwater damage	Süßwasserschaden
G. A.	General Average	große Haverei
H. and M.	Hull and Materials (sailing vessels)	Kasko und Zubehör
h. and o.	Hook and oil damage	Hakenriß und Ölschäden
H. M. etc.	Hull, Machinery etc. (steamers)	Kasko, Maschine etc.
I. C. C.	Institute Cargo Clauses	engl. Versicherungsbedingungen für Gütertransporte
i. c. c. –A– or –C–	institute Cargo Clausus form A/ form C	Engl. Versicherungsbedingungen – Deckungsform A/ oder C -
i. o. p.	irrespective of percentage	ohne Franchise

i. p.	imaginary profit	imaginärer Gewinn
I. V.	Increased value oder Invoice value	Mehrwert oder Fakturenwert
j. and w. o.	Jettison and washing overboard	Seewurf u. Überbordspülen
Lkge. + Bkge.	Leakage + Breakage	Leckage und Bruch
LC	letter of credit	Akkreditiv
ltr.	Lighter	Leichter
M. V.	Motor vessel	Motorschiff
n. d.	Non-Delivery	Nichtauslieferung
n. r. a. d.	No risk after discharge	keine Deckung n. Entladung
n. r. a. l.	No risk after Landing	keine Deckung nach Landung
O/d	On deck	auf Deck
P. A.	Particular Average	besondere Haverei
P. L.	Partial Loss	Teilverlust
P. R.	Port risks	Hafenrisiken
R. P.	Return Premium	Rückgabeprämie
S. A. N. R.	Subject to approval, no risk	bis zur Genehmigung kein Versicherungsschutz
S/C	Salvage Charges	Bergungskosten
s. d.	Short delivery	Minderauslieferung
S. O. L.	Shipowner's Liability	Haftpflicht des Schiffseigentümers
S.R. and C.C.	Strikes riots and Civil commotions	Streik, Aufruhr und bürgerliche Unruhen
Str.	Steamer	Dampfer
S. V.	Sailing Vessel	Segelschiff
Terminus a Quo	Attachment of the risk	Risikobeginn
Terminus ad T/s	Transhipment	Umladung
T. L. O.	Total Loss only	nur gegen Totalverlust
T. P. + N. D.	Theft, Pilferage and Non-Delivery	Diebstahl, Beraubung und Nichtauslieferung
U/d	Under Deck	unter Deck
U. K.	United Kingdom	Vereinigtes Königreich (Großbritannien etc.)
v. o. p.	Valued as original policy	Wert wie Original-Police
W. A.	With Average	mit Beschädigung
W. P.	Without prejudice	ohne Präjudiz

Transportversicherungs-Prämien 2.8

Den Preis für die Übernahme eines Wagnisses durch den Versicherer nennt man Prämie. Die Prämie sichert dem Versicherer die Mittel für folgende Aufwendungen:

253 Prämien, Zuschlagsprämien

Kosten der Schadenfeststellung und -ermittlung

die Schadenvergütung selbst

die Kosten der Schadenregulierung

Mittel zur Bildung einer Schadensreserve.

Die Höhe der Prämie richtet sich nach dem Umfang des Wagnisses, das der einzelne Versicherer übernimmt.

Für die Bildung der Prämie gelten für den Transportversicherer besondere Faktoren, da er die bestimmten „Gesetzmäßigkeiten der großen Zahl" nicht unbedingt anwenden kann. Die wichtigsten Faktoren der Prämienkalkulation sind

1. das Transportmittel

Je besser die Qualität des Transportmittels und die Haftung des Transporteurs, desto günstiger kann die Transportversicherungsprämie kalkuliert werden. Auch die vom Transportversicherer geschätzte Möglichkeit einer erfolgreichen Regreßnahme beeinflußt die Prämie, z. B. losgelöst von der Schadenursache ist die erfolgreiche Regreßnahme eines Transportversicherers gegen einen im gewerblichen Güterfernverkehr fahrenden Lkw-Unternehmer „sicherer" als gegen einen im grenzüberschreitenden Verkehr fahrenden ausländischen Lkw-Unternehmer, da der Versicherungsschutz nach der KVO gesetzlich vorgeschrieben ist, bei grenzüberschreitendem Verkehr es dem Unternehmer jedoch anheimgestellt ist, sein Haftungsrisiko nach der CMR zu versichern oder nicht. Ist z. B. die Haftung eines Unternehmers „pflichtversichert", ist von einem positiveren Risiko auszugehen. Die Prämie fällt.

Bei Seetransporten beeinflußt das Alter des Schiffes evtl. die Prämie (vgl. Rn. 236 und Teil 1 Rn. 775). Auch eine Deckladung führt i. R. zu einem Aufschlag.

Im Luftverkehr verlangen einige Versicherer bei „Splitcharter" Zulagen.

2. *der Reiseweg*

Die Gefahren des Transportes werden natürlich weitgehend durch den Reiseweg bestimmt. Sie sind verschieden, je nachdem, ob der Landweg – Eisenbahn oder Straße –, der Flußweg – Flüsse, Kanäle –, der Seeweg – Küsten-Schiffahrt, Seeverkehr – oder der Luftweg gewählt wird.

3. *die Reisedauer*

Ganz entscheidend für die Bemessung der Prämie ist auch die Reisedauer. Je kürzer die Reise, desto geringer auch das Wagnis, das der Versicherer trägt. Die Schnelligkeit eines Transportmittels kann ein besonderes Gefahrenmoment sein, muß sich aber nicht mehr unbedingt bei der Prämienbildung auswirken. Nach wie vor ist und bleibt ein Hauptrisikofaktor die Zahl der Umschläge während einer Reise. Zu denken ist an mehrstufige Transporte mit sich wiederholendem Umschlag von einem Verkehrsmittel auf das andere, Umladungen, Zollagerungszeiten und Wartezeiten der Schiffe in den Häfen und anderes. (1978 betrug z. B. die durchschnittliche Wartezeit eines Seeschiffes auf der Reede vor Nigeria 120 Tage!).

4. *die Jahreszeiten*

Immer weniger beeinflußt heute die Jahreszeit die Prämienbildung. Man denke an Stückgutcontainer, die heute während des Umschlages konventionell verpacktes Gut noch zusätzlich gegen Regen schützen. Trotzdem bedeutet die Witterung, besonders in der Binnenschiffahrt, ein zusätzliches Gefahrenmoment. Prämienzuschläge entstehen bei speziellen Gütern und speziellen Reiserouten (z. B. Winterzuschläge für die Kanadischen Seen, bei Binnenkanaltransporten Eiszuschläge).

254
Prämienfälligkeit und Ristornogebühr

Die Prämie, die Ausfertigungsgebühr und die Versicherungssteuer (5 % des Prämienbetrages) sind, wenn nichts anderes vereinbart wird, gegen Aushändigung des Versicherungsscheines (Police) fällig.

Auch in der Transportversicherung ist der Versicherer im Schadenfall leistungsfrei, wenn zur Zeit des Versicherungsfalles die „erste Prämie" noch nicht bezahlt ist. Dies ist immer der Fall, wenn eine einzelne Versicherung abgeschlossen wird und keine anders lautenden Vereinbarungen getroffen wurden. Eine typische anders lautende Vereinbarung für einen Spediteur wäre z. B. eine laufende General-Police (s. Rn. 223).

Einzelheiten regeln sich aus der General-Police des Spediteurs oder lt. Absprachen. Wurden keine Absprachen getroffen, gelten die folgenden Bestimmungen, bei

a) *Binnentransport-Versicherungen:* Das Versicherungsvertrags-Gesetz, §§ 38 und 39

b) *See- und Lufttransportversicherungen über See:* Allgemeine Deutsche Seeversicherungs-Bedingungen § 17

Eine Ristornogebühr kann vom Transportversicherer bei sogenannten „Zeitversicherungen" erhoben werden, wenn z. B. das Versicherungsverhältnis ohne Einhaltung einer Kündigungsfrist kündbar war. Die Ristornogebühr beträgt die Hälfe der Prämie, höchstens jedoch ein achtel Prozent der Versicherungssumme.

In der Praxis kommt es vor, daß der Transportversicherer bei Reiseversicherungen eine Ristornogebühr verlangt. Gemeint ist jedoch eine „unechte Ristornogebühr", das heißt eine Verwaltungsgebühr zur Abdeckung der Kosten, die dem Versicherer durch die Policierung, z. B. auf Dokumentenpapier und in fremder Sprache, entstanden sind.

Der Spediteur, der für seinen Kunden die Transportversicherung vermittelnd eindeckt, erhält für seine Bemühungen und Dienstleistungen,

255
Spediteurrabatt

– Erfragen und Aushandeln der Prämie

– Deklaration (Anmeldung) der Transportrisiken beim Versicherer

– Kreditierung der Versicherungsprämie

– Besorgen der Policen

– Schadenmeldung

einen besonderen Rabatt, den Spediteurrabatt, siehe auch § 38 ADSp.

Auf die Zulageprämien für politische Risiken wird kein Spediteurrabatt gewährt, meist auch nicht auf die Mindestprämien und die Luftfrachtprämien.

Transportschäden 2.9

Anweisungen für den Schadenfall finden wir in jedem Versicherungsvertrag (Police). Bei Nichtbeachtung kann die Leistungspflicht der Versicherer entfallen. Man spricht dann von einer Obliegenheitsverletzung.

256
Anweisungen für den Schadenfall

Folgende Regeln sollten immer beachtet werden:

1. Güter sofort auf Schäden untersuchen. Schon bei Verdacht eines Schadens keine reine Empfangsquittung geben, sondern einen Vermerk in den Frachtpapieren, Rollkarte etc. anbringen: z. B.

- „Partie naß" oder
- „2 Kolli fehlen" oder
- „5 Kolli Verpackung gebrochen"

2. Ersatzansprüche gegen Dritte sicherstellen. Dritte sind die mit der Beförderung des Gutes befaßten Unternehmungen, z. B. der Reeder, der Spediteur, der Frachtführer, der Lagerhalter, Zoll- oder Hafenbehörden, diese gegebenenfalls bei größeren Schäden
   - zu einer gemeinsamen Schadenbesichtigung auffordern
   - um Bescheinigung des Schadens ersuchen
   - immer schriftlich haftbar machen, und zwar bei äußerlich erkennbaren Schäden vor Annahme des Gutes, bei äußerlich nicht erkennbaren Schäden unverzüglich nach Entdeckung
   - Reklamationsfristen feststellen und einhalten!

(Anmerkung: Hinweise über die Reklamationsfristen, s. Rn 265 – Regreßsicherung –)

3. Für die Minderung entstandenen und Abwendung weiteren Schadens sorgen.

4. Unverzüglich den im Versicherungsvertrag (Police oder Versicherungs-Zertifikat) genannten Havariekommissar hinzuziehen.

5. Zustand der Sendung und ihrer Verpackung bis zum Eintreffen des Havariekommissars nicht verändern!

6. Den Versicherungsfall dem Versicherer unverzüglich anzeigen und ihm zur Beschleunigung der Schadenabwicklung alsbald möglichst vollständige Schadenunterlagen übermitteln, insbesondere

a) Original-Versicherungs-Police oder Original-Versicherungs-Zertifikat

b) Original oder Kopie des Konnossementes oder des sonstigen Frachtvertrages oder sonstiger Frachtdokumente, die bei Übergabe der Sendung übergeben worden sind

c) Original oder Kopie der Handelsfaktura (Einkaufsrechnung)

d) Unterlagen über Feststellung von Zahl, Maß oder Gewicht am Abgangs- oder Bestimmungsort (Packliste)

e) Bericht des Havariekommissars des Versicherers

f) eine spezifizierte Schadenrechnung

g) Korrespondenz mit der Reederei oder sonstigen Dritten über die gegen diese geltend gemachten Ersatzansprüche (also Ihr Anspruchschreiben und, wenn vorhanden, die Reaktion des Schadenstifters darauf)

h) schriftliche Abtretungserklärung des aus dem Beförderungsvertrag Berechtigten an den Versicherer (meist Empfänger, wie im Frachtvertrag angegeben, wenn er die Sendung angenommen hat).

Der Versicherungsfall ist dem Transportversicherer unmittelbar nach Kenntnis anzuzeigen.

257
Schadenanmeldefristen nach ADB und ADS

Die Allgemeinen Deutschen Binnen-Transportversicherungs-Bedingungen (ADB 1963) nennen keine Maximalfrist für die Anzeige. Somit gilt § 33 des VVG in Verbindung mit § 121 BGB: „ohne schuldhaftes Zögern (unverzüglich) nach Kenntnis ..."

Nach den Allgemeinen Deutschen Seeversicherungs-Bedingungen (ADS Güterversicherung 1973 in der Fassung 1984) ist der Schaden zwar auch unverzüglich feststellen zu lassen, für die Andienung (= konkrete Erklärung, entschädigt werden zu wollen) jedoch eine Nachfrist von 15 Monaten seit Beendigung der Versicherung zugelassen. Danach können keine Schadensersatzansprüche mehr gestellt werden.

Zu unterscheiden von den Fristen über die Schadenanmeldung sind die Verjährungs- und Klageausschlußfristen.

258
Verjährung, Klageausschlußfristen

In der Binnen-Transport-Versicherung verjähren die Ansprüche aus dem Versicherungsvertrag gemäß dem VVG in zwei Jahren. Die Verjährung beginnt mit dem Schluß des Jahres, in welchem die Leistung verlangt werden kann.

Ist der Anspruch des Versicherungsnehmers bei dem Versicherer angemeldet worden, ist die Verjährung bis zum Eingang der schriftlichen Entscheidung der Versicherer gehemmt. Allerdings wird der Versicherer von der Verpflichtung der Leistung frei, wenn der Anspruch auf die Leistung nicht innerhalb von sechs Monaten gerichtlich geltend gemacht wird. Die Frist beginnt erst dann, nachdem der Versicherer dem Versicherungsnehmer gegenüber den erhobenen Anspruch schriftlich abgelehnt hat.

Anders ist es in der Seeversicherung nach der ADS-Güterversicherung 1973 in der Fassung 1984. Die rechtzeitige Andienung innerhalb der bereits zitierten 15-Monats-Frist nach Beendigung der versicherten Reise oder der mitversicherten Lagerzeit/Zollagerrisiko etc. unterstellt, verjähren die Ansprüche in fünf Jahren. Die Verjährung beginnt mit dem Schluß des Jahres, in dem die Versicherung endet oder – bei Verschollenheit der Ware – die Verschollenheitsfrist abläuft.

259
Verlust der Güter
Vom Verlust der versicherten Güter kann nach dem ADS dann ausgegangen werden, wenn sie „total verloren gehen oder dem Versicherungsnehmer ohne Aussicht auf Wiedererlangung entzogen werden". Als Verlust bezeichnet man auch den Schaden, wenn nach der Feststellung von Sachverständigen die Güter in ihrer ursprünglichen Beschaffenheit zerstört worden sind. Dann kann der Versicherungsnehmer den auf sie entfallenden Teil der Versicherungssumme abzüglich des Wertes geretteter Sachen verlangen.

Sind Güter mit dem Transportmittel verschollen, so leistet der Versicherer Ersatz wie im Falle des Totalverlustes, es sei denn, daß mit überwiegender Wahrscheinlichkeit ein Verlust als Folge einer nicht versicherten Gefahr anzunehmen ist. Ein Transportmittel gilt jedoch dann verschollen, wenn vom Zeitpunkt seiner geplanten Ankunft 60 Tage, bei europäischen Binnenreisen 30 Tage verstrichen sind und bis zur Reklamation keine Nachricht vom Transportmittel eingegangen ist. Kann die Nachrichtenverbindung durch Krieg, kriegsähnliche Ereignisse, Bürgerkrieg oder innere Unruhen gestört sein, so verlängert sich die Frist entsprechend den Umständen des Falles, höchstens jedoch auf sechs Monate.

(Vergl. auch Art 7.1 und 7.2 der ADS Güterversicherung 1973 in der Fassung 1984).

260
Beschädigung der Güter
Werden die Güter oder Teile der Güter beschädigt, so ist gemäß den ADS Güterversicherung 73 in der Fassung 1984 der gemeine Handelswert und in dessen Ermangelung der gemeine Wert zu ermitteln, den die Güter in unbeschädigtem Zustand am Ablieferungsort haben würden (Gesundwert), sowie der Wert, den sie dort im beschädigten Zustand haben. Als Betrag des Schadens gilt der entsprechende Bruchteil des Versicherungswertes aus dem Verhältnis des Wertunterschiedes zum Gesundwert (vergl. auch Rn. 259).

Der Wert beschädigter Güter kann auch durch freihändigen Verkauf oder durch öffentliche Versteigerung festgestellt werden, wenn der Versicherer dies unverzüglich nach Kenntnis der für die Schadenhöhe erheblichen Umstände verlangt; dann tritt der Bruttoerlös an die Stelle des Wertes der beschädigten Güter. Hat nach den Kontrakten des Kaufvertrages der Verkäufer vorzuleisten, so haftet der Versicherer für die Zahlung des Kaufpreises, jedoch nur dann, wenn er den Kontrakten des Kaufvertrages zugestimmt hat.

Über die Beschädigung von Gütern im Falle einer Binnen-Transportversicherung finden wir in den ADB 1963 keine eigenen Bestimmungen. Es gilt deshalb das Versicherungsvertragsgesetz (§ 140, III). Danach ist die Regelung bei Beschädigung der Güter etwas anders.

261
Wiederherstellung der Güter
Wenn Güter beschädigt sind oder bei Verlust von Teilen der Güter, kann der Versicherungsnehmer gemäß ADS Güterversicherung 1973 in der Fassung 1984 auch eine Reparatur verlangen anstelle eines Teils des Versicherungs-

wertes. Der Versicherer erstattet die zum Zeitpunkt der Schadenfeststellung notwendigen Kosten der Wiederherstellung oder Wiederbeschaffung der beschädigten oder verlorengegangenen Teile. Niemals haftet der Versicherer jedoch über die Versicherungssumme hinaus und immer nur im Verhältnis der Versicherungssumme zum Gesundwert.

So kann sich auch im Falle der Erstattung von Reparaturkosten durch die Versicherer eine vorliegende Unterversicherung nachteilig bemerkbar machen, die sich aus dem Verhältnis der Versicherungssumme zum Gesundwert errechnet.

Bei der Versicherung von Maschinen und Apparaten sind die Bestimmungen der DTV-Maschinenklausel anzuwenden (s. Rn. 235).

262 Auskunftspflicht

Der Versicherer kann nach dem Eintritt des Versicherungsfalles verlangen, daß der Versicherungsnehmer jede Auskunft erteilt, die zur Feststellung des Versicherungsfalles oder des Umfanges der Leistungspflicht des Versicherers erforderlich ist. Belege kann der Versicherer insoweit fordern, als die Beschaffung dem Versicherungsnehmer billigerweise zugemutet werden kann; die Herbeiführung einer Verklarung kann er bei Anwendung von Seerecht verlangen, wenn der Versicherer daran ein berechtigtes Interesse hat. (Verklarung = gerichtlich angeordnete objektive Feststellung eines bestimmten Sachverhaltes.

263 Abwendung und Minderung des Schadens

Der Versicherungsnehmer ist verpflichtet, stets für die Abwendung und Minderung eines Schadens sowohl vor seinem Eintritt als auch nach seinem Eintritt zu sorgen. Dabei hat er die Weisungen des Versicherers zu befolgen und, wenn es die Umstände gestatten, die Weisungen des Versicherers einzuholen.

Der Versicherer haftet für einen Schaden insoweit nicht, als er aus einer Verletzung der Verpflichtung zur Abwendung oder Minderung verursacht wird. Die Leistungsfreiheit des Versicherers entfällt, wenn die Verletzung zur Abwendung oder Minderung des Schadens nicht auf einem Verschulden beruht.

Alle Aufwendungen, die vorsorglich zur Abwendung oder Minderung des Schadens entsprechend den Umständen oder die bei oder nach dem Eintritt des Versicherungsfalles gemäß den Weisungen des Versicherers gemacht werden, fallen dem Versicherer zur Last, und zwar auch dann, wenn sie erfolglos geblieben sind. Auf Anforderung hat der Versicherer für diese Aufwendungen einen Vorschuß zu leisten.

264 Schadennachweis „dem Grunde nach"

Als Schadennachweis dem Grunde nach werden – neben dem *Bericht des Havariekommisars*, wenn dies im Versicherungsvertrag vorgeschrieben ist – vom Versicherer folgende Belege und Nachweise verlangt, und zwar je nach Transportmittelart:

- *Seeschiff:*

    Abschreibung auf dem Konnossement oder Restscheine oder Kai-Restschein (bei Verlust) oder schriftliche Bestätigung des örtlichen Reederei-Agenten oder des Reeders selbst, meist als „Delivery report" bezeichnet

- *Flußschiff:*

    Abschreibung auf dem Konnossement oder Ladeschein (mit Quittung des Schiffers) bei größeren Reklamationen, Bestätigung durch amtlich zu bestellenden Sachverständigen, sonst Verlust der Regreßrechte)

- *Bahn:*

    bahnamtliche Tatbestandsaufnahme

- *Post:*

    postalische Bestätigung über Beschädigung und Verlust des Transportgutes

- *Luftfrachtführer:*

    Delivery Receipt oder Claim Damage Report, erstes für Beschädigung, zweites für Verlust

- *Spediteur:*

    Schriftliche Bestätigung auf dem Spediteurübergabeschein, Hausfrachtbrief o. ä.

- *Lkw-Frachtführer:*

    schriftliche Bestätigung, möglichst unterzeichnet vom Fahrer auf dem Original-Beförderungspapier, z. B. KVO- oder CMR-Frachtbrief oder Ladelisten bei Sammelladungsfrachtbriefen

- *Paketdienste:*

    schriftliche Bestätigung auf dem Auslieferungsbeleg des jeweiligen Anbringers

Mit welchen übrigen weiteren Schadenbelegen der Schadenfall den Versicherern zur Anzeige gebracht wird, vergleiche Rn. 256.

265
Schadennachweis „der Höhe nach"
Der Versicherungsnehmer kann eine Zahlung der Entschädigung nicht eher verlangen, bis er dem Versicherer eine *Schadenrechnung* zuschickt. Wenn die Versicherer trotz Fehlens einer eigenen Schadenrechnung Schäden regulieren, erstellen sie sich aus Servicegründen die Schadenrechnung selbst und legen sie ihrem Versicherungsnehmer mit dem Regierungsangebot vor. Hierauf besteht jedoch kein Anspruch.

Die Schadenrechnung muß spezifiziert bzw. prüfbar sein und eine Zusammenstellung der Beträge enthalten, die der Versicherer sowohl für den Schaden selbst als auch für die Aufwendungen im Zusammenhang mit dem Schaden zu entrichten hat.

Der Höhe nach sind die Einzelpositionen durch die Handelsrechnung, Reparaturkostenrechnung oder Reparaturkostenvoranschläge o. a. zu belegen.

Der Versicherungsnehmer, auch der Versicherte ist verpflichtet, Regreßrechte zu wahren, Ansprüche gegen die Schadensverursacher zu sichern.

Dafür müssen Fristen beachtet werden. Diese ergeben sich wiederum aus den jeweiligen Geschäfts- oder Beförderungs-Bedingungen und sind je nachdem, wer verantwortlich ist, unterschiedlich. *Beachte*
– beim *Spediteur (Speditionsvertrag)* – auch Paket- oder Expressdienste, soweit diese nach den ADSp arbeiten.

266
Regreßsicherung, Reklamationsfristen

Im Rahmen von Speditionsverträgen sind alle Schäden, die Versender oder Empfänger dem Spediteur gegenüber geltend machen, auch wenn sie äußerlich nicht erkennbar sind, dem Spediteur unverzüglich schriftlich mitzuteilen. Ist die Ablieferung des Gutes durch einen Spediteur erfolgt, so muß der abliefernde Spediteur spätestens am sechsten Tage nach der Ablieferung im Besitz der Schadensmitteilung sein (§ 60 ADSp).

Verjährung: Alle Ansprüche gegen den Spediteur, gleichviel aus welchem Rechtsgrunde, verjähren in acht Monaten. Die Verjährung beginnt mit der Kenntnis des Berechtigten von dem Anspruch, spätestens jedoch mit der Ablieferung des Gutes (§ 64 ADSp).

– beim *Frachtführer (Frachtvertrag)*

Im Rahmen von Beförderungsverträgen sind bei Güterschäden, die Spediteure oder Versender gegen Frachtführer oder Verfrachter von Seeschiffen geltend machen, die für die betreffenden Verkehrsträger geltenden Fristen maßgeblich.

– im *Eisenbahnverkehr (DB)*

muß, um einen Schadensanspruch geltend machen zu können, die Beschädigung oder der Verlust des Gutes bahnamtlich festgestellt werden. Wird ein Total- oder Teilverlust oder eine Beschädigung des Gutes von der Eisenbahn entdeckt oder vermutet oder vom Verfügungsberechtigten behauptet, hat die Eisenbahn die Ursache und den Zeitpunkt des Schadens ohne Verzug durch eine Tatbestandsaufnahme festzustellen. Bei teilweisem Verlust oder bei Beschädigung sind außerdem der Zustand, erforderlichenfalls das Gewicht des Gutes und soweit wie möglich auch der Betrag des Schadens festzustellen. Hierbei sind unbeteiligte Zeugen oder Sachverständige und, wenn es möglich ist, auch der Verfügungsberechtigte zuzuziehen. Das Verfahren zur Feststel-

241

lung des Tatbestandes wird durch die innerdienstlichen Ermittlungsvorschriften (ErmV) geregelt. Nach diesen Bestimmungen werden Tatbestandsaufnahmen nur bei Beschädigung und teilweisem Verlust aufgestellt. Bei gänzlichem Verlust wird eine Fehlmeldung und im umgekehrten Falle eine Überzähligmeldung aufgemacht. Bei einem äußerlich feststellbaren Schaden muß die Tatbestandsaufnahme unverzüglich aufgemacht werden. Wird der Schaden erst später festgestellt, dann muß die Tatbestandsaufnahme binnen einer Woche beantragt werden. Gesamtverlust liegt vor, wenn das ganze zu einem Frachtbrief gehörige Gut in Verlust geraten ist. Der Verfügungsberechtigte kann das Gut ohne weiteren Nachweis als verloren betrachten, wenn es nicht innerhalb eines Monats nach Ablieferung der Lieferfrist abgeliefert oder zur Abholung bereitgestellt worden ist (im nationalen Verkehr: §§ 81 ff EVO, im internat. Verkehr Art. 39 § 1 des Anhang B zur COTIF/CIM).

Verjährung: Ansprüche aus dem Frachtvertrag verjähren in einem Jahr (§ 94 EVO oder Art. 58 § 1 COTIF/CIM); Ausnahmen s. Rn. 252 Lorenz Teil 1. Die Verjährungsfrist beginnt bei Entschädigungsansprüchen wegen teilweisen Verlustes, Beschädigung oder Lieferfristüberschreidtung mit dem Ablauf des Tages der Ablieferung, bei Entschädigungsansprüchen wegen gänzlichen Verlustes des Gutes mit Ablauf des dreißigsten Tages nach Beendigung der Lieferfrist.

– im Güterfernverkehr (LKW)

ist die Ursache nach Möglichkeit der Zeitpunkt des entstandenen Schadens ohne Verzug durch den Unternehmer schriftlich festzustellen. Bei Schäden, die bei Annahme des Gutes durch den Empfänger äußerlich nicht erkennbar waren, hat der Empfänger nach Entdeckung des Schadens, spätestens binnen einer Woche nach Annahme des Gutes, den Schaden dem Unternehmer anzuzeigen, damit dieser den Schadensbericht aufstellen kann. Der Unternehmer ist verpflichtet, Güterschäden im Rahmen der Haftungsbestimmungen der KVO zu versichern. Zur Geltendmachung des Schadens bei der KVO-Versicherung muß dieser unverzüglich, spätestens innerhalb von vier Wochen, durch den Unternehmer angezeigt werden. Mit der Schadensanmeldung sind folgende Belege vorzulegen: Bericht, Originalfrachtbrief, bei Sammelladungen auch Ladelisten, Schadensrechnung, Originalfakturen des betroffenen Gutes und gegebenenfalls Polizeiprotokolle, polizeiliche Anzeigen u. a. m.

Verjährung: Ansprüche aus dem Frachtvertrag verjähren in einem Jahr. Die Verjährungsfrist beginnt bei Ansprüchen auf Entschädigung wegen teilweisen Verlustes, Beschädigung oder Lieferfristüberschreitung mit Ablauf des Tages der Ablieferung; bei Ansprüchen auf Entschädigung wegen gänzlichen Verlustes des Gutes mit Ablauf des 30. Tages nach Beendigung der Lieferfrist (§§ 29 ff KVO);) (s. auch Lorenz Teil 1 Rn. 495 + 496 ff)

– im Güternahverkehr (LKW)

haftet der Unternehmer nach §§ 14–16 AGNB und ist nach § 21 AGNB verpflichtet, seine Haftung gemäß AGNB zu versichern.

Wird ein Güterschaden von dem Unternehmer entdeckt oder von dem Verfügungsberechtigten (Versender oder Empfänger) behauptet, so sind die Ursache und der Umfang des Schadens durch den Unternehmer festzustellen. Der Verfügungsberechtigte ist möglichst an der Schadensfeststellung zu beteiligen. Ist der Schaden äußerlich nicht erkennbar, muß der Empfänger den Schaden unverzüglich nach der Entdeckung und spätestens innerhalb einer Woche bei dem Unternehmer geltend machen. Der Unternehmer hat jeden Schaden unverzüglich, spätestens jedoch innerhalb von vier Wochen den Versicherern durch Erstellen eines Schadensberichtes und Vorlage der Beförderungs-Begleitpapiere und der Waren- und Schadensrechnung anzumelden.

Mit der Annahme des Gutes durch den Empfänger erlöschen alle Ansprüche gegen den Unternehmer aus dem Beförderungsvertrag.

Verjährung: Alle Ansprüche aus Beförderungs- und Lohnfuhrverträgen nach AGNB verjähren in 6 Monaten. Die Verjährung beginnt mit der Fälligkeit des Anspruches bzw. der Kenntnis des eingetretenen Schadens seitens des Berechtigten, spätestens jedoch mit der Ablieferung des Gutes (§§ 14–16, 21, 26 AGNB).

– im Binnenschiffsverkehr

haftet der Frachtführer für den Schaden, der seit der Empfangnahme bis zur Ablieferung durch Verlust oder Beschädigung entstanden ist. Seine Haftung ist auf schuldhafte Handlungen beschränkt. Der Frachtführer muß aber den Entlastungsbeweis führen und das Nichtvorliegen eines Verschuldens beweisen.

Nach der Annahme des Gutes durch den Empfänger können Ansprüche wegen Schäden, die bei der Annahme äußerlich erkennbar waren, nur geltend gemacht werden, wenn vor der Annahme der Zustand durch bestellte Sachverständige festgestellt worden ist. In solchen Fällen hat der Empfänger zur Erhaltung der Ansprüche aus einer Beschädigung oder Minderung ein Feststellungsverfahren durch einen amtlich bestellten Sachverständigen zu veranlassen.

War der Schaden bei der Annahme äußerlich nicht erkennbar, so muß er unverzüglich nach der Entdeckung, spätestens innerhalb einer Woche nach der Annahme, im Feststellungsverfahren festgestellt werden.

Die Ansprüche gegen den Frachtführer aus einer Beschädigung oder Minderung der Frachtgüter enden mit der Annahme des Gutes.

Verjährung: Nach § 26 BSchG gelten für die Verjährung der Ansprüche gegen den Frachtführer wegen Verlustes, Minderung, Beschädigung oder verspäteter Ablieferung die Vorschriften der §§ 439 und 414 HGB. Danach verjähren derartige Ansprüche in einem Jahr. Die Verjährung beginnt im Falle der Beschädigung oder Minderung mit dem Ablauf des Tages, an welchem die Ablieferung stattgefunden hat, im Falle des Verlustes mit dem Ablauf des Tages, an welchem die Ablieferung hätte bewirkt sein müssen (s. auch Lorenz Teil 1 Rn. 734).

– im Seeverkehr (Schiff)

ist der Schaden vor der Empfangnahme der Güter durch den Empfänger von einem amtlich bestellten Gütersachverständigen (Experten), durch einen vom Transportversicherer benannten Havarie-Kommissar oder durch die zuständige Behörde festzustellen. Die Gegenpartei (Verfrachter oder Empfänger) ist möglichst hinzuzuziehen. Formvorschriften gibt es nicht.

Ist eine Schadensfeststellung nicht erfolgt, ist der Verlust oder die Beschädigung der Güter dem Verfrachter oder seinem Vertreter im Löschungshafen spätestens bei der Auslieferung der Güter schriftlich anzuzeigen.

Wenn der Verlust oder die Beschädigung äußerlich nicht erkennbar ist, so genügt es, wenn die Anzeige innerhalb von drei Tagen nach der Empfangnahme abgesandt wird.

Verjährung: Die Haftung für Verluste und Beschädigungen verjähren innerhalb eines Jahres seit der Auslieferung der Güter oder seit dem Zeitpunkt, zu dem sie hätten ausgeliefert werden müssen, wenn diese Ansprüche nicht gerichtlich geltend gemacht worden sind (s. auch Lorenz Teil 1 Rn. 848).

– im Luftfrachtverkehr

sind Schadensersatzansprüche aus Luftfrachtverträgen innerhalb der nachstehenden Fristen geltend zu machen

a. innerhalb von sieben Tagen im Falle der Beschädigung oder bei Teilverlust einer Sendung, gerechnet von dem Tage an, an dem der Empfänger das Original des Frachtbriefes erhalten und die Bestätigung des Empfanges (delivery receipt) gegeben hat

b. innerhalb von vierzehn Tagen im Falle von Lieferfrist-Überschreitungen, gerechnet vom Tage, an dem der Empfänger die erste Ankunftsmeldung erhalten hat

c. innerhalb von 120 Tagen im Falle eines gänzlichen Verlustes oder der Nichtauslieferung der gesamten Sendung, gerechnet vom Tage der Ausstellung des Frachtbriefes.

Bei Luftfrachtverträgen, die aufgrund des Warschauer Abkommens in der durch das Haager Protokoll von 1955 ergänzten Fassung abgeschlossen worden sind, sind die unter a und b genannten Fristen auf 14 und 21 Tage verlängert worden.

Eine Schadensersatzklage kann nur erhoben werden, wenn vorher der Schaden bei dem Luftfrachtführer geltend gemacht worden war.

Verjährung: Alle Schadensersatzansprüche gegen den Luftfrachtführer erlöschen, sofern nicht innerhalb von zwei Jahren nach Eintritt des Schadensereignisses Klage erhoben worden ist (s. auch Lorenz Teil 1 Rn. 971).

– beim kombinierten Transport auf Durchkonnossement (z. B. FIATA FBL)

ist die Regreßsicherung so zu betreiben, daß der Schadenverursacher (wenn er feststeht, z. B. Bahn/Schiff/LKW) so behandelt wird, wie in den vorausgegangenen Kapiteln beschrieben. Wenn der Schadenverursacher nicht feststeht oder bei Ablieferung nicht mehr feststellbar war, wird der Schadenersatzanspruch beim Aussteller des FBL geltend gemacht. Dafür gelten folgende Fristen:

a. für äußerlich erkennbare Schäden
sofort bei Ablieferung oder früher, z. B. bei Verpackungsbruch, unvollständiger Stückzahl der Sendung usw.

b. für verdeckte Schäden
innerhalb von 6 aufeinander folgenden Tagen seit der Ablieferung bei einer Klageausschlußfrist von 9 Monaten seit Ablieferung der Güter gegenüber dem Aussteller durch Durchkonnossementes.

Lagerversicherung 2.10

Werden Güter bei Spediteuren und Lagerhaltern gelagert, kann der Einlagerer die Risiken der Lagerung durch eine Versicherung decken, indem er den Spediteur oder Lagerhalter beauftragt, die erforderlichen Versicherungen zu besorgen.

267 Lagerrisiken und Versicherungsmöglichkeiten

Unter dem Begriff „Lagerversicherung" verstehen wir eine Kombination oder die Bündelung der nachfolgend einzeln erläuterten Versicherungsarten.

Die normalerweise und üblichen versicherbaren Risiken während der Lagerung sind

a. Einbruchdiebstahl und Raub

b. Feuer

c. Leitungswasser sowie

d. Sturm

Für die Versicherung dieser Risiken gelten die gesetzlichen Bestimmungen des Versicherungsvertragsgesetzes und die

a. **Allgemeinen Bedingungen für die Versicherung gegen Schäden durch Einbruchdiebstahl und Raub (AERB)**

b. **Allgemeinen Feuerversicherungsbedingungen (AFB)**

c. **Allgemeinen Bedingungen für Versicherungen gegen Leitungswasserschäden (AWB)**

d. **Allgemeinen Bedingungen für die Sturmschäden-Versicherung (AStB).**

Die seit Juli 1978

zu a. + b. möglichen *Extended covers* (EC-Bedingungen), die auch in Verbindung mit der Feuer- und Einbruchdiebstahl/Raub-Versicherung meist erst bei Lagerversicherungen in Millionenhöhe ganz oder teilweise vereinbart werden können, bieten zusätzlich Versicherungsschutz für die Risiken

– Innere Unruhen, böswillige Beschädigung, Streik oder Aussperrung

– Fahrzeuganprall, Rauch, Überschallknall

– Sprinkler-Leckage

– Leitungswasser

– Sturm

– Hagel

Die EC-Deckungen verteuern in der Regel den Lagerversicherungsschutz. Der Einlagerer muß den Spediteur oder Lagerhalter besonders (schriftlich) beauftragen, beim Versicherer einen besonderen Antrag zu stellen, wenn er diesen erweiterten Lagerversicherungsschutz wünscht.

Lagerrisiken, die im Verlauf eines Transportes entstehen, weil im Ablauf durch das Warten auf die nächste Weiterbeförderungsmöglichkeit oder wegen der Verzollung eine Überlagernahme erfolgt, schließt die Transportversicherung ein, i. R.

– bis 30 Tage transportbedingte Zwischenlagerung automatisch (prämienfrei)

– bis 90 Tage (bei besonderen Situationen im außerdeutschen Raum auch länger) transportbedingte Zwischenlagerung auf Antrag (gegen Zulageprämie).

Finanzielle Verrichtungen des Spediteurs 3

Finanzielle Verrichtungen
(Vorlage, Inkasso, Nachnahmen) 3.1

Zu den Verrichtungen, die der Spediteur bei der Besorgung und Durchführung von Güterbeförderungen auszuführen hat, gehören auch finanzielle Leistungen verschiedener Art. Sie stehen im Zusammenhang mit der Aufbringung der Mittel, die bei der Abwicklung des Speditionsvertrages an den oder die Frachtführer, an staatliche Stellen (z. B. Zollverwaltung) und an sonstige Dritte zu zahlen sind und mit der Einziehung von Nachnahmen, die den Warenwert oder die auf der Sendung ruhenden Kosten darstellen.

280 Finanzielle Verrichtungen

Finanzielle Verrichtungen des Spediteurs sind im wesentlichen: die Vorlage für verschiedene Kosten (Frachten, Zölle etc.), er führt das Inkasso durch, er besorgt die Einziehung von Nachnahmen und er wirkt im Akkreditiv-Verfahren mit.

Für alle Fragen des Speditionsrechts gelten – wie im Teil I dargelegt – die Allgemeinen Deutschen Spediteurbedingungen (ADSp). Dort sind einige wichtige Nebenleistungen, für die der Spediteur Anspruch auf Provision hat, im einzelnen aufgeführt:

Verzollungsprovision	ADSp § 25 b
Nachnahmeprovision	ADSp § 23
Vorlageprovision	ADSp § 26
Versicherungsprovision	ADSp § 38
Provision für den Pfandverkauf	ADSp § 50 h

Der Spediteur tritt in Vorlage, wenn er die auf ankommenden Gütern ruhenden Frachten, Wertnachnahmen, Zölle und Spesen auslegt. Er ist hierzu ermächtigt, jedoch nicht verpflichtet (§ 26 ADSp). In jedem Fall muß der Spediteur bei Vorliegen eines Auftrages die von einem Frachtführer oder einem anderen Spediteur ankommenden Güter in Empfang nehmen; die darauf ru-

281 Vorlage

henden Kosten kann er begleichen. Handelt es sich um eine ständige Geschäftsverbindung mit einem Auftraggeber, der stets seinen Zahlungsverpflichtungen prompt nachkommt, wird er für Kosten, soweit er deren Berechtigung zu erkennen vermag, in Vorlage treten. Bei Wertnachnahmen ist Vorsicht geboten und eine Rückfrage beim Empfänger besonders dann ratsam, wenn der Nachnahmebetrag augenscheinlich nicht mit dem Wert der Sendung in Einklang zu stehen scheint.

Der Spediteur tritt auch in Vorlage, wenn er im Rahmen der Abwicklung von Speditionsverträgen für ausgehende Güter Leistungen vorfinanziert. Je nach Art und Umfang des zu versendenden Gutes, der Lieferbedingungen und der dem Spediteur übertragenen Aufgaben sind von diesem oftmals beachtliche finanzielle Mittel einzusetzen. Beispielsweise können diese Vorlagen resultieren aus: Verpackungs- und Markierungskosten, Vortransportkosten zum Verschiffungshafen, Umschlagskosten, Seefrachten, Löschkosten im Bestimmungshafen, Zoll- und Steuerabgaben, Gebühren, Versicherungsprämien, Sicherheitsleistungen, Anschlußtransportkosten bis zum Bestimmungsort etc.

Auch wenn es weitgehend üblich ist, daß der Spediteur solche Vorlagen leistet, so ist er doch nicht verpflichtet, dies zu tun, insbesondere kann bei der Leistung größerer Auslagen vom Spediteur nicht verlangt werden, daß er in Vorlage tritt. Das gilt auch in denjenigen Fällen, in denen Auslagen auf das Gut dem Grunde oder der Höhe nach bedenklich erscheinen, und in denen der Spediteur dem Auftraggeber die Entscheidung darüber überlassen will, ob solche Vorlagen geleistet werden sollen. In solchen Situationen ist es durchaus verständlich, daß der Spediteur für diese Auslagen Vorschüsse von seinem Auftraggeber verlangt.

Von Forderungen (aus Speditions-, Lager- Fracht- und Nebengeschäften) oder Nachforderungen für Frachten, Haverie-Einschüsse oder Beiträge, Zölle, Steuern und sonstige Abgaben, die an den Spediteur gestellt werden, hat der Auftraggeber den Spediteur auf Aufforderung sofort zu befreien (§ 30 ADSp). Gleiches gilt auch im Verhältnis Hauptspediteur zum Zwischenspediteur.

282
Provision

Für die finanziellen Verrichtungen, die der Spediteur auszuführen hat, steht ihm die Zahlung einer Provision zu. Grundsätzlich ergibt sich der Anspruch des Spediteurs auf Provisionen aus dem Handelsgesetzbuch in Verbindung mit bestimmten Vorschriften des Bürgerlichen Rechts. HGB § 354 bestimmt, daß derjenige, der in Ausübung seines Handelsgewerbes einem anderen Geschäfte besorgt oder Dienste leistet, dafür auch ohne Verabredung Provision nach den am Ort üblichen Sätzen fordern kann. Abgestellt ist hier nur auf die Tatsache, daß die Dienste geleistet werden, gleichgültig ob dem Tätigwerden ein Vertragsverhältnis zugrunde liegt oder nicht und ob über die Vergütung eine Vereinbarung getroffen worden ist. Der Provisionsanspruch gilt also, soweit der Spediteur nicht an einen vereinbarten oder als vereinbart geltenden festen Satz gebunden ist, auch ohne ausdrückliche Vereinbarung.

283
Vorlage-Provision

Für Vorlagen jeder Art hat der Spediteur Anspruch auf Erstattung gegen den Auftraggeber. Das entspricht der gesetzlichen Regelung und dem Wesen des Speditionsgeschäftes, welches im eigenen Namen für fremde Rechnung durchgeführt wird. Als Entgelt für die finanzielle Leistung der Vorlage gebührt dem Spediteur eine Vorlage-Provision. Die Vorlage-Provision ist eine Gebühr für die Vorhaltung und Bereitstellung von Geldkapital und die Zahlungsabwicklung mit dem Zoll, den Frachtführern etc. Man spricht in der Praxis deshalb in diesem Zusammenhang auch oft von der sogenannten Kapitalbereitstellungs-Provision. Diese Gebühr wird für eine typische, speditionelle Dienstleistung berechnet, die von dem Kunden des Spediteurs in Anspruch genommen wird. Die Kalkulation für diese Gebühr bezieht sich nur zu einem Teil auf die unmittelbaren Geldkosten wie Bankzinsen und Spesen, es müssen darüber hinaus die Kosten für den allgemeinen Verwaltungsaufwand (z. B. Kosten für Bürgschaften gegenüber dem Zoll) und insbesondere eine Vergütung für die Übernahme eines möglichen Zahlungsausfallrisikos berücksichtigt werden. Gerade in den letzten Jahren sind dem Spediteur durch die Übernahme des Zahlungsausfallrisikos sehr erhebliche Aufwendungen entstanden. Die Rechtsprechung gesteht dem Spediteur die Vorlage-Provision/Kapitalbereitstellungs-Provision als Ausgleich für eine gewerbliche Leistung, die der Spediteur nicht unentgeltlich zu erbringen hat, grundsätzlich zu.

Welche Kosten dem Spediteur durch eine zeitlich versetzte Zahlung der Speditionsrechnung gegenüber dem Zeitpunkt des Invorlagetretens allein durch berechnete Bankzinsen entstehen können, ergibt sich aus der folgenden Übersicht.

Zinskosten des Spediteurs durch eine zeitlich versetzte Zahlung der vorgelegten Gelder durch den Auftraggeber des Spediteurs gegenüber dem Zeitpunkt des Invorlagetretens – angenommener Zinssatz 10 % –

Zeitlich versetzte (Kunden-)Zahlung der durch den Spediteur vorgelegten Beträge gegenüber dem Zeitpunkt des Invorlagetretens um	Vorgelegter Betrag in DM				
	50.000	100.000	500.000	1.000.000	
1 Tag	13,88	27,77	138,88	277,77	
7 Tage	97,16	194,39	972,16	1944,39	Zinskosten
2 Wochen	194,32	388,78	1944,32	3888,78	des
3 Wochen	291,48	583,17	2916,48	5833,17	Spediteurs
4 Wochen	388,64	777,56	3888,64	7777,56	

Bei verauslagten Zöllen, Einfuhr-Umsatzsteuern kann sich der Betrag leicht auf einige Hunderttausend DM belaufen.

Rechnungen des Spediteurs sind nach ADSp § 29 sofort zu begleichen. Zahlungsverzug tritt, ohne daß es einer Mahnung oder sonstiger Voraussetzungen bedarf, spätestens 10 Tage nach Zugang der Rechnung ein, sofern er nicht nach dem Gesetz schon vorher eingetreten ist. Der Spediteur darf im Falle des Verzugs neben der Vorlage-Provision Zinsen in Höhe von 2 % über dem zum Zeitpunkt des Eintritts des Verzuges geltenden Diskontsatz der Deutschen Bundesbank und die ortsüblichen Spesen berechnen.

284
Inkasso
Die Einziehung von Nachnahmen (Warenwertbeträge) und anderen Beträgen (Frachten, Nebengebühren u. a.), die auf der Sendung lasten, bei der Auslieferung der Güter gegen Bargeld bezeichnet man im Speditionsgewerbe als Inkasso. Das Inkasso gehört zu den treuhänderischen Verrichtungen des Spediteurs. Der Empfänger erhält die Ware Zug um Zug gegen Zahlung der Nachnahme.

Nachnahmesendungen dürfen dem Empfänger nur Zug um Zug gegen Zahlung des Nachnahmebetrages angeliefert werden. Dabei spielt es keine Rolle, ob es sich um Wert- oder Frachtnachnahmen handelt. Frachtnachnahmen kommen in der verkehrswirtschaftlichen Praxis selten vor. Unfrei-Sendungen (vgl. Randnummer 287) dürfen hinsichtlich des Auslieferungskriteriums, Zug um Zug gegen Zahlung der Speditionsentgelte, nicht mit Frachtnahmesendungen gleichgesetzt werden.

Die Einschaltung des Spediteurs in ein solches Geschäft erfolgt gerade deshalb, weil der Auftraggeber die Gewißheit haben will, daß die Sendung erst dann an den Empfänger ausgehändigt wird, wenn der Nachnahme-Betrag gezahlt ist. Der Spediteur wird hierdurch der Vertrauensmann des Auftraggebers und kann dieses Vertrauen nur rechtfertigen, indem er die Weisungen seines Auftraggebers genau befolgt. Die Annahme eines Schecks an Stelle von Bargeld ist nur erlaubt, wenn der Auftraggeber eine solche Weisung erteilt hat.

Der Spediteur, welcher eine Auslieferung ohne Erhebung der Nachnahme oder der anderen Beträge vornimmt, und zwar im Vertrauen darauf, daß der Empfänger zahlungsfähig und zahlungsbereit ist, hat den Nachnahmebetrag weisungswidrig gestundet. Ist der Nachnahmebetrag nach Auslieferung der Ware nicht eintreibbar oder der Scheck nicht gedeckt, dann ist der Spediteur verpflichtet, zu eigenen Lasten den Nachnahmebetrag auszuzahlen. Der Auftraggeber hat gegen den Spediteur einen Auskehranspruch. Der Spediteur kann sich nicht auf eine Haftungsbeschränkung (§ 54 ADSp) berufen; auch liegt kein durch die Speditionsversicherer versicherter Schaden vor.

285 Nachnahmen

Bei einer Nachnahme muß der Spediteur alle Vorkehrungen treffen, daß die Einziehung der Nachnahme und ihre Auszahlung an den Versender ordnungsgemäß ausgeführt wird. Der Hauptspediteur (Versandspediteur) besorgt die Einziehung einer Nachnahme durch Einschaltung eines Zwischenspediteurs (Empfangsspediteurs) oder durch Einschaltung eines Frachtführers/Verfrachters. Der Zwischenspediteur überweist den eingezogenen Nachnahmebetrag unverzüglich an den Hauptspediteur, welcher verpflichtet ist, den eingegangenen Betrag unmittelbar an den Auftraggeber auszuzahlen. Bedient sich der Hauptspediteur für die Einziehung einer Nachnahme eines Frachtführers oder Verfrachters, dann gelten für den Nachnahmeeinzug die Bestimmungen der betreffenden Verkehrsunternehmung. Bei Vorlage des Versandauftrages ist zunächst zu prüfen, ob ein Nachnahmeeinzug überhaupt von dem einzuschaltenden Frachtführer/Verfrachter durchführbar ist. Hierbei sind ganz besonders im internationalen Verkehr die devisenrechtlichen Bestimmungen zu beachten. Steht einer Beauftragung nichts im Wege, dann sind die sich aus den Beförderungsbestimmungen ergebenden Auflagen sorgfältig zu erfüllen. In den Beförderungsbestimmungen ist ebenfalls festgelegt, unter welchen Bedingungen und zu welchem Zeitpunkt der Nachnahmebetrag an den Versandspediteur ausgezahlt wird. Sobald der Betrag beim Versandspediteur eingegangen ist, hat er diesen an den Auftraggeber auszuzahlen.

286 Nachnahmeprovision, Inkassoprovision

Dem Spediteur gebührt für das Inkasso einer Nachnahme oder die Durchführung eines sonstigen Einziehungsauftrages eine Provision, und zwar die Nachnahmeprovision bzw. die Inkassoprovision. Die Provision wird auch dann erhoben, wenn der Inkasso-Auftrag nachträglich zurückgezogen wird. In diesem Falle ist der Spediteur zur Erhebung der Inkassoprovision aber nur berechtigt, wenn mit der Einziehung bereits begonnen oder dem Empfänger das Gut Zug um Zug gegen Nachnahmeerhebung angeboten oder einem Zwischenspediteur, Empfangsspediteur Nachnahmeanweisung erteilt wurde. Hat der Spediteur einen Frachtführer mit der Einziehung der Nachnahme beauftragt, so berechnet dieser besondere Nebengebühren für die Nachnahme; in diesem Falle gebührt dem Spediteur für die Besorgung der Einziehung der Nachnahme eine Nachnahmeprovision zuzüglich der Vergütung der (Frachtführer-)Nebengebühr laut Auslage.

287 Zahlungspflicht bei „unfrei-Sendungen"

Zu den finanziellen Verrichtungen des Spediteurs im weitesten Sinne des Wortes gehört auch der Zahlungsverkehr, den der Spediteur im Auftrage des Auftraggebers (des Versenders) mit dem Empfänger im Bereich der Spediteurentgelte (z. B. Zahlungsvermerk „unfrei") abwickelt.

Bei den sogenannten „unfrei"-Sendungen ist der Empfänger regelmäßig nicht Partei des Speditions- oder Frachtvertrages, daher also auch nicht Schuldner der sich aus diesen Verträgen ergebenden Verpflichtungen. Eine vertragliche Vereinbarung zwischen Spediteur und seinem Auftraggeber, wonach der Empfänger zur Frachtzahlung verpflichtet würde, wäre ein nach deutschem Recht unzulässiger Vertrag zu Lasten eines Dritten. Daher wurde die Pflicht zur Frachtzahlung dem Empfänger unter bestimmten Voraussetzungen vom Gesetzgeber auferlegt. Im Landfrachtrecht ist dies z. B. in den §§ 436 HGB, 25 Abs. 2, Satz 3 KVO, 34 ADSp geregelt. In diesen Vorschriften ist die Verpflichtung zur Zahlung des Entgelts des Spediteurs bzw. Frachtführers davon abhängig gemacht, daß der Empfänger Gut und Frachtbrief annimmt, wobei § 34 ADSp nicht ausdrücklich auf einen Frachtbrief abstellt, sondern auch andere Schriftstücke und Begleitpapiere genügen läßt.

Im Speditionsrecht wird durch die Entstehung der Zahlungsverpflichtung des Empfängers die Schuldnerstellung des Absenders bzw. Versenders (ADSp § 12) nicht berührt. Dieser bleibt als Vertragspartner des Spediteurs dessen Schuldner.

In der speditionellen Praxis ist über die Zahlungspflicht des Empfängers lebhaft in der Vergangenheit diskutiert worden. Soll der Empfänger, so wurde auf der einen Seite argumentiert, die auf dem Gut vorhandenen Speditionsentgelte zahlen, darf das Speditionsgut nicht an den Empfänger ohne entsprechende Zahlung ausgeliefert werden. Unterläßt der ausliefernde Spediteur die Einziehung der Fracht, behält er zwar den vertraglichen Frachtzahlungsanspruch gegen den Versender, zugleich haftet der Spediteur diesem jedoch in gleicher Höhe entweder nach den Grundsätzen der Unmöglichkeit oder aus positiver Forderungsverletzung. Mit anderen Worten: wird dem Spediteur vom Versender die Weisung erteilt, die Ware nur gegen Zahlung der Frachtkosten und sonstigen Auslagen auszuliefern, und handelt der Spediteur insoweit weisungswidrig, macht er sich seinem Auftraggeber gegenüber schadensersatzpflichtig. Der Auftraggeber kann insofern gegenüber der Forderung des Spediteurs aufrechnen.

Gegen diese Beurteilung spricht, daß eine Zahlungsabwicklung in bar heute nicht mehr den allgemeinen kaufmännischen Gepflogenheiten entspricht. Sie mag in früheren Zeiten üblich gewesen sein. Kaum noch ein Empfänger hält eine Frachtenkasse vor. Unter Kaufleuten hat heute der bargeldlose Zahlungsverkehr Vorrang. Unter Hinweis auf seinen Unfrei-Auftrag hätte der Spediteur zwar das Recht, die Sendung wieder zurückzunehmen, in der Praxis bleibt ihm kaum diese Alternative. In der Regel wird er sich der Forderung des Empfängers nach Auslieferung der Ware ohne Barzahlung beugen müssen.

Dies um so mehr, als diese Handlungsweise auch dem Interesse des Auftraggebers entspricht, da bei einer Nichtauslieferung weitere Kosten (Rückrollgeld, zweite Zustellung etc.) entstehen. Damit muß es dem Spediteur gestattet sein, sich mit einer bargeldlosen Zahlungsweise zu begnügen. Diese Auslegung entspricht der herrschenden Auffassung in der Rechtsprechung. Damit gilt folgender Grundsatz: Auftraggeber und Empfänger sind als Gesamtschuldner zur Zahlung der Versendungskosten/Fracht verpflichtet. Bei der Unfrei-Klausel ist der Spediteur berechtigt, aber nicht verpflichtet, die Auslieferung des Gutes von der Zahlung abhängig zu machen. Der Zahlungsvermerk „unfrei" verlangt von ihm nur, daß er sich bemühen (nachweisbar) muß, die Forderung zunächst beim Empfänger einzuziehen.

Selbstverständlich kann sich der Empfänger ausdrücklich dem (Empfangs-) Spediteur gegenüber zur Zahlung verpflichten. Die Rechtsprechung hat eine solche Verpflichtung bei folgendem, auf einem Empfangsschein abgedrucktem Text anerkannt: „Durch (Spediteur) ... empfing ich/empfingen wir Sendung ... wofür ich/wir zahle(n) ... (es folgen die auf dem Gut liegenden Lasten)". Der Warenempfänger, der einen entsprechenden Hinweis auf einem Empfangspapier gesondert unterzeichnet, verpflichtet sich, die dort genannten Kosten zu Zahlen.

Eine Haftung des Empfängers zur Zahlung der auf dem Gut lastenden Kosten entsteht nach einem Urteil des LG Stuttgart vom 11. 3. 1982 (VERS R 82/177) nur dann, wenn außer dem Gut ein Frachtbrief vom Empfänger entgegengenommen wird. Ob es sich bei dem vom Spediteur verwendeten, als Versandauftrag bezeichneten Transportpapier um einen Frachtbrief handelt, ist in dem genannten Urteil im Hinblick auf seine Bezeichnung sowie Art und Umfang des Transports zweifelhaft. Einer Entscheidung dieser Frage, so das Landgericht Stuttgart, bedarf es jedoch nicht, da der Empfänger auch ohne Übergabe eines Frachtbriefes die Frachtforderungen an den Spediteur zu bezahlen hat; nimmt jemand widerspruchslos eine Ware an, deren Übergabe ihm erkennbar unter der Bedingung der Bezahlung der auf ihr ruhenden Fracht angeboten wird, so ist sein Verhalten nach Treu und Glauben dahin auszulegen, daß er sich mit der gewünschten Bezahlung der Fracht an denjenigen einverstanden erklärt, der ihm die Ware anliefert. Dies ergibt sich nach dem Landgericht Stuttgart nicht aus Besonderheiten des Fracht- und Speditionsrechts, sondern allein aufgrund der Auslegung des Verhaltens des Empfängers.

Der Empfänger hat dem anliefernden Spediteur bei „unfranko"-Versendungsaufträgen eine sogenannte Rechnungserstellungsgebühr zu bezahlen, wenn er trotz Aufforderung zur Barzahlung eine Rechnung verlangt und der Spediteur sich darauf einläßt. Wenn der Empfangsspediteur auf Bitten des Empfängers von seinem Auftrag abweicht und sich darauf einläßt, das Gut ohne gleichzeitige Zahlung auszuliefern und sich statt dessen bereit erklärt, die auf dem Übergabepapier bezeichneten Beträge dem Empfänger in Rechnung zu stellen, so erbringt der Empfangsspediteur damit eine zusätzliche Leistung, die ihm zusätzliche Kosten verursacht und für die ein Anspruch auf ein besonderes Entgelt nach BGB § 632 besteht. Zur Sicherung ihrer Rechtsposition lassen sich die Empfangsspediteure vom Empfänger auf dem Übergabeschein folgenden Stempelaufdruck unterschreiben:

Wir wünschen – an Stelle der Barzahlung bei Empfangnahme der Ware – die Erstellung einer Rechnung. Wir verpflichten uns zur prompten Zahlung der laut Speditionsübergabeschein auf dem Gut ruhenden Entgelte in Höhe von DM ... plus Gebühr für die Erstellung einer Rechnung in Höhe von DM 12,– und Mehrwertsteuer.
Ort, Datum
Stempel/Unterschrift des Empfängers)

Akkreditiv-Verfahren
Bank-Inkasso
Bankbestätigung 3.2

(Dokumenten-Geschäfte, Bankbestätigung)

288
Internationaler Zahlungsverkehr

Im einfachen Handelsgeschäft geschieht die Zahlung des Kaufpreises gewöhnlich in der Form, daß der Kaufpreis Zug um Zug gegen Übergabe der Ware bezahlt wird. Im Außenhandelsgeschäft ist dieses Verfahren im allgemeinen nicht möglich; daher haben sich Gewohnheiten entwickelt, die einerseits dem Verkäufer die Gewißheit geben, daß er den Kaufpreis bei Versand der Ware erhält, und andererseits dem Käufer die Gewißheit geben, daß der Kaufpreis erst ausgezahlt wird, wenn die gekaufte Ware vereinbarungsgemäß auf den Weg gebracht ist. Auch im internationalen Zahlungsverkehr werden heute Import- und Exportgeschäfte überwiegend im nichtdokumentären Zahlungsverkehr, d. h. durch einfache Zahlung bzw. Scheck, abgewickelt. Nur ein geringerer Teil der Geschäfte wird im Dokumentenbereich, d. h. mit Akkreditiv oder durch Inkasso, abgewickelt. Hierbei wird Zahlung gegen Übergabe von Dokumenten geleistet, die den Versand der Ware nachweisen bzw. das Eigentum an der Ware oder zumindest die Verfügungsgewalt darüber übertragen.

Speditionsverträge, in denen Akkreditive eine Rolle spielen, müssen besonders sorgfältig bearbeitet werden. Die Banktechnik des Außenhandels gehört zu den kompliziertesten Kaufmannsgschäften.

Hierbei wirkt der Spediteur bei der Aufmachung und Besorgung von Dokumenten, die der Zahlungs-Sicherstellung dienen, mit. Es ist deshalb für den internationalen Spediteur unerläßlich, mit den gebräuchlichsten Zahlungsformen und den wichtigsten Richtlinien der Banken vertraut zu sein.

In aller Regel werden folgende Zahlungsklauseln verwendet:

289
Zahlungsklauseln

Kasse gegen Dokumente – D/P = documents against payment – c/d = Cash against documents

Der Käufer zahlt an die Inkasso-Bank den Kaufpreis, dann werden ihm die Verschiffungsdokumente zur Übernahme der Ware ausgehändigt.

Dokumente gegen Wechsel-Akzept – D/A = documents against acceptance

Der Käufer akzeptiert einen Wechsel, dann werden ihm die Verschiffungsdokumente ausgehändigt. In diesem Falle ist das Risiko des Exporteurs größer als bei der Klausel „documents against payment", da nicht absolut sichergestellt ist, ob und inwieweit der Wechsel später auch eingelöst wird.

Dokumente gegen Trust-Receipt – d/TR = documents against Trust Receipt

Der Käufer verpflichtet sich der Bank gegenüber, die Ware ausschließlich nach den Weisungen im Trust Receipt zu behandeln, dann werden ihm die Verschiffungsdokumente ausgehändigt. Das Eigentum an der Ware geht erst auf den Käufer über, wenn dieser den Kaufpreis gezahlt hat. Die Rechtswirkung entspricht in etwa der Sicherungsübereignung. Diese Klausel gehört in der Praxis des intern. Zahlungsverkehrs jedoch eher zu den Ausnahmen, da die Inkasso-Bank keinerlei Verantwortung trägt und somit vorausgesetzt wird, daß zwischen Käufer und Verkäufer der Ware ein großes Vertrauensverhältnis besteht.

Zahlung mittels Dokumenten-Akkreditiv – D/A

Beim Dokumenten-Akkreditiv (engl.-sprachiger Ausdruck: letter of credit L/C) handelt es sich um eine Anweisung des Käufers an seine Bank, dem Verkäufer unter Vorlage von genau vorgeschriebenen Dokumenten den Kaufpreis auszuzahlen. Oder anders formuliert: das Akkreditiv ist die vertragliche Verpflichtung einer Bank, dem Verkäufer bzw. Begünstigten unter Vorlage vorgeschriebener Dokumente den Kaufpreis zu zahlen.

Für die Durchführung des Bank-Inkassos hat die Internationale Handelskammer, Paris, „Einheitliche Richtlinien für das Inkasso von Handelspapieren"

290
Bank-Inkasso

Diese Richtlinien sind mit Wirkung vom 1. 1. 1979 durch eine Neufassung unter der Bezeichnung ICC, „Einheitliche Richtlinien für Inkassi", ersetzt worden.

Nach diesen Richtlinien bedeutet „Inkasso" die Bearbeitung von Dokumenten (Zahlungspapiere oder Handelspapiere) durch Banken aufgrund der erhaltenen Weisungen, um

- bei Zahlungspapieren (Wechsel, Solawechsel, Schecks, Zahlungsquittungen oder andere ähnliche Dokumente) die Akzeptierung oder Zahlung zu erlangen oder um

- Handelspapiere (Rechnungen, Verladedokumente, Dispositions- oder andere ähnliche Dokumente) gegen Akzeptierung oder Zahlung auszuhändigen.

Beim Dokumenten-Inkasso bringt der Verkäufer im Vertrauen auf die Zahlungsfähigkeit und Zahlungswilligkeit des Käufers die Ware zum Versand. Danach reicht der „Auftraggeber" (Verkäufer) die über den Versand ausgestellten Dokumente mit einem gesonderten Inkasso-Auftrag (Formular) bei seiner Bank (Einreicher-Bank) ein. Die Einreicher-Bank überprüft die Vollzähligkeit und Vollständigkeit der gem. Inkasso-Auftrag beizulegenden Dokumente; zu darüber hinausgehenden Prüfungen ist sie nicht verpflichtet. Die Einreicher-Bank sendet die Dokumente mit den Weisungen des Verkäufers sodann an die Bank im Lande des Käufers (Inkasso-Bank). Die Inkasso-Bank (vorlegende Bank) legt dem Käufer die Dokumente zur Einlösung, sprich Bezahlung des Kaufbetrages, vor. Der Käufer (Bezogener) erhält dann die Dokumente (z. B. Konnossement), die zur Empfangnahme der Ware berechtigen. Der Betrag wird dann zwischen der Inkasso-Bank und der Einreicher-Bank abgerechnet.

Unter einem „Einfachen Inkasso" wird das Inkasso von Zahlungspapieren, die nicht von Handelspapieren begleitet sind, und unter „Dokumentäres Inkasso" das Inkasso von Zahlungspapieren, die von Handelspapieren begleitet sind, oder von Handelspapieren, die nicht von Zahlungspapieren begleitet sind, verstanden.

Alle zum Inkasso eingereichten Dokumente müssen von einem Inkasso-Auftrag begleitet sein, in dem vollständige und genaue Weisungen erteilt werden. Die Banken sind nur berechtigt, gemäß den in einem solchen Inkasso-Auftrag erteilten Weisungen sowie in Übereinstimmung mit den „Einheitlichen Richtlinien für Inkassi" zu verfahren.

An dem Bank-Inkasso sind beteiligt:

Der „Auftraggeber" (Verkäufer), der seine Bank mit dem Inkassoauftrag betreut; die „Einreicherbank" ist die vom Auftraggeber beauftragte Bank; die

„Inkassobank" ist jede mit der Durchführung des Inkassoauftrages betraute Bank; die „vorlegende Bank" ist diejenige Inkassobank, die gegenüber dem Bezogenen die Vorlegung vornimmt; der „Bezogene" ist derjenige, demgegenüber gemäß Inkassoauftrag die Vorlegung zu erfolgen hat.

Durch die Zahlungsabwicklung wird dem Käufer vor Bezahlung des Kaufpreises nachgewiesen, daß die Ware definitiv abgesandt worden ist. Andererseits hat der Verkäufer im Überseeverkehr die Gewißheit, daß die Ware erst nach Zahlung des Kaufpreises vom Käufer in Empfang genommen werden kann, da die Auslieferung nur gegen Vorlage des ordnungsgemäßen Seekonnossements erfolgen kann. Im Eisenbahn-, Kraftwagen- und Luftverkehr wird die Sendung an den im Frachtbrief angegebenen Empfänger ausgeliefert. Zur Erfüllung der Zahlungsbedingungen kann auch der Spediteur im Rahmen des Bankbestätigungs-Verfahrens (s. Rn. 298) eingeschaltet werden.

291
Dokumenten-Akkreditiv

Im internationalen Warenverkehr versteht man unter einem Akkreditiv in erster Linie ein Dokumenten-Akkreditiv. Der Geldbetrag wird dem Verkäufer nach Vorlage akkreditivkonformer Dokumente zur Verfügung gestellt.

Das Akkreditiv ist ein abstraktes Schuldversprechen, das mit dem ihm zugrunde liegenden Kaufvertrag nur indirekt zusammenhängt. Ebenso wie im Wechselrecht lediglich eine selbständige Zahlungspflicht des Akzeptanten besteht, die nur indirekt mit dem Kauf zusammenhängt, so begründet die Eröffnung eines Akkreditivs eine abstrakte Zahlungsverpflichtung der Bank, die das Akkreditiv erstellt. Maßgeblich für das Akkreditivgeschäft sind lediglich die im Akkreditiv genannten Bedingungen, nicht aber der Kaufvertrag zwischen Käufer und Verkäufer.

Das Akkreditiv-Geschäft ist ein Bankgeschäft. An ihm sind beteiligt

a) der Käufer,

b) die Bank im Lande des Käufers,

c) die Bank im Lande des Verkäufers,

d) der Verkäufer.

Das Dokument-Akkreditiv (D/A) verdankt seine überragende Stellung für die Außenwirtschaft der Tatsache, daß es drei Aufgaben gleichzeitig erfüllt:

1. Die Zahlungsfunktion:

   Das D/A dient im internationalen Handel dem bargeldlosen Zahlungsverkehr zwischen Importeur und Exporteur.

2. Die Sicherungsfunktion

   Das selbständige abstrakte Leistungsversprechen einer Bank sichert zunächst den Exporteur vor Zahlungsunfähigkeit oder Zahlungsunwilligkeit des Importeurs. Dieser ist gleichfalls insofern geschützt, als die Akkreditiv-Bank Zahlungen nur gegen Einreichung der von ihm selbst vorgeschriebenen Warendokumente leistet.

3. Die Kreditfunktion:

Sofern die Akkreditiv-Bank vom Importeur bei Auftragserteilung keine Bar-Deckung verlangt, wird dessen Liquidität bis zur Inanspruchnahme des D/A geschont.

Grundlage des Dokumenten-Akkreditivs ist der Kaufvertrag zwischen Käufer und Verkäufer. Der Kaufvertrag enthält als Zahlungsbedingung die sogenannte Akkreditiv-Klausel, nach der die Zahlung der Kaufsumme aus einem bei der Bank des Käufers zu eröffnenden Akkreditiv gegen Vorlage benannter Dokumente innerhalb eines bestimmten Zeitpunkts (Datum) zu erfolgen hat. Aufgrund dieser Klausel richtet der Käufer bei seiner Bank mit einem Akkreditiv-Eröffnungs-Antrag das geforderte Dokumenten-Akkreditiv zugunsten des Verkäufers ein. Die Bank des Käufers (Akkreditiveröffnende Bank) prüft die Bonität des Käufers und legt das Akkreditiv auf der Basis des Akkreditiv-Eröffnungs-Antrages heraus. Sie sendet eine Akkreditiv-Eröffnungsanzeige an die Bank des Verkäufers (Akkreditiv-avisierende Bank). Die Bank des Verkäufers teilt dem Verkäufer die Eröffnung des Akkreditivs mit. Daraufhin sendet der Verkäufer die Ware unter genauer Beachtung der Akkreditiv-Bestimmungen über Art und Zahl der zu erstellenden Versand- und Begleitdokumente an den Käufer ab. Der Verkäufer reicht die Versand- und Begleit-Dokumente seiner Bank ein und erhält, sofern sie akkreditiv-konform und fristgerecht vorgelegt werden, den Akkreditivbetrag von seiner Bank ausgezahlt. Die Bank des Verkäufers sendet die Dokumente an die Bank des Käufers und belastet diese mit dem ausgezahlten Betrag. Die Bank des Käufers händigt die Dokumente dem Käufer aus und verfügt über den vom Käufer beschafften Akkreditiv-Betrag. Spediteure müssen bei der Behandlung von Gütern/Sendungen, deren Kaufpreiszahlung auf der Basis von Dokumenten-Akkreditiven vereinbart worden ist, besonders genau arbeiten. Die in dem Speditionsauftrag/Versandauftrag vom Versender bekanntgegebenen Vorschriften über die Beibringung der erforderlichen Dokumente sind streng zu beachten; in der speditionellen Praxis wird dem Spediteur häufig lediglich eine Kopie des Dokumenten-Akkreditivs übergeben, so daß ihm die Pflicht obliegt, die transportdokumentrelevanten Bestimmungen zu ermitteln. Oberster Grundsatz dabei ist, daß dem Versender Dokumente übergeben werden, die vollständig im Sinne des Akkreditivs sind, äußerlich in Ordnung sind und nach Art und Inhalt den jeweiligen Akkreditiv-Bedingungen entsprechen.

292
Richtlinien für Dokumenten-Akkreditive

Die Eröffnung und Abwicklung von Dokumenten-Akkreditiven erfolgt bei den Banken allgemein nach den von der Internationalen Handelskammer (ICC), Paris, aufgestellten „Einheitlichen Richtlinien und Gebräuche für

Dokumenten-Akkreditive" (kurz: ERA) und deren Standard-Formularen für die Eröffnung von Dokumenten-Akkreditiven. Es gelten die „Einheitlichen Richtlinien und Gebräuche für Dokumenten Akkreditive", Revision 1993 anwendbar ab 1. Januar 1994. Alle ICC-Publikationen sind in Deutschland zu beziehen durch: Deutsche Gruppe der Internationalen Handelskammer, Postfach 1000824, 50448 Köln

Akkreditive können entweder *widerruflich* oder *unwiderruflich* sein.

293
Widerrufliches Akkreditiv

Alle Akkreditive sollen daher eindeutig angeben, ob sie widerruflich oder unwiderruflich sind.

Fehlt eine solche Angabe, so gilt das Akkreditiv als unwiderruflich.

Ein widerrufliches Akkreditiv kann jederzeit ohne vorherige Nachricht an den Begünstigten geändert oder annulliert werden.

In der Praxis wird vorwiegend das

294
Unwiderrufliches Akkreditiv

unwiderrufliche, unbestätigte, befristete, nicht übertragbare und nicht teilbare, einfache Dokumenten-Akkreditiv

vereinbart. Diese Form wird kurz *unwiderrufliches Akkreditiv* genannt.

Durch ein unwiderrufliches Akkreditiv werden die einem Außenhandelsgeschäft innewohnenden Risiken noch stärker abgesichert als bei einem Bank-Inkasso. Der Käufer hat die Sicherheit, daß er nur gegen Vorlage der verlangten Dokumente zu zahlen braucht. Der Verkäufer kann sich darauf verlassen, daß er bei einer akkreditivgemäßen Lieferung in jedem Falle sein Geld bekommt; die akkreditivöffnende Bank übernimmt eine abstrakte Zahlungsverpflichtung.

Gibt die Bank im Lande des Verkäufers mit der Anzeige der Akkreditiv-Eröffnung an den Verkäufer die Bestätigung ab, daß sie nach Aufnahme der Dokumente den angezeigten Betrag zahlen wird, dann geht diese Bank ein eigenes abstraktes Schuldversprechen ein. In diesem Falle haften beide Banken dem Verkäufer. Diese Art eines Akkreditivs wird kurz *bestätigtes Akkreditiv* genannt.

295
Bestätigtes Akkreditiv

Die Spediteure haben mit dem Akkreditivgeschäft nur insoweit zu tun, als sie die in dem Akkreditiv benannten Dokumente zu beschaffen und fristgemäß bei der vorgeschriebenen Bank einzureichen haben. Die Auftraggeber der Spediteure müssen daher die in dem Akkreditivbrief enthaltenen Vorschriften für die Beibringung der erforderlichen Dokumente in dem Versandauftrag an den Spediteur genau bekanntgeben, und der Spediteur hat auf Grund seiner Sorgfaltspflicht für die ordnungsgemäße Beschaffung der erforderlichen Dokumente zu sorgen.

297
Spediteure und Akkreditiv

296
Bankauftrag zur Eröffnung eines Akkreditivs

Auftrag an Deutsche Bank
zur Eröffnung eines Dokumenten-Akkreditivs

Wir bitten Sie, in unserem Auftrag und für unsere Rechnung ein Akkreditiv zu nachstehenden Bedingungen zu eröffnen

Die Eröffnung ist – sofern sie nicht über S.W.I.F.T. erfolgt – vorzunehmen
- [ ] per Luftpost
- [ ] mit kurzem Voravis per Telex/Telefax/Telegramm
- [ ] per Telex/Telefax/Telegramm (notfalls vollbezahlt) im vollen Wortlaut, d.h., das Akkreditiv soll aufgrund dieser Telekommunikation benutzbar sein

Das Akkreditiv soll sein
- [ ] unwiderruflich
- [ ] widerruflich
- [ ] übertragbar
- [ ] bestätigt durch Ihre Korrespondenzbank

Begünstigter
Name und Anschrift

Bank des Begünstigten
sofern bekannt

Sie sind berechtigt, das Akkreditiv dem Begünstigten auch über eine Korrespondenzbank Ihrer Wahl zuzuleiten.

Akkreditivbetrag | in Worten

Das Akkreditiv soll benutzbar sein durch
- [ ] Ihnen
- [ ] Ihrer Korrespondenzbank
- [ ] jeder beliebigen Bank *)
- [ ] Sichtzahlung
- [ ] hinausgeschobene Zahlung
- [ ] Akzeptierung einer Tratte des Begünstigten
- [ ] Negoziierung einer Tratte des Begünstigten

fällig — gezogen auf

Verfalldatum/Vorlagefrist
Dokumentenvorlage spätestens am — und zwar innerhalb von — Tagen nach dem Verladedatum.

Verladung/letztes Verladedatum
von — nach — spätestens am

Teilverladungen/Umladung
- [ ] Teilverladungen gestattet
- [ ] Teilverladungen nicht gestattet
- [ ] Umladung gestattet
- [ ] Umladung nicht gestattet

Dokumente
Bei Lieferung per Bahn, Lkw, Luftfracht oder Post mit Angabe des auf dem Transportdokument auszuweisenden Empfängers.

Falls Platz nicht ausreicht, bitte sämtliche Angaben auf separatem Blatt als Anlage beifügen.

Ware
Kurze Beschreibung, gegebenenfalls Menge, Einzelpreis, Lieferbedingungen wie CIF, FOB, FAS, CFR, CIP usw. auf Basis der INCOTERMS 1990.

Versicherung/Fremde Kosten
- [ ] Versicherung wird durch uns gedeckt
- [ ] Versicherung ist vom Verkäufer zu decken
- [ ] Fremde Kosten zu unseren Lasten
- [ ] Fremde Kosten zu Lasten des Begünstigten

Zusätzliche Angaben
Datum | Tel. | Referenz, Ansprechpartner bei Rückfragen | Gegenwert zu Lasten Konto-Nr.

Sollten Ihnen außer den unter dem Akkreditiv beizubringenden Dokumenten zusätzliche Dokumente oder Schriftstücke zugehen, sind Sie ermächtigt, diese ungeprüft – und ohne von ihrem Inhalt Kenntnis zu nehmen – an uns weiterzuleiten, ohne daß dadurch eine Verantwortung für Sie begründet wird.

*) Nur ankreuzen, wenn der Begünstigte die Möglichkeit haben soll, ein durch Negoziierung benutzbares Akkreditiv bei jeder beliebigen Bank in Anspruch zu nehmen.

Auftraggeber (Firmenstempel)

Anlage
Vordruck gemäß Anlage Z1 zur AWV ist beigefügt.

Rechtsverbindliche Unterschrift(en)

Das Akkreditiv soll den »Einheitlichen Richtlinien und Gebräuchen für Dokumenten-Akkreditive (Revision 1993), ICC-Publikation Nr. 500«, unterliegen.

Die Bedingungen des Akkreditivs müssen genau eingehalten werden. Um Mißverständnissen oder Übertragungsfehlern im Versandauftrag an den Spediteur vorzubeugen, sollte der Auftraggeber eine Fotokopie des Akkreditivs dem Versandauftrag beifügen. Unmittelbar bei Erhalt der Akkreditivbedingungen prüft der Spediteur, ob diese von ihm in allen Punkten eingehalten werden können. Andernfalls ist der Auftraggeber sofort zu verständigen.

Die Frage, welches Transport-Dokument ausgestellt werden muß, damit es akkreditivgerecht ist, ergibt sich ausschließlich und allein aus dem Kaufvertrag. Im Kaufvertrag kann grundsätzlich jedes Begleitpapier zwischen Verkäufer und Käufer für die Abwicklung des Akkreditivs vereinbart werden. Es muß der irrigen Meinung vorgebeugt werden, daß die Banken darüber das Bestimmungsrecht hätten. Verkäufer und Käufer haben aber vielfach keine ausreichenden Erfahrungen, um bei der Bestimmung des Begleitpapiers zu einer eigenen begründeten Entschließung zu kommen. Unter diesem Gesichtspunkt stellen die „Einheitlichen Richtlinien und Gebräuche für Dokumenten-Akkreditive" (kurz genannt: ERA) für den internationalen Güterverkehr bzw. Zahlungsverkehr eine wesentliche Hilfestellung dar. Es handelt sich dabei um die Festlegung bestimmter Regeln, die bei Geltung der Richtlinien für alle am Akkreditiv-Verfahren Beteiligten bindend sind, sofern nicht ausdrücklich anderweitige Vereinbarungen getroffen worden sind oder sie nicht nationalen, staatlichen oder örtlichen Gesetzen und/oder Verordnungen entgegenstehen, von denen nicht abgewichen werden darf.

Nach den ERA sind Spediteur-Dokumente grundsätzlich nicht akzeptabel. Das ergibt sich zwingend aus der Notwendigkeit der Ausstellung aller Transportpapiere durch einen eigenverantwortlichen Frachtführer. Der Frachtführer verspricht im Frachtvertrag die Durchführung des Transportes und die Übergabe des Transportgutes an den Empfänger. Der Spediteur dagegen übernimmt nicht die „Ausführung", sondern die Besorgung von Transporten. Die Unterzeichnung als „Forwarding Agent" ist also schädlich. Das gleiche gilt, wenn Spediteure zwar ohne Speditionszusatz unterzeichnen, im Text jedoch auf die ADSp Bezug nehmen. Auf der anderen Seite kann ein als Speditionsfirma bekanntes Unternehmen akzeptable Transport-Dokumente dann ausstellen, wenn es diese wie ein Frachtführer oder Verfrachter zeichnet.

Der Bundesverband Spedition und Lagerei als die gewerbepolitische Vertretung aller deutschen Speditions- und Lagereiunternehmen hat Ende 1993 Hinweise zu Akkreditiven und zu den neuen Richtlinien der ICC für Dokumenten-Akkreditive (ERA 500) publiziert, die im folgenden wiedergegeben werden sollen.

Am 01.01.1994 treten für Akkreditivgeschäfte verschiedene Neuregelungen in Kraft, denn ab diesem Zeitpunkt gelten neue „Einheitliche Richtlinien und Gebräuche für Dokumentenakkreditive (ERA 500)" bzw. ICC Uniform Customs and Practice for Documentary Credits (UCP 500). Bei den ERA 500 handelt es sich um eine Revision der ERA 400. Diese Revision, vorgeschlagen von einer Arbeitsgruppe aufgrund von Beratungen zwischen August 1990 und November 1992, wurde vom Executive Board der ICC (Internationale Handelskammer, Paris) im April 1993 angenommen.

Zielsetzung der ICC für die Neufassung der ERA 400: Vereinfachung der Bestimmungen, Einbeziehung der Rechtsprechung und neuer Verfahrensweisen sowie Erhöhung der Zuverlässigkeit des L/C-Geschäfts. Die Folge ist u. a. ein stärkerer Formalismus in den ERA 500 als in den frühen ERA 400.

Nachfolgend sollen einige Hinweise auf Änderungen in der speditionellen Praxis gegeben werden, die jedoch das eingehende Studium der ERA 500 nicht ersetzen können.

Es ist vorgesehen, daß die ICC auch ihre Standard-Formulare für Dokumenten-Akkreditive den neuen ERA 500 anpaßt.

A. Allgemeine Neuregelungen

Für die speditionelle Praxis ist es auch interessant, einige Änderungen zu erläutern, die auf den ersten Blick als nur an die Banken gerichtet angesehen werden könnten.

1. Artikel 13 (Dokumentenprüfung)

In dieser Vorschrift ist der Grundsatz der Dokumentenstrenge festgelegt, d. h. die Bank hat mit angemessener Sorgfalt zu prüfen, ob die ihr vorgelegten Dokumente ihrer äußeren Aufmachung nach den Akkreditiv-Bedingungen entsprechen. Bisher hatten die Banken nach Artikel 16 Absatz c ERA 400 eine „angemessene" Zeit zur Prüfung der Dokumente; neu ist jetzt in den ERA 500 die Regelung der „angemessenen" Zeit; sie darf nach Artikel 13 Absatz b 7 Bankarbeitstage nicht überschreiten.

2. Artikel 14 (Unstimmigkeiten)

Bei der Beanstandung von Dokumentenmängeln muß die Bank alle Unstimmigkeiten nennen, aufgrund derer die Bank die Dokumente zurückweist. Dadurch soll die Möglichkeit eines ständigen Nachschiebens von weiteren Mängeln verhindert werden. Die Mitteilung über eventuelle Beanstandungen muß ebenfalls innerhalb von 7 Bankarbeitstagen erfolgen.

B. Transportdokumente

Bei den Regelungen zu den Transportdokumenten wurde eine neue Systematik gewählt: bisher differenzierten die Richtlinien in drei Artikeln zwischen Seekonnossementen, Postversanddokumenten und allen sonstigen Transportdokumenten; dabei wurden positive neutrale und negative Merkmale genannt, zusätzlich mußten noch weitere Bestimmungen aus anderen Artikeln herangezogen werden, die für die Aufnahmefähigkeit der Dokumente gegeben sein mußten oder einer Aufnahme nicht im Wege standen oder eine Aufnahme nicht zuließen. Jetzt werden einzelne Dokumente ihrer Art nach aufgeführt und die Anforderungen an diese Dokumente detailliert aufgezählt. Dadurch soll laut ICC die Verständlichkeit der ERA verbessert werden.

Diese neue Systematik führt dazu, daß die einzelnen Dokumente in den ERA 500 in den Artikeln 23 bis 29 wie folgt aufgezählt werden:

Artikel 23 (bisher Artikel 26): Seekonnossement

Artikel 24 Nichtbegebbarer Seefrachtbrief

Artikel 25 Charterpartie-Konnossement

Artikel 26 (bisher Artikel 25): Multimodales Transportdokument

Artikel 27 (bisher Artikel 25): Lufttransportdokument

Artikel 28 (bisher Artikel 25): Dokumente des Straßen-, Eisenbahn- und Binnenschiffstransports

Artikel 29 (bisher Artikel 30): Kurierempfangsbestätigung und Posteinlieferungsschein

Es kommen noch drei Artikel mit zusätzlichen Bestimmungen hinzu:

Artikel 30 (bisher Artikel 25 Absatz d und Artikel 26 Absatz c/IV): Von Spediteuren ausgestellte Transportdokumente

Artikel 31 (bisher Artikel 28, 32 und 33): „An Deck", „Shipper's Load and Count", Absenderangabe

Artikel 32 (bisher Artikel 34): Reine Transportdokumente

Artikel 33 (bisher Artikel 31): Transportdokumente mit Fracht(voraus)zahlungsvermerk

Zu den in neuer Form in den ERA 500 aufgezählten Transportdokumenten ergeben sich folgende Bemerkungen

C. Das geänderte FIATA-FBL

Die FIATA als die weltweite Organisation der Spediteure hat Spediteur-Dokumente herausgegeben, die die Abwicklung von Verkehrsverträgen erleichtern sollen. Das bekannteste FIATA-Dokument ist das sogenannte FBL (früher FBL = FIATA Combined Transport Bill of Lading, heute FBL = FIATA Multimodal Transport Bill of Lading), weil es von der ICC in den ERA als akkreditiv-gerechtes Transportdokument anerkannt wurde. In der Vorgängerin der ERA 500, der ERA 1983 (Publikation Nr. 400), war das FIATA-FBL noch ausdrücklich genannt. Die ausdrückliche Nennung des FIATA-BL in der ERA 400 ist trotz mehrfacher Interventionen der FIATA und einzelner Speditionsverbände weggefallen. Begründung laut ICC: es sei verfehlt gewesen, diesem Dokument eine Sonderrolle zuzugestehen; es habe die Androhung einer Klage aus den USA wegen der Monopolisierung dieses Dokuments gegeben; außerdem hätten sich wie die FIATA auch andere Organisationen an die ICC wegen einer „Zertifizierung" ihres Dokuments in den ERA und wegen des ICC-Labels gewandt; es komme hinzu, daß wegen der neuen Systematik einzelne Dokumente von Organisationen nicht mehr in die ERA aufgenommen werden könnten. Die Begründungen sind unseres Erachtens nicht in allen Fällen nachvollziehbar, zumal nach unserer Kenntnis bislang keine andere Organisation als die FIATA bei der ICC um eine Anerkennung ihres Dokuments nachgesucht hat.

Von der FIATA wurde mittlerweile das „Negotiable FIATA Multimodal Transport Bill of Lading" (FBL) vor allem wegen der Änderung der UNCTAD/ICC Rules for Multimodal Transport Documents ab 01.01.1982 überarbeitet. Die ICC hat inzwischen der FIATA mitgeteilt, daß dieses FBL den UNCTAD/ICC-Regeln entspreche und daher mit dem ICC-Logo versehen werden könne. Dieses geänderte FBL kann somit akkreditivgerecht verwendet werden,

– wenn es im Akkreditiv ausdrücklich vorgeschrieben wird,

– wenn im Akkreditiv ein multimodales Transportdokument nach Artikel 26 ERA 500 verlangt wird,

– wenn im Akkreditiv ein Transportdokument (z. B. Seekonnossement) verlangt wird und der Spediteur in dem von ihm ausgestellten Dokument die in den ERA 500 hinsichtlich dieses Dokuments vorgesehenen Anforderungen beachtet.

Den Speditionsfirmen wird empfohlen, bei der Kundschaft auf das geänderte FIATA-Dokument hinzuweisen, damit es bei Akkreditiven vorgeschrieben wird.

Ausgabestelle der FIATA-Papiere in Deutschland ist der Verein Hamburger Spediteure; notwendige Voraussetzung für die Verwendung der FIATA-Papiere ist die Mitgliedschaft in einem Landesverband des Speditions- und Lagereigewerbes.

Das neue FBL wird nur an Spediteure herausgegeben, die über eine entsprechende Sachkunde verfügen und – das ist ganz entscheidend – die ihre sich aus dem neuen FBL ergebende Haftung versichert haben. Die Ausgabestelle wird sich als Nachweis die Versicherungsbestätigung eines Versicherers oder Agenten vorlegen lassen. Ergänzend zu dieser Versicherungsbestätigung benötigt der Verein Hamburger Spediteure von den Verwendern des neuen FBL bei Erstbezug eine Erklärung dahingehend, daß sich der Verwender verpflichtet, Mitteilung zu machen, wenn

– er den Versicherer wechselt,

– die Versicherung nicht mehr besteht bzw. der Versicherer von seinem vertraglichen und gesetzlichen Leistungsverweigerungsrecht Gebrauch macht.

Zur Haftung nach den neuen FBL-Bedingungen ist folgendes anzumerken: Die Haftungsbegrenzungen wurden erhöht. Unverändert legen die Bedingungen eine Verschuldenshaftung mit umgekehrter Beweislast fest. Für Schäden auf Seestrecken gelten die Haager Regeln oder Hague Visby Rules. Die Höhe der Haftung ist nach den Hague Visby Rules, also nach deutschem Seerecht, beschränkt auf zwei Sonderziehungsrechte je kg des vom Schaden betroffenen Gutes oder 666,67 Sonderziehungsrechte je Packung oder Einheit.

Schließt der Vertrag zwischen Auftraggeber und Spediteur keine See- oder Binnenwasserstrecke ein, so ist die Höchsthaftung, wie in der CMR, beschränkt mit 8,33 Sonderziehungsrechten je kg des betroffenen Gutes. Durch Wertvereinbarung kann diese Höchsthaftungsbeschränkung aufgehoben werden. Läßt sich der Schaden lokalisieren, gilt für die Höchsthaftung das zwingende Streckenrecht. Die Paramount-Klausel bestimmt, daß die Bedingungen des FBL nur gelten, soweit nicht zwingendes Recht entgegensteht.

Generell gilt weiterhin, daß eine Speditionfirma die in Artikel 23 bis 29 ERA 500 genannten Dokumente ausstellen kann, wenn diese von ihr in der Eigenschaft als Frachtführer bzw. als MTO ausgestellt und unterzeichnet werden. Daraus folgt der für das Akkreditivgeschäft weitere wichtige Grundsatz, daß die vorzulegenden Dokumente „carrier-type" sein müssen; d. h. die Dokumente müssen unmißverständlich ausweisen, daß der Aussteller als Frachtführer gehandelt hat. Dabei spielt die Frage, ob die Reputation eines Spediteurs der eines Frachtführers überlegen ist, keine Rolle; es kommt ausschließlich auf die Rechtsnatur des Dokumentes an.

D. Die Unterschriftsleistung auf Transportdokumenten

Die Unterschriftsleistung wird in den ERA 500 an strenge formale Voraussetzungen gebunden. Es muß jetzt ausdrücklich die Funktion desjenigen angegeben werden, der das betreffende Dokument austellt: als Carrier, als MTO oder als Agent.

Fall 1: Unterschrift als Carrier
Die unterzeichnende Firma muß in der Unterschriftszeile neben dem Namen den Zusatz „as carrier" vermerken.

Fall 2: Unterschrift als MTO
Sofern eine Speditionsfirma ein Dokument, z. B. das neue FIATA-FBL als MTO ausstellt, muß in der Unterschriftszeile die Angabe der Firma um den Zusatz „as MTO" ergänzt werden.

Fall 3: Unterschrift als Agent
Im Frachtführerdokument muß in der Unterschriftszeile der Name des Carriers, der Name des Agenten und seine Funktion „als Agent des Carriers" angegeben werden.

Zu beachten ist jedoch in allen Fällen, daß Inhalt, Bezeichnung des ausgestellten Dokuments und Angaben in der Unterschriftszeile in sich schlüssig sein müssen. Dies soll anhand von drei Beispielen aus dem Luftfrachtverkehr näher erläutert werden. Die FIATA hat in Zusammenarbeit mit der ICC eine Kurzinformation erstellt, aus der alle Einzelheiten des akkreditiv-gerechten AWB's hervorgehen.

Beispiel 1 (straight consignment): Der Luftfrachtspediteur A stellt den Luftfrachtbrief als Agent eines IATA-Carriers C aus.

In diesem Falle (vgl. Artikel 27 Absatz a Buchstabe i, zweiter Gedankenstrich ERA 500) erscheint im obersten rechten Feld des AWB der Name der Luftverkehrsgesellschaft C mit Adresse. Dieser Name ist in den Frachtbriefen der Carrier immer eingedruckt. Bei neutralen AWBs wird er vom ausstellenden Luftfrachtspediteur A in dieses Feld eingetragen. Außerdem wird der Name und Sitz des ausstellenden Luftfrachtspediteurs A in dem 3. Feld links von oben „Issuing Carrier's Agent Name and City" eingetragen. Die Felder darunter „agents IATA Code" und „Account No" sind ebenfalls auszufüllen.

Der Agent A leistet wie bisher die „Signature of shipper or his agent" im vorletzten Feld rechts unten. Im letzten Feld rechts unten ist der Name des Carriers C mit dem Zusatz „carrier" (hilfsweise kann auch der Text „for above-named carrier" eingetragen werden) und der Name des Agenten mit dem Zusatz „as agent" angegeben werden.

Empfehlung für die Unterschriftszeile in Beispiele 1: „For C (carrier) A as agent" plus Unterschrift oder „For above-named carrier A as agent" plus Unterschrift von A (unser Vorschlag für eine kürzere Fassung der Unterschriftszeile „A as agent for C" wurde von den Banken nicht akzeptiert).

Beispiel 2: (Consolidation): Der Luftfrachtspediteur A stellt den Luftfrachtbrief als Carrier aus.

In diesem Falle erscheint im obersten rechten Feld des AWB der Name des Luftfrachtspediteurs A mit seiner Adresse als Carrier. Er wird in aller Regel vom Luftfrachtspediteur in den neutralen AWBs eingetragen.

Die Felder „Issuing Carrier's agent name and City", „Agent's IATA Code" und „Account No" müssen frei bleiben; denn der Luftfrachtspediteur A handelt nicht als Agent, sondern als Carrier. Das bedeutet gleichzeitig, daß er im letzten Feld rechts unten in Verbindung mit seiner Unterschrift, seinen Firmennamen mit dem Zusatz „as carrier" einzutragen hat.

Empfehlung für die Unterschriftsleistung in Beispiel 2: „A as carrier" plus Unterschrift von A.

Beispiel 3: Der Luftfrachtspediteur A stellt den Luftfrachtbrief als Agent eines anderen Luftfrachtspediteurs B aus, der seinerseits als Carrier auftritt.

In diesem Fall (vgl. hierzu auch die Ausführungen zu Beispiel 1) muß der als Agent handelnde Luftfrachtspediteur A in dem Dokument, das den anderen Luftfrachtspediteur B im Feld rechts oben als Carrier ausweist (dessen Name und Anschrift sind eingedruckt oder einzutragen) in der Unterschriftszeile den Luftfrachtspediteur B „as carrier" und sich selbst „as agent" kennzeichnen.

Das Feld „Issuing Carriers' agent name and City" ist auszufüllen. Die Felder „Agents's IATA Code" und „Account No" müssen hingegen frei bleiben, weil der Agent nicht als Agent eines IATA-Carriers tätig wird.

Empfehlung für die Unterschriftsleistung in Beispiel 3: „For B (carrier) A as agent" oder „For above-named carrier A as agent" plus Unterschrift von A.

Im grenzüberschreitenden Landverkehr (Eisenbahn und Lkw) kann die Zahlungsbedingung Kasse gegen Dokumente für die Kaufvertragspartner nachteilig sein:

298
Bankbestätigung

Eisenbahn- und Lkw-Duplikatfrachtbriefe sind keine Traditionspapiere und besitzen nur eine beschränkte Sperrwirkung,

die Beförderungsfristen sind wesentlich kürzer als der Postweg des Inkasso-Auftrages an die Bank im Bestimmungsland.

In Zusammenarbeit mit einem Spediteur, der im Bestimmungsland über einen zuverlässigen Partner verfügt, ist eine Zahlungsform praktikabel, welche den am Außenhandelsgeschäft Beteiligten gerecht wird, nämlich die

> Auslieferung der Ware nur gegen unwiderruflichen Zahlungsnachweis (Bankbestätigung).

Der Empfangsspediteur liefert die Ware an den Käufer erst dann, wenn er von der Bank des Käufers oder von der im Inkasso-Auftrag bezeichneten Bank die rechtsverbindliche Bestätigung mit folgendem Wortlaut vorliegen hat:

> *Wir bestätigen hiermit, daß der Betrag von ... (in Worten ...) im Auftrag unseres Kunden, der Firma ... heute, mit Wertstellung ..., unwiderruflich zu Gunsten der Firma ..., auf deren Konto Nr. ... bei der Bank ... in ... überwiesen (eingezahlt) wurde.*
>
> *Ort, Datum, Unterschriften*

Voraussetzung zur Durchführung dieser Zahlungsform ist, daß der Auftraggeber dem Hauptspediteur (Versandspediteur) einen eindeutigen Inkasso-Auftrag erteilt: Anschrift des Käufers, Inkasso-Betrag, ausländische Bank, eigene Bankverbindung, gegen welches Versanddokument auszuliefern ist, Vertreteranschrift im Bestimmungsland etc.

Der Spediteur berechnet seinem Auftraggeber hierfür eine Provision unter dem Titel „Zahlungsüberwachung".

Incoterms 4

Incoterms (International Commercial Terms) sind internationale Regeln für die Auslegung der handelsüblichen Vertragsformeln. Haben die vertragschließenden Parteien die Anwendung der Incoterms vereinbart, so gelten diese Regeln bezüglich der dem Geschäft zugrunde liegenden Formel, es sei denn, daß im Vertrag ausdrücklich etwas anderes ausgemacht worden ist. Es empfiehlt sich, daß jede Firma, die ihren Geschäften die Incoterms zugrunde legen will, sich der schriftlichen Zustimmung ihrer jeweiligen Vertragspartner vergewissert.

299 Incoterms

Für den Spediteur ist die Kenntnis der Incoterms bei allen Geschäften, die auf der Grundlage dieser Regeln abgeschlossen worden sind, wichtig, da in diesen Klauseln festgelegt wird, welche Verpflichtungen der Verkäufer und der Käufer auch in bezug auf die Beförderung des Gutes und der mit ihr verbundenen Leistungen übernommen haben. Insbesondere enthalten die Incoterms die Regeln über den Zeitpunkt des Gefahren- und Kostenüberganges.

Seit 1936, als die ICC die ersten Incoterms verfaßte, wurden sie regelmäßig auf den neuesten Stand gebracht, um mit der Entwicklung des internationalen Handels, insbesondere durch den Transport bedingt, Schritt zu halten. Dies ist auch Zweck der neuen Ausgabe[*]).

Die ursprünglich neun Klauseln der Incoterms wurden erstmalig 1936 von der Internationalen Handelskammer, Paris, veröffentlicht. Unter Berücksichtigung der inzwischen gesammelten Erfahrungen wurden die Incoterms 1953 überarbeitet und in den Jahren 1967, 1976, 1980 und 1990 durch weitere Klauseln ergänzt. Derzeit gibt es 13 Klauseln.

300 Die dreizehn Klauseln

---

[*]) Incoterms 1990 – ICC Publikation 460; Juni 1990

Nach dem Stand von 1990 lauten diese 13 Klauseln:

INCOTERMS 1990		
Gruppe E Abholklausel	EXW	Ab Werk
Gruppe F Haupttransport vom Verkäufer nicht bezahlt	FCA	Frei Frachtführer
	FAS	Frei Längsseite Seeschiff
	FOB	Frei an Bord
Gruppe C Haupttransport vom Verkäufer bezahlt	CFR	Kosten und Fracht
	CIF	Kosten, Versicherung, Fracht
	CPT	Frachtfrei
	CIP	Frachtfrei versichert
Gruppe D Ankunftsklauseln	DAF	Geliefert Grenze
	DES	Geliefert ab Schiff
	DEQ	Geliefert ab Kai (verzollt)
	DDU	Geliefert unverzollt
	DDP	Geliefert verzollt

In diesen Klauseln werden im wesentlichen folgende Vertragspunkte geregelt:

a) Lieferungspflicht des Verkäufers sowie Abnahme- und Zahlungspflicht des Käufers

b) Kosten und Gefahrenübergang

c) Kosten der Verpackung

d) Prüfkosten (Gewichtsermittlung, Bemusterung usw.)

e) Benachrichtigungspflicht des Verkäufers

f) Beschaffung der Versanddokumente, Abschluß des Frachtvertrages

g) Beschaffung anderer Dokumente, und zwar Einfuhrbewilligung, Ausfuhrbewilligung, Ursprungszeugnis, Konsulatsfaktura, andere Dokumente, die zur Einfuhr und Durchfuhr erforderlich sind, sowie die Kostentragung hierfür und die Bezahlung von Einfuhr- und Ausfuhrabgaben, Einfuhrzöllen, Abgaben usw.

h) Mehrkosten und Gefahrtragung bei nicht fristgemäßer Anweisung und Abnahme

i) Versicherung

Die Verkaufsformeln sind so gegliedert, daß die Pflichten des Verkäufers und die Pflichten des Käufers transparent dargestellt werden.

Das im Beförderungsvertrag geregelte Verhältnis zwischen einer Vertragspartei und dem Frachtführer wird durch diese Bestimmungen weder unmittelbar noch mittelbar berührt. Die Incoterms regeln nur das Recht des Kaufvertrages.

Beispiel:

Schließt der Verkäufer mit einem Frachtführer den Frachtvertrag mit dem Zahlungsvermerk „unfrei" ab, obwohl er nach dem Kaufvertrag die Fracht zu bezahlen hat, so kann der Empfänger dem Frachtführer gegenüber, mit dem Hinweis auf den anderslautenden Kaufvertrag, die Bezahlung der Fracht nicht ablehnen.

Es ist wichtig zu erkennen, daß

1. der Kaufvertrag eine Verpflichtung zum Austausch von Ware (darunter fallen nicht nur Sachen und Rechte, sondern alle verkehrsfähigen Güter) gegen Geld begründet. Die Pflichten (oder Rechte) von Käufer und Verkäufer aus diesem Kaufvertrag sind Gegenstand der Incoterms.

   Der „Austausch von Ware" ist

2. in aller Regel verbunden mit der körperlichen Bewegung von Gütern (Ausführung der Beförderung) und der Produktion von Dienstleistungen, die den Transport in die Wege leiten (Besorgen der Beförderung) und/oder den Transport einbinden in eine Vielzahl anderer Leistungen (Inkasso, Verzollung u. a.), die man häufig (eigentlich zu Unrecht) als Transportnebenleistungen bezeichnet. Diese Leistungen sind Gegenstand von Frachtverträgen und Speditionsverträgen. Die Rechte und Pflichten von Versender (Auftraggeber) und Spediteur aus abgeschlossenen Speditionsverträgen sind Gegenstand des Speditionsrechtes (ADSp). Die Rechte und Pflichten von Absender (Auftraggeber), Frachtführer und Empfänger aus abgeschlossenen Frachtverträgen sind Gegenstand des Frachtrechts (EVO, CIM, KVO, CMR, WA u. a.).

Die Inhalte von Kaufverträgen auf der einen Seite und Speditions- oder Frachtverträgen auf der anderen Seite sind also höchst unterschiedlich. Warum werden trotzdem die Incoterms häufig irrtümlicherweise dem Speditionsrecht/dem Frachtrecht zugeordnet?

Wir werden noch erfahren, daß die Incoterms u. a. die für Verkäufer und Käufer wichtigen Fragen des Kostenübergangs (wer trägt welche Kosten bei der Abwicklung des Kaufvertrages) eingehend behandeln. Hierzu gehören natürlich auch die Speditionsentgelte, Frachtentgelte und sonstigen Entgelte, deren Abrechnung an Versender/Absender und Empfänger auf der Ebene des Speditions- und Frachtrechts durch den sogenannten Zahlungsvermerk oder die Frankaturvorschrift geregelt wird. Diese Frankaturvorschriften werden im internationalen Güterverkehr mit weltweiten und komplexen Transportabläufen durch die Incoterms mit Inhalt ausgefüllt; hier gibt es also inhaltliche Berührungspunkte zwischen dem Kaufvertrag/den Incoterms und dem Speditions- bzw. Frachtvertrag/Speditionsrecht bzw. Frachtrecht. Oder anders formuliert: die Frankaturvorschriften in Speditions- und Frachtverträgen im internationalen Güterverkehr werden durch die Bestimmungen über den Kostenübergang in den Incotermsklauseln mit Inhalt ausgefüllt. Keinesfalls rechtfertigt diese Feststellung aber die Aussage, daß damit die Incoterms Gegenstand des Frachtvertrages/des Frachtrechts werden. Die Speditionskauffrau/der Speditionskaufmann müssen die Incotermsklauseln kennen und sie zu interpretieren vermögen in der Zielsetzung, den Leistungsumfang des aus dem Kaufvertrag abgeleiteten Speditions-/Frachtvertrages zu bestimmen, wobei u. a. die Kostenteilungsklausel in eine Frankaturvorschrift/in einen Zahlungsvermerk zu transformieren ist. Der Zahlungsvermerk in dem internationalen Speditionsvertrag/Frachtvertrag (in der Praxis häufig auch Liefervermerk, Lieferklausel oder Frankaturklausel genannt) heißt dann beispielsweise „CIF... benannter Bestimmungshafen", was aber nicht – um es noch einmal zu betonen – darüber hinwegtäuschen darf, daß sich das Verhältnis zwischen Versender und Spediteur im Rahmen des Speditionsvertrages auf der Basis des Speditionsrechts bzw. des Frachtrechts (Finkostenspedition und Sammelladungsverkehr im internationalen Verkehr unterliegen dem Frachtrecht) bewegt.

Es muß darauf geachtet werden, daß der Inhalt der Kostenteilung in den Incotermklauseln nicht mit den jeweils gültigen Frachtzahlungsbestimmungen kollidiert; Frachtrecht und damit verbunden auch die Frachtzahlungsbestimmungen haben in aller Regel den Charakter einer (zwingend anzuwendenden) Rechtsverordnung. Die Kostenteilungsklausel ist jeweils unter der 6. Überschrift der Incotermsklauseln dargestellt.

Graphische Darstellung der INCOTERMS 1990 zum Kosten-/Gefahrenübergang Käufer/Verkäufer

Beispiel: FCA . . . Bahn (allgemein, voller Waggon, Container)

301
Kosten- und Gefahrübergang

– Die Verantwortung des Verkäufers für alle Kosten und Risiken endet, wenn der Waggon oder Container der Eisenbahngesellschaft oder ihren Agenten zur Verfügung gestellt wird. Der Verkäufer ist verantwortlich für alle **Export**-Formalitäten (Export-Lizenzen, Zoll-Dokumente). Dieselben Regeln gelten für allgemeine Fracht. Der **genannte Name** ist der Terminal oder der Bahnhof, an dem die Eisenbahngesellschaft oder ihre Agenten den Waggon, den Container oder die Pakete in ihre Obhut übernehmen. Die Überschriften **Versandort, Bestimmungsort** oder **genannter Ankunftsort im Bestimmungsland** spielen in diesem Fall keine Rolle, da sie nicht eingetragen werden.

Zweites Beispiel:
FOB . . . genannter Verschiffungshafen.

– Die Verantwortung des Verkäufers für Kosten und Risiken endet mit der Übergabe im **genannten Verschiffungshafen** (Hafenbecken, Kai, Schiff), sobald die Waren die Reling des Schiffes überschritten haben, welches im Vertrag bestimmt ist. Der Verkäufer ist verantwortlich für alle Export-Formalitäten (Export-Lizenz, Zoll-Dokumente). Die Überschrift **genannter Ankunftsort** ist in diesem Fall nicht relevant und wird deshalb nicht ausgefüllt.

Das Ziel der Darstellung liegt einfach darin, den Text zu *illustrieren,* und dient lediglich als eine Liste, in der es nicht möglich ist, alle verschiedenen Veränderungen vollständig darzustellen, weswegen wir den Kauf und das Lesen einer offiziellen Ausgabe der ICC empfehlen.

Abdruck der Originalfassung der Incoterms im Anhang.

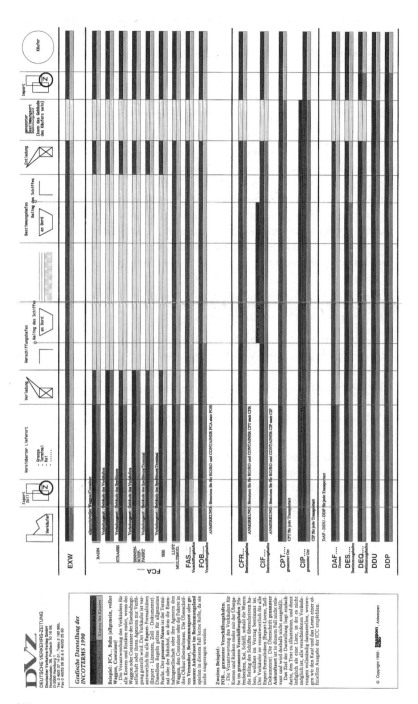

Konsulatsfakturen und sonstige Begleitpapiere 5

Zu jeder Exportsendung gehören verschiedene Begleitpapiere, welche aufgrund der Vorschriften des Einfuhrlandes Bestandteil des „Dokumentensatzes" sind:

302 Begleitpapiere

Konsulatsfakturen, Zollfakturen, Handelsrechnungen, Ursprungszeugnisse etc.

Sie dienen als Belege für die Importkontrollen, die Devisenkontrollen, als Unterlagen für die Zoll- und Steuerabgaben im Bestimmungsland und zur Zahlungsabwicklung. Der Außenwirtschaftsdienst der Handelskammer in Hamburg hat in den *K und M* – *„Konsulats- und Mustervorschriften"* – ein universales Export-Nachschlagewerk geschaffen, in dem die in den einzelnen Ländern der Erde geltenden Vorschriften für den Export-Warenverkehr aus der Bundesrepublik Deutschland veröffentlicht sind und laufend aktualisiert werden. Neben für jedes Land der Erde wichtigen allgemeinen Hinweisen sind in diesem Werk die in den einzelnen Ländern der Erde geltenden Vorschriften für die beim Versand erforderlichen im Bestimmungsland vorzulegenden Begleitpapiere enthalten.

303 Konsulats- und Mustervorschriften

Konsulatsfakturen sind Dokumente, die bei der Verzollung im Bestimmungsland vorgelegt werden müssen und Grundlage für die Verzollung selbst sind. Die Dokumente erhalten ihre besondere Bedeutung dadurch, daß sie von den Konsularvertretungen der ausländischen Empfangsländer beglaubigt (legalisiert) werden. Die Konsulatsfakturen sind in den meisten Fällen vorgeschriebene Formulare, die bei den ausländischen Konsulaten oder einem Formularverlag bezogen werden müssen.

304 Konsulatsfakturen

Konsulatsfakturen werden nur noch in Lateinamerika sowie für einige Waren in den Philippinen verlangt.

Zollfakturen sind vor allem in Ländern, die zum britischen Commonwealth gehören oder gehörten, beizubringen. Sie tragen die Bezeichnung „Combined Certificate of Value and Origin and Invoice". Sie enthalten Wert- und Ursprungszertifikate. Für die Wertangabe bestehen in einzelnen Ländern besondere Vorschriften, die aus den „K + M" zu ersehen sind.

305 Zollfakturen

Zollfakturen brauchen weder von einer Handelskammer noch von einem Konsulat legalisiert zu werden. Die am Fuße jeder Zollfaktura im einzelnen geforderten „charges" (Unkosten) sind stets genau anzugeben, da der Verzollungswert in den Ländern teils durch Abzug, teils durch Aufschlag dieser Kosten errechnet wird. Unter „Signature" hat der Ausführer oder eine Person, die Vollmacht besitzt, für den Ausführer zu unterzeichnen. Ein Firmenstempel darf nicht erscheinen. Als Zeuge (witness) kann jede Person in derselben Firma unterschreiben, die auch bei anderen Geschäftsdokumenten zeichnungsberechtigt ist.

306 Ursprungszeugnisse Die Bestimmungen über Form und Inhalt von Ursprungszeugnissen für Waren, die ihren Ursprung in der Gemeinschaft oder in einem ihrer Mitgliedstaaten haben und aus der Gemeinschaft ausgeführt werden sollen, sind in der Verordnung EWG (Nr. 553/81) vom 12. Februar 1981 über das Ursprungszeugnis und den Antrag hierzu festgelegt.

Ursprungszeugnisse dürfen für den gleichen Geschäftsvorgang nur einmal ausgestellt werden. Bei Verlust ist eine neue Ausfertigung nur unter ausdrücklichem Hinweis auf die frühere Beglaubigung zu beantragen.

307 Handelsrechnungen Die Vorschriften für die Aufmachung der Handelsrechnungen sind in den einzelnen Bestimmungsländern so verschieden, daß sie im Rahmen dieser Abhandlung nicht dargestellt werden können. Es sei nur bemerkt, daß in vielen Fällen eine besondere Schwurformel vorgeschrieben ist, die vom Rechnungsaussteller rechtsverbindlich unterschrieben sein muß. Sehr oft wird eine Beglaubigung durch eine Industrie- und Handelskammer verlangt. Manche Staaten fordern außerdem eine Legalisierung der Rechnungen durch ein Konsulat.

Verpackung und Markierung 6

Die Verpackung hat den Zweck zu erfüllen, daß die Ware unbeschädigt den Käufer erreicht. Die Pflicht zur Verpackung obliegt dem Verkäufer. Beim Versendungskauf (§ 447 BGB) geht die Gefahr auf den Käufer über, sobald der Verkäufer die Sache dem Spediteur, dem Frachtführer oder der sonst zur Ausführung der Versendung bestimmten Person oder Anstalt ausgeliefert hat. Ist nach dem Kaufvertrag die Ware an den Käufer zu liefern, so gehen die Verpackungskosten zu Lasten des Verkäufers, sonst zu Lasten des Käufers. Die Kostentragung wird oft durch Handelsklauseln geregelt.

308 Spediteur und Verpackung

Grundsätzlich unterscheiden wir zwischen Einweg- und Mehrwegverpackungen (Dauerverpackung). Bei der Entscheidung zwischen diesen beiden Verpackungsalternativen sollten nicht nur die unterschiedlichen Kosten für die Beschaffung des Materials eine Rolle spielen. Die höheren Beschaffungskosten für Mehrwegverpackungen müssen auf die Anzahl der Wiederverwendungsmöglichkeiten umgerechnet werden; bezogen auf den einzelnen Transportvorgang verursacht dann die Einwegverpackung in der Regel höhere Kosten als die Dauerverpackung. Mehrwegverpackungen erfordern aber zusätzlich einen hohen Überwachungs- und Kontrollaufwand, ferner sind die Kosten für den Rücktransport als Leergut zu berücksichtigen.

Die Verpackung der Güter hat eine Schutzfunktion und eine Verkaufsfunktion. Für die Beförderung der Güter steht die Schutzfunktion im Vordergrund. Dabei sind zu beachten: u. a.: Wahl des Verkehrsmittels, Anzahl der Umladungen, Art des Gutes, die Dauer des Transports, Zielort/Zielland, Verpackungsvorschriften, z. B. der einzelnen Seehäfen, Einfuhrbestimmungen des Ziellandes/der Durchfuhrländer, Kundenwünsche, mögliche Zwischenlagerungen. Verkaufsfördernde Elemente sollten bei der Gestaltung der Verpackung für den Transport möglichst in den Hintergrund treten.

Eine zunehmende Bedeutung erhält in der Güterverkehrswirtschaft der Transport gefährlicher Güter. Die Gefahrgutverordnungen der einzelnen Verkehrsträger enthalten umfassende und detaillierte Verpackungs- und Markierungsvorschriften, die es zu beachten gilt.

Die Untersuchung, Erhaltung und Verpackung des Gutes durch den Spediteur ist im § 16 ADSp geregelt:

§ 16. a) Der Spediteur ist zur Untersuchung, Erhaltung oder Besserung des Gutes und seiner Verpackung mangels schriftlicher Vereinbarung nur im Rahmen des Geschäftsüblichen verpflichtet. § 388 Absatz 1 HGB wird hierdurch nicht berührt.

b) Der Spediteur ist mangels gegenteiliger Weisung ermächtigt, alle auf das Fehlen oder die Mängel der Verpackung bezüglichen, von der Eisenbahn verlangten Erklärungen abzugeben.

Es ist im Speditionsgewerbe üblich und auch erforderlich, daß das übernommene Gut vom Spediteur auf äußerlich erkennbare beschädigte oder mangelhafte Verpackung besichtigt wird. Stellt der Spediteur fest, daß der Zustand der Verpackung für einen Weiterversand nicht zu vertreten ist, so ist er zur Ausbesserung der Verpackung verpflichtet. Aus dieser Verpflichtung folgt die Berechtigung, dem Auftraggeber die Verpackungskosten in Rechnung zu stellen. Dessen ungeachtet sind, mangels genereller schriftlicher Vereinbarungen zwischen dem Auftraggeber und Spediteur, schriftliche Weisungen vom Auftraggeber einzuholen. Dies empfiehlt sich schon deshalb, weil der Auftraggeber mehr Erfahrungen über die Empfindlichkeit seines Gutes besitzt. Auch werden dann nachträgliche Meinungsverschiedenheiten über Notwendigkeit der Verpackungsarbeiten und Kosten vermieden.

Bei ankommenden Gütern genügt der Spediteur seinen Verpflichtungen, wenn er bei einer äußerlich erkennbaren Beschädigung der Verpackung einen Auftrag auf Erstellung einer Tatbestandsaufnahme stellt. Hierüber ist der Auftraggeber unverzüglich zu verständigen. Im Falle einer schuldhaften Unterlassung der Beweissicherung ist der Spediteur gegenüber dem Auftraggeber ersatzpflichtig z. B. für Verlust des Ersatzanspruches gegen Frachtführer.

Das Leistungsangebot der Spediteure auf dem Verpackungssektor hat sich im Laufe der letzten Jahre zu einem umfangreichen Dienstleistungsangebot entwickelt. Zu den im Speditionsgewerbe üblichen Verpackungsarbeiten wie Ausbesserung und Anfertigung von kleinen und mittleren Verpackungseinheiten werden teilweise modern ausgerüstete Verpackungsbetriebe mit Konstruktionsbüros, technischen Einrichtungen und Spezialisten unterhalten. Die Kombination von Verpackungstechnikern und Transportexperten gewährleistet eine sichere und zugleich rationelle Verpackung. Erheblicher Materialaufwand allein macht noch nicht die Güte und Dauerhaftigkeit der Verpackung aus. Wesentlich ist, daß geeignetes Material eingesetzt wird.

Das Leistungsangebot erstreckt sich u. a. auf:

seemäßige Verpackung, Export-Land-Verpackung, Luftfracht-Verpackung,

Container-Verpackung, Schwergut-Verpackung, Sonder-Verpackungen, Verpackung gefährlicher Güter, Konservierung mit Korrosionsschutzmitteln, Lieferung und Anwendung von geeigneten Polstermitteln, Anfertigung von Kisten, Verschlägen und Paletten, Verpacken von Umzugsgut und Neumöbeln, Verpacken von Kunstgegenständen und Messegütern, Sammeln, Zwischenlagern, Bereitstellen zur Verpackungsabnahme, Koordinierung und Terminüberwachung.

Die modernen Verpackungstechniken sind so umfangreich, daß wir nur einige grundsätzliche Hinweise geben können.

309 Verpackungshinweise

Die Wahl des geeigneten Verpackungsmaterials richtet sich nach:

Warenart
Es muß kostenmäßig im richtigen Verhältnis zum Wert der Waren stehen.

Transportmittel
Es muß ausreichenden Schutz während der gesamten Reisedauer und anschließender Lagerung gewährleisten. Hierbei sind die Beförderungsmittel, die Umschlagshäufigkeit und die technische Situation am Bestimmungsort zu berücksichtigen.

Beförderungsweg/Reiseziel
Es sind die klimatischen Verhältnisse auf dem Beförderungsweg und am Bestimmungsort zu beachten. Ausreichender Feuchtigkeitsschutz wie z. B. Einschweißen in Polyäthylenfolie und Beigabe von Trockenmitteln nach DIN 55473. Blanke Teile sind mit Korrosionsschutzmitteln zu behandeln.

Verpackungsgröße
Durch die Größe der Grund- oder Verkaufsverpackung wird im Konsumgüterbereich bereits die Größe der Transportverpackung bestimmt. Im Investitionsbereich – ohne Grundverpackung – wird die Größe der Transportverpackung durch das Gut von seiner erforderlichen Konstruktion her bestimmt.

Beanspruchung der Verpackung
Mechanische Beanspruchung durch Fall, Stoß, Schub, Druck, Schwingungen und Rüttelbewegungen; klimatische Beanspruchung durch Hitze, Kälte, Feuchtigkeit; Beanspruchung durch Lebewesen; Raub und Diebstahl.

Überseeverpackung
Überseesendungen sind ganz besonders zahlreichen Beanspruchungen und Gefahren ausgesetzt; der Druck der darauf ruhenden Ladung im Schiffsraum, Schweißwasser, Schimmelbildung, Ungezieferbefall usw.

Auskünfte erteilt das Institut für Export-Verpackung der „Beratungs- und Forschungsstelle für Versandverpackung e.V.", Lohbrügger Kirchstr. 65, 21033 Hamburg 80 (Telefon 725227 56).

Kostenfaktoren

Die Kosten, welche zwischen der Endkontrolle in der Fertigung und der versandbereiten Verpackungseinheit liegen, sind im wesentlichen:

Materialbeschaffung, Materialvorhaltung und Lagerung, Materialverbrauch und Verschnitt, Hebekapazität, Verpackungszeit, Kapazität und Auslastung des Verpackungsbetriebes.

Diese Kosten sind unabwendbar und können nur durch rationellste Arbeitsweise günstig beeinflußt werden.

Heu- und Stroh-Bestimmungen

Bei Verwendung von Heu und Stroh als Verpackungsmaterial sind die Bestimmungen des Empfangslandes zu beachten. Teilweise wird die Beifügung von Gesundheits- und Desinfektionszeugnissen verlangt.

Hinweise können den von der Außenwirtschaftsabteilung der Handelskammer Hamburg herausgegebenen „Konsulats- und Mustervorschriften" entnommen werden.

310 Container-Verpackung

Die Vorzüge eines Containertransportes werden erst dann voll ausgeschöpft, wenn die Ware fachgerecht gesichert und gestaut im Container verladen wurde. Die Beladung eines Containers unterscheidet sich wesentlich von der transportsicheren Unterbringung der Güter in Eisenbahnwaggons und auf Lkw. Während des Transportes auf der Straße und der Eisenbahn ist der Container nicht nur Beschleunigungen und Bremsungen ausgesetzt, sondern auch Zentrifugalkräften und langanhaltenden Schwingungen. Während des Seetransports bei schlechten Wetterbedingungen ist die Ladung Drucklasten ausgesetzt, die den normalen Zustand bei weitem übertreffen können. Einige fundamentale Regeln sollte man beachten, um die Ladung vor Schaden zu bewahren.

Sicherung der Ladung im Container:

– durch Wandverkleidungen zum Halt von leichterer Ladung

– durch Eckpfosten zur Absicherung von Versteifungen

– durch Laschringe und Halterungen, an denen Taue (Hanf, Manila, Sisal etc.) und Drähte befestigt werden können

Homogene Ladung

Der Containerraum ist voll auszunutzen; es darf kein Freiraum zwischen der Ladung, den Türen und den Seitenwänden gelassen werden. Läßt sich ein Freiraum nicht vermeiden, dann nur in der Mitte des Containers. Die Zwischenräume müssen abgestützt werden.

Große Ladungseinheiten
Sofern der Container-Innenraum nur zum Teil in Anspruch genommen wird, ist die Ladung in der Mitte zu stauen und durch Verstrebungen abzusichern.

Sackladung
Sackgut wird im Kreuzverbund verladen, um ein Verrutschen zu verhindern.

Güter mit unterschiedlicher Verpackung
Weitmöglichst sind die Güter nach Verpackungstypen getrennt zu stauen und durch Separierungsmaterial gegeneinander abzusichern.

Faßware
Fässer sind stehend und mit dem Spund nach oben zu verladen. Bei mehreren Lagen müssen Zwischenböden eingelegt werden.

Rollen, z. B. Papier
Rollen können stehend oder auch liegend verladen werden.

Autoreifen
Autoreifen sind flach zu stapeln und die Zwischenräume vertikal auszufüllen, um einen festen Verbund herzustellen.

Geruchsempfindliche Güter
Stark riechende Güter dürfen nicht zusammen mit geruchsempfindlichen Gütern verladen werden.

Schwerstücke
Schwerkolli sind auf Schlitten und dergleichen zu befestigen, damit bei der Entladung der Container bzw. das Kolli nicht beschädigt werden. Der Schwerpunkt des Containers ist soweit wie möglich im Zentrum zu halten. Die zulässige Belastung des Containers muß eingehalten werden.

Zollware
Güter, die im Empfangsland vorverzollt werden müssen, sind am Türende des Containers zu verladen.

Der Absender hat die Pflicht, eine vorschriftsmäßige Markierung der Packstücke vorzunehmen. Die Markierung muß in Übereinstimmung mit den Beförderungsbedingungen der Verkehrsunternehmungen alle hier festgelegten Details enthalten; zusätzlich sind noch eventuelle Sondervorschriften des Bestimmungslandes oder aus dem Kaufvertrag zu beachten.

311 Markierung

Eine Markierung muß (s. auch DIN 55402 Teil 1 und 2):

– gut lesbar, klar verständlich und übersichtlich sein

– in dauerhafter Weise angebracht werden

– im Normalfalle enthalten: Kennbuchstabe oder -zeichen des Absenders oder Empfängers, Auftragsnummer des Absenders oder Empfängers, Unternummer des Kollos, Bestimmungshafen und Endbestimmungsort, Bruttogewicht des Kollos – bei Packstücken über 1000 kg Einzelgewicht ist die Gewichtsangabe zwingend vorgeschrieben.

Für den Namen des Bestimmungshafens/-ortes und die Kennbuchstaben sind auf mindestens zwei gegenüberliegenden Seiten 7,5 cm große Buchstaben (bei großen Packstücken 12 – 15 cm) zu verwenden.

Markierung gefährlicher Güter
Hier bestehen besondere Vorschriften über den Transport gefährlicher Güter per Bahn / LKW / Schiff / Flugzeug.

„Made in Germany"-Markierung
Sind die Packstücke auf Grund von Vorschriften des Empfangslandes mit einer Ursprungsbezeichnung zu versehen, so gilt für Waren der Bundesrepublik Deutschland die Kennzeichnung mit „Made in Germany".

312
Paletteneinsatz

Hauptfunktion der Palette ist es, den Güterfluß im inner- wie zwischenbetrieblichen Transport sowie im Lager zu rationalisieren. Die Palette kann Einsatz finden als

– Fertigungseinheit,

– Lade- und Transporteinheit,

– Versand- und Verpackungseinheit sowie

– Lager- und Regaleinheit.

Die Vorteile der Palettisierung sind um so größer, je höher die Zahl gleichartiger Umschlagsvorgänge im inner- und zwischenbetrieblichen Güteraustausch ist und je häufiger ein Wechsel zwischen Förder- und Verkehrsmitteln stattfindet. Die Palette ermöglicht es, eine Folge von Transport- und Umschlagsvorgängen ohne Auflösung der zwischen den einzelnen Schnittstellen zu bewegenden Gütereinheiten herzustellen, d. h. eine ununterbrochene Transportkette zu bilden. Erreicht werden dadurch

– bessere Auslastung der Lager- und Transportkapazitäten,

– einfacheres und schnelleres Handling,

– Einsparen von Arbeitskräften,

– Einsparen von Verpackung,

– Minderung von Schäden,

– Reduzierung von Stand- und Lagerzeiten sowie

– Vermeidung kostspieliger Einzeltransporte.

Die vorgenannten Vorteile des Paletteneinsatzes lassen sich am besten bei Verwendung gleichartiger, d. h. zwischen allen Gliedern der Transportkette austauschbaren Paletten realisieren. Daher wurde schon vor 1960 eine Normung der Paletten vorgenommen.

Nach DIN 15 145 ist die Palette wie folgt definiert:

„Die Palette ist eine tragbare Plattform mit oder ohne Aufbau, die dazu dient, Güter zusammenzufassen, um eine Ladeeinheit zum Befördern, Lagern und Stapeln mit Flurförderzeugen oder anderen mechanischen Einrichtungen zu bilden. Sie ist mit Einrichtungen zum Unterfahren durch die Einführorgane von Flurförderzeugen (Gabelstapler, Gabelhubwagen usw.) versehen; die Unterfahrhöhe beträgt in der Regel etwa 100 mm."

DIN unterscheidet artmäßig Flach-, Rungen- und Boxpaletten. Daneben gibt es noch die Rollpalette, die an Stelle der Füße oder Kufen drei oder vier Rollen besitzt.

Am meisten Verwendung gefunden hat die Vierwege-Flachpalette aus Holz in den Abmessungen 800 mm × 1200 mm. Dies nicht zuletzt deshalb, weil sie in dem von den europäischen Eisenbahnen geschaffenen Europäischen Palettenpool am häufigsten verwendet wird.

Der Bundesgerichtshof hat mit Urteil vom 15. 1. 1987 festgestellt, daß Paletten Packmittel sind. Als Packmittel gehört die Palette zum Beförderungsgut, sie ist kostenmäßig auf der Kaufvertragsebene angesiedelt und damit zwischen Käufer und Verkäufer abzurechnen. Der Beförderungsvertrag hat die Beförderung der aufgelieferten Sendung zum Gegenstand. Er ist mit der Auslieferung des beförderten Gutes an den Empfänger erfüllt. Wird Gut auf Paletten zur Beförderung übergeben, so enden die Pflichten des Frachtführers mit der Auslieferung des palettierten Gutes.

Selbstverständlich besorgen Spediteure bzw. führen Frachtführer durch den Rück- oder Weitertransport leerer Paletten. Hierfür ist aber ein gesonderter Auftrag erforderlich, der gegen Zahlung von Speditions- und/oder Frachtentgelten auszuführen ist.

Diese für den Bereich der Beförderungsverträge dargestellten Konsequenzen gelten in gleicher Weise auch für den Bereich der Speditionsverträge.

Unter dem Datum 12. Juni 1991 hat die Bundesregierung die lang diskutierte „Verordnung über die Vermeidung von Verpackungsabfällen (Verpackungsverordnung)" erlassen.

313
Verpackungsverordnung

Diese Verordnung wurde nach Ansicht der Bundesregierung notwendig, nachdem die Zielfestlegungen zur Vermeidung, Verringerung oder Verwertung von Abfällen, insbesondere im Bereich von Getränke- und Verkaufsverpackungen, nicht zu dem gewünschten Ergebnis geführt haben.

Angesichts der Zielsetzung des Abfallgesetzes, vorrangig Abfälle zu vermeiden oder zu verwerten, haben entsprechende Maßnahmen im Verpackungsbereich daher besondere Priorität. Verpackungsabfälle gehören mit rund 50 Prozent nach dem Volumen und etwa 30 Prozent nach dem Gewicht zu den wichtigsten Abfallarten in Hausmüll und hausmüllähnlichen Gewerbeabfällen. Die stetig weiter zunehmende Abfallflut aus Verpackungen kann mit den vorhandenen Abfallverbrennungsanlagen oder Deponien nicht mehr ausreichend entsorgt werden.

Daher schreibt die Verpackungsverordnung als Grundsatz vor, daß Verpackungen aus umweltverträglichen und die stoffliche Verwertung nicht belastenden Materialien herzustellen sind. Darüber hinaus sind Verpackungen

– auf das unbedingt notwendige Maß zu beschränken

– soweit wie möglich als Mehrwegverpackungen zu gebrauchen und

– im übrigen Verpackungsabfälle der stofflichen Wiederverwertung zuzuführen.

Verpackungen im Sinne der Verpackungsverordnung sind:

314
Transportverpackungen

1. Transportverpackungen:

Fässer, Kanister, Kisten, Säcke einschließlich Paletten, Kartonagen, geschäumte Schalen, Schrumpffolien und ähnliche Umhüllungen, die Bestandteile von Transportverpackungen sind und die dazu dienen, Waren auf dem Weg vom Hersteller bis zum Vertreiber vor Schäden zu bewahren, oder die aus Gründen der Sicherheit des Transports verwendet werden.

315
Verkaufsverpackungen

2. Verkaufsverpackungen:

geschlossene oder offene Behältnisse und Umhüllungen von Waren wie Becher, Beutel, Blister, Dosen, Eimer, Fässer, Flaschen, Kanister, Kartonagen, Schachteln, Säcke, Schalen, Tragetaschen oder ähnliche Umhüllungen, die vom Endverbraucher zum Transport oder bis zum Verbrauch der Waren verwendet werden. Verkaufsverpackungen im Sinne der Verordnung sind auch Einweggeschirr und Einwegbestecke.

3. Umverpackungen:

Blister, Folien, Kartonagen oder ähnliche Umhüllungen, die dazu bestimmt sind, als zusätzliche Verpackung um Verkaufsverpackungen

a) die Abgabe von Waren im Wege der Selbstbedienung zu ermöglichen oder

b) die Möglichkeit des Diebstahls zu erschweren oder zu verhindern oder

c) überwiegend der Werbung zu dienen.

Ausgehend von diesen grundsätzlichen Zielfestlegungen und Begriffsbildungen schreibt die Verpackungsverordnung im einzelnen folgendes vor:

1. Transportverpackungen und Verkaufsverpackungen sind von Vertreiber und Hersteller zurückzunehmen und einer erneuten Verwendung zu demselben Zweck oder einer Verwertung außerhalb der öffentlichen Abfallentsorgung zuzuführen. Vertreiber und Hersteller können sich zur Erfüllung dieser Pflichten Dritter bedienen.

2. Umverpackungen muß der Vertreiber bei der Abgabe der Waren an den Endverbraucher entfernen oder dem Käufer die Möglichkeit eröffnen, die Umverpackung in der Verkaufsstelle oder auf dem zu der Verkaufsstelle gehörenden Gelände zurückzulassen.

3. Verkaufsverpackungen schließlich muß der Vertreiber generell zurücknehmen. Er kann sich von dieser Rücknahmepflicht durch die Beteiligung an einem System befreien, das eine regelmäßige Abholung gebrauchter Verpackungen bei den Haushaltungen oder in der Nähe gewährleistet (sogenanntes „duales Entsorgungssystem").

4. Schließlich wird die Pfanderhebungspflicht für Getränkeverpackungen ausgedehnt auf Packungen mit einem Füllvolumen ab 0,2 l und auf Verpackungen für Wasch- und Reinigungsmittel sowie für Dispersionsfarben mit einem Füllgewicht ab 2 kg. Die Pfanderhebunspflicht gilt damit auch für Dosen, Glasflaschen, Kartons- und andere Weichverpackungen. Erfaßt werden hiervon auch die Getränkebereiche Milch, Wein und Spirituosen.

5. Zum Schutz der bestehenden Mehrwegsysteme bei Massengetränken gibt es keine Freistellung von der Rücknahme- und Pfandpflicht durch Beteiligung an sogenannten „dualen Entsorgungssystemen", wenn der Anteil der Mehrwegverpackungen unter bestimmte Mindestgrenzen fällt.

6. Die sogenannten „dualen Entsorgungssysteme" sind an strenge Auflagen gebunden hinsichtlich der zu erfassenden Mengen der Verpackungen,

deren ordnungsgemäße stoffliche Verwertung und der reibungslosen Integration in bestehende kommunale Wertstoffsammelsysteme. Maßgebende Teile des Einzelhandels und der Verpackungswirtschaft haben bereits ihre Bereitschaft bekundet, entsprechende Sammelsysteme aufzubauen und die dafür erforderlichen Kosten aufzubringen.

Zu den Transportverpackungen zählen auch Paletten. Mit der Verpackungsverordnung ist damit öffentlich-rechtlich festgeschrieben, daß die Verlader, die palettiertes Gut zur Beförderung übergeben und damit Vertreiber im Sinne der Verordnung sind, die Paletten vom Empfänger der Güter zurücknehmen müssen. Den Spediteur/Frachtführer trifft diese Pflicht also nicht. Er hat die Rücknahme der Paletten vom Empfänger nur dann vorzunehmen, wenn er sich hierzu vertraglich gegenüber dem Auftraggeber verpflichtet und damit als Dritter im Sinne der Verpackungsverordnung anzusehen ist.

317
Vorsichts-
Markierung

Vorsichtsmarkierungen für nicht gefährliche Güter

Deutsch	Englisch	Französisch	Spanisch	
Oben	this side up	haut	arriba	
Zerbrechlich	fragile	fagile	fragile	
Vor Nässe schützen	keep dry	craint la mouille	guardar contra humedad	
Vor Hitze schützen	keep cool	craint la chaleur	guardar contra calor	
Keine Handhaken	use no hooks	ne pas utiliser de chrochets	no usar ganchos	
Kopflastig	heavy weight this end	le poids est à la partie supérieure	centro de gravedad aqui	
Hier anschlagen	sling here	pour soulever fixer ici	apuntar aqui	
Stechkarre hier ansetzen	blade of handtruck here	ici emplacement pour engin de levage	carretilla poner aqui	
Hier öffnen	open her	côté pour ouvrir	abrir aqui	

Anhang

incoterms
1990

Einleitung zu den Incoterms 1990

ZWECK DER INCOTERMS

1. Die Incoterms enthalten internationale Regeln zur Auslegung der hauptsächlich verwendeten Vertragsformeln in Außenhandelsverträgen. Es werden dadurch Unsicherheiten, die durch unterschiedliche Auslegung solcher Klauseln in verschiedenen Ländern entstehen, vermieden oder zumindest erheblich eingeschränkt.

2. Häufig sind sich Vertragspartner der unterschiedlichen Handelsgewohnheiten in ihren jeweiligen Ländern nicht bewußt. Hieraus können Mißverständnisse, Auseinandersetzungen sowie Gerichtsverfahren mit dem damit verbundenen großen Aufwand an Zeit und Kosten entstehen. Um zur Lösung dieser Probleme beizutragen, hat die Internationale Handelskammer erstmals im Jahre 1936 internationale Regeln zur Auslegung von handelsüblichen Vertragsformeln herausgegeben. Diese Regeln wurden unter dem Namen „Incoterms 1936" bekannt. Ergänzungen und zusätzliche Klauseln wurden 1953, 1967, 1976, 1980 und als jetzige Neufassung 1990 veröffentlicht, um die Regeln der jeweiligen internationalen Handelspraxis anzupassen.

WARUM NEUE INCOTERMS?

3. Ein wichtiger Grund für die jetzige Neufassung der Incoterms 1990 war die Anpassung der Klauseln an den steigenden Einsatz des elektronischen Datenaustauschs (EDI). Nach den Incoterms 1990 ist der Einsatz von EDI möglich, wenn die Parteien Dokumente zu beschaffen haben wie Handelsrechnungen, Dokumente zur Zollabfertigung oder als Nachweis der Lieferung der Ware sowie Transportdokumente. Es entstehen besondere Pro-

---

© Copyright 1990
Internationale Handelskammer, Incoterms 1990 – ICC – Publikation 460, verfügbar in deutscher, englischer, französischer, spanischer und italienischer Sprache.
Bezugshinweis: Deutsche Gruppe der
Internationalen Handelskammer,
Postf. 10 04 47, 5000 Köln 1.

bleme, wenn der Verkäufer ein begebbares Transportdokument oder speziell ein Konnossement beschaffen muß, das häufig benutzt wird, um die Ware während des Transports weiter zu veräußern. Wenn in solchen Fällen elektronischer Datenaustausch stattfindet, ist es von besonderer Bedeutung, daß die Rechtslage des Käufers nicht von der abweicht, die er durch Erhalt eines Konnossements vom Verkäufer erlangt hätte.

NEUE TRANSPORTTECHNIKEN

4. Ein weiterer wichtiger Grund für die Neufassung der Incoterms 1990 sind die veränderten Transporttechniken, insbesondere die Bildung von Ladungseinheiten in Containern, der multimodale Transport und Ro-Ro-Transporte mit LKW oder Eisenbahnwaggons über See. In den Incoterms 1990 ist die FCA-Klausel „Frei Frachtführer (...benannter Ort)" so ausgestaltet worden, daß sie einfacher angewendet werden kann, ganz gleich um welche Art von Transport oder Kombination von verschiedenen Transportarten es sich handelt. Folglich konnte man in den Incoterms 1990 auf die Klauseln verzichten, die sich in der früheren Fassung auf den Luft- und Eisenbahntransport bezogen (FOR/FOT und FOB Flughafen).

NEUE DARSTELLUNG DER INCOTERMS

5. Bei der inhaltlichen Überarbeitung durch die Arbeitsgruppe, wurden Vorschläge für eine veränderte Darstellung der Klauseln unterbreitet, um sie übersichtlicher und besser verständlich zu machen. Die Klauseln sind in vier unterschiedliche Gruppen eingeteilt worden:
Die erste Gruppe besteht aus einer einzigen Klausel, wonach der Verkäufer dem Käufer die Ware auf seinem eigenen Gelände zur Verfügung stellt (die **„E"-Klausel** ab Werk (Ex Works));
es folgt die zweite Gruppe, wonach der Verkäufer verpflichtet ist, die Ware einem vom Käufer benannten Frachtführer zu übergeben (die **„F"-Klauseln** FCA, FAS und FOB);
die dritte Gruppe umfaßt die **„C"-Klauseln,** nach denen der Verkäufer den Beförderungsvertrag abzuschließen hat, ohne das Risiko des Verlusts oder der Beschädigung der Ware oder zusätzlicher Kosten, die auf Ereignisse nach dem Abtransport zurückzuführen sind, zu tragen (CFR, CIF, CPT und CIP);
und schließlich umfaßt die **„D"-Gruppe Klauseln**, nach denen der Verkäufer alle Kosten und Risiken übernimmt, bis die Ware im benannten Bestimmungsland eintrifft (DAF, DES, DEQ, DDU und DDP).

Weiter sind bei allen Klauseln die jeweiligen Verpflichtungen der Parteien unter 10 Überschriften zusammengefaßt. Den Verpflichtungen des Verkäufers stehen auf der gegenüberliegenden Seite die entsprechenden Pflichten des Käufers „spiegelbildlich" gegenüber. Wenn zum Beispiel gemäß A.3 der Verkäufer den Beförderungsvertrag auf eigene Rechnung abzuschließen hat, findet man in B.3 unter der Überschrift „Beförderungsvertrag" für den Käufer die Worte „Keine Verpflichtung". Selbstverständlich wird der Käufer jedoch in seinem eigenen Interesse Verträge über eventuell notwendige Anschlußtransporte abschließen, um die Ware zu ihrem endgültigen Bestimmungsort zu bringen, auch wenn er hierzu dem Verkäufer gegenüber keine „Verpflichtung" hat. Auf der anderen Seite legen die Klauseln aus Gründen der Klarheit die Aufteilung von Zöllen, Steuern und anderen öffentlichen Abgaben sowie der Kosten für Zollformalitäten zwischen den Parteien fest, obwohl es für den Verkäufer ohne Belang sein kann, wie der Käufer über die Ware verfügt, nachdem sie ihm geliefert worden ist. Andererseits kann es bei Klauseln, wie den „D"-Klauseln, für den Käufer ohne Interesse sein, welche Kosten dem Verkäufer entstehen, um die Ware bis zum vereinbarten Bestimmungsort zu befördern.

BERÜCKSICHTIGUNG VON HAFENUSANCEN ODER HANDELSPRAXIS

6. Da die Klauseln notwendigerweise für verschiedene Handelszweige und Regionen geeignet sein müssen, ist es nicht möglich, die Verpflichtungen der Parteien bis in die letzten Einzelheiten festzulegen. Bis zu einem gewissen Grade muß man sich daher auf die Praxis in einem bestimmten Handelszweig oder an einem bestimmten Ort beziehen oder auf die Praxis, die sich aus früheren Handelsbeziehungen der Parteien ausgebildet hat (siehe Artikel 9 des UN-Abkommens von 1980 über Verträge des internationalen Warenkaufs). Es ist selbstverständlich empfehlenswert, daß Verkäufer und Käufer sich für ihre Vertragsverhandlungen über solche Handelsbräuche entsprechend informiert halten, und daß sie, wenn Unklarheiten entstehen, die Rechtslage durch geeignete Klauseln im Kaufvertrag klarstellen. Solche vertraglichen Individualvereinbarungen der Parteien gehen den Regeln der Incoterms-Klauseln vor.

WAHLMÖGLICHKEITEN DES KÄUFERS

7. Es wird unter Umständen nicht möglich sein, sich beim Abschluß des Kaufvertrags für eine bestimmte Stelle oder nicht einmal einen Ort zu entscheiden, wo die Ware vom Verkäufer zur Beförderung oder am Bestimmungsort übergeben werden soll. Es ist möglicherweise zu diesem Zeitpunkt nur auf einen größeren Bereich oder einen ausgedehnten Ort, z.B. einen Seehafen, Bezug genommen worden und in der Regel wird dann festgelegt, daß der Käufer das Recht oder die Pflicht hat, später die genauere Stelle innerhalb des Bereichs oder des Orts zu benennen. Hat der Käufer die vorerwähnte Pflicht, die genaue Stelle zu benennen, nicht erfüllt, so kann sein Versäumnis zur Übernahme der dadurch bedingten Risiken und zusätzlichen Kosten führen. Versäumt es der Käufer, sein Recht zur Benennung des Orts auszuüben, kann dem Verkäufer das Recht zufallen, die ihm am besten zusagende Stelle auszusuchen.

ZOLLABFERTIGUNG

8. Es ist normalerweise empfehlenswert, die Zollabfertigung von der Partei durchführen zu lassen, die ihren Sitz in dem Land hat, in dem die Abfertigung stattfinden soll, oder zumindest von einem Vertreter vor Ort. Folglich hat üblicherweise der Exporteur die Ware zur Ausfuhr abzufertigen, während der Importeur die Einfuhrabfertigung übernimmt. Nach einigen Klauseln jedoch (EXW, FAS) übernimmt es der Käufer, im Exportland die Ware zur Ausfuhr abzufertigen, während nach anderen es der Verkäufer übernimmt, im Importland die Ware zur Einfuhr abzufertigen (DEQ, DDP). Selbstverständlich trägt in den genannten Fällen der Käufer bzw. der Verkäufer das Risiko eines Aus- bzw. Einfuhrverbots. Sie müssen außerdem klären, ob die Zollabfertigung durch eine Partei oder deren Beauftragten, ohne Sitz im betreffenden Land, von den Behörden dieses Lands akzeptiert wird. Besondere Probleme entstehen, wenn der Verkäufer die Lieferung der Ware an einen Ort im Land des Käufers übernimmt, der nicht erreicht werden kann, ohne daß die Ware zuvor zur Einfuhr abgefertigt worden ist, er aber am Erreichen dieses Orts dadurch gehindert wird, daß der Käufer seine Pflicht, die Ware zur Einfuhr abzufertigen, nicht erfüllt (siehe nachstehende Erläuterung der DDU-Klausel).
Es ist denkbar, daß ein Käufer die Ware nach der EXW-Klausel vom Gelände des Verkäufers abholen oder die Ware nach der FAS-Klausel längsseits eines Schiffs übernehmen möchte, er es jedoch vorzieht, die Ware vom Verkäufer zur Ausfuhr abfertigen zu lassen. In diesen Fällen könnten die Worte „zur Ausfuhr abgefertigt" der Klausel hinzugefügt werden. Andererseits könnte ein Verkäufer bereit sein, die Ware gemäß der DEQ- oder DDP-Klausel zu liefern, ohne jedoch die Verpflichtung, ganz oder teilweise, übernehmen zu wollen, die Zölle oder andere öffentliche Abgaben, die bei Einfuhr der Ware anfallen, zu bezahlen. In diesem Fall könnte das Wort „unverzollt" der Klausel DEQ hinzugefügt werden, bzw. könnten diejenigen Gebühren oder Abgaben, die der Verkäufer nicht bezahlen will, ausdrücklich ausgeschlossen werden, z.B. DEQ oder DDP „Mehrwertsteuer nicht bezahlt".
Darüber hinaus ist es in vielen Ländern für ausländische Unternehmer nicht nur schwierig eine Einfuhrbewilligung, sondern auch Zollerstattungen (z.B. Einfuhrumsatzsteuer) zu erhalten. „Geliefert unverzollt" löst diese Probleme dadurch, daß der Verkäufer vollständig von der Verpflichtung zur Ausführung der Zollformalitäten befreit ist.
In einigen Fällen mag der Verkäufer, dessen Verpflichtung zur Beförderung bis zum Gelände des Käufers im Importland reicht, bereit sein, die Zollformalitäten auszuführen, nicht jedoch Zölle zu bezahlen. In diesem Fall kann die DDU-Klausel wie folgt ergänzt

werden: „DDU abgefertigt". Entsprechende Zusätze können bei anderen „D"-Klauseln verwendet werden: „DDP, Mehrwertsteuer nicht bezahlt", „DEQ, Zoll nicht bezahlt".

VERPACKUNG

9. In den meisten Fällen wissen die Parteien im voraus, welche Verpackung zur sicheren Beförderung der Ware bis zum Bestimmungsort erforderlich ist. Da jedoch die Verpflichtung des Verkäufers, die Ware zu verpacken, sich nach der Art und Dauer des vorgesehenen Transports richtet, erschien es notwendig festzulegen, daß der Verkäufer die Ware transportgerecht zu verpacken hat, jedoch nur soweit die Umstände des Transports ihm vor Abschluß des Kaufvertrags bekannt sind (vgl. Artikel 35.2.b des UN-Abkommens von 1980 über Verträge des internationalen Warenkaufs, gemäß dem die Verpackung der Ware: „für jeden Zweck geeignet sein muß, der dem Verkäufer ausdrücklich oder stillschweigend beim Abschluß des Kaufvertrages bekanntgemacht wurde, außer wenn aus den gegebenen Umständen hervorgeht, daß der Käufer sich nicht auf Erfahrung und Urteil des Verkäufers verlassen hat oder verlassen konnte").

PRÜFUNG DER WARE

10. In vielen Fällen ist der Käufer gut beraten, die Prüfung der Ware vor oder zum Zeitpunkt ihrer Verladung (sogenannte „pre-shipment inspection" oder PSI) vornehmen zu lassen. Mangels anderweitiger vertraglicher Vereinbarung hat der Käufer die Kosten für eine solche in seinem eigenen Interesse angeordnete Prüfung zu tragen. Wenn jedoch die Prüfung aufgrund von behördlichen Auflagen des Ausfuhrlands durchgeführt wird, die vom Verkäufer erfüllt werden müssen, hat der Verkäufer die Kosten dieser Prüfung zu tragen.

FREI FRACHTFÜHRER (... BENANNTER ORT) FCA

11. Wie schon erwähnt, kann die FCA-Klausel verwendet werden, wenn der Verkäufer seine Verpflichtung durch Übergabe der Ware an einen vom Käufer benannten Frachtführer erfüllt, und zwar auch voraussichtlich beim Seetransport in Fällen, in denen die Fracht nicht auf traditionelle Weise über die Schiffsreling an Bord des Schiffs verladen wird. Die übliche FOB-Klausel ist selbstverständlich ungeeignet, wenn der Verkäufer die Ware an eine Frachtannahmestelle vor Ankunft des Schiffs zu liefern hat, da er in diesem Fall Kosten und Gefahren noch zu einer Zeit zu tragen hätte, in der die Ware nicht mehr seiner Kontrolle unterliegt und er auch keine Anweisungen bezüglich ihrer Verwahrung erteilen kann.

Es muß betont werden, daß gemäß den „F"-Klauseln der Verkäufer die Ware gemäß Anweisung des Käufers zur Beförderung übergeben muß, denn der Käufer schließt den Beförderungsvertrag ab und benennt den Frachtführer. Es ist daher nicht notwendig, in der Klausel genau festzulegen, wie die Ware vom Verkäufer an den Frachtführer zu übergeben ist. Um es jedoch den Unternehmen zu ermöglichen, die FCA-Klausel als allgemeine „F"-Klausel zu benutzen, enthält die Klausel Einzelheiten über die üblichen Übergabemodalitäten bei den verschiedenen Transportarten.

Ebenso könnte es überflüssig erscheinen, eine Definition des Begriffs „Frachtführer" aufzunehmen, da es Sache des Käufers ist, den Verkäufer zu unterrichten, an wen die Ware zur Beförderung übergeben werden soll. Da jedoch sowohl der Frachtführer als auch das Transportdokument für die Unternehmen von großer Bedeutung sind, enthält die Vorbemerkung zur FCA-Klausel eine Definition des Begriffs „Frachtführer". In diesem Zusammenhang ist zu bemerken, daß der Begriff „Frachtführer" sich nicht nur auf ein Unternehmen bezieht, welches den Transport tatsächlich durchführt. Es schließt außerdem Unternehmen ein, die sich verpflichtet haben, den Transport durchzuführen oder durchführen zu lassen, soweit diese Unternehmen die Verantwortung für den Transport als Frachtführer übernehmen. Mit anderen Worten der Begriff „Frachtführer" schließt sowohl ausführende als auch vertragliche Frachtführer ein. Da die Stellung der Spediteure von Land zu Land und die Praktiken des Speditionsgewerbes verschieden sind, enthält die Vorbemerkung einen Hinweis, daß der Verkäufer sich selbstverständlich an die Anweisungen des Käufers halten muß, die Ware an einen Spediteur zu liefern, auch wenn der Spediteur die Verpflichtungen eines Frachtführers nicht übernommen hat und daher nicht „Frachtführer" im erklärten Sinne des Begriffs ist.

DIE „C"-KLAUSELN (CFR, CIF, CPT UND CIP)

12. Nach den „C"-Klauseln muß der Verkäufer auf eigene Kosten zu den üblichen Bedingungen den Beförderungsvertrag abschließen. Folglich muß nach Angabe der in Frage kommenden „C"-Klausel der Ort genannt werden, bis zu dem er die Beförderungskosten bezahlen muß. Nach den CIF- und CIP-Klauseln hat der Verkäufer außerdem die Ware auf eigene Kosten zu versichern.

Da der Zeitpunkt der Kostenteilung im Bestimmungsland liegt, werden die „C"-Klauseln oft irrtümlich als Ankunftsverträge angesehen, bei denen der Verkäufer von seiner Haftung für Kosten und Gefahren nicht befreit wird, bis die Ware tatsächlich am benannten Ort angekommen ist. Es muß jedoch immer wieder ausdrücklich betont werden, daß die „C"-Klauseln den „F"-Klauseln insoweit gleichstehen, als der Verkäufer seine vertraglichen Verpflichtungen im Verschiffungs- bzw. Versandland erfüllt. Kaufverträge mit „C"-Klauseln entsprechen daher insoweit Kaufverträgen mit „F"-Klauseln.
Während der Verkäufer die normalen Transportkosten für den üblichen Transportweg in der üblichen Art und Weise zum vereinbarten Bestimmungsort tragen muß, gehen die Gefahren für Verlust oder Beschädigung der Ware sowie zusätzliche Kosten, die nach Übergabe der Ware zum Transport entstehen, zu Lasten des Käufers. Daher enthalten die „C"-Klauseln im Gegensatz zu allen anderen Klauseln zwei „kritische" Punkte, einmal für die Kostenteilung und zum anderen für den Gefahrenübergang. Aus diesem

Grunde ist größte Vorsicht notwendig, wenn man den Verpflichtungen des Verkäufers nach den „C"-Klauseln Verpflichtungen hinzufügt, die über den oben erwähnten „kritischen" Zeitpunkt des Gefahrenübergangs hinauswirken. Wesentlicher Inhalt der „C"-Klauseln ist es, den Verkäufer von weiteren Kosten und Gefahren freizustellen, nachdem er seine vertraglichen Verpflichtungen durch Abschluß des Beförderungsvertrags und Übergabe der Ware an den Frachtführer und, im Falle der CIF- und CIP-Klauseln, Versicherung der Ware erfüllt hat.

Es ist auch möglich, daß Verkäufer und Käufer vereinbaren, Zahlung aus einen Akkreditiv gegen Vorlage der vereinbarten Dokumente bei der Bank zu erhalten. Es würde dieser im internationalen Handel gängigen Zahlungsmethode vollständig widersprechen, wenn der Verkäufer weitere Kosten und Risiken tragen müßte, nachdem in einem Akkreditivgeschäft Zahlung geleistet oder die Ware versandt wurde. Selbstverständlich muß der Verkäufer alle dem Frachtführer zustehenden Kosten tragen, unabhängig davon, ob die Frachtkosten bei Verschiffung vorausgezahlt werden müssen oder erst am Bestimmungsort zahlbar sind (freight collect), es sei denn, daß zusätzliche Kosten erst nach dem Versand entstehen.

Wenn es üblich ist, mehrere Beförderungsverträge abzuschließen, bei denen die Ware umgeladen werden muß, um den vereinbarten Bestimmungsort zu erreichen, muß der Verkäufer alle Transportkosten tragen, einschließlich der Kosten der Umladung von einem Transportmittel auf das andere. Wenn jedoch der Frachtführer Rechte aus einer Umladeklausel – oder ähnlichen Klausel – geltend macht, um unerwarteten Hindernissen aus dem Weg zu gehen (z.B. Eis, Stau, Arbeitsstörungen, Regierungsanordnungen, Krieg oder kriegsähnliche Zustände), gehen die hierdurch bedingten zusätzlichen Kosten zu Lasten des Käufers.

13. Es kommt verhältnismäßig häufig vor, daß die Parteien klarstellen möchten, ob der Verkäufer einen Beförderungsvertrag abschließen muß, der die Entladungskosten einschließt. Da solche Kosten üblicherweise in den Frachtkosten inbegriffen sind, wenn die Ware von einer regulären Schiffahrtsgesellschaft befördert wird, legt der Kaufvertrag oft fest, daß die Ware in dieser Weise oder zumindest gemäß „liner terms" befördert werden muß. In anderen Fällen wird das Wort „landed" der CFR- oder CIF-Klausel hinzugefügt. Trotzdem ist es nicht ratsam, den „C"-Klauseln abgekürzte Zusatzvermerke hinzuzufügen, sofern nicht in dem betreffenden Handelszweig die Bedeutung der Abkürzungen einwandfrei verstanden wird und von den Vertragsparteien, dem anzuwendenden Recht oder einem Handelsbrauch anerkannt ist. Auf keinen Fall sollte der Verkäufer – was er auch gar nicht ohne Änderung des Wesens der „C"-Klauseln kann – eine Verpflichtung bezüglich der Ankunft der Ware am Bestimmungsort eingehen, weil der Käufer das Risiko bezüglich Verzögerungen während des Transports trägt. Daher muß sich jede zeitliche Verpflichtung auf den Verschiffungs- oder Versandort beziehen, z.B. „Verschiffung (Versand) spätestens bis ...". Eine Vereinbarung, wie z.B. „CFR Hamburg spätestens bis ...", ist nicht korrekt, da sie unterschiedlich ausgelegt werden kann. Es könnte einmal bedeuten, daß die Ware zum genannten Zeitpunkt in Hamburg ankommen soll, was einen Ankunfts- und keinen Absendevertrag darstellen würde, oder es könnte zum anderen bedeuten, der Verkäufer solle die Ware so rechtzeitig verladen, daß sie unter normalen Umständen vor dem genannten Zeitpunkt in Hamburg ankommen wird, wenn der Transport nicht durch unvorhergesehene Ereignisse verzögert wird.

14. Es kommt im Rohstoffhandel vor, daß die Ware während des Transports auf See gekauft wird. In solchen Fällen wird das Wort „schwimmend" der Klausel hinzugefügt. Da gemäß den CFR- und CIF-Klauseln die Gefahr des Verlusts oder der Beschädigung der Ware vor diesem Zeitpunkt schon vom Verkäufer auf den Käufer übergegangen ist, kann es zu Auslegungsschwierigkeiten kommen. Es wäre auf der einen Seite möglich, die übliche Auslegung der CFR- und CIF-Klauseln bezüglich des Gefahrenübergangs vom Verkäufer auf den Käufer aufrechtzuerhalten; dies würde bedeuten, daß der Käufer Risiken für Schäden übernimmt, die bei Abschluß des Kaufvertrags schon eingetreten sind. Die andere Möglichkeit wäre, die Gefahr im Zeitpunkt des Vertragsabschlusses übergehen zu lassen. Die erste Alternative könnte sich als zweckmäßiger erweisen, denn es ist normalerweise nicht möglich, den Zustand der Ware während des Transports festzustellen. Aus diesem Grund wird im UN-Abkommen von 1980 über Verträge des internationalen Warenkaufs, Artikel 68, festgelegt, daß „die Gefahr bereits im Zeitpunkt der Übergabe der Ware an den Beförderer, der die Dokumente über den Beförderungsvertrag ausgestellt hat, von dem Käufer übernommen wird, falls die Umstände diesen Schluß nahelegen". Als Ausnahme gilt, wenn „der Verkäufer bei Abschluß des Kaufvertrags wußte oder wissen mußte, daß die Ware untergegangen oder beschädigt war und er dies dem Käufer nicht offenbart hat". Daher ist die Auslegung der CFR- oder CIF-Klausel mit dem Zusatz „schwimmend" von dem auf den Kaufvertrag anwendbaren Recht abhängig. Es wird den Parteien empfohlen, sich Kenntnis vom anzuwendenden Recht zu beschaffen sowie von den bei Anwendung dieses Rechts zu erwartenden Konsequenzen. Etwaige Zweifelsfälle sollten die Parteien in ihrem Kaufvertrag regeln.

„INCOTERMS" UND BEFÖRDERUNGSVERTRAG
15. Es ist zu beachten, daß die Incoterms sich ausschließlich auf im Kaufvertrag benutzte Handelsklauseln beziehen und sich nicht mit Klauseln befassen, die auch in Beförderungsverträgen – insbesondere in Charterverträgen – vorkommen, selbst wenn sie denselben oder einen ähnlichen Wortlaut haben sollten. Charterverträge enthalten üblicherweise genauere Angaben über Kosten der Be- und Entladung und die dafür zur Verfügung stehende Zeit (sogenannte Überliegezeitbestimmungen). Den Vertragspartnern wird empfohlen, dieser Frage durch die Angabe genauer Bestimmungen in ihrem Kaufvertrag Rechnung zu tragen. Es sollte der

Zeitraum festgelegt werden, der dem Verkäufer zum Verladen der Ware an Bord des Schiffs oder auf ein anderes vom Käufer gestelltes Transportmittel oder dem Käufer für die Übernahme der Ware vom Frachtführer am Bestimmungsort zur Verfügung steht. Ferner sollte bestimmt werden, in welchem Umfang der Verkäufer Gefahren und Kosten der Beladung bei den „F"-Klauseln bzw. der Entladung bei den „C"-Klauseln zu tragen hat. Allein die Tatsache, daß der Verkäufer einen Beförderungsvertrag, z.B. mit der Chartervertragsklausel „free out" abgeschlossen hat, wonach der Frachtführer nicht zu entladen hat, bedeutet nicht ohne weiteres, daß Kosten und Gefahren der Entladung nach dem Kaufvertrag vom Käufer zu tragen sind, denn aus den Bedingungen des Kaufvertrags oder aus den Hafenusancen kann sich ergeben, daß der vom Verkäufer geschlossene Beförderungsvertrag die Entladung hätte einschließen müssen.

DIE PFLICHT ZUR LIEFERUNG „AN BORD" NACH DEN FOB-, CFR- UND CIF-KLAUSELN

16. Der Beförderungsvertrag legt die Pflichten des Verladers bzw. des Absenders bezüglich der Übergabe der Ware an den Frachtführer zur Beförderung fest. Es ist hervorzuheben, daß bei FOB-, CFR- und CIF-Klauseln die traditionelle Verpflichtung zur Lieferung der Ware an Bord des Schiffs beibehalten wurde. Während nach der bisherigen Praxis die Übergabe der Ware zur Beförderung dem Zeitpunkt für die Lieferung der Ware nach dem Kaufvertrag entsprach, entstehen durch neue Transporttechniken erhebliche Probleme bei der „Synchronisierung" des Beförderungsvertrags mit dem Kaufvertrag. Heute wird die Ware vom Verkäufer häufig vor dem Verladetermin an den Frachtführer geliefert, manchmal sogar bevor das Schiff den Hafen erreicht hat. In solchen Fällen wird empfohlen, die „F"- oder „C"-Klauseln anzuwenden, die die Übergabe zur Beförderung nicht mit einer Verladung an Bord gleichsetzen, nämlich FCA, CPT oder CIP anstelle von FOB, CFR oder CIF.

Die „D"-Klauseln (DAF, DES, DEQ, DDU und DDP)

17. Wie bereits erwähnt, unterscheiden sich die „D"-Klauseln grundsätzlich von den „C"-Klauseln, weil der Verkäufer nach den „D"-Klauseln für die Ankunft der Ware am vereinbarten Bestimmungsort verantwortlich ist. Der Verkäufer hat alle Gefahren und Kosten bis zur Ankunft der Ware an diesem Ort zu tragen. Die „D"-Klauseln entsprechen daher Ankunftsverträgen, während die „C"-Klauseln Absendeverträge darstellen.

Die „D"-Klauseln sind in zwei Kategorien eingeteilt. Nach DAF, DES und DDU ist der Verkäufer nicht verpflichtet, die Ware zur Einfuhr freizumachen, während dies nach DEQ und DDP der Fall ist. Da die DAF-Klausel häufig für den Eisenbahntransport verwendet wird, wo es möglich ist, von der Eisenbahn ein Durchfrachtdokument zu erhalten, das den gesamten Transport bis zum Bestimmungsort abdeckt, und gleichzeitig eine Versicherung für den gleichen Zeitraum abzuschließen, enthält die DAF-Klausel unter A.8 eine entsprechende Regel. Es ist jedoch darauf hinzuweisen, daß die Pflicht des Verkäufers, dem Käufer bei der Beschaffung eines solchen Durchfrachtdokuments jede Hilfe zu gewähren, auf Kosten und Risiko des Käufers geschieht. Gleichfalls gehen die Kosten für die Versicherung der Ware nach ihrer Lieferung durch den Verkäufer an der Grenze zu Lasten des Käufers.

Die DDU-Klausel wurde neu in die Incoterms 1990 aufgenommen. Sie erfüllt eine wichtige Funktion, wenn der Verkäufer bereit ist, die Ware bis zum benannten Ort im Einfuhrland zu liefern, ohne die Ware zur Einfuhr freizumachen und ohne die dabei anfallenden Zölle zu zahlen. In Fällen, in denen bezüglich der Einfuhrformalitäten keine Schwierigkeiten zu erwarten sind – wie innerhalb der Europäischen Gemeinschaft – kann es sich um eine sachgerechte zweckmäßige Klausel handeln. In Ländern jedoch, in denen Einfuhrformalitäten schwierig und zeitaufwendig sein können, kann die Verpflichtung, die Ware hinter die Zollgrenze zu liefern, für den Verkäufer Gefahren bergen. Obwohl gemäß DDU, B.5 und B.6, der Käufer zusätzliche Kosten und Gefahren tragen muß, die aus seinem Versäumnis, die Ware zur Einfuhr freizumachen entstehen, empfiehlt es sich für den Verkäufer, die DDU-Klausel nicht in den Ländern anzuwenden, in denen mit Schwierigkeiten bei der Freimachung der Ware zur Einfuhr zu rechnen ist.

DAS KONNOSSEMENT UND ELEKTRONISCHER DATENAUSTAUSCH (EDI)

18. Bisher hatte der Verkäufer nach den CFR- und CIF-Klauseln ein An-Bord-Konnossement als allein änderungsfähiges Dokument zu beschaffen. Das Konnossement erfüllt drei wichtige Aufgaben, nämlich:
— Nachweis der Lieferung der Ware an Bord des Schiffs
— Nachweis des Beförderungsvertrags
— Übertragung der Rechte an der Ware während des Transports durch Übergabe des Dokuments an eine dritte Partei

Während die ersten beiden Aufgaben auch durch andere Transportdokumente erfüllt werden können, regelt nur das Konnossement die Auslieferung der Ware am Bestimmungsort oder ermöglicht dem Käufer, die Ware während des Transports durch Übergabe des Dokuments an einen weiteren Käufer zu veräußern. Die übrigen Transportdokumente benennen die Partei, die zum Empfang der Ware am Bestimmungsort berechtigt ist. Der Umstand, daß derjenige, der die Ware am Bestimmungsort von dem Frachtführer übernehmen will, im Besitz des Konnossements sein muß, kompliziert es erheblich, dieses Dokument durch ein Verfahren eines elektronischen Datenaustauschs zu ersetzen.

Es ist ferner üblich, mehrere Originalexemplare eines Konnossements auszustellen. Dabei ist es selbstverständlich für den Käufer oder eine Bank, die gemäß seinen Anweisungen die Zahlung an den Verkäufer vornimmt, unerläßlich sicherzustellen, daß alle Originale vom Verkäufer übergeben werden (sogenannter „voller Satz"). Dies ist auch in den ICC-Richtlinien für Dokumentakkreditive (die Einheitlichen Richtlinien und Gebräuche für Dokumenten-Akkreditive (ERA), ICC-Publ. Nr. 400) als erforderlich vorgesehen.

Das Transportdokument muß nicht nur einen Nachweis für die Übergabe der Ware an den Frachtführer liefern, sondern auch dafür, daß die Ware, soweit sich dies vom Frachtführer feststellen läßt, ordnungsgemäß und in einem guten Zustand übernommen wurde. Sollte das Transportdokument einen Vermerk enthalten, der darauf hinweist, daß die Ware nicht in einem solchen Zustand war, gilt das Dokument als „unrein" und ist gemäß ERA (Art. 34; siehe auch ICC-Publ. Nr. 473) nicht annehmbar. Trotz der besonderen Rechtsnatur des Konnossements ist zu erwarten, daß es in naher Zukunft durch EDI-Mitteilungen ersetzt wird. Die Incoterms 1990 haben diese vorauszusehende Entwicklung in angemessener Weise berücksichtigt.

NICHTBEGEBBARE TRANSPORTDOKUMENTE ANSTELLE VON KONNOSSEMENTEN

19. In den letzten Jahren wurde eine erhebliche Vereinfachung der Dokumentenpraxis erreicht. Konnossemente werden häufig durch nichtbegebbare Dokumente ersetzt, die denjenigen ähnlich sind, die in anderen Transportarten als Seetransport verwendet werden. Diese Dokumente bezeichnet man als „Seefrachtbriefe", „liner waybill", „Frachtempfangsbescheinigungen", oder verwendet ähnliche Ausdrücke. Diese nichtbegebbaren Dokumente können zufriedenstellend eingesetzt werden, außer wenn der Käufer die Ware während des Transports durch Übergabe eines Papiers an einen weiteren Käufer veräußern möchte. Um dies zu ermöglichen, mußte gemäß den CFR- und CIF-Klauseln die Pflicht des Verkäufers zur Beschaffung eines Konnossements bestehen bleiben. Wenn jedoch für die Vertragsparteien feststeht, daß der Käufer nicht beabsichtigt, die Ware unterwegs weiterzuveräußern, können sie vertraglich vereinbaren, den Verkäufer von der Pflicht zur Beschaffung eines Konnossements zu befreien, oder sie wenden die CPT- oder CIP-Klausel an, nach denen diese Verpflichtung zur Beschaffung eines Konnossements nicht besteht.

ABSENDERVERFÜGUNGEN

20. Ein Käufer, der gemäß einer „C"-Klausel Ware bezahlt, sollte sicherstellen, daß der Verkäufer nach Bezahlung nicht durch neue Weisungen an den Frachtführer über die Ware weiter verfügen kann. Manche für bestimmte Transportarten benutzte Transportdokumente (Luft-, Straßen- oder Schienentransporte) bieten den Vertragsparteien die Möglichkeit, den Verkäufer an der Erteilung neuer Weisungen an den Frachtführer dadurch zu hindern, daß dem Käufer ein besonderes Original oder Duplikat des Frachtbriefs übergeben wird. Die Dokumente enthalten eine Verfügungsbeschränkung. Dokumente, die anstelle eines Konnossements für den Seetransport benutzt werden, enthalten jedoch normalerweise nicht diese „Sperr"-Funktion. Zur Zeit arbeitet das Comité Maritime International an „Einheitlichen Richtlinien für Seefrachtbriefe", mit denen der Mangel der oben erwähnten Dokumente beseitigt werden soll. Bis jedoch diese Arbeit zu Ende geführt ist und sich in der Praxis ausgewirkt hat, muß der Käufer vermeiden, Zahlung gegen nichtbegebbare Dokumente zu leisten, wenn er Zweifel an der Vertrauenswürdigkeit des Verkäufers hegt.

KOSTEN- UND GEFAHRENÜBERGANG
21. Die Gefahr des Verlusts oder der Beschädigung der Ware sowie die Pflicht, die durch die Ware bedingten Kosten zu tragen, geht vom Verkäufer auf den Käufer über, wenn der Verkäufer seine Verpflichtung zur Lieferung der Ware erfüllt hat. Da der Käufer keine Gelegenheit haben soll, diesen Übergang zu verzögern, legen alle Klauseln fest, daß der Kosten- und Gefahrenübergang auch vor der Lieferung liegen kann, wenn der Käufer die Ware nicht wie vereinbart abnimmt oder wenn er versäumt, Anweisungen zu geben (bezüglich des Verladetermins und/oder des Lieferorts), die der Verkäufer benötigt, um seine Lieferverpflichtung zu erfüllen. Als Vorbedingung für den vorgezogenen Übergang von Kosten und Gefahren gilt, daß die Ware als die für den Käufer bestimmte kenntlich gemacht wurde oder, wie in den Klauseln festgelegt, für ihn konkretisiert wurde (Absonderung). Diese Bedingung ist besonders bei der EXW-Klausel von Wichtigkeit, wogegen bei den übrigen Klauseln die Ware normalerweise als für den Käufer bestimmte Ware konkretisiert wird, wenn Maßnahmen für die Verladung oder den Versand („F"- und „C"-Klauseln) oder die Lieferung am Bestimmungsort („D"-Klauseln) getroffen wurden. In Ausnahmefällen jedoch kann die Ware vom Verkäufer als eine Ladung angeliefert worden sein, ohne Identifizierung des für den jeweiligen Käufer bestimmten Anteils; in solchen Fällen liegt der Zeitpunkt für den Übergang der Kosten und Gefahren nicht vor der oben erwähnten Absonderung der Ware (siehe auch Art. 69, Abs. 3 des UN-Abkommens von 1980 über Verträge des internationalen Warenkaufs).

VEREINBARUNG DER INCOTERMS
22. Unternehmen, die diese Regeln anwenden wollen, sollten in ihren Verträgen angeben, daß diese den Bestimmungen der „Incoterms 1990" unterliegen.

TRANSPORTART UND GEEIGNETE INCOTERMS-KLAUSEL 1990

jede Tranportart einschl. multimodaler Transport	**EXW**	Ab Werk (...benannter Ort)
	FCA	Frei Frachtführer (...benannter Ort)
	CPT	Frachtfrei (...benannter Bestimmungsort)
	CIP	Frachtfrei versichert (...benannter Bestimmungsort)
	DAF	Geliefert Grenze (...benannter Ort)
	DDU	Geliefert unverzollt (...benannter Ort)
	DDP	Geliefert verzollt (...benannter Ort)
Lufttransport	**FCA**	Frei Frachtführer (...benannter Ort)
Eisenbahntransport	**FCA**	Frei Frachtführer (...benannter Ort)
See- und Binnenschiffstransport	**FAS**	Frei Längsseite Seeschiff (...benannter Verschiffungshafen)
	FOB	Frei an Bord (...benannter Verschiffungshafen)
	CFR	Kosten und Fracht (...benannter Bestimmungshafen)
	CIF	Kosten, Versicherung, Fracht (...benannter Bestimmungshafen)
	DES	Geliefert ab Schiff (...benannter Bestimmungshafen)
	DEQ	Geliefert ab Kai (verzollt) (...benannter Bestimmungshafen)

INCOTERMS

EXW Ab Werk (... benannter Ort)

„Ab Werk" bedeutet, daß der Verkäufer seine Lieferverpflichtung erfüllt, wenn er die Ware auf seinem Gelände (d.h. Werk, Fabrikationsstätte, Lager usw.) dem Käufer zur Verfügung stellt. Er ist insbesondere mangels anderer Vereinbarung nicht verpflichtet, die Ware auf das vom Käufer zu beschaffende Beförderungsmittel zu verladen oder die Ware zur Ausfuhr freizumachen. Der Käufer trägt alle Kosten und Gefahren, die mit dem Transport der Ware von dem Gelände des Verkäufers zum vereinbarten Bestimmungsort verbunden sind. Diese Klausel stellt daher die Mindestverpflichtung für den Verkäufer dar. Diese Klausel sollte nicht verwendet werden, wenn es dem Käufer nicht möglich ist, direkt oder indirekt die Exportformalitäten zu erledigen. Unter solchen Umständen sollte die FCA-Klausel verwendet werden.

A ▶ DER VERKÄUFER HAT

A 1 Lieferung vertragsgemäßer Waren

Die Ware in Übereinstimmung mit dem Kaufvertrag zu liefern sowie die Handelsrechnung oder die entsprechende elektronische Mitteilung und alle sonstigen vertragsgemäßer Belege hierfür zu erbringen.

A 2 Lizenzen, Genehmigungen und Formalitäten

Dem Käufer auf dessen Verlangen, Gefahr und Kosten bei der Beschaffung der Ausfuhrbewilligung oder anderen behördlichen Genehmigung, die für die Ausfuhr der Ware erforderlich sind, jede Hilfe zu gewähren.

A 3 Beförderungs- und Versicherungsvertrag

a) Beförderungsvertrag
Keine Verpflichtung.
b) Versicherungsvertrag
Keine Verpflichtung.

A 4 Lieferung

Die Ware dem Käufer an dem benannten Lieferort in dem vereinbarten Zeitpunkt oder innerhalb der vereinbarten Frist oder, mangels einer Abmachung über Ort oder Zeit, an dem für die Lieferung solcher Ware üblichen Ort sowie zu der üblichen Zeit zur Verfügung zu stellen.

B  DER KÄUFER HAT

B 1 Zahlung des Kaufpreises

Den Preis vertragsgemäß zu zahlen.

B 2 Lizenzen, Genehmigungen und Formalitäten

Auf eigene Gefahr und Kosten die Aus- und Einfuhrbewilligungen oder andere behördliche Genehmigung zu beschaffen sowie alle erforderlichen Zollformalitäten für die Aus- und Einfuhr der Ware und gegebenenfalls für ihre Durchfuhr durch ein drittes Land zu erledigen.

B 3 Beförderungsvertrag

Keine Verpflichtung.

B 4 Abnahme

Die Ware abzunehmen, sobald sie ihm gemäß A.4 zur Verfügung gestellt worden ist.

A 5 Gefahrenübergang

Vorbehaltlich der Bestimmungen von B.5, alle Gefahren des Verlusts oder der Beschädigung der Ware solange zu tragen, bis sie dem Käufer gemäß A.4 zur Verfügung gestellt worden ist.

A 6 Kostenteilung

Vorbehaltlich der Bestimmungen von B.6, alle die Ware betreffenden Kosten solange zu tragen, bis sie dem Käufer gemäß A.4 zur Verfügung gestellt worden ist.

A 7 Benachrichtigung des Käufers

Den Käufer in angemessener Weise zu benachrichtigen, an welchem Ort und zu welcher Zeit ihm die Ware zur Verfügung gestellt wird.

A 8 Liefernachweis, Transportdokument oder entsprechende elektronische Mitteilung

Keine Verpflichtung.

B 5 Gefahrenübergang

Alle Gefahren des Verlusts oder der Beschädigung der Ware von dem Zeitpunkt an zu tragen, in dem sie ihm gemäß A.4 zur Verfügung gestellt worden ist.
Sollte er die Benachrichtigung gemäß B.7 unterlassen, alle Gefahren des Verlusts oder der Beschädigung der Ware von dem für die Abnahme vereinbarten Zeitpunkt oder vom Ablauf der hierfür vereinbarten Frist an zu tragen, vorausgesetzt, daß die Ware in geeigneter Weise konkretisiert, d.h. als der für den Käufer bestimmte Gegenstand abgesondert oder auf andere Art kenntlich gemacht worden ist.

B 6 Kostenteilung

Alle die Ware betreffenden Kosten von dem Zeitpunkt an zu tragen, in dem sie ihm gemäß A.4 zur Verfügung gestellt worden ist.
Alle zusätzlichen Kosten zu tragen, die entweder dadurch entstehen, daß die Ware, nachdem sie ihm zur Verfügung gestellt wurde, nicht abgenommen worden ist, oder keine Benachrichtigung gemäß B.7 erfolgte, vorausgesetzt, daß die Ware in geeigneter Weise konkretisiert, d.h. als der für den Käufer bestimmte Gegenstand abgesondert oder auf andere Art kenntlich gemacht worden ist.
Alle Zölle, Steuern und andere öffentliche Abgaben sowie die Kosten der Zollformalitäten, die bei der Ein- oder Ausfuhr der Ware und gegebenenfalls bei der Durchfuhr durch ein drittes Land anfallen, zu tragen.
Dem Verkäufer alle Kosten und Abgaben zu erstatten, die ihm bei der Gewährung von Hilfe gemäß A.2 entstanden sind.

B 7 Benachrichtigung des Verkäufers

Wenn er berechtigt ist, den Zeitpunkt der Abnahme innerhalb einer vereinbarten Frist und/oder ihren Ort zu bestimmen, den Verkäufer in angemessener Weise davon zu benachrichtigen.

B 8 Liefernachweis, Transportdokument oder entsprechende elektronische Mitteilung

Dem Verkäufer einen geeigneten Nachweis der Abnahme der Ware zu erbringen.

A 9 Prüfung – Verpackung – Kennzeichnung

Die Kosten der Prüfung (wie Qualitätsprüfung, Messen, Wiegen und Zählen) zu tragen, die für die Zurverfügungstellung der Ware an den Käufer erforderlich ist.

Auf eigene Kosten für eine Verpackung zu sorgen (sofern es nicht handelsüblich ist, die im Vertrag beschriebene Ware unverpackt bereitzustellen), die für den Transport der Ware erforderlich ist, wenn und soweit die Transportmodalitäten (z.B. Transportart, Bestimmungsort) dem Verkäufer vor Abschluß des Kaufvertrags zur Kenntnis gebracht worden sind. Die Verpackung ist in geeigneter Weise zu kennzeichnen.

A 10 Sonstige Verpflichtungen

Dem Käufer auf dessen Verlangen, Gefahr und Kosten bei der Beschaffung der Dokumente oder entsprechender elektronischer Mitteilungen, die im Liefer- und/oder Ursprungs- und ausgestellt oder abgesendet werden und die der Käufer zur Ausfuhr und/oder Einfuhr der Ware und gegebenenfalls zur Durchfuhr durch ein drittes Land benötigt, jede Hilfe zu gewähren.
Dem Käufer auf dessen Verlangen die für die Versicherung der Ware erforderlichen Auskünfte zu erteilen.

B 9 Prüfung der Ware

Mangels anderer Vereinbarung die Kosten von Warenkontrollen vor der Verladung (pre-shipment inspection) zu tragen (einschließlich behördlich angeordneter Kontrollen des Ausfuhrlands).

B 10 Sonstige Verpflichtungen

Alle Kosten und Gebühren für die Beschaffung der in A.10 genannten Dokumente oder entsprechender elektronischer Mitteilungen zu tragen und diejenigen des Verkäufers zu erstatten, die diesem bei der Hilfeleistung hierfür entstanden sind.

FCA Frei Frachtführer (... benannter Ort)

„Frei Frachtführer" bedeutet, daß der Verkäufer seine Lieferverpflichtung erfüllt, wenn er die zur Ausfuhr freigemachte Ware dem vom Käufer benannten Frachtführer am benannten Ort oder an der benannten Stelle übergibt. Wenn der Käufer keine bestimmte Stelle angegeben hat, kann der Verkäufer innerhalb des festgelegten Orts oder Bereichs wählen, wo der Frachtführer die Ware übernehmen soll. Wird der Handelspraxis entsprechend die Unterstützung des Verkäufers benötigt, um den Vertrag mit dem Frachtführer abzuschließen (wie im Eisenbahn- oder Luftfrachtverkehr), so kann dies durch den Verkäufer auf Gefahr und Kosten des Käufers erfolgen. Diese Klausel kann für jede Transportart verwendet werden, einschließlich der multimodalen Transports.

„Frachtführer" ist, wer sich durch einen Beförderungsvertrag verpflichtet, die Beförderung per Schiene, Straße, See, Luft, Binnengewässer oder in einer Kombination dieser Transportarten durchzuführen oder durchführen zu lassen. Weist der Käufer den Verkäufer an, die Ware an eine Person, die nicht „Frachtführer" ist, z.B. einen Spediteur, zu liefern, hat der Verkäufer seine Lieferverpflichtung erfüllt, wenn die Ware in die Obhut dieser Person gelangt ist.

„Transportterminal" ist ein Güterbahnhof, eine Güterumschlagsanlage, ein Containerterminal oder Containerstellplatz, eine Mehrzweckumschlagsanlage oder jede ähnliche Güterannahmestelle.

Der Begriff „Container" schließt alle Einrichtungen zur Bildung von Ladungseinheiten ein, wie alle Containerarten und/oder Flats, unabhängig ob ISO genormt oder nicht, sowie Anhänger, Wechselaufbauten, Ro-Ro-Einrichtungen und Iglus. Er gilt für alle Beförderungsarten.

A DER VERKÄUFER HAT

A 1 Lieferung vertragsgemäßer Ware

Die Ware in Übereinstimmung mit dem Kaufvertrag zu liefern sowie die Handelsrechnung oder die entsprechende elektronische Mitteilung und alle sonstigen vertragsgemäßen Belege hierfür zu erbringen.

A 2 Lizenzen, Genehmigungen und Formalitäten

Auf eigene Gefahr und Kosten die Ausfuhrbewilligung oder andere behördliche Genehmigung zu beschaffen sowie alle Zollformalitäten zu erledigen, die für die Ausfuhr der Ware erforderlich sind.

A 3 Beförderungsvertrag

a) Beförderungsvertrag
Keine Verpflichtung. Wenn es der Käufer jedoch verlangt, oder wenn es Handelspraxis ist und der Käufer nicht rechtzeitig eine gegenteilige Anweisung erteilt, kann der Verkäufer zu üblichen Bedingungen den Beförderungsvertrag auf Gefahr und Kosten des Käufers abschließen. Der Verkäufer kann es ablehnen, den

B DER KÄUFER HAT

B 1 Zahlung des Kaufpreises

Den Preis vertragsgemäß zu zahlen.

B 2 Lizenzen, Genehmigungen und Formalitäten

Auf eigene Gefahr und Kosten die Einfuhrbewilligung oder andere behördliche Genehmigung zu beschaffen sowie alle erforderlichen Zollformalitäten für die Einfuhr der Ware und gegebenenfalls für ihre Durchfuhr durch ein drittes Land zu erledigen.

B 3 Beförderungsvertrag

Auf eigene Kosten den Vertrag über die Beförderung der Ware vom benannten Ort abzuschließen, vorbehaltlich der Bestimmungen von A.3.

303

Vertrag abzuschließen; in diesem Fall hat er den Käufer unverzüglich zu benachrichtigen.
b) Versicherungsvertrag
Keine Verpflichtung.

A 4 Lieferung

Die Ware dem Frachtführer oder einer anderen Person (z.B. einem Spediteur), vom Käufer benannt oder vom Verkäufer in Übereinstimmung mit A.3a ausgewählt, zu übergeben, und zwar in dem für die Lieferung vereinbarten Zeitpunkt oder innerhalb der vereinbarten Frist am benannten Ort oder der benannten Stelle (z.B. Transportterminal oder anderer Güterannahmestelle) und in der vereinbarten oder an diesem Ort üblichen Art und Weise. Wurde keine bestimmte Stelle vereinbart und kommen mehrere Stellen in Betracht, kann der Verkäufer die ihm am besten zusagende Stelle am Lieferort auswählen. Mangels genauer Anweisungen des Käufers, kann der Verkäufer die Ware dem Frachtführer in der Weise übergeben, wie es die Beförderungsart des betreffenden Frachtführers und die Menge und/oder Art der Ware verlangen.

Die Lieferung an den Frachtführer ist abgeschlossen:

I) Im Falle des Eisenbahntransports hat der Verkäufer, wenn die Ware aus einer vollen Waggonladung besteht (oder eine Containerladung mit der Eisenbahn zu befördern ist), den Waggon oder den Container ordnungsgemäß zu beladen. Die Lieferung ist abgeschlossen, wenn der beladene Waggon oder Container von der Eisenbahn oder ihrem Beauftragten übernommen worden ist.
Bildet die Ware keine volle Waggon- oder Containerladung, ist die Lieferung abgeschlossen, wenn der Verkäufer die Ware an der Güterannahmestelle der Eisenbahn übergeben oder sie in ein von der Eisenbahn gestelltes Fahrzeug verladen hat.
Wird die Ware beim Frachtführer angeliefert, ist die Lieferung abgeschlossen, wenn sie dem Straßenfrachtführer oder seinem Beauftragten übergeben worden ist.

II) Im Falle des Straßentransports stattfindet, die Verladung beim Verkäufer stattfindet, die Lieferung abgeschlossen, wenn die Ware auf das vom Käufer gestellte Fahrzeug verladen worden ist.

III) Im Falle des Binnenschiffstransports ist, wenn die Verladung beim Verkäufer stattfindet, die Lieferung abgeschlos-

B 4 Abnahme

Die Ware gemäß A.4 abzunehmen.

sen, wenn die Ware auf das vom Käufer gestellte Schiff verladen worden ist.

Wird die Ware beim Frachtführer angeliefert, ist die Lieferung abgeschlossen, wenn sie dem Frachtführer des Binnenschiffstransports oder seinem Beauftragten übergeben worden ist.

IV) Im Falle des Seetransports ist, wenn die Ware einer vollen Containerladung entspricht (full container load, FCL), die Lieferung abgeschlossen, wenn der beladene Container vom Seefrachtführer übernommen worden ist. Wenn der Containerner zu einem für den Frachtführer handelnden Betreiber eines Transportterminals befördert worden ist, gilt die Ware als übernommen, sobald sich der Container auf dem Gelände dieses Terminals befindet. Wenn die Ware keiner Containerladung entspricht (less than a container load, LCL) oder nicht in einen Container verladen werden soll, hat der Verkäufer sie zum Transportterminal zu befördern. Die Lieferung ist abgeschlossen, wenn die Ware dem Seefrachtführer oder seinem Beauftragten übergeben worden ist.

V) Im Falle des Lufttransports ist die Lieferung abgeschlossen, wenn die Ware dem Luftfrachtführer oder seinem Beauftragten übergeben worden ist.

VI) Im Falle einer unbenannten Transportart ist die Lieferung abgeschlossen, wenn die Ware dem Frachtführer oder seinem Beauftragten übergeben worden ist.

VII) Im Falle des multimodalen Transports ist die Lieferung abgeschlossen, wenn die Ware, je nach Lage des Falls, gemäß I) – VI) übergeben worden ist.

A 5 Gefahrenübergang

Vorbehaltlich der Bestimmungen von B.5, alle Gefahren des Verlusts oder der Beschädigung der Ware solange zu tragen, bis sie gemäß A.4 geliefert worden ist.

B 5 Gefahrenübergang

Alle Gefahren des Verlusts oder der Beschädigung der Ware von dem Zeitpunkt an zu tragen, in dem sie gemäß A.4 geliefert worden ist. Sollte er die Benachrichtigung gemäß B.7 unterlassen oder sollte der von ihm benannte Frachtführer die Ware nicht übernehmen, alle Gefahren des Verlusts oder der Beschädigung der Ware von dem für die Lieferung vereinbarten Zeitpunkt oder vom Ablauf der hierfür vereinbarten Frist an zu tragen, vorausgesetzt, daß die Ware in geeigneter Weise konkretisiert, d.h. als der für den Käufer bestimmte Gegenstand abgesondert oder auf andere Art kenntlich gemacht worden ist.

A 6   Kostenteilung

Vorbehaltlich der Bestimmungen von B.6
- alle die Ware betreffenden Kosten solange zu tragen, bis sie dem Frachtführer gemäß A.4 geliefert worden ist
- die Kosten der Zollformalitäten sowie alle Zölle, Steuern und andere öffentliche Abgaben zu tragen, die bei der Ausfuhr der Ware anfallen.

A 7   Benachrichtigung des Käufers

Den Käufer in angemessener Weise zu benachrichtigen, daß die Ware an den Frachtführer übergeben worden ist. Sollte der Frachtführer die Ware nicht zum vereinbarten Zeitpunkt übernehmen, hat der Verkäufer den Käufer entsprechend zu benachrichtigen.

A 8   Liefernachweis, Transportdokument oder entsprechende elektronische Mitteilung

Dem Käufer auf Kosten des Verkäufers, falls handelsüblich, das übliche Dokument zum Nachweis der Lieferung gemäß A.4 zu beschaffen.

Sofern das im vorstehenden Absatz erwähnte Dokument nicht das Transportdokument ist, dem Käufer auf dessen Verlangen, Gefahr und Kosten bei der Beschaffung eines Transportdokuments zum Beförderungsvertrag (z.B. eines begebbaren Konnossements, eines nichtbegebbaren Seefrachtbriefs, eines Dokuments des Binnenschiffstransports, eines Luftfrachtbriefs, eines Eisenbahnfrachtbriefs, eines Straßenfrachtbriefs oder eines multimodalen Transportdokuments) jede Hilfe zu gewähren. Wenn sich Verkäufer und Käufer auf elektronische Datenkommunikation geeinigt haben, kann das im vorstehenden Absatz erwähnte Dokument durch eine entsprechende Mitteilung im elektronischen Datenaustausch (EDI message) ersetzt werden.

B 6   Kostenteilung

Alle die Ware betreffenden Kosten von dem Zeitpunkt an zu tragen, in dem sie gemäß A.4 geliefert worden ist.
Alle zusätzlichen Kosten zu tragen, die entweder dadurch entstehen, daß er den Frachtführer nicht benennt oder der von ihm benannte Frachtführer die Ware im vereinbarten Zeitpunkt nicht übernimmt oder keine Benachrichtigung gemäß B.7 erfolgte, vorausgesetzt, daß die Ware in geeigneter Weise konkretisiert, d.h. als der für den Käufer bestimmte Gegenstand abgesondert oder auf andere Art kenntlich gemacht worden ist. Alle Zölle, Steuern und andere öffentliche Abgaben sowie die Kosten der Zollformalitäten, die bei der Einfuhr der Ware und gegebenenfalls bei der Durchfuhr durch ein drittes Land anfallen, zu tragen.

B 7   Benachrichtigung des Verkäufers

Dem Verkäufer in angemessener Weise den Namen des Frachtführers anzugeben und, soweit erforderlich, die Transportart sowie den Zeitpunkt oder die Frist für die Lieferung der Ware und gegebenenfalls die Stelle innerhalb des Ortes, an dem die Ware dem Frachtführer übergeben werden soll, mitzuteilen.

B 8   Liefernachweis, Transportdokument oder entsprechende elektronische Mitteilung

Den in Übereinstimmung mit A.8 erbrachten Liefernachweis anzunehmen.

A 9 Prüfung – Verpackung – Kennzeichnung

Die Kosten der Prüfung (wie Qualitätsprüfung, Messen, Wiegen und Zählen) zu tragen, die für die Lieferung der Ware an den Frachtführer erforderlich ist.

Auf eigene Kosten für eine Verpackung zu sorgen (sofern es nicht handelsüblich ist, die im Vertrag beschriebene Ware unverpackt zu versenden), die für den Transport der Ware erforderlich ist, wenn und soweit die Transportmodalitäten (z.B. Transportart, Bestimmungsort) dem Verkäufer vor Abschluß des Kaufvertrags zur Kenntnis gebracht worden sind. Die Verpackung ist in geeigneter Weise zu kennzeichnen.

A 10 Sonstige Verpflichtungen

Dem Käufer auf dessen Verlangen, Gefahr und Kosten bei der Beschaffung aller anderen als in A.8 genannten Dokumente oder entsprechender elektronischer Mitteilungen, die im Lieferund/oder Ursprungsland ausgestellt oder abgesendet werden und die der Käufer zur Einfuhr der Ware und gegebenenfalls zur Durchfuhr durch ein drittes Land benötigt, jede Hilfe zu gewähren.

Dem Käufer auf dessen Verlangen die für die Versicherung der Ware erforderlichen Auskünfte zu erteilen.

B 9 Prüfung der Ware

Mangels anderer Vereinbarung die Kosten von Warenkontrollen vor der Verladung (pre-shipment inspection) zu tragen, mit Ausnahme behördlich angeordneter Kontrollen des Ausfuhrlandes.

B 10 Sonstige Verpflichtungen

Alle Kosten und Gebühren für die Beschaffung der in A.10 genannten Dokumente oder entsprechender elektronischer Mitteilungen zu tragen und diejenigen des Verkäufers zu erstatten, die diesem bei der Hilfeleistung hierfür und beim Abschluß des Beförderungsvertrags gemäß A.3a) entstanden sind.

Dem Verkäufer zweckdienliche Anweisungen zu erteilen, wenn seine Hilfe beim Abschluß des Beförderungsvertrags gemäß A.3a) erforderlich ist.

FAS Frei Längsseite Schiff (... benannter Verschiffungshafen)

„Frei Längsseite Schiff" bedeutet, daß der Verkäufer seine Lieferverpflichtung erfüllt, wenn die Ware längsseits des Schiffs am Kai oder in Leichterschiffen im benannten Verschiffungshafen verbracht ist. Dies bedeutet, daß der Käufer alle Kosten und Gefahren des Verlusts oder der Beschädigung der Ware von diesem Zeitpunkt an zu tragen hat.

▶ Die FAS-Klausel verpflichtet den Käufer, die Ware zur Ausfuhr freizumachen. Sie sollte nicht verwendet werden, wenn der Käufer die Exportformalitäten weder direkt noch indirekt erledigen kann.
Diese Klausel kann nur für den See- oder Binnenschiffstransport verwendet werden.
▲

A ▶ DER VERKÄUFER HAT

A 1   Lieferung vertragsgemäßer Ware
Die Ware in Übereinstimmung mit dem Kaufvertrag zu liefern sowie die Handelsrechnung oder die entsprechende elektronische Mitteilung und alle sonstigen vertragsgemäßen Belege hierfür zu erbringen.

A 2   Lizenzen, Genehmigungen und Formalitäten
Dem Käufer auf dessen Verlangen, Gefahr und Kosten bei der Beschaffung der Ausfuhrbewilligung oder anderen behördlichen Genehmigung, die für die Ausfuhr der Ware erforderlich sind, jede Hilfe zu gewähren.

A 3   Beförderungs- und Versicherungsvertrag
a) *Beförderungsvertrag*
Keine Verpflichtung.
b) *Versicherungsvertrag*
Keine Verpflichtung.

A 4   Lieferung
Die Ware in dem für die Lieferung vereinbarten Zeitpunkt oder innerhalb der vereinbarten Frist dem Hafenbrauch entsprechend an dem vom Käufer benannten Ladeplatz in cem benannten Verschiffungshafen Längsseite Schiff zu liefern.

B ▶ DER KÄUFER HAT

B 1   Zahlung des Kaufpreises
Den Preis vertragsgemäß zu zahlen.

B 2   Lizenzen, Genehmigungen und Formalitäten
Auf eigene Gefahr und Kosten die Aus- und Einfuhrbewilligung oder andere behördliche Genehmigung zu beschaffen sowie alle erforderlichen Zollformalitäten für die Aus- und Einfuhr der Ware und gegebenenfalls für ihre Durchfuhr durch ein drittes Land zu erledigen.

B 3   Beförderungsvertrag
Auf eigene Kosten den Vertrag über die Beförderung der Ware vom benannten Verschiffungshafen abzuschließen.

B 4   Abnahme
Die Ware gemäß A.4 abzunehmen.

A 5 Gefahrenübergang

Vorbehaltlich der Bestimmungen von B.5, alle Gefahren des Verlusts oder der Beschädigung der Ware solange zu tragen, bis sie gemäß A.4 geliefert worden ist.

A 6 Kostenteilung

Vorbehaltlich der Bestimmungen von B.6, alle die Ware betreffenden Kosten solange zu tragen, bis sie gemäß A.4 geliefert worden ist.

A 7 Benachrichtigung des Käufers

Den Käufer in angemessener Weise zu benachrichtigen, daß die Ware längsseits des benannten Schiffs geliefert worden ist.

B 5 Gefahrenübergang

Alle Gefahren des Verlusts oder der Beschädigung der Ware von dem Zeitpunkt an zu tragen, in dem sie gemäß A.4 geliefert worden ist.

Sollte er seine Verpflichtungen gemäß B.2 nicht erfüllen, alle daraus entstehenden zusätzlichen Gefahren des Verlusts oder der Beschädigung der Ware zu tragen und, wenn keine Benachrichtigung gemäß B.7 erfolgte oder das von ihm benannte Schiff nicht rechtzeitig eintreffen sollte oder die Ware nicht übernehmen kann oder schon vor der festgesetzten Zeit keine Ladung mehr annimmt, alle Gefahren des Verlusts oder der Beschädigung der Ware von dem für die Lieferung vereinbarten Zeitpunkt oder vom Ablauf der hierfür vereinbarten Frist an zu tragen, vorausgesetzt, daß die Ware in geeigneter Weise konkretisiert, d. h. als der für den Käufer bestimmte Gegenstand abgesondert oder auf andere Art kenntlich gemacht worden ist.

B 6 Kostenteilung

Alle die Ware betreffenden Kosten von dem Zeitpunkt an zu tragen, in dem sie gemäß A.4 geliefert worden ist.

Alle zusätzlichen Kosten zu tragen, die entweder dadurch entstehen, daß das von ihm benannte Schiff nicht rechtzeitig eintrifft oder die Ware nicht übernehmen kann oder schon vor der festgesetzten Zeit keine Ladung mehr annimmt, oder der Käufer seine Verpflichtungen gemäß B.2 nicht erfüllt oder keine Benachrichtigung gemäß B.7 erfolgte, vorausgesetzt, daß die Ware in geeigneter Weise konkretisiert, d.h. als der für den Käufer bestimmte Gegenstand abgesondert oder auf andere Art kenntlich gemacht worden ist.

Alle Zölle, Steuern oder andere öffentliche Abgaben sowie die Kosten der Zollformalitäten, die bei der Aus- oder Einfuhr der Ware und gegebenenfalls bei der Durchfuhr durch ein drittes Land anfallen, zu tragen.

Dem Verkäufer alle Kosten und Abgaben zu erstatten, die ihm bei der Gewährung von Hilfe gemäß A.2 entstanden sind.

B 7 Benachrichtigung des Verkäufers

Dem Verkäufer in angemessener Weise den Namen des Schiffs, den Ladeplatz und die erforderliche Lieferzeit anzugeben.

A 8 Liefernachweis, Transportdokument oder entsprechende elektronische Mitteilung

Dem Käufer auf Kosten des Verkäufers das übliche Dokument zum Nachweis der Lieferung gemäß A.4 zu beschaffen.

Sofern das im vorstehenden Absatz erwähnte Dokument nicht das Transportdokument ist, dem Käufer auf dessen Verlangen, Gefahr und Kosten bei der Beschaffung eines Transportdokuments (z.B. eines begebbaren Konnossements, eines nichtbegebbaren Seefrachtbriefs, eines Dokuments des Binnenschiffstransports) jede Hilfe zu gewähren.

Wenn sich Verkäufer und Käufer auf elektronische Datenkommunikation geeinigt haben, kann das in den vorstehenden Absätzen erwähnte Dokument durch eine entsprechende Mitteilung im elektronischen Datenaustausch (EDI message) ersetzt werden.

A 9 Prüfung – Verpackung – Kennzeichnung

Die Kosten für die Prüfung (wie Qualitätsprüfung, Messen, Wiegen und Zählen) zu tragen, die für die Lieferung der Ware an den Frachtführer erforderlich ist.

Auf eigene Kosten für eine Verpackung zu sorgen (sofern es nicht handelsüblich ist, die im Vertrag beschriebene Ware unverpackt zu verschiffen), die für den Transport der Ware erforderlich ist, wenn und soweit die Transportmodalitäten (z.B. Transportart, Bestimmungsort) dem Verkäufer vor Abschluß des Kaufvertrags zur Kenntnis gebracht worden sind. Die Verpackung ist in geeigneter Weise zu kennzeichnen.

A 10 Sonstige Verpflichtungen

Dem Käufer auf dessen Verlangen, Gefahr und Kosten bei der Beschaffung aller anderen als in A.8 genannten Dokumente oder entsprechender elektronischer Mitteilungen, die im Verschiffungs- und/oder Ursprungsland ausgestellt oder abgesendet wurden und die der Käufer zur Ein- und/oder Ausfuhr der Ware und gegebenenfalls zur Durchfuhr durch ein drittes Land benötigt, jede Hilfe zu gewähren.

Dem Käufer auf dessen Verlangen die für die Versicherung der Ware erforderlichen Auskünfte zu erteilen.

B 8 Liefernachweis, Transportdokument oder entsprechende elektronische Mitteilung

Den in Übereinstimmung mit A.8 erbrachten Liefernachweis anzunehmen.

B 9 Prüfung der Ware

Mangels anderer Vereinbarung die Kosten von Warenkontrollen vor der Verladung (pre-shipment inspection) zu tragen (einschließlich behördlich angeordneter Kontrollen des Ausfuhrlands).

B 10 Sonstige Verpflichtungen

Alle Kosten und Gebühren für die Beschaffung elektronischer genannten Dokumente oder entsprechender elektronischer Mitteilungen zu tragen und diejenigen des Verkäufers zu erstatten, die diesem bei der Hilfeleistung hierfür entstanden sind.

FOB Frei an Bord (...benannter Verschiffungshafen)

„Frei an Bord" bedeutet, daß der Verkäufer seine Lieferverpflichtung erfüllt, wenn die Ware die Schiffsreling in dem benannten Verschiffungshafen überschritten hat. Dies bedeutet, daß der Käufer von diesem Zeitpunkt an alle Kosten und Gefahren des Verlusts oder der Beschädigung der Ware zu tragen hat.

▶ Die FOB-Klausel verpflichtet den Verkäufer, die Ware zur Ausfuhr freizumachen.
Diese Klausel kann nur für den See- oder Binnenschiffstransport verwendet werden. Hat die Schiffsreling keine praktische Bedeutung, wie bei Ro-Ro- oder Containertransporten, ist die FCA-Klausel geeigneter.

 DER VERKÄUFER HAT

A 1 Lieferung vertragsgemäßer Ware
Die Ware in Übereinstimmung mit dem Kaufvertrag zu liefern sowie die Handelsrechnung oder die entsprechende elektronische Mitteilung und alle sonstigen vertragsgemäßen Belege hierfür zu erbringen.

A 2 Lizenzen, Genehmigungen und Formalitäten
Auf eigene Gefahr und Kosten die Ausfuhrbewilligung oder andere behördliche Genehmigung zu beschaffen sowie alle Zollformalitäten zu erledigen, die für die Ausfuhr der Ware erforderlich sind.

A 3 Beförderungs- und Versicherungsvertrag
a) *Beförderungsvertrag*
Keine Verpflichtung.
b) *Versicherungsvertrag*
Keine Verpflichtung.

A 4 Lieferung
Die Ware an Bord des vom Käufer benannten Schiffs im benannten Verschiffungshafen in dem vereinbarten Zeitpunkt oder innerhalb der vereinbarten Frist und dem Hafenbrauch entsprechend zu liefern.

 DER KÄUFER HAT

B 1 Zahlung des Kaufpreises
Den Preis vertragsgemäß zu zahlen.

B 2 Lizenzen, Genehmigungen und Formalitäten
Auf eigene Gefahr und Kosten die Einfuhrbewilligung oder andere behördliche Genehmigung zu beschaffen sowie alle erforderlichen Zollformalitäten für die Einfuhr der Ware und gegebenenfalls für ihre Durchfuhr durch ein drittes Land zu erledigen.

B 3 Beförderungsvertrag
Auf eigene Kosten den Vertrag über die Beförderung der Ware vom benannten Verschiffungshafen abzuschließen.

B 4 Abnahme
Die Ware gemäß A.4 abzunehmen.

A 5   Gefahrenübergang

Vorbehaltlich der Bestimmungen von B.5, alle Gefahren des Verlusts oder der Beschädigung der Ware solange zu tragen, bis sie die Schiffsreling im benannten Verschiffungshafen überschritten hat.

A 6   Kostenteilung

Vorbehaltlich der Bestimmungen von B.6
- alle die Ware betreffenden Kosten solange zu tragen, bis sie die Schiffsreling im benannten Verschiffungshafen überschritten hat;
- die Kosten der für die Ausfuhr notwendigen Zollformalitäten sowie alle Zölle, Steuern und andere öffentliche Abgaben zu tragen, die bei der Ausfuhr der Ware anfallen.

A 7   Benachrichtigung des Käufers

Den Käufer in angemessener Weise zu benachrichtigen, daß die Ware an Bord geliefert worden ist.

A 8   Liefernachweis, Transportdokument oder entsprechende elektronische Mitteilung

Dem Käufer auf Kosten des Verkäufers das übliche Dokument zum Nachweis der Lieferung gemäß A.4 zu beschaffen.

B 5   Gefahrenübergang

Alle Gefahren des Verlusts oder der Beschädigung der Ware von dem Zeitpunkt an zu tragen, in dem sie die Schiffsreling im benannten Verschiffungshafen überschritten hat.
Sollte er die Benachrichtigung gemäß B.7 unterlassen oder sollte das von ihm benannte Schiff nicht rechtzeitig eintreffen oder die Ware nicht übernehmen können oder schon vor der festgesetzten Zeit keine Ladung mehr annehmen, alle Gefahren des Verlusts oder der Beschädigung der Ware von dem für die Lieferung vereinbarten Zeitpunkt oder vom Ablauf der hierfür vereinbarten Frist zu tragen, vorausgesetzt, daß die Ware in geeigneter Weise konkretisiert, d.h. als der für den Käufer bestimmte Gegenstand abgesondert oder auf andere Art kenntlich gemacht worden ist.

B 6   Kostenteilung

Alle die Ware betreffenden Kosten von dem Zeitpunkt an zu tragen, in dem sie die Schiffsreling im benannten Verschiffungshafen überschritten hat.
Alle zusätzlichen Kosten zu tragen, die entweder dadurch entstehen, daß das von ihm benannte Schiff nicht rechtzeitig eintrifft oder die Ware nicht übernehmen kann oder schon vor der festgesetzten Zeit keine Ladung mehr annimmt oder keine Benachrichtigung durch den Käufer gemäß B.7 erfolgte, vorausgesetzt, daß die Ware in geeigneter Weise konkretisiert, d.h. als der für den Käufer bestimmte Gegenstand abgesondert oder auf andere Art kenntlich gemacht worden ist.
Alle Zölle, Steuern und andere öffentliche Abgaben sowie die Kosten der Zollformalitäten, die bei der Einfuhr der Ware und gegebenenfalls bei der Durchfuhr durch ein drittes Land anfallen, zu tragen.

B 7   Benachrichtigung des Verkäufers

Dem Verkäufer in angemessener Weise den Namen des Schiffs, den Ladeplatz und die erforderliche Lieferzeit anzugeben.

B 8   Liefernachweis, Transportdokument oder entsprechende elektronische Mitteilung

Den in Übereinstimmung mit A.8 erbrachten Liefernachweis anzunehmen.

Sofern das im vorstehenden Absatz erwähnte Dokument nicht das Transportdokument ist, dem Käufer auf dessen Verlangen, Gefahr und Kosten bei der Beschaffung eines Transportdokuments zum Beförderungsvertrag (z.B. eines begebbaren Konnossements, eines nichtbegebbaren Seefrachtbriefs, eines Dokuments des Binnenschiffstransports oder eines multimodalen Transportdokuments) jede Hilfe zu gewähren.

Wenn sich Verkäufer und Käufer auf elektronische Datenkommunikation geeinigt haben, kann das im vorstehenden Absatz erwähnte Dokument durch eine entsprechende Mitteilung im elektronischen Datenaustausch (EDI message) ersetzt werden.

A 9 Prüfung – Verpackung – Kennzeichnung

Die Kosten der Prüfung (wie Qualitätsprüfung, Messen, Wiegen und Zählen) zu tragen, die für die Lieferung der Ware gemäß A.4 erforderlich ist.

Auf eigene Kosten für eine Verpackung zu sorgen (sofern es nicht handelsüblich ist, die im Vertrag beschriebene Ware unverpackt zu verschiffen), die für den Transport der Ware erforderlich ist, wenn und soweit die Transportmodalitäten (z.B. Transportart, Bestimmungsort), dem Verkäufer vor Abschluß des Kaufvertrags zur Kenntnis gebracht worden sind. Die Verpackung ist in geeigneter Weise zu kennzeichnen.

A 10 Sonstige Verpflichtungen

Dem Käufer auf dessen Verlangen, Gefahr und Kosten bei der Beschaffung aller anderen als in A.8 genannten Dokumente oder entsprechender elektronischer Mitteilungen, die im Versendungs- und/oder Ursprungsland ausgestellt oder abgesendet werden und die der Käufer zur Einfuhr der Ware und gegebenenfalls zur Durchfuhr durch ein drittes Land benötigt, jede Hilfe zu gewähren.

Dem Käufer auf dessen Verlangen die für die Versicherung der Ware erforderlichen Auskünfte zu erteilen.

B 9 Prüfung der Ware

Mangels anderer Vereinbarung die Kosten von Warenkontrollen vor der Verladung (pre-shipment inspection) zu tragen, mit Ausnahme behördlich angeordneter Kontrollen des Ausfuhrlands.

B 10 Sonstige Verpflichtungen

Alle Kosten und Gebühren für die Beschaffung der in A.10 genannten Dokumente oder entsprechender elektronischer Mitteilungen zu tragen und diejenigen des Verkäufers zu erstatten, die diesem bei der Hilfeleistung hierfür entstanden sind.

CFR Kosten und Fracht (... benannter Bestimmungshafen)

„Kosten und Fracht" bedeutet, daß der Verkäufer die Kosten und die Fracht tragen muß, die erforderlich sind, um die Ware zum benannten Bestimmungshafen zu befördern; jedoch gehen die Gefahr des Verlusts oder der Beschädigung der Ware ebenso wie zusätzliche Kosten, die auf Ereignisse nach Lieferung der Ware an Bord zurückzuführen sind, vom Verkäufer auf den Käufer über, sobald die Ware die Schiffsreling im Verschiffungshafen überschritten hat.

▶ Die CFR-Klausel verpflichtet den Verkäufer, die Ware zur Ausfuhr freizumachen.
Diese Klausel kann nur für den See- oder Binnenschiffstransport verwendet werden. Hat die Schiffsreling keine praktische Bedeutung, wie bei Ro-Ro- oder Containertransporten, ist die CPT-Klausel geeigneter.

▲

A ▶ DER VERKÄUFER HAT

A 1   Lieferung vertragsgemäßer Ware
Die Ware in Übereinstimmung mit dem Kaufvertrag zu liefern sowie die Handelsrechnung oder die entsprechende elektronische Mitteilung und alle sonstigen vertragsgemäßen Belege hierfür zu erbringen.

A 2   Lizenzen, Genehmigungen und Formalitäten
Auf eigene Gefahr und Kosten die Ausfuhrbewilligung oder andere behördliche Genehmigung zu beschaffen sowie alle Zollformalitäten zu erledigen, die für die Ausfuhr der Ware erforderlich sind.

A 3   Beförderungs- und Versicherungsvertrag
a) Beförderungsvertrag
Auf eigene Rechnung den Vertrag über die Beförderung der Ware auf dem üblichen Weg in der üblichen Weise bis zum benannten Bestimmungshafen in einem Seeschiff (bzw. gegebenenfalls einem Binnenschiff) der Bauart, die normalerweise für die Beförderung der im Vertrag genannten Ware verwendet wird, abzuschließen.
b) *Versicherungsvertrag*
Keine Verpflichtung.

B ▶ DER KÄUFER HAT

B 1   Zahlung des Kaufpreises
Den Preis vertragsgemäß zu zahlen.

B 2   Lizenzen, Genehmigungen und Formalitäten
Auf eigene Gefahr und Kosten die Einfuhrbewilligung oder andere behördliche Genehmigung zu beschaffen sowie alle erforderlichen Zollformalitäten für die Einfuhr der Ware und gegebenenfalls für ihre Durchfuhr durch ein drittes Land zu erledigen.

B 3   Beförderungsvertrag
Keine Verpflichtung.

A 4 Lieferung

Die Ware an Bord des Schiffs im Verschiffungshafen in dem vereinbarten Zeitpunkt oder innerhalb der vereinbarten Frist zu liefern.

A 5 Gefahrenübergang

Vorbehaltlich der Bestimmungen von B.5, alle Gefahren des Verlusts oder der Beschädigung der Ware solange zu tragen, bis sie die Schiffsreling im Verschiffungshafen überschritten hat.

A 6 Kostenteilung

Vorbehaltlich der Bestimmungen von B.6

- alle die Ware betreffenden Kosten solange zu tragen, bis sie gemäß A.4 geliefert worden ist, sowie die Fracht- und alle anderen aus A.3a) entstehenden Kosten sowie die Auslassungskosten im Entladungshafen zu tragen, sofern sie von regulären Schiffahrtsgesellschaften beim Abschluß des Beförderungsvertrages erhoben werden;
- die Kosten der für die Ausfuhr notwendigen Zollformalitäten sowie alle Zölle, Steuern und andere öffentliche Abgaben zu tragen, die bei der Ausfuhr der Ware anfallen.

B 4 Abnahme

Anzuerkennen, daß die Ware in Übereinstimmung mit A.4 übergeben wird und die Ware dem Frachtführer im Bestimmungshafen abzunehmen.

B 5 Gefahrenübergang

Alle Gefahren des Verlusts oder der Beschädigung der Ware von dem Zeitpunkt an zu tragen, in dem sie die Schiffsreling im benannten Verschiffungshafen überschritten hat.

Sollte er die Benachrichtigung gemäß B.7 unterlassen, alle Gefahren des Verlusts oder der Beschädigung der Ware von dem für die Verschiffung vereinbarten Zeitpunkt oder vom Ablauf der hierfür vereinbarten Frist an zu tragen, vorausgesetzt, daß die Ware in geeigneter Weise konkretisiert, d.h. als der für den Käufer bestimmte Gegenstand abgesondert oder auf andere Art kenntlich gemacht worden ist.

B 6 Kostenteilung

Vorbehaltlich der Bestimmungen von A.3), alle die Ware betreffenden Kosten von dem Zeitpunkt an zu tragen, in dem sie gemäß A.4 geliefert worden ist und, sofern diese Kosten nicht von regulären Schiffahrtsgesellschaften beim Abschluß des Beförderungsvertrags erhoben worden sind, alle während des Transports bis zur Ankunft im Bestimmungshafen anfallenden, die Ware betreffenden Kosten einschließlich der Kosten für die Löschung und die Leichterung sowie die Kaigebühren zu tragen.

Sollte er die Benachrichtigung gemäß B.7 unterlassen, von dem für die Verschiffung vereinbarten Zeitpunkt oder vom Ablauf der hierfür vereinbarten Frist an alle dadurch entstehenden zusätzlichen Kosten zu tragen, vorausgesetzt, daß die Ware in geeigneter Weise konkretisiert, d.h. als der für den Käufer bestimmte Gegenstand abgesondert oder auf andere Art kenntlich gemacht worden ist.

Alle Zölle, Steuern und andere öffentliche Abgaben sowie die Kosten der Zollformalitäten, die bei der Einfuhr der Ware und gegebenenfalls bei der Durchfuhr durch ein drittes Land anfallen, zu tragen.

A 7   Benachrichtigung des Käufers

Den Käufer in angemessener Weise zu benachrichtigen, daß die Ware an Bord des Schiffs geliefert worden ist, sowie jede andere Nachricht zu geben, die der Käufer benötigt, um erforderliche Maßnahmen zur Übernahme der Ware treffen zu können.

A 8   Liefernachweis, Transportdokument oder entsprechende elektronische Mitteilung

Mangels anderer Vereinbarung auf eigene Kosten dem Käufer unverzüglich das übliche Transportdokument für den vereinbarten Bestimmungshafen zu beschaffen.

Dieses Dokument (z.B. ein begebbares Konnossement, ein nichtbegebbarer Seefrachtbrief oder ein Dokument des Binnenschiffstransports) muß über die vertraglich vereinbarte Ware lauten, in innerhalb der für die Verschiffung vereinbarten Frist liegendes Datum tragen, den Käufer berechtigen, die Herausgabe der Ware am Bestimmungsort von dem Frachtführer zu verlangen, und mangels anderer Vereinbarung dem Käufer ermöglichen, die Ware während des Transports an einen nachfolgenden Käufer durch Übertragung des Dokuments (begebbares Konnossement) oder durch Mitteilung an den Frachtführer zu verkaufen.

Besteht ein solches Transportdokument aus mehreren Originalausfertigungen, muß dem Käufer der vollständige Satz übergeben werden. Wenn das Transportdokument einen Hinweis auf einen Chartervertrag enthält, so muß der Verkäufer außerdem ein Exemplar dieser Urkunde übergeben.

Wenn sich Verkäufer und Käufer auf elektronische Datenkommunikation geeinigt haben, kann das in den vorstehenden Absätzen erwähnte Dokument durch eine entsprechende Mitteilung im elektronischen Datenaustausch (EDI message) ersetzt werden.

A 9   Prüfung – Verpackung – Kennzeichnung

Die Kosten der Prüfung (wie Qualitätsprüfung, Messen, Wiegen und Zählen) zu tragen, die für die Lieferung der Ware gemäß A.4 erforderlich ist.

Auf eigene Kosten für eine Verpackung zu sorgen (sofern es

B 7   Benachrichtigung des Verkäufers

Wenn er berechtigt ist, den Zeitpunkt für die Verschiffung der Ware und/oder den Bestimmungshafen festzulegen, den Verkäufer in angemessener Weise davon zu benachrichtigen.

B 8   Liefernachweis, Transportdokument oder entsprechende elektronische Mitteilung

Das Transportdokument gemäß A.8 anzunehmen, wenn es mit dem Kaufvertrag übereinstimmt.

B 9   Prüfung der Ware

Mangels anderer Vereinbarung die Kosten von Warenkontrollen vor der Verladung (pre-shipment inspection) zu tragen, mit Ausnahme behördlich angeordneter Kontrollen des Ausfuhrlands.

nicht handelsüblich ist, die in dem Vertrag beschriebene Ware unverpackt zu verschiffen), die für den von ihm besorgten Transport der Ware erforderlich ist. Die Verpackung ist in geeigneter Weise zu kennzeichnen.

A 10 Sonstige Verpflichtungen

Dem Käufer auf dessen Verlangen, Gefahr und Kosten bei der Beschaffung aller anderen als in A.8 genannten Dokumente oder entsprechender elektronischer Mitteilungen, die im Verschiffungs- und/oder Ursprungsland ausgestellt oder abgesendet werden und die der Käufer zur Einfuhr der Ware und gegebenenfalls zur Durchfuhr durch ein drittes Land benötigt, jede Hilfe zu gewähren.

Dem Käufer auf dessen Verlangen die für die Versicherung der Ware erforderlichen Auskünfte zu erteilen.

B 10 Sonstige Verpflichtungen

Alle Kosten und Gebühren für die Beschaffung der in A.10 genannten Dokumente oder entsprechender elektronischer Mitteilungen zu tragen und diejenigen des Verkäufers zu erstatten, die diesem bei der Hilfeleistung hierfür entstanden sind.

CIF Kosten, Versicherung, Fracht (...benannter Bestimmungshafen)

"Kosten, Versicherung, Fracht" bedeutet, daß der Verkäufer die gleichen Verpflichtungen wie bei der CFR-Klausel hat, jedoch zusätzlich die Seetransportversicherung gegen die vom Käufer getragene Gefahr des Verlusts oder der Beschädigung der Ware während des Transports abzuschließen hat. Der Verkäufer schließt den Versicherungsvertrag ab und zahlt die Versicherungsprämie.
Der Käufer sollte beachten, daß gemäß dieser Klausel der ▶ Verkäufer nur verpflichtet ist, eine Versicherung zu Mindestbedingungen abzuschließen.
Die CIF-Klausel verpflichtet den Verkäufer, die Ware zur Ausfuhr freizumachen.
Diese Klausel kann nur für den See- oder Binnenschiffstransport verwendet werden. Hat die Schiffsreling keine praktische Bedeutung, wie bei Ro-Ro- oder Containertransporten, ist die CIP-Klausel geeigneter.

A ▶ DER VERKÄUFER HAT

A 1   Lieferung vertragsgemäßer Ware
Die Ware in Übereinstimmung mit dem Kaufvertrag zu liefern sowie die Handelsrechnung oder die entsprechende elektronische Mitteilung und alle sonstigen vertragsgemäßen Belege hierfür zu erbringen.

A 2   Lizenzen, Genehmigungen und Formalitäten
Auf eigene Gefahr und Kosten die Ausfuhrbewilligung oder andere behördliche Genehmigung zu beschaffen sowie alle Zollformalitäten zu erledigen, die für die Ausfuhr der Ware erforderlich sind.

A 3   Beförderungs- und Versicherungsvertrag
a) Beförderungsvertrag
Auf eigene Rechnung den Vertrag über die Beförderung der Ware auf dem üblichen Weg in der üblichen Weise bis zum benannten Bestimmungshafen in einem Seeschiff (bzw. gegebenenfalls einem Binnenschiff) der Bauart, die normalerweise für die Beförderung der im Vertrag genannten Ware verwendet wird, abzuschließen.
b) Versicherungsvertrag
Auf eigene Kosten die im Vertrag vereinbarte Transportversiche-

B ▶ DER KÄUFER HAT

B 1   Zahlung des Kaufpreises
Den Preis vertragsgemäß zu zahlen.

B 2   Lizenzen, Genehmigungen und Formalitäten
Auf eigene Gefahr und Kosten die Einfuhrbewilligung oder andere behördliche Genehmigung zu beschaffen sowie alle erforderlichen Zollformalitäten für die Einfuhr der Ware und gegebenenfalls für ihre Durchfuhr durch ein drittes Land zu erledigen.

B 3   Beförderungsvertrag
Keine Verpflichtung.

rung zu beschaffen, die den Käufer oder eine andere Person mit versichertem Interesse an den Gütern berechtigt, direkt beim Versicherer Ansprüche geltend zu machen, und dem Käufer die Versicherungspolice oder einen sonstigen Nachweis über den Versicherungsschutz zu übermitteln.

Die Versicherung ist bei zuverlässigen Versicherern oder Versicherungsgesellschaften abzuschließen und muß mangels ausdrücklicher Vereinbarung von etwas Gegensätzlichem mit der Mindestdeckung der Institute Cargo Clauses (Institute of London Underwriters) oder einem ähnlichen Bedingungswerk übereinstimmen. Die Dauer der Versicherung muß B.5 und B.4 entsprechen. Auf Verlangen des Käufers hat der Verkäufer auf Kosten des Käufers eine Versicherung gegen die Gefahren Krieg, Streik, Aufruhr und bürgerliche Unruhen zu beschaffen, sofern dies möglich ist. Die Mindest-Versicherung muß den Kaufpreis zuzüglich 10 % (d.h. 110 %) decken und in der Währung des Kaufvertrags genommen werden.

A 4 Lieferung

Die Ware an Bord des Schiffs im Verschiffungshafen in dem vereinbarten Zeitpunkt oder innerhalb der vereinbarten Frist zu liefern.

A 5 Gefahrenübergang

Vorbehaltlich der Bestimmungen von B.5, alle Gefahren des Verlusts oder der Beschädigung der Ware solange zu tragen, bis sie die Schiffsreling im Verschiffungshafen überschritten hat.

A 6 Kostenteilung

Vorbehaltlich der Bestimmungen von B.6

- alle die Ware betreffenden Kosten solange zu tragen, bis sie gemäß A.4 geliefert worden ist, sowie die Fracht- und alle

B 4 Abnahme

Anzuerkennen, daß die Ware in Übereinstimmung mit A.4 übergeben wird und die Ware dem Frachtführer im Bestimmungshafen abzunehmen.

B 5 Gefahrenübergang

Alle Gefahren des Verlusts oder der Beschädigung der Ware von dem Zeitpunkt an zu tragen, in dem sie die Schiffsreling im benannten Verschiffungshafen überschritten hat.
Sollte er die Benachrichtigung gemäß B.7 unterlassen, alle Gefahren des Verlusts oder der Beschädigung der Ware von dem für die Verschiffung vereinbarten Zeitpunkt oder vom Ablauf der hierfür vereinbarten Frist an zu tragen, vorausgesetzt, daß die Ware in geeigneter Weise konkretisiert, d.h. als der für den Käufer bestimmte Gegenstand abgesondert oder auf andere Art kenntlich gemacht worden ist.

B 6 Kostenteilung

Vorbehaltlich der Bestimmungen von B.4.3), alle die Ware betreffenden Kosten von dem Zeitpunkt an zu tragen, in dem sie gemäß A.4 geliefert worden ist und, sofern diese Kosten nicht

INCOTERMS

anderen aus A.3) entstehenden Kosten sowie die Kosten der Verladung der Ware an Bord und alle Ausladungskosten im Entladungshafen zu tragen, sofern sie von regulären Schiffahrtsgesellschaften beim Abschluß des Beförderungsvertrags erhoben werden;

- die Kosten der für die Ausfuhr notwendigen Zollformalitäten sowie alle Zölle, Steuern und andere öffentliche Abgaben zu tragen, die bei der Ausfuhr der Ware anfallen.

A 7 Benachrichtung des Käufers

Den Käufer in angemessener Weise zu benachrichtigen, daß die Ware an Bord des Schiffs geliefert worden ist, sowie jede andere Nachricht zu geben, die der Käufer benötigt, um erforderliche Maßnahmen zur Übernahme der Ware treffen zu können.

A 8 Liefernachweis, Transportdokument oder entsprechende elektronische Mitteilung

Mangels anderer Vereinbarung auf eigene Kosten dem Käufer unverzüglich das übliche Transportdokument für den vereinbarten Bestimmungshafen zu beschaffen.
Dieses Dokument (z.B. ein begebbares Konnossement, ein nichtbegebbarer Seefrachtbrief oder ein Dokument des Binnenschiffstransports) muß über die vertraglich vereinbarte Ware lauten, ein innerhalb der für die Verschiffung vereinbarten Frist liegendes Datum tragen, den Käufer berechtigen, die Herausgabe der Ware am Bestimmungsort von dem Frachtführer zu verlangen, und mangels anderer Vereinbarung dem Käufer ermöglichen, die Ware während des Transports an einen nachfolgenden Käufer durch Übertragung des Dokuments (begeb-

von regulären Schiffahrtsgesellschaften beim Abschluß des Beförderungsvertrags erhoben worden sind, alle während des Transports bis zur Ankunft im Bestimmungshafen anfallenden, die Ware betreffenden Kosten einschließlich der Kosten für die Löschung und die Leichterung sowie die Kaigebühren zu tragen.
Sollte er die Benachrichtigung gemäß B.7 unterlassen, von dem für die Verschiffung vereinbarten Zeitpunkt oder vom Ablauf der hierfür vereinbarten Frist an alle dadurch entstehenden zusätzlichen Kosten zu tragen, vorausgesetzt, daß die Ware in geeigneter Weise konkretisiert, d.h. als der für den Käufer bestimmte Gegenstand abgesondert oder auf andere Art kenntlich gemacht worden ist.
Alle Zölle, Steuern und andere öffentliche Abgaben sowie die Kosten der Zollformalitäten, die bei der Einfuhr der Ware und gegebenenfalls bei der Durchfuhr durch ein drittes Land anfallen, zu tragen.

B 7 Benachrichtigung des Verkäufers

Wenn er berechtigt ist, den Zeitpunkt für die Verschiffung der Ware und/oder den Bestimmungshafen festzulegen, den Verkäufer in angemessener Weise davon zu benachrichtigen.

B 8 Liefernachweis, Transportdokument oder entsprechende elektronische Mitteilung

Das Transportdokument gemäß A.8 anzunehmen, wenn es mit dem Kaufvertrag übereinstimmt.

bares Konnossement) oder durch Mitteilung an den Frachtführer zu verkaufen.

Besteht ein solches Transportdokument aus mehreren Originalausfertigungen, muß dem Käufer der vollständige Satz übergeben werden. Wenn das Transportdokument einen Hinweis auf einen Chartervertrag enthält, so muß der Verkäufer außerdem ein Exemplar dieser Urkunde übergeben.

Wenn sich Verkäufer und Käufer auf elektronische Datenkommunikation geeinigt haben, kann das in den vorstehenden Absätzen erwähnte Dokument durch eine entsprechende Mitteilung im elektronischen Datenaustausch (EDI message) ersetzt werden.

A 9 Prüfung – Verpackung – Kennzeichnung

Die Kosten der Prüfung (wie Qualitätsprüfung, Messen, Wiegen und Zählen) zu tragen, die für die Lieferung der Ware gemäß A.4 erforderlich ist.

Auf eigene Kosten für eine Verpackung zu sorgen (sofern es nicht handelsüblich ist, die in dem Vertrag beschriebene Ware unverpackt zu verschiffen), die für den von ihm besorgten Transport der Ware erforderlich ist. Die Verpackung ist in geeigneter Weise zu kennzeichnen.

A 10 Sonstige Verpflichtungen

Dem Käufer auf dessen Verlangen, Gefahr und Kosten bei der Beschaffung aller anderen als in A.8 genannten Dokumente oder entsprechender elektronischer Mitteilung, die im Verschiffungs- und/oder Ursprungsland ausgestellt oder abgesendet werden und die der Käufer zur Einfuhr der Ware und gegebenenfalls zur Durchfuhr durch ein drittes Land benötigt, jede Hilfe zu gewähren.

B 9 Prüfung der Ware

Mangels anderer Vereinbarung die Kosten von Warenkontrollen vor der Verladung (pre-shipment inspection) zu tragen, mit Ausnahme behördlich angeordneter Kontrollen des Ausfuhrlands.

B 10 Sonstige Verpflichtungen

Alle Kosten und Gebühren für die Beschaffung der in A.10 genannten Dokumente oder entsprechender elektronischer Mitteilungen zu tragen und diejenigen des Verkäufers zu erstatten, die diesem bei der Hilfeleistung hierfür entstanden sind. Dem Verkäufer auf dessen Verlangen die für die Versicherung der Ware erforderlichen Auskünfte zu erteilen.

CPT Frachtfrei (... benannter Bestimmungsort)

„Frachtfrei ..." bedeutet, daß der Verkäufer die Fracht für die Beförderung der Ware bis zum benannten Bestimmungsort trägt.
Die Gefahr des Verlusts oder der Beschädigung der Ware geht, ebenso wie zusätzliche Kosten, die auf Ereignisse nach Lieferung der Ware an den Frachtführer zurückzuführen sind, vom Verkäufer auf den Käufer über, sobald die Ware dem Frachtführer übergeben worden ist.
„Frachtführer" ist, wer sich durch einen Beförderungsvertrag verpflichtet, die Beförderung per Schiene, Straße, See, Luft, Binnengewässer oder in einer Kombination dieser Transportarten durchzuführen oder durchführen zu lassen.
Werden mehrere aufeinanderfolgende Frachtführer für die Beförderung zum benannten Ort eingesetzt, geht die Gefahr auf den Käufer über, sobald die Ware dem ersten Frachtführer übergeben worden ist.
Die CPT-Klausel verpflichtet den Verkäufer, die Ware zur Ausfuhr freizumachen.
Diese Klausel kann für jede Transportart verwendet werden, einschließlich des multimodalen Transports.

A ▶ DER VERKÄUFER HAT

A 1 Lieferung vertragsgemäßer Ware
Die Ware in Übereinstimmung mit dem Kaufvertrag zu liefern sowie die Handelsrechnung oder die entsprechende elektronische Mitteilung und alle sonstigen vertragsgemäßen Belege hierfür zu erbringen.

A 2 Linzenzen, Genehmigungen und Formalitäten
Auf eigene Gefahr und Kosten die Ausfuhrbewilligung oder andere behördliche Genehmigung zu beschaffen sowie alle Zollformalitäten zu erledigen, die für die Ausfuhr der Ware erforderlich sind.

A 3 Beförderungsvertrag
a) *Beförderungsvertrag*
Auf eigene Rechnung den Vertrag über die Beförderung der Ware auf dem üblichen Weg in der üblichen Weise bis zur benannten Stelle am benannten Bestimmungsort abzuschließen. Ist die Stelle nicht vereinbart oder ergibt sie sich nicht aus der Handelspraxis, kann der Verkäufer die ihm am besten zusagende Stelle am benannten Bestimmungsort auswählen.
b) *Versicherungsvertrag*
Keine Verpflichtung.

B ▶ DER KÄUFER HAT

B 1 Zahlung des Kaufpreises
Den Preis vertragsgemäß zu zahlen.

B 2 Lizenzen, Genehmigungen und Formalitäten
Auf eigene Gefahr und Kosten die Einfuhrbewilligung oder andere behördliche Genehmigung zu beschaffen sowie alle erforderlichen Zollformalitäten für die Einfuhr der Ware und gegebenenfalls für ihre Durchfuhr durch ein drittes Land zu erledigen.

B 3 Beförderungsvertrag
Keine Verpflichtung.

A 4 Lieferung

Die Ware dem Frachtführer oder bei mehreren aufeinanderfolgenden Frachtführern dem ersten Frachtführer in dem für die Lieferung vereinbarten Zeitpunkt oder innerhalb der vereinbarten Frist zur Beförderung an den benannten Bestimmungsort zu übergeben.

A 5 Gefahrenübergang

Vorbehaltlich der Bestimmungen von B.5 alle Gefahren des Verlusts oder der Beschädigung der Ware solange zu tragen, bis sie gemäß A.4 geliefert worden ist.

A 6 Kostenteilung

Vorbehaltlich der Bestimmungen von B.6
- alle die Ware betreffenden Kosten solange zu tragen, bis sie gemäß A.4 geliefert worden ist sowie die Fracht- und alle anderen aus A.3a) entstehenden Kosten sowie die Kosten der Verladung der Ware und alle Auslandungskosten am Bestimmungsort zu tragen, sofern sie in den Frachtkosten enthalten sind oder dem Verkäufer beim Abschluß des Beförderungsvertrags berechnet werden;
- die Kosten der für die Ausfuhr notwendigen Zollformalitäten sowie alle Zölle, Steuern und andere öffentliche Abgaben zu tragen, die bei der Ausfuhr der Ware anfallen.

B 4 Abnahme

Anzuerkennen, daß die Ware in Übereinstimmung mit A.4 übergeben wird und die Ware dem Frachtführer am Bestimmungsort abzunehmen.

B 5 Gefahrenübergang

Alle Gefahren des Verlusts oder der Beschädigung der Ware von dem Zeitpunkt an zu tragen, in dem sie gemäß A.4 geliefert worden ist.

Sollte er die Benachrichtigung gemäß B.7 unterlassen, alle Gefahren der Ware von dem für die Lieferung vereinbarten Zeitpunkt oder vom Ablauf der hierfür vereinbarten Frist an zu tragen, vorausgesetzt, daß die Ware in geeigneter Weise konkretisiert, d.h. als der für den Käufer bestimmte Gegenstand abgesondert oder auf andere Art kenntlich gemacht worden ist.

B 6 Kostenteilung

Vorbehaltlich der Benachrichtigung gemäß B.7 unterlassen, von dem fenden Kosten von dem Zeitpunkt an zu tragen, in dem sie gemäß A.4 geliefert worden ist und, sofern diese Kosten nicht in der Fracht enthalten oder dem Verkäufer beim Abschluß des Beförderungsvertrags gemäß A.3a) berechnet worden sind, alle während des Transports bis zur Ankunft am Bestimmungsort anfallenden, die Ware betreffenden Kosten einschließlich der Auslandungskosten zu tragen.

Sollte er die Benachrichtigung gemäß B.7 unterlassen, von dem für den Versand vereinbarten Zeitpunkt oder vom Ablauf der hierfür vereinbarten Frist an alle dadurch entstehenden zusätzlichen Kosten zu tragen, vorausgesetzt, daß die Ware in geeigneter Weise konkretisiert, d.h. als der für den Käufer bestimmte Gegenstand abgesondert oder auf andere Art kenntlich gemacht worden ist.

Alle Zölle, Steuern und andere öffentliche Abgaben sowie die Kosten der Zollformalitäten, die bei der Einfuhr der Ware und gegebenenfalls bei der Durchfuhr durch ein drittes Land anfallen, zu tragen.

A 7 Benachrichtigung des Käufers
Den Käufer in angemessener Weise zu benachrichtigen, daß die Ware gemäß A.4 geliefert worden ist, sowie jede andere Nachricht zu geben, die der Käufer benötigt, um erforderliche Maßnahmen zur Übernahme der Ware treffen zu können.

A 8 Liefernachweis, Transportdokument oder entsprechende elektronische Mitteilung
Dem Käufer auf Kosten des Verkäufers, falls handelsüblich, das übliche Transportdokument (z.B. ein begebbares Konnossement, einen nichtbegebbaren Seefrachtbrief, ein Dokument des Binnenschiffstransports, einen Luftfrachtbrief, einen Eisenbahnfrachtbrief, einen Straßenfrachtbrief oder ein multimodales Transportdokument) zu beschaffen.
Wenn sich Verkäufer und Käufer auf elektronische Datenkommunikation geeinigt haben, kann das im vorstehenden Absatz erwähnte Dokument durch eine entsprechende Mitteilung im elektronischen Datenaustausch (EDI message) ersetzt werden.

A 9 Prüfung – Verpackung – Kennzeichnung
Die Kosten der Prüfung (wie Qualitätsprüfung, Messen, Wiegen und Zählen) zu tragen, die für die Lieferung der Ware gemäß A.4 erforderlich ist.
Auf eigene Kosten für eine Verpackung zu sorgen (sofern es nicht handelsüblich ist, die in dem Vertrag beschriebene Ware unverpackt zu versenden), die für den von ihm besorgten Transport der Ware erforderlich ist. Die Verpackung ist in geeigneter Weise zu kennzeichnen.

A 10 Sonstige Verpflichtungen
Dem Käufer auf dessen Verlangen, Gefahr und Kosten bei der Beschaffung aller anderen als in A.8 genannten Dokumente oder entsprechender elektronischer Mitteilungen, die im Versendungs- und/oder Ursprungsland ausgestellt oder abgesendet werden und die der Käufer zur Einfuhr der Ware und gegebenenfalls zur Durchfuhr durch eine drittes Land benötigt, jede Hilfe zu gewähren.
Dem Käufer auf dessen Verlangen die für die Versicherung der Ware erforderlichen Auskünfte zu erteilen.

B 7 Benachrichtigung des Verkäufers
Wenn er berechtigt ist, den Zeitpunkt für den Versand der Ware und/oder den Bestimmungsort festzulegen, den Verkäufer in angemessener Weise davon zu benachrichtigen.

B 8 Liefernachweis, Transportdokument oder entsprechende elektronische Mitteilung
Das Transportdokument gemäß A.8 anzunehmen, wenn es mit dem Kaufvertrag übereinstimmt.

B 9 Prüfung der Ware
Mangels anderer Vereinbarung die Kosten von Warenkontrollen vor der Verladung (pre-shipment inspection) zu tragen, mit Ausnahme behördlich angeordneter Kontrollen des Ausfuhrlands.

B 10 Sonstige Verpflichtungen
Alle Kosten und Gebühren für die Beschaffung der in A.10 genannten Dokumente oder entsprechender elektronischer Mitteilungen zu tragen und diejenigen des Verkäufers zu erstatten, die diesem bei der Hilfeleistung hierfür entstanden sind.

CIP Frachtfrei versichert (... benannter Bestimmungsort)

„Frachtfrei versichert" bedeutet, daß der Verkäufer die gleichen Verpflichtungen wie bei der CPT-Klausel hat, jedoch zusätzlich die Transportversicherung gegen die vom Käufer getragene Gefahr des Verlusts oder der Beschädigung der Ware während des Transports zu beschaffen hat. Der Verkäufer schließt die Versicherung ab und zahlt die Versicherungsprämie.

▶ Der Käufer sollte beachten, daß gemäß dieser Klausel der Verkäufer nur verpflichtet ist, eine Versicherung zu Mindestbedingungen abzuschließen.
Die CIP-Klausel verpflichtet den Verkäufer, die Ware zur Ausfuhr freizumachen.
Diese Klausel kann für jede Transportart verwendet werden, einschließlich des multimodalen Transports.

A ▶ DER VERKÄUFER HAT

A 1 Lieferung vertragsgemäßer Ware
Die Ware in Übereinstimmung mit dem Kaufvertrag zu liefern sowie die Handelsrechnung oder die entsprechende elektronische Mitteilung und alle sonstigen vertragsgemäßen Belege hierfür zu erbringen.

A 2 Lizenzen, Genehmigungen und Formalitäten
Auf eigene Gefahr und Kosten die Ausfuhrbewilligung oder andere behördliche Genehmigung zu beschaffen sowie alle Zollformalitäten zu erledigen, die für die Ausfuhr der Ware erforderlich sind

A 3 Beförderungs- und Versicherungsvertrag
a) Beförderungsvertrag
Auf eigene Rechnung den Vertrag über die Beförderung der Ware auf dem üblichen Weg in der üblichen Weise bis zur benannten Stelle am benannten Bestimmungsort abzuschließen. Ist die Stelle nicht vereinbart oder ergibt sie sich nicht aus der Handelspraxis, kann der Verkäufer die ihm am besten zusagende Stelle am benannten Bestimmungsort auswählen.
b) Versicherungsvertrag
Auf eigene Kosten die im Vertrag vereinbarte Transportversicherung zu beschaffen, die den Käufer oder eine andere Person mit versichertem Interesse an den Gütern berechtigt, direkt beim

B ▶ DER KÄUFER HAT

B 1 Zahlung des Kaufpreises
Den Preis vertragsgemäß zu zahlen.

B 2 Lizenzen, Genehmigungen und Formalitäten
Auf eigene Gefahr und Kosten die Einfuhrbewilligung oder andere behördliche Genehmigung zu beschaffen sowie alle erforderlichen Zollformalitäten für die Einfuhr der Ware und gegebenenfalls für ihre Durchfuhr durch ein drittes Land zu erledigen.

B 3 Beförderungsvertrag
Keine Verpflichtung.

Versicherer Ansprüche geltend zu machen, und dem Käufer die Versicherungspolice oder einen sonstigen Nachweis über den Versicherungsschutz zu übermitteln.

Die Versicherung ist bei zuverlässigen Versicherern oder Versicherungsgesellschaften abzuschließen und muß mangels ausdrücklicher Vereinbarung von etwas Gegensätzlichem mit der Mindestdeckung der Institute Cargo Clauses (Institute of London Underwriters) oder einem ähnlichen Bedingungswerk übereinstimmen. Die Dauer der Versicherung muß B.5 und B.4 entsprechen. Auf Verlangen des Käufers hat der Verkäufer auf Kosten des Käufers eine Versicherung gegen die Gefahren Krieg, Streik, Aufruhr und bürgerliche Unruhen zu beschaffen, sofern dies möglich ist. Die Mindest-Versicherung muß den Kaufpreis zuzüglich 10 % (d.h. 110 %) decken und in der Währung des Kaufvertrags genommen werden.

A 4   Lieferung

Die Ware dem Frachtführer oder bei mehreren aufeinanderfolgenden Frachtführern dem ersten Frachtführer in dem für die Lieferung vereinbarten Zeitpunkt oder innerhalb der vereinbarten Frist zur Beförderung an den benannten Bestimmungsort zu übergeben.

A 5   Gefahrenübergang

Vorbehaltlich der Bestimmungen von B.5, alle Gefahren des Verlusts oder der Beschädigung der Ware solange zu tragen, bis sie gemäß A.4 geliefert worden ist.

A 6   Kostenteilung

Vorbehaltlich der Bestimmungen von B.6
- alle die Ware betreffenden Kosten solange zu tragen, bis sie gemäß A.4 geliefert worden ist sowie die Fracht- und alle anderen aus A.3) entstehenden Kosten sowie die

B 4   Abnahme

Anzuerkennen, daß die Ware in Übereinstimmung mit A.4 übergeben wird und die Ware dem Frachtführer am Bestimmungsort abzunehmen.

B 5   Gefahrenübergang

Alle Gefahren des Verlusts oder der Beschädigung der Ware von dem Zeitpunkt an zu tragen, in dem sie gemäß A.4 geliefert worden ist.
Sollte er die Benachrichtigung gemäß B.7 unterlassen, alle Gefahren der Ware von dem für die Lieferung vereinbarten Zeitpunkt oder vom Ablauf der hierfür vereinbarten Frist an zu tragen, vorausgesetzt, daß B.Ware in geeigneter Weise konkretisiert, d.h. als der für den Käufer bestimmte Gegenstand abgesondert oder auf andere Art kenntlich gemacht worden ist.

B 6   Kostenteilung

Vorbehaltlich der Bestimmungen von A.3), alle die Ware betreffenden Kosten von dem Zeitpunkt an zu tragen, in dem sie gemäß A.4 geliefert worden ist und, sofern diese Kosten nicht in der Fracht enthalten oder dem Verkäufer beim Abschluß des

Kosten der Verladung der Ware und alle Auladungskosten am Bestimmungsort zu tragen, sofern sie in den Frachtkosten enthalten sind oder dem Verkäufer beim Abschluß des Beförderungsvertrags berechnet werden;

• die Kosten der für die Ausfuhr notwendigen Zollformalitäten sowie alle Zölle, Steuern und andere öffentliche Abgaben zu tragen, die bei der Ausfuhr der Ware anfallen.

A 7 Benachrichtigung des Käufers

Den Käufer in angemessener Weise zu benachrichtigen, daß die Ware gemäß A.4 geliefert worden ist, sowie jede andere Nachricht zu geben, die der Käufer benötigt, um erforderliche Maßnahmen zur Übernahme der Ware treffen zu können.

A 8 Liefernachweis, Transportdokument oder entsprechende elektronische Mitteilung

Dem Käufer auf Kosten des Verkäufers, falls handelsüblich, das übliche Transportdokument (z.B. ein begebbares Konnossement, einen nichtbegebbaren Seefrachtbrief, ein Dokument des Binnenschiffstransports, einen Luftfrachtbrief, einen Eisenbahnfrachtbrief, einen Straßenfrachtbrief oder ein multimodales Transportdokument) zu beschaffen.
Wenn sich Verkäufer und Käufer auf elektronischen Datenkommunikation geeinigt haben, kann das im vorstehenden Absatz erwähnte Dokument durch eine entsprechende Mitteilung im elektronischen Datenaustausch (EDI message) ersetzt werden.

A 9 Prüfung – Verpackung – Kennzeichnung

Die Kosten der Prüfung (wie Qualitätsprüfung, Messen, Wiegen und Zählen) zu tragen, die für die Lieferung der Ware gemäß A.4 erforderlich ist.

Beförderungsvertrags gemäß A.3a) berechnet worden sind, alle während des Transports bis zur Ankunft am Bestimmungsort anfallenden, die Ware betreffenden Kosten einschließlich der Auladungskosten zu tragen.
Sollte er die Benachrichtigung gemäß B.7 unterlassen, von dem für den Versand vereinbarten Zeitpunkt oder vom Ablauf der hierfür vereinbarten Frist an alle dadurch entstehenden zusätzlichen Kosten zu tragen, vorausgesetzt, daß die Ware in geeigneter Weise konkretisiert, d.h. als der für den Käufer bestimmte Gegenstand abgesondert oder auf andere Art kenntlich gemacht worden ist.
Alle Zölle, Steuern und andere öffentliche Abgaben sowie die Kosten der Zollformalitäten, die bei der Einfuhr der Ware und gegebenenfalls bei der Durchfuhr durch ein drittes Land anfallen, zu tragen.

B 7 Benachrichtigung des Verkäufers

Wenn er berechtigt ist, den Zeitpunkt für den Versand der Ware und/oder den Bestimmungsort festzulegen, den Verkäufer in angemessener Weise davon zu benachrichtigen.

B 8 Liefernachweis, Transportdokument oder entsprechende elektronische Mitteilung

Das Transportdokument gemäß A.8 anzunehmen, wenn es mit dem Kaufvertrag übereinstimmt.

B 9 Prüfung der Ware

Mangels anderer Vereinbarung die Kosten von Warenkontrollen vor der Verladung (pre-shipment inspection) zu tragen, mit Ausnahme behördlich angeordneter Kontrollen des Ausfuhrlands.

INCOTERMS

327

Auf eigene Kosten für eine Verpackung zu sorgen (sofern es nicht handelsüblich ist, die in dem Vertrag beschriebene Ware unverpackt zu versenden), die für den von ihm besorgten Transport der Ware erforderlich ist. Die Verpackung ist in geeigneter Weise zu kennzeichnen.

A 10 Sonstige Verpflichtungen

Dem Käufer auf dessen Verlangen, Gefahr und Kosten bei der Beschaffung aller anderen als in A.8 genannten Dokumente oder entsprechender elektronischer Mitteilungen, die im Versendungs- und/oder Ursprungsland ausgestellt oder abgesendet werden und die der Käufer zur Einfuhr der Ware und gegebenenfalls zur Durchfuhr durch ein drittes Land benötigt, jede Hilfe zu gewähren.

B 10 Sonstige Verpflichtungen

Alle Kosten und Gebühren für die Beschaffung der in A.10 genannten Dokumente oder entsprechender elektronischer Mitteilungen zu tragen und diejenigen des Verkäufers zu erstatten, die diesem bei der Hilfeleistung hierfür entstanden sind. Dem Verkäufer auf dessen Verlangen die für die Versicherung der Ware erforderlichen Auskünfte zu erteilen.

DAF Geliefert Grenze (... benannter Ort)

„Geliefert Grenze" bedeutet, daß der Verkäufer seine Lieferverpflichtung erfüllt, wenn die zur Ausfuhr freigemachte Ware an der benannten Stelle des benannten Grenzorts zur Verfügung gestellt wird, jedoch vor der Zollgrenze des benachbarten Landes. Der Begriff „Grenze" schließt jede Grenze ein, auch die Grenze des Ausfuhrlandes. Es ist daher von entscheidender Bedeutung, die fragliche Grenze genau zu bestimmen und stets Stelle und Ort in der Vertragsklausel zu benennen.
Diese Klausel ist hauptsächlich für den Eisenbahn- oder Straßentransport vorgesehen, sie kann jedoch für jede Transportart verwendet werden.

A DER VERKÄUFER HAT

A 1 Lieferung vertragsgemäßer Ware
Die Ware in Übereinstimmung mit dem Kaufvertrag zu liefern sowie die Handelsrechnung oder die entsprechende elektronische Mitteilung und alle sonstigen vertragsgemäßen Belege hierfür zu erbringen.

A 2 Lizenzen, Genehmigungen und Formalitäten
Auf eigene Gefahr und Kosten die Ausfuhrbewilligung oder andere behördliche Genehmigung sowie jedes weitere erforderliche Dokument zu beschaffen, um dem Käufer die Ware zur Verfügung stellen zu können. Alle Zollformalitäten zu erledigen, die für die Ausfuhr der Ware zum benannten Lieferort an der Grenze und gegebenenfalls für ihre vorherige Durchfuhr durch ein drittes Land erforderlich sind.

A 3 Beförderungs- und Versicherungsvertrag
a) Beförderungsvertrag
Auf eigene Rechnung den Vertrag über die Beförderung der Ware auf dem üblichen Weg in der üblichen Weise bis zur benannten Stelle am Lieferort an der Grenze abzuschließen, gegebenenfalls einschließlich der Durchfuhr durch ein drittes Land.
Ist eine Stelle am benannten Lieferort an der Grenze nicht vereinbart oder ergibt sie sich nicht aus der Handelspraxis, kann der Verkäufer die ihm am besten zusagende Stelle am benannten Lieferort auswählen.
b) Versicherungsvertrag
Keine Verpflichtung.

B DER KÄUFER HAT

B 1 Zahlung des Kaufpreises
Den Preis vertragsgemäß zu zahlen.

B 2 Lizenzen, Genehmigungen und Formalitäten
Auf eigene Gefahr und Kosten die Einfuhrbewilligung oder andere behördliche Genehmigung zu beschaffen sowie alle erforderlichen Zollformalitäten am benannten Lieferort an der Grenze oder an anderer Stelle für die Einfuhr der Ware und gegebenenfalls für ihren Weitertransport zu erledigen.

B 3 Beförderungsvertrag
Keine Verpflichtung.

A 4 Lieferung

Die Ware dem Käufer an dem benannten Lieferort an der Grenze in dem vereinbarten Zeitpunkt oder innerhalb der vereinbarten Frist zur Verfügung zu stellen.

A 5 Gefahrenübergang

Vorbehaltlich der Bestimmungen von B.5, alle Gefahren des Verlusts oder der Beschädigung der Ware solange zu tragen, bis sie gemäß A.4 geliefert worden ist.

A 6 Kostenteilung

Vorbehaltlich der Bestimmungen von B.6

- alle die Ware betreffenden Kosten solange zu tragen, bis sie gemäß A.4 geliefert worden ist sowie zusätzlich zu den aus A.3a) entstehenden Kosten alle Kosten für die Entladung (einschließlich Leichterung und Umschlag) zu tragen, sofern es erforderlich oder handelsüblich ist, die Ware bei ihrer Ankunft am benannten Lieferort an der Grenze auszuladen, um sie dem Käufer zur Verfügung zu stellen;
- die Kosten der für die Ausfuhr notwendigen Zollformalitäten sowie alle Zölle, Steuern und andere öffentliche Abgaben zu tragen, die bei ihrer Durchfuhr durch ein drittes Land, bevor sie gemäß A.4 geliefert worden ist, anfallen.

A 7 Benachrichtigung des Käufers

Den Käufer in angemessener Weise zu benachrichtigen, daß die Ware an den benannten Grenzort versandt worden ist, sowie jede andere Nachricht zu geben, die der Käufer benötigt, um erforderliche Maßnahmen zur Übernahme der Ware treffen zu können.

B 4 Abnahme

Die Ware abzunehmen, sobald sie ihm gemäß A.4 zur Verfügung gestellt worden ist.

B 5 Gefahrenübergang

Alle Gefahren des Verlusts oder der Beschädigung der Ware von dem Zeitpunkt an zu tragen, in dem sie ihm gemäß A.4 zur Verfügung gestellt worden ist.
Sollte er die Benachrichtigung gemäß B.7 unterlassen, alle Gefahren des Verlusts oder der Beschädigung der Ware von dem für die Lieferung vereinbarten Zeitpunkt oder vom Ablauf der hierfür vereinbarten Frist an zu tragen, vorausgesetzt, daß die Ware in geeigneter Weise konkretisiert, d.h. als der für den Käufer bestimmte Gegenstand abgesondert oder auf andere Art kenntlich gemacht worden ist.

B 6 Kostenteilung

Alle die Ware betreffenden Kosten von dem Zeitpunkt an zu tragen, in dem sie ihm gemäß A.4 zur Verfügung gestellt worden ist.
Alle zusätzlichen Kosten zu tragen, die entweder dadurch entstehen, daß die Ware, nachdem sie ihm gemäß A.4 zur Verfügung gestellt wurde, nicht abgenommen worden ist oder keine Benachrichtigung gemäß B.7 erfolgte, vorausgesetzt, daß die Ware in geeigneter Weise konkretisiert, d.h. als der für den Käufer bestimmte Gegenstand abgesondert oder auf andere Art kenntlich gemacht worden ist.
Alle Zölle, Steuern und andere öffentliche Abgaben sowie die Kosten der Zollformalitäten, die bei der Einfuhr der Ware und gegebenenfalls bei ihrem Weitertransport anfallen, zu tragen.

B 7 Benachrichtigung des Verkäufers

Wenn er berechtigt ist, den Zeitpunkt der Abnahme innerhalb einer vereinbarten Frist und/oder ihren Ort zu bestimmen, den Verkäufer in angemessener Weise davon zu benachrichtigen.

A 8 Liefernachweis, Transportdokument oder entsprechende elektronische Mitteilung

Dem Käufer auf Kosten des Verkäufers das übliche Dokument oder einen anderen Nachweis für die Lieferung der Ware am benannten Ort an der Grenze zu beschaffen.

Dem Käufer auf dessen Verlangen, Gefahr und Kosten ein Durchfrachtdokument zu beschaffen, das üblicherweise im Versandland zu erhalten ist und sich auf den Transport der Ware zu üblichen Bedingungen vom Abgangsort im Versandland bis zum endgültigen vom Käufer benannten Bestimmungsort im Einfuhrland bezieht.

Wenn sich Verkäufer und Käufer auf elektronische Datenkommunikation geeinigt haben, kann das im vorstehenden Absatz erwähnte Dokument durch eine entsprechende Mitteilung im elektronischen Datenaustausch (EDI message) ersetzt werden.

A 9 Prüfung – Verpackung – Kennzeichnung

Die Kosten der Prüfung (wie Qualitätsprüfung, Messen, Wiegen und Zählen) zu tragen, die für die Lieferung der Ware gemäß A.4 erforderlich ist.

Auf eigene Kosten für eine Verpackung zu sorgen (sofern es nicht handelsüblich ist, die in dem Vertrag beschriebene Ware unverpackt zu liefern), die für die Lieferung der Ware an der Grenze und für den nachfolgenden Transport erforderlich ist, wenn und soweit die Transportmodalitäten (z.B. Transportart, Bestimmungsort) dem Verkäufer vor Abschluß des Kaufvertrags zur Kenntnis gebracht worden sind.

Die Verpackung ist in geeigneter Weise zu kennzeichnen.

A 10 Sonstige Verpflichtungen

Dem Käufer auf dessen Verlangen, Gefahr und Kosten bei der Beschaffung aller anderen als in A.8 genannten Dokumente oder entsprechender elektronischer Mitteilungen, die im Versendungs- und/oder Ursprungsland ausgestellt oder abgesendet werden und die der Käufer zur Einfuhr der Ware und gegebenenfalls zur Durchfuhr durch ein drittes Land benötigt, jede Hilfe zu gewähren.

Dem Käufer auf dessen Verlangen die für die Versicherung der Ware erforderlichen Auskünfte zu erteilen.

B 8 Liefernachweis, Transportdokument oder entsprechende elektronische Mitteilung

Das Transportdokument und/oder einen anderen in Übereinstimmung mit A.8 erbrachten Liefernachweis anzunehmen.

B 9 Prüfung der Ware

Mangels anderer Vereinbarung die Kosten von Warenkontrollen vor der Verladung (pre-shipment inspection) zu tragen, mit Ausnahme behördlich angeordneter Kontrollen des Ausfuhrlands.

B 10 Sonstige Verpflichtungen

Alle Kosten und Gebühren für die Beschaffung der in A.10 genannten Dokumente oder entsprechender elektronischer Mitteilungen zu tragen und diejenigen des Verkäufers zu erstatten, die diesem bei der Hilfeleistung hierfür entstanden sind.

Falls erforderlich, dem Verkäufer auf dessen Verlangen und auf Gefahr und Kosten des Käufers Devisengenehmigungen, Zulassungen, sonstige Dokumente oder beglaubigte Kopien davon zu beschaffen oder die Anschrift des endgültigen Bestimmungsorts im Einfuhrland für die Beschaffung des Durchfrachtdokuments oder jedes anderen Dokuments gemäß A.8 mitzuteilen.

INCOTERMS

DES Geliefert ab Schiff (… benannter Bestimmungshafen)

„Geliefert ab Schiff" bedeutet, daß der Verkäufer seine Lieferverpflichtung erfüllt, wenn die Ware, die vom Verkäufer nicht für die Einfuhr freizumachen ist, dem Käufer an Bord des Schiffs im benannten Bestimmungshafen zur Verfügung gestellt wird.

▶ Der Verkäufer hat alle Kosten und Gefahren der Lieferung der Ware bis zum benannten Bestimmungshafen zu tragen. Diese Klausel kann nur für den See- oder Binnenschiffstransport verwendet werden.

A ▶ DER VERKÄUFER HAT

A 1 Lieferung vertragsgemäßer Ware
Die Ware in Übereinstimmung mit dem Kaufvertrag zu liefern sowie die Handelsrechnung oder die entsprechende elektronische Mitteilung und alle sonstigen vertragsgemäßen Belege hierfür zu erbringen.

A 2 Lizenzen, Genehmigungen und Formalitäten
Auf eigene Gefahr und Kosten die Ausfuhrbewilligung oder andere behördliche Genehmigung zu beschaffen sowie alle Zollformalitäten zu erledigen, die für die Ausfuhr der Ware und gegebenenfalls für ihre Durchfuhr durch ein drittes Land erforderlich sind.

A 3 Beförderungs- und Versicherungsvertrag
a) Beförderungsvertrag
Auf eigene Rechnung den Vertrag über die Beförderung der Ware auf dem üblichen Wege in der üblichen Weise bis zum benannten Ort im benannten Bestimmungshafen abzuschließen. Ist eine Stelle nicht vereinbart oder ergibt sie sich nicht aus der Handelspraxis, kann der Verkäufer die ihm am besten zusagende Stelle im Bestimmungshafen auswählen.
b) Versicherungsvertrag
Keine Verpflichtung.

B ▶ DER KÄUFER HAT

B 1 Zahlung des Kaufpreises
Den Preis vertragsgemäß zu zahlen.

B 2 Lizenzen, Genehmigungen und Formalitäten
Auf eigene Gefahr und Kosten die Einfuhrbewilligung oder andere behördliche Genehmigung zu beschaffen sowie alle erforderlichen Zollformalitäten für die Einfuhr der Ware zu erledigen.

B 3 Beförderungsvertrag
Keine Verpflichtung.

A 4 Lieferung

Dem Käufer die nicht für die Einfuhr freigemachte Ware an Bord des Schiffs am üblichen Löschungsort im benannten Bestimmungshafen in dem vereinbarten Zeitpunkt oder innerhalb der vereinbarten Frist zur Verfügung zu stellen, so daß sie mit dem der Natur der Ware entsprechenden Entladegerät von Bord genommen werden kann.

A 5 Gefahrenübergang

Vorbehaltlich der Bestimmungen von B.5, alle Gefahren des Verlusts oder der Beschädigung der Ware solange zu tragen, bis sie gemäß A.4 geliefert worden ist.

A 6 Kostenteilung

Vorbehaltlich der Bestimmungen von B.6

- zusätzlich zu den aus A.3a) entstehenden Kosten alle die Ware betreffenden Kosten solange zu tragen, bis sie gemäß A.4 geliefert worden ist;
- die Kosten der für die Ausfuhr notwendigen Zollformalitäten sowie alle Zölle, Steuern und andere öffentliche Abgaben zu tragen, die bei der Ausfuhr der Ware und gegebenenfalls bei ihrer Durchfuhr durch ein drittes Land, bevor sie gemäß A.4 geliefert worden ist, anfallen.

A 7 Benachrichtigung des Käufers

Den Käufer in angemessener Weise über das voraussichtliche Ankunftsdatum des benannten Schiffs gemäß A.4 zu benachrichtigen sowie jede andere Nachricht zu geben, die der Käufer

B 4 Abnahme

Die Ware abzunehmen, sobald sie ihm gemäß A.4 zur Verfügung gestellt worden ist.

B 5 Gefahrenübergang

Alle Gefahren des Verlusts oder der Beschädigung der Ware von dem Zeitpunkt an zu tragen, in dem sie ihm gemäß A.4 zur Verfügung gestellt worden ist.
Sollte er die Benachrichtigung gemäß B.7 unterlassen, alle Gefahren des Verlusts oder der Beschädigung der Ware von dem Zeitpunkt der Lieferung vereinbarten Zeitpunkt oder vom Ablauf der hierfür vereinbarten Frist an zu tragen, vorausgesetzt, daß die Ware in geeigneter Weise konkretisiert, d.h. als der für den Käufer bestimmte Gegenstand abgesondert oder auf andere Art kenntlich gemacht worden ist.

B 6 Kostenteilung

Alle die Ware betreffenden Kosten einschließlich der Kosten für die Löschung von dem Zeitpunkt an zu tragen, in dem sie ihm gemäß A.4 zur Verfügung gestellt worden ist.
Alle zusätzlichen Kosten zu tragen, die entweder dadurch entstehen, daß die Ware, nachdem sie ihm gemäß A.4 zur Verfügung gestellt wurde, nicht abgenommen worden ist oder keine Benachrichtigung gemäß B.7 erfolgte, vorausgesetzt, daß die Ware in geeigneter Weise konkretisiert, d.h. als der für den Käufer bestimmte Gegenstand abgesondert oder auf andere Art kenntlich gemacht worden ist.
Alle Zölle, Steuern und andere öffentliche Abgaben sowie die Kosten der Zollformalitäten, die bei der Einfuhr der Ware anfallen, zu tragen.

B 7 Benachrichtigung des Verkäufers

Wenn er berechtigt ist, den Zeitpunkt der Abnahme innerhalb einer vereinbarten Frist und/oder ihren Ort zu bestimmen, den Verkäufer in angemessener Weise davon zu benachrichtigen.

benötigt, um erforderliche Maßnahmen zur Übernahme der Ware treffen zu können.

A 8 Liefernachweis, Transportdokument oder entsprechende elektronische Mitteilung

Dem Käufer auf Kosten des Verkäufers den Auslieferungsauftrag (delivery order) und/oder das übliche Transportdokument (z.B. ein begebbares Konnossement, einen nichtbegebbaren Seefrachtbrief, ein Dokument des Binnenschiffstransports oder ein multimodales Transportdokument) zu beschaffen, das der Käufer zur Übernahme der Ware benötigt.
Wenn sich Verkäufer und Käufer auf elektronische Datenkommunikation geeinigt haben, kann das in vorstehenden Absatz erwähnte Dokument durch eine entsprechende Mitteilung im elektronischen Datenaustausch (EDI message) ersetzt werden.

A 9 Prüfung – Verpackung – Kennzeichnung

Die Kosten der Prüfung (wie Qualitätsprüfung, Messen, Wiegen und Zählen) zu tragen, die für die Lieferung der Ware gemäß A.4 erforderlich ist.
Auf eigene Kosten für eine Verpackung zu sorgen (sofern es nicht handelsüblich ist, die in dem Vertrag beschriebene Ware unverpackt zu liefern), die für die Lieferung der Ware erforderlich ist. Die Verpackung ist in geeigneter Weise zu kennzeichnen.

A 10 Sonstige Verpflichtungen

Dem Käufer auf dessen Verlangen, Gefahr und Kosten bei der Beschaffung aller anderen als in A.8 genannten Dokumente oder entsprechender elektronischer Mitteilungen, die im Versendungs- und/oder Ursprungsland ausgestellt oder abgesendet werden und die der Käufer zur Einfuhr der Ware benötigt, jede Hilfe zu gewähren.
Dem Käufer auf dessen Verlangen die für die Versicherung der Ware erforderlichen Auskünfte zu erteilen.

B 8 Liefernachweis, Transportdokument oder entsprechende elektronische Mitteilung

Den Auslieferungsauftrag (delivery order) oder das Transportdokument, die in Übereinstimmung mit A.8 erbracht werden, anzunehmen.

B 9 Prüfung der Ware

Mangels anderer Vereinbarung die Kosten von Warenkontrollen vor der Verladung (pre-shipment inspection) zu tragen, mit Ausnahme behördlich angeordneter Kontrollen des Ausfuhrlands.

B 10 Sonstige Verpflichtungen

Alle Kosten und Gebühren für die Beschaffung der in A.10 genannten Dokumente oder entsprechender elektronischer Mitteilungen zu tragen und diejenigen des Verkäufers zu erstatten, die diesem bei der Hilfeleistung hierfür entstanden sind.

DEQ Geliefert ab Kai (verzollt) (... benannter Bestimmungshafen)

„Geliefert ab Kai (verzollt)" bedeutet, daß der Verkäufer seine Lieferverpflichtung erfüllt, wenn er die zur Einfuhr freigemachte Ware dem Käufer am Kai des benannten Bestimmungshafens zur Verfügung stellt.

Der Verkäufer hat alle Gefahren und Kosten einschließlich Zölle, Steuern und anderer Kosten für die Lieferung der Ware bis zu diesem Ort zu tragen.

Diese Klausel sollte nicht verwendet werden, wenn es dem Verkäufer nicht möglich ist, entweder direkt oder indirekt die Einfuhrbewilligung zu beschaffen.

Wünschen die Parteien, daß der Käufer die Einfuhrabfertigung vornimmt und die Zollgebühren trägt, sollte statt „verzollt" das Wort „unverzollt" eingesetzt werden.

Wünschen die Parteien, daß von den Verpflichtungen des Verkäufers bestimmte bei der Einfuhr der Ware anfallende Abgaben (z.B. Mehrwertsteuer) ausgeschlossen werden, sollte dies durch einen entsprechenden Zusatz deutlich gemacht werden, wie: „Geliefert ab Kai, Mehrwertsteuer nicht bezahlt (... benannter Bestimmungshafen)".

Diese Klausel kann nur für den See- oder Binnenschiffstransport verwendet werden.

A ▶ DER VERKÄUFER HAT

A 1 Lieferung vertragsgemäßer Ware
Die Ware in Übereinstimmung mit dem Kaufvertrag zu liefern sowie die Handelsrechnung oder die entsprechende elektronische Mitteilung und alle sonstigen vertragsgemäßen Belege hierfür zu erbringen.

A 2 Lizenzen, Genehmigungen und Formalitäten
Auf eigene Kosten und Gefahr die Aus- und Einfuhrbewilligungen oder andere behördliche Genehmigung zu beschaffen sowie alle Zollformalitäten zu erledigen, die für die Aus- und Einfuhr der Ware und gegebenenfalls für ihre Durchfuhr durch ein drittes Land erforderlich sind.

A 3 Beförderungs- und Versicherungsvertrag
a) Beförderungsvertrag
Auf eigene Rechnung den Vertrag über die Beförderung der Ware auf dem üblichen Weg und in der üblichen Weise bis zum Kai im benannten Bestimmungshafen abzuschließen. Ist eine Stelle nicht vereinbart oder ergibt sie sich nicht aus dem Handels-

B ▶ DER KÄUFER HAT

B 1 Zahlung des Kaufpreises
Den Preis vertragsgemäß zu zahlen.

B 2 Lizenzen, Genehmigungen und Formalitäten
Dem Verkäufer auf dessen Verlangen, Gefahr und Kosten bei der Beschaffung der Einfuhrbewilligung oder anderer behördlicher Genehmigung, die für die Einfuhr der Ware erforderlich sind, jede Hilfe zu gewähren.

B 3 Beförderungsvertrag
Keine Verpflichtung.

praxis, kann der Verkäufer die ihm am besten zusagende Stelle im Bestimmungshafen auswählen.
b) *Versicherungsvertrag*
Keine Verpflichtung.

A 4 Lieferung
Die Ware dem Käufer am Kai des benannten Bestimmungshafens in dem vereinbarten Zeitpunkt oder innerhalb der vereinbarten Frist zur Verfügung zu stellen.

A 5 Gefahrenübergang
Vorbehaltlich der Bestimmungen von B.5, alle Gefahren des Verlusts oder der Beschädigung der Ware solange zu tragen, bis sie gemäß A.4 geliefert worden ist.

A 6 Kostenteilung
Vorbehaltlich der Bestimmungen von B.6
- zusätzlich zu den aus A.3a) entstehenden Kosten alle die Ware betreffenden Kosten solange zu tragen, bis sie gemäß A.4 geliefert worden ist;
- mangels anderer Vereinbarung die Kosten für Zollformalitäten sowie alle Zölle, Steuern und andere öffentliche Abgaben zu tragen, die bei der Aus- und Einfuhr der Ware und gegebenenfalls bei ihrer Durchfuhr durch ein drittes Land, bevor sie gemäß A.4 geliefert worden ist, anfallen.

A 7 Benachrichtigung des Käufers
Den Käufer in angemessener Weise über das voraussichtliche Ankunftsdatum des benannten Schiffs gemäß A.4 zu benachrichtigen sowie jede andere Nachricht zu geben, die der Käufer benötigt, um erforderliche Maßnahmen zur Übernahme der Ware treffen zu können.

B 4 Abnahme
Die Ware abzunehmen, sobald sie ihm gemäß A.4 zur Verfügung gestellt worden ist.

B 5 Gefahrenübergang
Alle Gefahren des Verlusts oder der Beschädigung der Ware von dem Zeitpunkt an zu tragen, in dem sie ihm gemäß A.4 zur Verfügung gestellt worden ist.
Sollte er die Benachrichtigung gemäß B.7 unterlassen, alle Gefahren des Verlusts oder der Beschädigung der Ware von dem für die Lieferung vereinbarten Zeitpunkt oder vom Ablauf der hierfür vereinbarten Frist an zu tragen, vorausgesetzt, daß die Ware in geeigneter Weise konkretisiert, d.h. als der für den Käufer bestimmte Gegenstand abgesondert oder auf andere Art kenntlich gemacht worden ist.

B 6 Kostenteilung
Alle die Ware betreffenden Kosten von dem Zeitpunkt an zu tragen, in dem sie ihm gemäß A.4 zur Verfügung gestellt worden ist. Alle zusätzlichen Kosten zu tragen, die entweder dadurch entstehen, daß die Ware, nachdem sie ihm gemäß A.4 zur Verfügung gestellt wurde, nicht abgenommen worden ist oder keine Benachrichtigung gemäß B.7 erfolgte, vorausgesetzt, daß die Ware in geeigneter Weise konkretisiert, d.h. als der für den Käufer bestimmte Gegenstand abgesondert oder auf andere Art kenntlich gemacht worden ist.

B 7 Benachrichtigung des Verkäufers
Wenn er berechtigt ist, den Zeitpunkt der Abnahme innerhalb einer vereinbarten Frist und/oder ihren Ort zu bestimmen, den Verkäufer in angemessener Weise davon zu benachrichtigen.

A 8 Liefernachweis, Transportdokument oder entsprechende elektronische Mitteilung

Dem Käufer auf Kosten des Verkäufers den Auslieferungsauftrag (delivery order) und/oder das übliche Transportdokument (z.B. ein begebbares Konnossement, einen nichtbegebbaren Seefrachtbrief, ein Dokument des Binnenschiffstransports oder ein multimodales Transportdokument) zu beschaffen, das der Käufer zur Übernahme der Ware und zu ihrem Abtransport vom Kai benötigt.
Wenn sich Verkäufer und Käufer auf elektronische Datenkommunikation geeinigt haben, kann das im vorstehenden Absatz erwähnte Dokument durch eine entsprechende Mitteilung im elektronischen Datenaustausch (EDI message) ersetzt werden.

A 9 Prüfung – Verpackung – Kennzeichnung

Die Kosten der Prüfung (wie Qualitätsprüfung, Messen, Wiegen und Zählen) zu tragen, die für die Lieferung der Ware gemäß A.4 erforderlich ist.
Auf eigene Kosten für eine Verpackung zu sorgen (sofern es nicht handelsüblich ist, die in dem Vertrag beschriebene Ware unverpackt zu liefern), die für die Lieferung der Ware erforderlich ist. Die Verpackung ist in geeigneter Weise zu kennzeichnen.

A 10 Sonstige Verpflichtungen

Alle Kosten und Gebühren für die Beschaffung der in B.10 genannten Dokumente oder entsprechender elektronischer Mitteilungen zu tragen und diejenigen des Käufers zu erstatten, die diesem bei der Hilfeleistung hierfür entstanden sind.
Dem Käufer auf dessen Verlangen die für die Versicherung der Ware erforderlichen Auskünfte zu erteilen.

B 8 Liefernachweis, Transportdokument oder entsprechende elektronische Mitteilung

Den Auslieferungsauftrag (delivery order) oder das Transportdokument, die in Übereinstimmung mit A.8 erbracht werden, anzunehmen.

B 9 Prüfung der Ware

Mangels anderer Vereinbarung die Kosten von Warenkontrollen vor der Verladung (pre-shipment inspection) zu tragen, mit Ausnahme behördlich angeordneter Kontrollen des Ausfuhrlands.

B 10 Sonstige Verpflichtungen

Dem Verkäufer auf dessen Verlangen, Gefahr und Kosten bei der Beschaffung der Dokumente oder entsprechender elektronischer Mitteilungen, die im Einfuhrland ausgestellt oder abgesendet werden und die der Verkäufer benötigt, um die Ware gemäß dieser Klausel dem Käufer zur Verfügung zu stellen, jede Hilfe zu gewähren.

DDU Geliefert unverzollt (... benannter Bestimmungsort)

„Geliefert unverzollt" bedeutet, daß der Verkäufer seine Lieferverpflichtung erfüllt, wenn die Ware am benannten Ort im Einfuhrland zur Verfügung gestellt wird. Der Verkäufer hat alle Kosten und Gefahren der Beförderung bis zu diesem Ort (außer den bei der Einfuhr anfallenden Zöllen, Steuern und anderen öffentlichen Abgaben) sowie die Kosten und Gefahren der Erledigung der Ausfuhr von Ausfuhrzollformalitäten zu tragen. Der Käufer hat alle zusätzlichen Kosten und Gefahren zu tragen, die durch sein Versäumnis, die Ware rechtzeitig zur Einfuhr freizumachen, entstehen.

▶ Wünschen die Parteien, daß der Verkäufer die Einfuhrzollformalitäten erledigt und die dadurch bedingten Kosten und Gefahren trägt, so ist dies ausdrücklich zu vermerken.

Wünschen die Parteien, daß in die Verpflichtungen des Verkäufers bestimmte bei der Einfuhr der Ware anfallende Kosten (z.B. Mehrwertsteuer) eingeschlossen werden, sollte dies durch einen entsprechenden Zusatz deutlich gemacht werden, wie: „Geliefert unverzollt, Mehrwertsteuer bezahlt (... benannter Bestimmungsort)".
Diese Klausel kann für jede Transportart verwendet werden.

A ▶ DER VERKÄUFER HAT

A 1 Lieferung vertragsgemäßer Ware
Die Ware in Übereinstimmung mit dem Kaufvertrag zu liefern sowie die Handelsrechnung oder die entsprechende elektronische Mitteilung und alle sonstigen vertragsgemäßen Belege hierfür zu erbringen.

A 2 Linzenzen, Genehmigungen und Formalitäten
Auf eigene Gefahr und Kosten die Ausfuhrbewilligung oder andere behördliche Genehmigung zu beschaffen sowie alle Zollformalitäten zu erledigen, die für die Ausfuhr der Ware und gegebenenfalls für ihre Durchfuhr durch ein drittes Land erforderlich sind.

A 3 Beförderungs- und Versicherungsvertrag
a) Beförderungsvertrag
Auf eigene Rechnung zu üblichen Bedingungen den Vertrag über die Beförderung der Ware auf dem üblichen Weg und in der üblichen Weise bis zur benannten Stelle am benannten Bestim-

B ▶ DER KÄUFER HAT

B 1 Zahlung des Kaufpreises
Den Preis vertragsgemäß zu zahlen.

B 2 Lizenzen, Genehmigungen und Formalitäten
Auf eigene Gefahr und Kosten die Einfuhrbewilligung oder andere behördliche Genehmigung zu beschaffen sowie alle erforderlichen Zollformalitäten für die Einfuhr der Ware zu erledigen.

B 3 Beförderungsvertrag
Keine Verpflichtung.

mungsort abzuschließen. Ist eine Stelle nicht vereinbart oder ergibt sich nicht aus der Handelspraxis, kann der Verkäufer die ihm am besten zusagende Stelle am benannten Bestimmungsort auswählen.
b) *Versicherungsvertrag*
Keine Verpflichtung.

A 4 Lieferung
Dem Käufer die Ware in dem vereinbarten Zeitpunkt oder innerhalb der vereinbarten Frist gemäß A.3 zur Verfügung zu stellen.

A 5 Gefahrenübergang
Vorbehaltlich der Bestimmungen von B.5, alle Gefahren des Verlusts oder der Beschädigung der Ware solange zu tragen, bis sie gemäß A.4 geliefert worden ist.

A 6 Kostenteilung
Vorbehaltlich der Bestimmungen von B.6
- zusätzlich zu den aus A.3a) entstehenden Kosten alle die Ware betreffenden Kosten solange zu tragen, bis sie gemäß A.4 geliefert worden ist;
- die Kosten der für die Ausfuhr notwendigen Zollformalitäten sowie alle Zölle, Steuern und andere öffentliche Abgaben zu tragen, die bei der Ausfuhr der Ware und gegebenenfalls bei ihrer Durchfuhr durch ein drittes Land, bevor sie gemäß A.4 geliefert worden ist, anfallen.

B 4 Abnahme
Die Ware abzunehmen, sobald sie ihm gemäß A.4 zur Verfügung gestellt worden ist.

B 5 Gefahrenübergang
Alle Gefahren des Verlusts oder der Beschädigung der Ware von dem Zeitpunkt an zu tragen, in dem sie ihm gemäß A.4 zur Verfügung gestellt worden ist.
Sollte er seine Verpflichtungen gemäß B.2 nicht erfüllen, alle daraus entstehenden zusätzlichen Gefahren des Verlusts oder der Beschädigung der Ware zu tragen und, wenn keine Benachrichtigung gemäß B.7 erfolgte, alle Gefahren des Verlusts oder der Beschädigung der Ware von dem für die Lieferung vereinbarten Zeitpunkt oder vom Ablauf der hierfür vereinbarten Frist an zu tragen, vorausgesetzt, daß die Ware in geeigneter Weise konkretisiert, d.h. als der für den Käufer bestimmte Gegenstand abgesondert oder auf andere Art kenntlich gemacht worden ist.

B 6 Kostenteilung
Alle die Ware betreffenden Kosten von dem Zeitpunkt an zu tragen, in dem sie ihm am benannten Ort gemäß A.4 zur Verfügung gestellt worden ist.
Alle zusätzlichen Kosten zu tragen, die entweder dadurch entstehen, daß er seine Verpflichtungen gemäß B.2 nicht erfüllt hat oder die Ware, nachdem sie ihm gemäß A.4 zur Verfügung gestellt wurde, nicht abgenommen worden ist oder keine Benachrichtigung gemäß B.7 erfolgte, vorausgesetzt, daß die Ware in geeigneter Weise konkretisiert, d.h. als der für den Käufer bestimmte Gegenstand abgesondert oder auf andere Art kenntlich gemacht worden ist.
Alle Zölle, Steuern und andere öffentliche Abgaben sowie die Kosten der Zollformalitäten, die bei der Einfuhr der Ware anfallen, zu tragen.

A 7 Benachrichtigung des Käufers

Den Käufer in angemessener Weise zu benachrichtigen, daß die Ware versandt worden ist, sowie jede andere Nachricht zu geben, die der Käufer benötigt, um erforderliche Maßnahmen zur Übernahme der Ware treffen zu können.

A 8 Liefernachweis, Transportdokument oder entsprechende elektronische Mitteilung

Dem Käufer auf Kosten des Verkäufers den Auslieferungsauftrag (delivery order) und/oder das übliche Transportdokument (z.B. ein begebbares Konnossement, einen nichtbegebbaren Seefrachtbrief, ein Dokument des Binnenschiffstransports, einen Luftfrachtbrief, einen Eisenbahnfrachtbrief, einen Straßenfrachtbrief oder ein multimodales Transportdokument) zu beschaffen, das für den Käufer zur Übernahme benötigt.

Wenn sich Verkäufer und Käufer auf elektronische Datenkommunikation geeinigt haben, kann das im vorstehenden Absatz erwähnte Dokument durch eine entsprechende Mitteilung im elektronischen Datenaustausch (EDI message) ersetzt werden.

A 9 Prüfung – Verpackung – Kennzeichnung

Die Kosten der Prüfung (wie Qualitätsprüfung, Messen, Wiegen und Zählen) zu tragen, die für die Lieferung der Ware gemäß A.4 erforderlich ist.

Auf eigene Kosten für eine Verpackung zu sorgen (sofern es nicht handelsüblich ist, die in dem Vertrag beschriebene Ware unverpackt zu liefern), die für die Lieferung der Ware erforderlich ist. Die Verpackung ist in geeigneter Weise zu kennzeichnen.

A 10 Sonstige Verpflichtungen

Dem Käufer auf dessen Verlangen, Gefahr und Kosten bei der Beschaffung aller anderen als in A.8 genannten Dokumente oder entsprechender elektronischer Mitteilungen, die im Versendungs- und/oder Ursprungsland ausgestellt oder abgesendet werden und die der Käufer zur Einfuhr der Ware benötigt, jede Hilfe zu gewähren.

Dem Käufer auf dessen Verlangen die für die Versicherung der Ware erforderlichen Auskünfte zu erteilen.

B 7 Benachrichtigung des Verkäufers

Wenn er berechtigt ist, den Zeitpunkt der Abnahme innerhalb einer vereinbarten Frist und/oder ihren Ort zu bestimmen, den Verkäufer in angemessener Weise davon zu benachrichtigen.

B 8 Liefernachweis, Transportdokument oder entsprechende elektronische Mitteilung

Den Auslieferungsauftrag (delivery order) oder das Transportdokument, die in Übereinstimmung mit A.8 erbracht werden, anzunehmen.

B 9 Prüfung der Ware

Mangels anderer Vereinbarung die Kosten von Warenkontrollen vor der Verladung (pre-shipment inspection) zu tragen, mit Ausnahme behördlich angeordneter Kontrollen des Ausfuhrlands.

B 10 Sonstige Verpflichtungen

Alle Kosten und Gebühren für die Beschaffung der in A.10 genannten Dokumente oder entsprechender elektronischer Mitteilungen zu tragen und diejenigen des Verkäufers zu erstatten, die diesem bei der Hilfeleistung hierfür entstanden sind.

DDP Geliefert verzollt (... benannter Bestimmungsort)

„Geliefert verzollt" bedeutet, daß der Verkäufer seine Lieferverpflichtung erfüllt, wenn die Ware am benannten Ort im Einfuhrland zur Verfügung gestellt wird. Der Verkäufer hat alle Gefahren und Kosten der Lieferung der zur Einfuhr freigemachten Ware bis zu diesem Ort einschließlich Zölle, Steuern und anderer Abgaben zu tragen. Während die Klausel „Ab Werk" die Mindestverpflichtung des Verkäufers darstellt, enthält die DDP-Klausel seine Maximalverpflichtung.
Diese Klausel sollte nicht verwendet werden, wenn es dem Verkäufer nicht möglich ist, entweder direkt oder indirekt die Einfuhrbewilligung zu beschaffen.

▶ Wünschen die Parteien, daß der Käufer die Ware zur Einfuhr freimacht und die Zölle entrichtet, ist die DDU-Klausel geeigneter.
Wünschen die Parteien, daß von den Verpflichtungen des Verkäufers bestimmte bei der Einfuhr anfallende Abgaben ausgeschlossen werden, sollte dies durch einen entsprechenden Zusatz deutlich gemacht werden, wie „Geliefert verzollt, Mehrwertsteuer nicht bezahlt (... benannter Bestimmungsort)".
Diese Klausel kann für jede Transportart verwendet werden.

▶ DER VERKÄUFER HAT

A 1 Lieferung vertragsgemäßer Ware
Die Ware in Übereinstimmung mit dem Kaufvertrag zu liefern sowie die Handelsrechnung oder die entsprechende elektronische Mitteilung und alle sonstigen vertragsgemäßen Belege hierfür zu erbringen.

A 2 Lizenzen, Genehmigungen und Formalitäten
Auf eigene Kosten und Gefahr die Aus- und Einfuhrbewilligungen oder andere behördliche Genehmigung zu beschaffen sowie die Zollformalitäten zu erledigen, die für die Aus- und Einfuhr der Ware und gegebenenfalls für ihre Durchfuhr durch ein drittes Land erforderlich sind.

A 3 Beförderungs- und Versicherungsvertrag
a) Beförderungsvertrag
Auf eigene Rechnung den Vertrag über die Beförderung der Ware auf dem üblichen Weg und in der üblichen Weise bis zur benannten Stelle am benannten Bestimmungsort abzuschließen. Ist eine Stelle nicht vereinbart oder ergibt sie sich nicht aus

 DER KÄUFER HAT

B 1 Zahlung des Kaufpreises
Den Preis vertragsgemäß zu zahlen.

B 2 Lizenzen, Genehmigungen und Formalitäten
Dem Verkäufer auf dessen Verlangen, Gefahr und Kosten bei der Beschaffung der Einfuhrbewilligung oder anderer behördlicher Genehmigung, die für die Einfuhr der Ware erforderlich sind, jede Hilfe zu gewähren.

B 3 Beförderungsvertrag
Keine Verpflichtung.

der Handelspraxis, kann der Verkäufer die ihm am besten zusagende Stelle am benannten Bestimmungsort auswählen.
b) *Versicherungsvertrag*
Keine Verpflichtung.

A 4   Lieferung

Dem Käufer die Ware in dem vereinbarten Zeitpunkt oder innerhalb der vereinbarten Frist gemäß A.3 zur Verfügung zu stellen.

A 5   Gefahrenübergang

Vorbehaltlich der Bestimmungen von B.5, alle Gefahren des Verlusts oder der Beschädigung der Ware solange zu tragen, bis sie gemäß A.4 geliefert worden ist.

A 6   Kostenteilung

Vorbehaltlich der Bestimmungen von B.6

- zusätzlich zu den aus A.3a) entstehenden Kosten alle die Ware betreffenden Kosten solange zu tragen, bis sie gemäß A.4 geliefert worden ist;
- mangels anderer Vereinbarung die Kosten für Zollformalitäten sowie alle Zölle, Steuern und andere öffentliche Abgaben zu tragen, die bei der Aus- und Einfuhr der Ware und gegebenenfalls bei ihrer Durchfuhr durch ein drittes Land, bevor sie gemäß A.4 geliefert worden ist, anfallen.

A 7   Benachrichtigung des Käufers

Den Käufer in angemessener Weise zu benachrichtigen, daß die Ware versandt worden ist, sowie jede andere Nachricht zu geben, der der Käufer benötigt, um erforderliche Maßnahmen zur Übernahme der Ware treffen zu können.

B 4   Abnahme

Die Ware abzunehmen, sobald sie ihm gemäß A.4 zur Verfügung gestellt worden ist.

B 5   Gefahrenübergang

Alle Gefahren des Verlusts oder der Beschädigung der Ware von dem Zeitpunkt an zu tragen, in dem sie ihm gemäß A.4 zur Verfügung gestellt worden ist.
Sollte er die Benachrichtigung gemäß B.7 unterlassen, alle Gefahren des Verlusts oder der Beschädigung der Ware von dem für die Lieferung vereinbarten Zeitpunkt oder vom Ablauf der hierfür vereinbarten Frist an zu tragen, vorausgesetzt, daß die Ware in geeigneter Weise konkretisiert, d.h. als der für den Käufer bestimmte Gegenstand abgesondert oder auf andere Art kenntlich gemacht worden ist.

B 6   Kostenteilung

Alle die Ware betreffenden Kosten von dem Zeitpunkt an zu tragen, in dem sie ihm gemäß A.4 zur Verfügung gestellt worden ist.
Alle zusätzlichen Kosten zu tragen, die entweder dadurch entstehen, daß die Ware, nachdem sie ihm gemäß A.4 zur Verfügung gestellt wurde, nicht abgenommen worden ist oder keine Benachrichtigung gemäß B.7 erfolgte, vorausgesetzt, daß die Ware in geeigneter Weise konkretisiert, d.h. als der für den Käufer bestimmte Gegenstand abgesondert oder auf andere Art kenntlich gemacht worden ist.

B 7   Benachrichtigung des Verkäufers

Wenn er berechtigt ist, den Zeitpunkt der Abnahme innerhalb einer vereinbarten Frist und/oder ihren Ort zu bestimmen, den Verkäufer in angemessener Weise davon zu benachrichtigen.

A 8 Liefernachweis, Transportdokument oder entsprechende elektronische Mitteilung

Dem Käufer auf Kosten des Verkäufers den Auslieferungsauftrag (delivery order) und/oder das übliche Transportdokument (z.B. ein begebbares Konnossement, einen nichtbegebbaren Seefrachtbrief, ein Dokument des Binnenschiffstransports, einen Luftfrachtbrief, einen Eisenbahnfrachtbrief, einen Straßenfrachtbrief oder ein multimodales Transportdokument) zu beschaffen, das der Käufer zur Übernahme der Ware benötigt. Wenn sich Verkäufer und Käufer auf elektronische Datenkommunikation geeinigt haben, kann das im vorstehenden Absatz erwähnte Dokument durch eine entsprechende Mitteilung im elektronischen Datenaustausch (EDI message) ersetzt werden.

A 9 Prüfung – Verpackung – Kennzeichnung

Die Kosten der Prüfung (wie Qualitätsprüfung, Messen, Wiegen und Zählen) zu tragen, die für die Lieferung der Ware gemäß A.4 erforderlich ist.
Auf eigene Kosten für eine Verpackung zu sorgen (sofern es nicht handelsüblich ist, die in dem Vertrag beschriebene Ware unverpackt zu liefern), die für die Lieferung der Ware erforderlich ist. Die Verpackung ist in geeigneter Weise zu kennzeichnen.

A 10 Sonstige Verpflichtungen

Alle Kosten und Gefahren für die Beschaffung der in B.10 genannten Dokumente oder entsprechender elektronischer Mitteilungen zu tragen und diejenigen des Käufers zu erstatten, die diesem bei der Hilfeleistung hierfür entstanden sind.
Dem Käufer auf dessen Verlangen die für die Versicherung der Ware erforderlichen Auskünfte zu erteilen.

B 8 Liefernachweis, Transportdokument oder entsprechende elektronische Mitteilung

Den Auslieferungsauftrag (delivery order) oder das Transportdokument, die in Übereinstimmung mit A.8 erbracht werden, anzunehmen.

B 9 Prüfung der Ware

Mangels anderer Vereinbarung die Kosten von Warenkontrollen vor der Verladung (pre-shipment inspection) zu tragen, mit Ausnahme behördlich angeordneter Kontrollen des Ausfuhrlands.

B 10 Sonstige Verpflichtungen

Dem Verkäufer auf dessen Verlangen, Gefahr und Kosten bei der Beschaffung der Dokumente oder entsprechender elektronischer Mitteilungen, die im Einfuhrland ausgestellt oder abgesendet werden und die der Verkäufer benötigt, um die Ware gemäß dieser Klausel dem Käufer zur Verfügung zu stellen, jede Hilfe zu gewähren.

Stichwortverzeichnis

Die Zahlen verweisen auf die Randnummern (Rn)

Abkürzungen (Transportversicherung) 252
Abschöpfung 1
Abwendungen des Schadens 263
ADS Güterversicherung 1973 227
ADSp (Versicherung des Gutes) 200
Akkreditiv 291
Allgefahrendeckung 226
Allgemeine Binnentransportversicherungsbedingungen (ADB) 207, 226
Allgemeine Deutsche Seeversicherungsbedingungen (ADS) 227
All-Risks-Versicherung 250
Anmelder 32
Ausfuhrklauseln (DTV) 233
Ausfuhrverfahren 77
  Normalverfahren 78
  vereinfachte Verfahren 38, 79
Auskunftspflicht 262
Außenhandelsstatistik 128
  Verfahren 129
Außenwirtschaftsrecht 125
  Einfuhr 126
  Ausfuhr 127
Ausstellungsversicherung 212

Bankauftrag (Akkreditiv) 296
Bankbestätigung 298
Bank-Inkasso 290
Beförderungsmittel 87
Beschädigung der Güter 260
Beschlagnahmeklausel (DTV) 238
Besondere Bestimmungen (ADS) 216
Bestätigtes Akkreditiv 295
Binnentransportversicherung 207
Bruchklausel für Möbel (DTV) 239
Bundesfinanzverwaltung 6
Bundeszollverwaltung 7
  Organisation und Aufbau 7

Container-Verpackung 310

Deckungsformen A, B, C, D (ADS-Güterversicherung 1973) 228
Deckungsformen der Transportversicherung 228
DM-Klausel (DTV) 238
Dokumenten-Akkreditiv 291

Dokumenten-Inkasso 289
Doppelversicherung 222
DTV-Klauseln 232 – 238

Einfuhr 19, 126
Einfuhrabgaben 2
Einfuhrumsatzsteuer (EUSt) 2, 131, 132, 133, 134
Befreiungen 139, 142 ff.
Bemessung 137
Erhebung 136
Vereinfachungen 138
Vorsteuerabzug 140
Einheitsversicherung 211
Einreihungsregeln 104
Einzel-Police 223
EWG-Vertrag 13
Export-Schutzklausel (DTV) 238

Fahrlässigkeit 248
Finanzielle Verrichtungen 280 – 287
fpa-Versicherung 249
Frachtversicherung 205
Franchisen 246
Freilager, Freizonen 89
Freizeichnungen 231

Gefahrenänderung 241
Gefahrenerhöhung 241
Gefahren-Übergang 301
Gemeinsamer Zolltarif 54
Gemeinschaftliches Versandverfahren (gVV) 87 f.
Gemeinschaftsware 18
Generalpolice 223
Gestellung 21, 26
Gestellungsort 23
Gestellungspflichtiger 22
Grenzen der Haftung 239
Grundgesetz 4
Güterversicherung 1973 (ADS) 216

Handelsrechnungen 290, 307
Harmonisiertes System 94
Hauptverpflichteter 68
Haverie grosse 245
Höchstversicherungssummen 251

344

Imaginärer Gewinn 221
Incoterms 299 ff.
Incoterms Klauseln
  EXW Anhang
  FCA Anhang
  FAS Anhang
  FUB Anhang
  CFR Anhang
  CIF Anhang
  CPT Anhang
  CIP Anhang
  DAF Anhang
  DES Anhang
  DER Anhang
  DDV Anhang
  DDP Anhang
Inkasso 284
Inkasso-Provision 286
Integralfranchise 248
Internationaler Zahlungsverkehr 288

Kasko-Versicherung 205
Kernenergie-Klausel (DTV) 234
Klassifikationsklausel (DTV) 236
Kombinierte Nomenklatur 98
Konsulats- und Mustervorschriften 303
Konsulatsfakturen 304
Kosten-Übergang 301
Kriegsausschlußfristen 259
Kriegsklauseln (DTV) 232

Lagerrisiken 267
Lagerversicherung 267 f.
Lufttransportversicherung 208

Mangelhafte Verpackung 247
Markierung 174
Maschinen-Klausel (DTV) 235
Maximum (Höchstversicherungssumme) 251
Minderung des Schadens 263
Mitversicherung 214

Nachnahmen 285
Nachnahme-Provision 286
Nichtgemeinschaftsware 18
Normalverfahren 37

Palette/Paletteneinsatz 312
Präferenzrecht 157
  Freiverkehrswaren 158
  Präferentieller Warenursprung 159
Prämien 252
Prämien-Fälligkeiten 254
Provision allgemein 282

Rechtsbehelfsverfahren 164 ff.
Rechtsgrundlagen der Transportversicherung 215 f.
Regreßsicherung 266
Reisegepäckversicherung 210
Reklamationsfristen 266
Richtlinien f. Dokumentenakkreditive 292
Rückversicherung 214

Sammelzollverfahren 58, 59 ff.
Schadenanmeldefristen 256
Schadennachweis 264, 265
Schadensfall 256
Seeversicherung 206
Sicherheitsleistung 69
Stauhinweise 310
Steueraussetzung 152
Steuerbegünstigung 150
Steuerlager 151
Steuern 1, 5
Streik, Aufruhrklauseln 233
Summarische Anmeldung 25

TIR-Verfahren 76
Transportverpackung 314
Transportversicherung 203, 204

Überholung 27
Überlassung von Waren 52
Überversicherung 220
Umverpackung 317
Umwandlung 85
Unterversicherung 220
Unwiderrufliches Akkreditiv 294
Ursprungszeugnisse 130, 308

Valorenversicherung 209
Verbote und Beschränkungen 130
Verbrauchssteuern 148, 149 ff.
Veredelung 82
  aktive 83
  passive 84
Vereinfachte Verfahren 38, 56, 57, 58, 59 ff., 71, 72, 73, 74, 79
Verkaufsverpackung 315
Verjährung 258
Verlust der Güter 259
Vernichtung 90
Verpackung 308
Verpackungsverordnung 313
Versandverfahren 64
  gemeinschaftliches 65, 66
  extern 67
  intern 70
  gemeinsames 75

Versicherbare Interessen 218
Versicherter 217
Versicherung für fremde Rechnung 243
Versicherung in fremder Währung 242
Versicherung von Haus zu Haus 240
Versicherungsarten 203, 205 f.
Versicherungsbegriff 201
Versicherungsbedingungen 216
Versicherungsdokumente
　(Akkreditiv) 244
Versicherungsnehmer 217
Versicherungspolice 223
Versicherungsprämien 253 f.
Versicherungssumme 239
Versicherungsunternehmen 202
Versicherungswert 219
Versicherungszertifikat 224, 244
Vertragliche Bedingungen (Vers.) 216
Vertretung 34
Vordrucke 92, 106, 120, 141, 146, 147, 154,
　155, 160, 161, 162, 163
Vorlage 281
Vorlage-Provision 283
Vorsichts-Markierung 317
vorübergehende Verwahrung 28
vorübergehende Verwendung 86
　Beförderungsmittel 87
　andere Waren 88
VVG – Versicherung-Vertragsgesetz
　215

Warenursprung 156
Warenversicherung 205
Widerrufliches Akkreditiv 293
Wiederausfuhr 91
Wiederherstellung der Güter 261

Zahlungsklauseln 289
Zahlungspflicht bei „unfrei"-
　Sendungen 287

Zeitversicherung 225
Zölle 1, 5
Zollamtliche Überwachung 16
Zollanmeldung 31
　Annahme 43
　Berichtigung 47
　Formen 35, 36, 39, 40, 41, 42
　Nichtannahme 44, 45
　Prüfung 49, 50
　Ungültigkeitserklärung 48
Zollbefund 51
Zollbehörde 8, 9, 10, 11
Zollbeschau 50
Zollfakturen 305
Zollgebiet 17
Zollgewicht 119
Zollager 81
Zollrecht 12, 13, 14, 15
　EWG-Vertrag 13
　nationales Recht 15
　Quellen 12
　Zollkodex 14
zollrechtlich freier Verkehr 30, 53
zollrechtliche Bestimmung 29, 89 ff.
　Verfahrensarten 54, 55, 56
　nichtüberwachter freier Verkehr 54 ff.
　überwachter freier Verkehr 54, 63
Zollschuld 121
　Entstehung 122, 124
　Zollschuldner 123
Zollstellen 11, 24
Zollstrafen 20
Zolltarif 93 ff.
Zollverfahren 30, 33, 52, 80, 81 ff.
Zollwert 107 f.
　Methoden der Zollwertermittlung 108 f.
　Zollwertanmeldung 118, 120
Zollwesen 3
　Geschichte 3
Zuschlagsprämien 252

Warum dieses Buch?

Besonders in schwierigen Zeiten stellen sich neue Herausforderungen für den Verkauf:
- auf den Verkäufern lastet ein ungeheurer Erfolgsdruck
- neue Kunden müssen gewonnen werden
- bestehende Kundenbindungen müssen besonders gepflegt und ausgebaut werden
- der Wettbewerb wird härter geführt

Für wen ist dieses Buch geschrieben?

- Pflichtlektüre für junge Verkäufer
- Begleitkompaß für die tägliche Verkaufspraxis
- Neue Impulse auch für alte Hasen
- Lehrstoff für Auszubildende
- Anleitung für alle Mitarbeiter mit Kundenkontakt

Mit Erfolg verkaufen

Leitfaden für die Verkehrswirtschaft

+ von Praktikern geschrieben + leicht lesbarer Stil + als Lernbuch aufgebaut + viele praktische Beispiele + Check-ups für den Leser

Themen des Buches

- Eigenschaften des erfolgreichen Verkäufers
- Verkaufspsychologie und Verkaufsmethoden
- Richtige Planung und Organisation
- Kundenanalyse und Fragetechnik
- Argumentation und Einwandbehandlung
- Preis- und Abschlußgespräch
- Wirkungsvolle Korrespondenz
- Akquisition und Verhandeln am Telefon

Mit Erfolg verkaufen: Leitfaden für die Verkehrswirtschaft DIN A 4, broschiert, 128 Seiten, DM 49,–
1. Auflage 1994

Bestell-Coupon

Deutscher Verkehrs-Verlag
Postfach 10 16 09
20010 Hamburg

oder
per Telefax 040/2 37 14-2 33

Ich möchte noch erfolgreicher verkaufen und bestelle _____ Exemplare des Leitfadens für die Verkehrswirtschaft
Mit Erfolg verkaufen

Firma

Name

Straße

PLZ/Ort

Datum/Unterschrift

Fachwissen aus dem Verlag der DVZ

Zoll (EU) S. 19, S. 24 (suchen Geographie)